47都道府県・寺社信仰百科

中山 和久 著

丸善出版

はじめに

　2年前、丸善出版の編集部から本書の企画を承った時、「寺社信仰」という視角は、とても素晴らしい発想だと直感しました。ここでいう寺社信仰とは、寺社への信仰という意味ではなく、寺社での信仰という意味です。

　日本では地域の文化が寺社を一つの核として伝承されてきたという歴史があります。今でも地域色豊かな行事の多くが寺社を拠点に営まれていますし、見事な彫刻や絵画、貴重な古文書や建築物、史跡・名勝・天然記念物など、地域の文化財の多くが寺社に伝来しています。そうした寺社を舞台に繰り広げられてきた日本人の信仰を、全国的に通観しようという骨太な企画なのです。

　それはまた、子どもたちが地域の文化を発見するという、夢のある企画でもあります。各都道府県には実にさまざまな寺社が存在しています。それらの寺社が、その土地に創建され、その土地の人々によって代々守り継がれてきたのには、それなりの理由があります。先人たちの「より良く生きるための知恵」が寺社にはたくさん詰まっていると思います。ついついよそ見ばかりして、あれが無い、これも無いと嘆く「無いものねだり」に流されがちですが、自分の足元をしっかりと見つめて、地域の「有るもの探し」をすれば、日本人はもっともっと幸せになれると思います。

　そうした地域の良さを発見するには、民俗学が最も適した学問だと思います。寺社信仰の研究は宗教学や歴史学でも積み重ねられてきましたが、その主な関心は教義や宗教性、中央と地方との関係などにあり、その方法も文献史料を中心としたものでした。民俗学では口頭伝承と行為伝承を主な資料とし、心意伝承を主眼に研究が行われてきています。伝承とは、地域の人々がみずからの子どもたちへと生きる知恵を伝える営みです。地域に伝わる文化を、その心意

気まで含めて、丸ごと知ろうとするのが民俗学なのです。

　日本には現在、約8万の神社と、約7万の寺院があるといわれています。その中から本書は、民俗学による寺社信仰百科ということで、民俗文化財の伝承にかかわる寺社を優先的に選んで紹介しました。また、できるだけ偏りなく地域文化を紹介したいという思いから、各都道府県一律に12か所を、旧国や旧郡を目安に満遍なく選び出すよう心がけました。

　寺社信仰を知ることは、地域文化を知ることですが、現代の日本人にとっては、より深い意味があるようにも思います。日常に疲れた時や辛い時に寺社を訪れると、心がとても安らぎます。季節の節目には祭礼があり、加わればもちろんのこと、見るだけでも元気がもらえます。まさに日本人の心の古里といえるでしょう。

　顧みるに現代の世の中には、人に不安を感じさせるような信仰が跋扈しています。子どもたちは信仰を嫌悪し、正しい信仰も知らぬまま育ちます。大人たちも多くが信仰の何を伝えてよいのかわからないでいます。科学や金銭は頼もしいものですが、信仰の対象とすべきものではありません。今こそ先人が伝えてきた寺社信仰に価値を見出す時ではないでしょうか。

　信仰は包丁と似ています。正しく使えば人を幸せにすることができますが、間違って使えば人を不幸にすることもできます。信仰も包丁と同様、使い方を学ぶ必要があると思います。本書で日本人が育んできた伝統的な信仰に触れ、正しい信仰とは何かを理解し、正しい信仰に基づいて、まずはみずからが幸せになり、やがて他の人々も幸せにしてほしいと思います。

　本書を御縁として多くの人々が日本の寺社信仰について関心を深め、民俗学にも興味を抱いてくださることを願っております。

　　　2016年12月

中山和久

目　　次

第Ⅰ部　寺社信仰の基礎知識

社…2　／宮…3　／神…4　／寺…6　／仏…8　／伊勢信仰…10　／住吉信仰…11　／釈迦信仰…12　／南都六宗（南都六衆／奈良仏教）…13　／阿弥陀信仰…14　／観音信仰…15　／薬師信仰…16　／修験道（修験宗）…17　／稲荷信仰…18　／神仏習合・権現・本地垂迹説…20　／八幡信仰…22　／天台宗（日本天台宗／天台法華宗／天台法華円宗）…23　／真言宗（真言陀羅尼宗／曼荼羅宗／秘密宗）…24　／不動信仰…25　／天神信仰…26　／熊野信仰…27　／地蔵信仰…28　／浄土宗（浄土専念宗／浄土真宗／真宗）…29　／臨済宗（臨済禅／日本臨済宗）…30　／浄土真宗（真宗／一向宗／門徒宗／本願寺宗／浄土宗）…31　／曹洞宗（仏心宗／洞曹宗／曹洞禅／日本曹洞宗／洞門）…33　／日蓮宗（法華宗／日蓮法華宗）…34　／神仏分離・廃仏毀釈・神社合祀…35

第Ⅱ部　都道府県別寺社信仰とその特色

北海道　38　／【東北地方】青森県　44　／岩手県　50　／宮城県　56　／秋田県　62　／山形県　68　／福島県　74　／【関東地方】茨城県　80　／栃木県　86　／群馬県　92　／埼玉県　98　／千葉県　104　／東京都　110　／神奈川県　116　／【北陸地方】新潟県　122　／富山県　128　／石川県　134　／福井県　140　／【甲信地方】山梨県　146　／長野県　152　／【東

海地方】岐阜県　158／静岡県　164／愛知県　170／【近畿地方】三重県　176／滋賀県　182／京都府　188／大阪府　194／兵庫県　200／奈良県　206／和歌山県　212／【中国地方】鳥取県　218／島根県　224／岡山県　230／広島県　236／山口県　242／【四国地方】徳島県　248／香川県　254／愛媛県　260／高知県　266／【九州／沖縄】福岡県　272／佐賀県　278／長崎県　284／熊本県　290／大分県　296／宮崎県　302／鹿児島県　308／沖縄県　314

●コラム
　おまいりの方法　43、49、55、61、67、73
　巡礼案内　諸国一宮　79、85、91、97、103、109、115、121、127、133
　巡礼案内　百観音（西国三十三観音霊場）　139、145、151、157、169
　巡礼案内　百観音（坂東三十三観音霊場）　175、181、187、193、199
　巡礼案内　百観音（秩父三十四観音霊場）　205、217、223、229、235
　巡礼案内　四国八十八ヶ所霊場　241、247、253、259、265、271、
　　　　　　　　　　　　　　　277、283、289、295、301、307、
　　　　　　　　　　　　　　　313、319

付録1　寺院の礼拝で唱えるお経　320
付録2　神社の礼拝で唱える祝詞　322

参考図書　323
寺社名索引　324

第Ⅰ部

寺社信仰の基礎知識

[凡例]
* 寺院と神社については、おおむね各旧郡を単位として、地域が大切に守り伝えてきた民俗との関わりを重視して選定した。なお、本書では堂庵や御嶽も寺社の範疇に含めて取り上げた。
* 本書は民俗学の書であるので、使用する名詞については、余所者による他称や学術用語、登記簿上の名称、教義的な呼び方よりも、愛称や通称などの民俗語彙をできるだけ優先して用いたが、情報の重複を嫌って寺社名に二次的な民俗語彙を採用した場合もある。
* 記述については、民俗学の視角からみて特色を有すると考えられる伝承や事物を優先的に取り上げた。
* 出来事が起こった年については、和暦を略し、西暦のみを記した。
* 巡礼の霊場（札所）となっている場合は、その巡礼範囲の地名、番付霊場の数、札拝対象とする神仏名、番付の順に、算数字を用いて略記した。例えば「関東三十六不動霊場の第一番札所」であれば「関東36不動01」と記した。また、「33観音」「88弘法大師」とすべき所は、単に「33-」「88-」とさらに略した。また西国33・坂東33・秩父34の百観音巡礼と四国八十八ヶ所霊場（四国遍路）についてはさらに「33-」と「88-」を略して「四国05」などと記した。

社(やしろ)

　日本では神社などの神を祀る施設を社とよんでいる。社の他に宮という施設もある。社も宮もともにヤという概念を含んでおり、私たちの御先祖様たちは神様を祀るにはヤがふさわしいと考えていたことがうかがえる。

　社と宮を比べると、どちらかというと宮のほうが豪華で立派な施設で、社はこじんまりとした簡素な施設であるような感じがしないでもない。「宮」はミ（御／美／弥／霊／皇）なヤ（屋／家）が語源と思われ、見事で素晴らしい建物を意味していると考えられる。それに対して「社」はヤ（屋／家）のシロ（代）が語源と思われ、建物の代替となるものを意味していると考えられる。

　屋代(やしろ)は仮の建物であるとする向きもあるが、その場合は代物(しろもの)や代田(しろた)のように代屋とよぶのが自然のように思う。網の代わりに用いた立柴漁具を網代(あじろ)とよび、田の代わりに用いた山間の平坦地にある湿原を田代(たしろ)、壁の代わりに用いた帷帳や幕などの障屏具を壁代(かべしろ)とよんだように、神様をお迎えする屋の代わりに用いた神籬(ひもろぎ)や磐境(いわさか)、御室(みもろ/みむろ)、神庫(ほくら)→祠(ほこら)などを屋代とよんだのではなかったかと感じられるのである。

　あるいは山全体や森全体を、神々が屋取る（宿る）施設と考えて屋代とよんだのかもしれない。日本語のモリは「盛る」に近い語で、コンモリとした景観を呈している。「杜」という字を当てることもあり、社に近い言葉でもある。今でも多くの社は樹木に覆われており、それを鎮守(ちんじゅ)の森などともよんでいる。沖縄では樹木が鬱蒼(うっそう)と生(お)い繁(しげ)る場所を祭祀場としており、それを御嶽(おたけ/うたき)や森(もりむい)と称している。

　「社」という字は示す偏に土であり、土の神を意味しているという。中国では昔、土の神を祀る時に、その神を祀る場所に土を盛って斎場とし、その上に酒を垂らして祀ったという。その意味では社は土の神を祀る盛り土をも意味していると考えられる。盛り土や土壇のような簡素な祭祀施設を社とよんだのであれば、日本語の屋代に当てる字としては実に適していると思われる。

　島根県出雲市(いずもし)には出雲大社(いずもたいしゃ)という高名な社があるが、大社とは大いなる社という意味であろう。日本全国に無数にある社のうち、1945年まで大社を称したのは出雲大社（当時は杵築大社(きづきのおおやしろ)と称された）と、同じ島根県

の松江市に鎮座する熊野大社のただ2社のみであったという。出雲大社は日本の国土を司る神である大国主神を祀る施設とされ、国家事業として高さ96mの社殿が建設されたと伝えている。熊野大社は日本で初めて火を鑽り出した社であると伝える。

社名に大社を含んだわけではないが、昔の神社制度では正三位以上の社は大社と称されていた。927年に成立した『延喜式』の神名帳では、神々に小・大・名神の区別がなされており、大の神を祀る社は大社、名神を祀る社は名神大社と称された。なお、この神名帳に記載された社は式内社と称されている。

宮

社を神社ともよぶのに対して、宮は神宮ともよばれる。単に宮といった場合は、神を祀る施設に限られるわけではなく、身分の高い人の住居や、為政者が立てた立派な建物をも意味している。特に天皇や皇族の居る場所が宮とよばれ、天皇を宮様、皇族を宮家などとも称している。斑鳩宮は聖徳太子が601年に造立したという。宮に、何所・此所・其所などに用いられる場所を表す接尾語コを付けると、宮所（都）となる。宮は特別に尊い屋と理解すべきであろう。

『延喜式』神名帳で「宮」の字が付けられているのは、掲載されている全2,861柱の神々のなかの、わずか11神のみである。それほど宮は尊ばれていた。しかし、12世紀になると、宮を称する神が新たに登場してくる。それが一宮である。伯耆国（鳥取県）の倭文神社旧境内から発見された経筒には1103年の銘とともに「一宮大明神」と刻まれていたという。『中右記』の1119年7月14日条にも「因幡国一宮宇倍神社」とみえ、1120〜50年頃に成立した『今昔物語集』巻17〜23にも「周防ノ国ノ一ノ宮ニ玉祖ノ大明神」とある。西日本を中心に登場したとみられる新しい概念は徐々に全国へと広がり、全国67の一宮の名称・祭神・鎮座地などを記載した『大日本国一宮記』が16世紀頃に成立している。一宮の概念は二宮や三宮の概念も生み出した。

こうして宮の数は増していき、八幡宮や神明宮など数々の宮を誕生させたが、神宮を称する宮については、明治維新以降の神道国教化の政策に

第Ⅰ部　寺社信仰の基礎知識

より、国家の建設に功績のあった神や天皇家の祖先を祀る神社が社号を神社から神宮に改めて数を増したものの、今でも数は非常に限られている。『延喜式』神名帳の段階では、11の宮のうち、神宮と付けられているのはわずか3神のみである。それが伊勢（三重県）の大神宮、常陸（茨城県）の鹿島神宮、下総（千葉県）の香取神宮である。この3宮は日本三大神宮と称されている。『日本書紀』では伊勢の神宮と、大和（奈良県）の石上神宮、出雲の出雲大神宮（出雲大社を指す）の3宮のみが神宮と記載されている。その登場順から、石上神宮は最古の神宮とも称されている。

伊勢神宮の建物は神明造とよばれ、幅広の平入構造が特徴で、穀倉から展開した宮殿様式といわれている。静岡県にある国特別史跡の登呂遺跡には神明造に酷似した建物が復元されているが、それは村に一つしかない立派な特殊建築物となっている。同様の高床式建築物は青森県にある国特別史跡の三内丸山遺跡でも検出されており、BC3000〜BC2000年にはすでに神明造の建物が祭殿に用いられたとも想像できる。食糧を祀る民俗を基盤として、神宝を納めて祀る倉庫が、神宮の出発点ではないだろうか。

神

社や宮で祭祀する対象を私たち日本人は神とよんでいる。多くは神とよび捨てにすることを憚り、神様や御神様と称している。神と人とのかかわりは、「苦しい時の神頼み」「触らぬ神に祟りなし」「捨てる神あれば拾う神あり」「御神酒上がらぬ神はない」といった諺・言い回しがよく表しているように思える。普段は畏んでかかわることを慎むけれども、出漁前や収穫後などの特別な日には盛大な祭礼を営み、豪華な供物をあげ、錬磨した見事な神楽を奉納して祭祀する。

神のミは昔はムィというような発音であったといわれる。それを乙音のミとよび、甲音のミを使ったカミ（上／頭／守／紙／髪）とは言い分けていたらしい。アイヌ語で神を称するカムイに近い発音であったようだ。

カムィとは、畏まる・賢い・隠れる・肯う・噛む・勝つ・硬いといった語に用いられるカに、乙音ミ（身／実）を付した語で、隠れた畏き実体が原義ではないかとの説がある。

あるいは、カムという語に、独立する名詞をつくる接尾語イが加わって

カムィに変化したとの説もある。確かに神田・神崎・神林など、神をカン（カム）と読む言葉は今も少なくない。長崎県国見町にある神代は、10世紀成立の『和名類聚抄』では加無之呂と訓まれており、1292年の『肥前国総田数書き上げ帳』では髪白とみえ、18世紀には髙代とも書かれていることから、カム→カムィ→カミ→コウの変遷がうかがえる。酒を醸酵させることを昔は醸すといったので、そうした神秘を表す言葉としてカムを用いたとも考えられる。ただし、ムは乙音ミ（身／実）の古形であるともいわれ、それであれば先の説と変わらなくなる。ムという言葉については、ム（生／産／蒸）すという言葉があり、やはり神秘的な現象を表す語として用いられたように思われる。

　また、神代という言葉があることから、カムのさらに古形としてクムがあり、クムがカムとクマに変化した可能性も指摘されている。クマには隈・熊・澳・隅・嵎といった漢字が当てられていることから、隠れるという言葉に近い概念であると思われる。クマやクムのクは、暮る・暗い・雲などに用いられるクと意味が近いように思える。やはり神秘的な現象を起こす目に見えない存在というような意味でカミという言葉が使われるようになったことを感じさせる。

　日本語のカミには「神」という漢字が当てられているが、神は示す偏に申であり、示も申もともにカミに近い概念を意味しているという。示は台（Ｔ）の上に置いた肝（－）から血が滴っている（ハ）象形であるとされ、祖霊や祖神を奉る時の祭卓を意味し、後に転じて祖霊や祖神をも意味するようになったという。申は電光や雷電が屈折して走る姿の象形文字とされる。雷電は感電死や火災を起こす恐ろしい現象であると同時に、諸蟄を解き春耕をもたらす天の恵みであり、稲を実らせる稲妻でもある（落雷があった田では雷電によって大気中の窒素ガスが二酸化窒素となって土壌に固定されることで肥料として供されるため稲がよく育つ）。こうしたことから、神は天空上にいて時折下ってきては万物を生み出す神秘の存在を意味したものと考えられる。

　カミという日本語と、神という漢字を考え合わせると、日本人にとって神とは、幸も不幸をも下すことがある人知を超えた見えない存在といえるだろう。

　神祇や天神地祇などのように、神と対で用いられる漢字として「祇」と

第Ⅰ部　寺社信仰の基礎知識

いう字があるが、こちらは示す偏に氏であるから氏の神（氏族の守護神）と理解される。日本語ではクニツカミ（国ツ神）とも読まれる。ツはノやガよりも古い連体助詞で「〜の」を意味する言葉である。氏神を国土の神とするのは、氏神は地中に埋められた祖先の霊が昇華したものと考えられたからであろう。伊勢神などの天から下った天ツ神に対して、出雲神などのもとから国土に坐す神も国ツ神と称される。社や示という字もクニツカミと読まれる。どうやらヤシロは祖先の霊魂を氏神として祀ったのが始まりのようである。

寺（てら）

　神を祀る神社が日本古来の施設であるのに対して、仏を祀る寺院は6世紀頃に輸入された新しい施設と考えられる。720年に成立した『日本書紀』によると、552年、朝鮮半島にあった百済（くだら）の聖明王（せいめいおう）から釈迦仏金銅像1躯が欽明（きんめい）天皇に献上され、それを蘇我稲目（そがのいなめ）が拝領し、仏像を祀るために自宅を浄めて喜捨して寺にしたという。これが日本における寺院の初見といわれている。

　「寺」は土の下に寸を置く文字である。「土」は、足で進む・進めるを意味する「之」とも、使うを意味する「止」の変形ともいわれるがよくわからない。「寸」は手に物を持つ意を表すという。手で進めるのが原義らしく、手で仕事をする意味で用いられたという。寺にさらに手を加えて強調した文字が「持」で、手に筆や物を持って仕事をする意味がある。宮中の書記官や事務官が寺とよばれていたらしい。「侍」という文字は寺に人を加えた文字であり、侍人は貴人の側近に仕えた役人に近い概念であった。「寺」という文字には日本語のチカヅク（近／逼／迫）も当てられている。また、昔は紙が非常に貴重であったため、書記官らは竹を削ってつくった竹簡に文字を書いていた。それは長さが等しく切り揃えられていたので竹の下に寺を置いた「等」という字で表したという。寺とよばれた書記官らが仕事をする施設は寺舎とよばれた。

　漢の時代以降は、事務官が仕事をする施設そのものが寺とよばれるようになり、寺で働く人は寺人とよばれた。漢の時代には外国から来た使節を接待する官庁として鴻臚寺（こうろじ）が設けられていたが、ここでの寺は役所の意味

であり、特に鴻臚寺には西域から来訪する僧侶が多く在留したという。

西暦67年、西域から2人の僧侶が洛陽に至り、多くの経典をもたらして中国に初めて正式に仏教を伝えたとされ、翌年、明帝はそれらの経典を安置して僧侶に翻訳させるため、新たに白馬寺を創建したという。ここでの寺も役所の意味であったが、僧侶が多く住したことから後に僧侶が住する施設という意味も寺に付与されたとされる。

そうした寺文化が4世紀後半に中国大陸から朝鮮半島へと伝わり、日本に仏教が伝来した6世紀には、寺という文字は朝鮮半島でもっぱら僧侶の住する施設という意味で使用されていたと想像されている。したがって、日本に伝来した「寺」という言葉も、僧侶が仏像を祀り、仏事を行う施設という意味を有していたと考えられる。

ところで、埼玉県行田市の国宝武蔵埼玉稲荷山古墳出土品（金錯銘鉄剣）には「獲加多支鹵大王寺在斯鬼宮時」という銘が確認されている。これが日本で「寺」という文字を使った初見とされている。その解釈については、①ワカタケル大王の寺（役所）がシキの宮に在った時、②ワカタケル大王に寺（侍）した私がシキの宮に在った時、③ワカタケル大王である寺（倭王寺）がシキの宮に在った時、などが案出されている。辛亥年の銘があることから471年につくられたとされているが、531年とする考えもあり、同じ頃に即位したとされる欽明天皇が寺とよばれていたのではないかとして、③の説が出されている。

さて、なぜ「寺」という文字が日本語でテラとよばれるようになったのかについては、いまだ諸説混乱している状況である。最も有力とされる説は古代朝鮮語に基づくとするもので、寺をテルと発音していたものが日本に輸入される際にテラに変化したとするものである。現代朝鮮語では寺をチョルとよんでおり、寺院の他に御辞儀や会釈も意味している。チョルが1,500年前にはテルであった可能性は十分にあると思われる。

スリランカで仏典に用いたパーリ語で長老を意味するテラに由来するとの説もあるが、日本語にパーリ語由来の言葉が朝鮮語由来の言葉ほど多くないことや、長老がなぜ施設の意に転じたのかも想像が困難である。

日本語のテル（照る／耀／輝／光／晴）や衒うに近い語ではないかとの説もある。日本に伝来した仏像は金色に輝いていたと考えられ、それを安置した場所がテラとよばれたのではないかとするものである。しかし、「照

る」の名詞形は一般に「照り」であり、テラに変化するのは難しいように思う。

　テラという日本語には「舎」という文字も当てられているので、テラは建物や施設を指す言葉の一種と思われる。日本語ではラで終わる言葉は、裏・殻・空・野良・原・腹・平・村など、空間的な広がりを含意する言葉が多いが、クラ（倉／蔵／庫／府）は同時に建物をも指す言葉なのでテラという可能性もなくはない。クラという言葉には神が降臨する場所という意味もあり、その場合は「坐」「座」「岩」「嵒」などの字が当てられている。仏という神を祀る施設という意味で、照るの語幹であるテをラに冠してテラという言葉を創ったのではないかとも思われる。

仏 （ほとけ）

　寺院で祀られる仏についても、仏という文字が先に伝来し、後からホトケという読みを当てたように思われる。奈良市の薬師寺に伝わる国宝仏足跡歌碑には「保止氣」の銘があり、これがホトケの初見とされている。歌碑は753年銘を有する仏足石とともに安置されていることから、ほぼ同時期に制作されたと考えられており、歌の内容や用字法から遅くとも770年頃までにはつくられたと推定されている。ここでのホトケは具体的には弥勒菩薩を指していると解釈されており、7世紀に弥勒信仰が盛んであったことからも矛盾はないように思われる。

　ホトケという言葉は、釈迦や覚者を意味するサンスクリット語のBuddhaを中国大陸で音写したフト（浮屠／浮図）という言葉に基づくのではないかと解釈されている。フトにケを付してフトケとし、やがてホトケへと転じたとする説である。その場合のケについては、①家の呉音、②気の呉音、③怪の呉音、④和語の乙音ケ、などの説がある。①②③説であればすでに中国大陸でフトケという言葉が生じていた可能性もあるが、図が呉音のヅではなく漢音のトで読まれていることとの整合性（なぜフトカ／フトキ／フトカイとならなかったのか）をどのように考えるかが問題となるであろう。また①であれば仏教者、②③であれば仏が発する気配や怪異現象がフトケの原義となるが、それがどのようにして弥勒菩薩などを意味するフトへと戻ってしまうのかも気になるところである。

なお、熱病を意味する熱気(ほとほりけ)の約とする説もあるが、かなり無理があるように思う。
　④の説は民俗学の所説である。一つの手掛かりは「大仏」と書いてオサラギと読む姓が存在することである。鎌倉時代に活躍した北条氏に大仏流と称する家柄があり、その子孫が称したと考えられている姓である。神奈川県鎌倉市の長谷には、1252年頃から鋳造されたと推定されている、国宝阿弥陀如来坐像(あみだにょらい)がある。鎌倉の大仏(だいぶつ)と親しまれ、その大仏が鎮座する場所が大仏と書いてオサラギと読むのである。
　大仏と書いてオサラギと読む古い地名の例は他にないので（他所ではオオボトケ／オオボトメ／オボトケ／ダイブツと読まれている）、オサラギとよばれていた場所に大仏が建立されたことから、オサラギに大仏の字を当てるようになったと考えられている。しかし、オサラギという地名は鎌倉以外には存在しない。オは大に関係する読みであると考えて除外してサラギとすれば可能性はある。奈良県御所市と奈良県明日香村豊浦には蛇穴(さらぎ)という地名があり、古くはサラキ／サラケ／サラゲともよばれていたという。他にもサラギ・サラキ・サラケ・サラゲと称する地名は存在し、蛇公／更木／佐良岐／浅甕などの字が当てられている。地名以外では盆と甑にサラキの読みがある。
　柳田國男(やなぎたくにお)はサラは皿、キは器を意味すると考えた。あるいはキは、土器・桶・筌(かわらけ・おけ・うけ)などに用いられる、容器を表すケ（笥／甕／膳／餉／食／甕）が転じたものとも解している。つまり、蛇がトグロを巻いてつくるような皿（底の浅い器）状の穴のような場所がサラギ／サラキ／サラケ／サラゲではないかというのである。そして、皿器は仏前に供物を供える道具として用いられたことから、フトへの供物に使うケをフトケとよび、後にフトケそのものが仏と同一視されるようになったのではないかというのである。またホトキ（缶／瓮／火処器）の転ではないかとも指摘している。キやケには神霊が憑依(ひょうい)する信仰があったとも述べている。いずれにせよ、かなり複雑で飛躍のある説といえよう。
　より単純で魅力的なのは解け説である。フトが悟った状態を煩悩(ぼんのう)を解き放った状態、人生の迷いを解いた状態と考え、ホト（解）けた人という意味でホトケとよんだのではないかとするのである。ホドクという言葉はト（解／溶／融／説）くという言葉から派生し、ホドコ（施）すなどの言葉

を派生した言葉であるので、仏に相応しいのではないかと感じるのである。

伊勢信仰(いせしんこう)

　日本随一の聖地は三重県伊勢市に鎮座する伊勢神宮であろう。参拝者で溢れる現代も厳粛な雰囲気が漂うが、西行法師(さいぎょうほうし)が「何事のおはしますをばしらねどもかたじけなさに涙こぼるる」と詠んだと伝える12世紀には相当に森厳(しんげん)であったと思われる。

　伊勢神宮が主祭神としている天照大神(あまてらすのおおかみ/あまてるのおおかみ)（天照坐皇大御神(あまてらしますすめおおみかみ)／天照大御神(あまてらすおおみかみ)）は皇祖神で、天孫降臨(てんそんこうりん)当初は宮中で祀られていたが、後に転々と各地で祭祀され、伊勢に鎮座したのは4世紀初頭頃とされる。

　かつて伊勢神が鎮座していたと伝える場所は元(もと)伊勢と称され、和歌山市毛見(けみ)の濱宮(はまのみや)、岡山県総社(そうじゃ)市の神明神社、京都府宮津市の籠神社(このじんじゃ)、愛知県一宮市(いちのみやし)の酒見(さかみ)神社などが知られている。京都府福知山(ふくちやま)市には元伊勢三社と称される皇大神社・豊受大神社・天岩戸(あめのいわと)神社がある。

　伊勢神宮は天照大神を祀る内宮(ないくう)と、豊受大神(とようけのおおかみ)を祀る外宮(げくう)から成るが、外宮が丹後(たんご)国丹波(たんば)郡比治(ひぢ)から現在地（伊勢国度会(わたらい)郡山田原(やまだのはら)）に遷座したのは478年と伝える。

　『延喜式』神名帳で宮を称するのはわずか11神だが、そのうち大神宮・度会宮(わたらいのみや)・荒祭宮(あらまつりのみや)・滝原宮(たきはらのみや)・伊佐奈岐宮(いざなぎのみや)・月読宮(つきよみのみや)・高宮(たかみや)の7神は、いずれも伊勢信仰に基づいている。大神宮は内宮のことで、皇大神宮や伊須受(いすず)宮とも称される。度会宮は外宮で、止由気宮(とゆけのみや)とも称される。荒祭宮は内宮第1の別宮(べつぐう)で、天照大神の荒魂を祀る。滝原宮は宮川の上流に鎮座し、天照大神の遙宮(とおのみや)と称され、神宮第3位の内宮別宮である。伊佐奈岐宮と月読宮も内宮別宮で、隣り合って鎮座しており、現在では東から西へ順に月読荒御魂宮・月読宮・伊佐奈岐宮・伊佐奈弥宮と並んでいる。伊弉諾尊(いざなぎのみこと)と伊弉冉尊(いざなみのみこと)は天照大神や月読尊(つくよみのみこと)を生んだ御親神である。高宮は外宮第1の別宮である多賀(たか)宮で、豊受大神の荒魂を祀っている。滝原宮が大紀町(たいきちょう)にある以外はすべて伊勢市内に鎮座している。

　11〜12世紀には全国各地に伊勢神宮の御厨(みくりや)や神戸(かんべ)が多く開かれたが、そこには伊勢神が勧請され、各地に神明宮（神明神社・皇大(こうたい)神社・天祖(てんそ)神社など）が創建された。史料上の初見は『吾妻鏡(あずまかがみ)』の1186年条に登場す

る神奈川県鎌倉市の甘縄神明宮であるが、日本七神明（皇国七社神明宮）に数えられる東京都港区の芝大神宮と長野県大町市の仁科神明宮はともに11世紀の創祀とみられる。15世紀以降は講による伊勢参宮が盛んになり、全国各地に今神明や飛神明などとよばれる神明宮が創建された。それらは私的な勧請であったが、1520年には大内義興が初めて天皇の勅許を得て勧請し、山口市滝町の山口大神宮を創建している。

現在、伊勢神宮は内宮と外宮を正宮として、14の別宮、43の摂社、24の末社、42の所管社の、合わせて125所から成り立っており、伊勢神宮125社巡拝も行われている。別宮では正宮に続いて20年ごとの式年遷宮が行われている。

住吉信仰

4～5世紀の朝鮮半島諸国との相次ぐ戦闘を物語るとされるのが、神功皇后による三韓征伐伝承である。皇后の渡海を守護したのは住吉神と伝え、凱旋後、住吉津に鎮座したという。これが大阪市住吉区にある摂津一宮の住吉大社で、全国2,000余社の住吉神社の総本社として、現在も航海安全の信仰を集めている。住吉神は黄泉から戻った伊邪那伎大神が禊をした際に生まれた底筒之男命・中筒之男命・上筒之男命の3神とされ、墨江之三前大神とも称された。

山口県下関市にある長門一宮の住吉神社（住吉忌宮／斎宮）と、福岡市博多区にある筑前一宮の住吉神社（住吉荒魂社）は、住吉大社に先立つ創祀を伝え、これら3社が日本三住吉と称されている。

長崎県壱岐市の住吉神社も住吉大社に先立つ創祀を伝え、神功皇后が帰途に住吉神を最初に祀ったとして「日本初の住吉神社」を称している。

また、国指定の重要文化財『住吉大社神代記』で住吉大神宮9か所にあげられた兵庫県神戸市の本住吉神社は、住吉神の根源地であると伝え、住吉大社は当社からの勧請であるという。

以上の各住吉社は、いずれも都から朝鮮半島へと渡る航路上に鎮座している。

なお、住吉神を祀る神社の多くは、住吉造とよばれる独特の構造を有している。切妻造の直線型妻入式で、内部を前後2室に分ける構造は、大

嘗祭のときに仮設される大嘗宮に酷似する。出雲大社などの大社造や、伊勢神宮などの神明造とともに、神社建築最古の様式と称されている。

釈迦信仰

　日本に初めて仏教が公伝した552年、百済の聖明王から釈迦仏金銅像一躯が贈られた。仏像の相貌は端厳で、まったく未曾有のものであったという。早速、蘇我稲目はこれを自宅に安置して日本で初めて寺を興したが、物部尾輿は570年にこの像を難波の堀江に捨て、寺を焼き払ったという。これが日本史上初の廃仏毀釈である。

　587年、稲目の息子の馬子は仏法興隆を誓って尾輿の息子の守屋を倒したが、その暁に創建されたのが日本初の本格的仏教寺院である法興寺（飛鳥寺）であった。法興寺式伽藍配置の中心は、礎に釈迦の遺骨を納めた塔であり、606年作の丈六銅造釈迦如来坐像（飛鳥大仏）は塔脇の金堂本尊に安置された。寺構は失われたが、奈良県明日香村の安居院が法灯を今に伝えている。

　飛鳥大仏をつくった鞍作鳥（止利仏師）は、623年には聖徳太子の冥福を祈って奈良県斑鳩町法隆寺金堂安置の国宝銅造釈迦如来及両脇侍像をつくっている。法隆寺式の伽藍配置では、金堂が塔と対等の位置へと格上げされている。

　いずれにせよ釈迦如来（釈尊／釈迦牟尼仏）は仏法の象徴であり、現在も曹洞宗と臨済宗を中心に日本の多くの寺院が釈迦如来を本尊としている。1227年に釈尊より51代目の法を嗣いだ道元は、みずからの教えを「仏法」として「禅宗」などの宗派を否定した。同じ頃、貞慶・明恵・叡尊・忍性も釈尊の教えに帰るべきことを説いた。985年に奝然が将来した日本三如来の一つ京都市右京区清凉寺の国宝木造釈迦如来立像は、13世紀には生身の釈迦と崇められ、清凉寺式釈迦如来像が数多くつくられた。

　また、釈尊の誕生した4月8日、入滅した2月15日、悟りを開いた12月8日には、それぞれ灌仏会（花祭）、涅槃会、成道会の祭祀が、庶民を交えて賑やかに行われている。奈良市の東大寺は8世紀作の国宝銅造誕生釈迦仏立像を今に伝え、毎年4月8日に仏生会を盛大に営んでいる。

　なお、京都市右京区広隆寺の木造弥勒菩薩半跏像（宝冠弥勒と泣き弥

勒の2体)、中宮寺の木造菩薩半跏像はいずれも7世紀頃の作で国宝だが、まだ釈尊が悟りを開く前の若き日の姿を顕した悉多太子樹下観耕（思惟）像ではなかったかともいわれている。

南都六宗（南都六衆／奈良仏教）

　法興寺は南都（奈良）の仏教の出発点でもあった。625年、高句麗僧の慧灌が三論宗（空宗／無相宗）を伝え、法興寺に住したのが南都六宗の最初である。後に慧灌の弟子の智蔵も入唐して成実宗とともに三論宗を伝えて法隆寺に住し（第2伝）、智蔵の弟子の道慈も入唐して718年に三論宗を伝えて大安寺（日本初の官寺とされる大官大寺の後身）に住した（第3伝）。法興寺は718年に奈良の新都（平城京）へ移転して元興寺と改称、三論宗の拠点となった。

　法興寺は法相宗（相宗／有相宗）と倶舎宗の拠点でもあった。653年に入唐して玄奘三蔵に師事した道昭は法興寺に禅院を建てて住し、662年に両宗を開いたという。法相宗は現在、奈良市の興福寺と薬師寺がともに大本山として法灯を伝える。興福寺の法相宗は735年に唐から帰朝した玄昉が伝え弘めたものである。興福寺は徳一らの名僧を輩出したと伝え、後には藤原氏の氏寺として栄華を誇った。

　華厳宗は、736年に道璿が来朝し、唐から律宗（戒律）・禅宗（北宗禅）・天台宗とともに日本へ伝えたのが最初である。740年には良弁の招きで新羅の審祥が『華厳経』を奈良の金鐘寺で講じ、日本で華厳宗を開いた。金鐘寺は747年に東大寺と改称、大仏（盧舎那仏）が安置され、現在は華厳宗の大本山となっている。

　日本に律宗を正式に伝えたのは鑑真である。鑑真は9年間もの艱難辛苦の末、754年に来日し、翌年、東大寺に戒壇を開き、日本に初めて完全な仏教を伝えたのである。759年には奈良市の唐招提寺を創建、律宗の根本道場となし、日本で律宗を開いた。現在、同寺は律宗の総本山となっている。鑑真は761年には筑紫国の観世音寺と下野国の薬師寺にも戒壇を設け、日本三戒壇を築いた。

　律宗は東大寺とともに南都の二大寺と称された西大寺にも伝えられた。後に衰微したが、1235年に興正菩薩叡尊が入って中興し、現在は真言律

第Ⅰ部　寺社信仰の基礎知識

宗の総本山となっている。

　以上の三論・成実・法相・倶舎・華厳・律の6宗は後に、平城京の後につくられた平安京（北都）の天台・真言の2宗に対して、南都六宗と総称された。南都の6宗と北都の2宗の総称がいわゆる八宗である。中世には興福寺が中心となり、天台宗の比叡山とともに南都北嶺と総称された。

　また、以上の諸寺のうち、元興寺・法隆寺・大安寺・興福寺・薬師寺・東大寺・西大寺は後に南都七大寺と称され、多くの人々に巡礼された。

阿弥陀信仰

　日本で最も信仰を集めている阿弥陀如来（阿弥陀仏／無量寿仏／無量光仏）は、日本三如来の筆頭にあげられる善光寺如来であろう。現在は長野市にある善光寺の本尊とされているが、これは日本に初めて仏教が伝来した際にもたらされた像であるという。絶対秘仏のため制作年等は不明だが、前立に奉安されている独特の一光三尊形式の阿弥陀如来像から推測する限り、7世紀頃につくられたのではないかと考えられている。

　史料の上では、日本に初めて阿弥陀信仰を伝えたのは慧隠とされ、640年と653年に『無量寿経』を講じた記録がある。藤原鎌足は慧隠を招いて大阪府茨木市の浄土宗大念寺（大織冠堂）を開いたという。鎌足の二男不比等に嫁いだ橘夫人の念持仏と伝える国宝銅造阿弥陀如来及両脇侍像（奈良県斑鳩町法隆寺蔵）は7世紀末の作と推定されている。

　741年には藤原不比等の娘である光明皇后が奈良市の東大寺に阿弥陀堂を建立したが、これが日本初の阿弥陀堂と考えられている。皇后一周忌の761年には全国の国分尼寺に丈六阿弥陀仏像の造立が命じられた。阿弥陀仏の極楽浄土を描いた智光曼荼羅と当麻曼荼羅も、8世紀につくられたと推定されている。

　9世紀になると比叡山の慈覚大師円仁が唐（中国）の五台山から念仏三昧を導入して天台浄土教を創始し、848年には阿弥陀如来を本尊とする常行三昧堂を創建したという。この流れから10世紀には『極楽浄土九品往生義』を著した慈恵（元三）大師良源、阿弥陀井を掘った市聖（阿弥陀聖）空也、『往生要集』を著した恵心僧都源信らが出た。

　現在主流の定印を指に結ぶ姿は、京都市右京区仁和寺（真言宗御室派

14

総本山）の国宝阿弥陀如来座像が888年作と推測され、現存最古例と考えられる。末法初年の1052年に仏寺にされた京都府宇治市の平等院の本尊、国宝木造阿弥陀如来丈六坐像も定印である。同像を安置した国宝鳳凰堂は日本文化の象徴とされ、10円玉や1万円札の意匠にも用いられている。

　鳳凰堂とともに日本三大阿弥陀堂と称される、岩手県平泉町の中尊寺（天台宗東北大本山）の金色堂と、大分県豊後高田市の富貴寺（天台宗）の大堂は、いずれも国宝で12世紀の建立という。12世紀には天台僧の聖応大師良忍が、阿弥陀仏の示現を受けて融通念仏宗を開き、総本山の大念仏寺（大阪市平野区）を創建している。同寺の本尊は10菩薩を従えて来迎する阿弥陀仏で、十一尊天得如来と称されている。

　13世紀には一遍房智真が出て、日本の阿弥陀信仰は頂点を迎えた。阿弥陀仏を本地とする熊野権現に導かれて賦算を始め、人々に法悦の踊念仏を勧めて歩いた。捨聖と称された一遍は、下着すらも捨て、全裸で遊行したと推測されている。

観音信仰

　日本における観音（観世音／観自在）菩薩への信仰は飛鳥時代に始まったとみられる。法隆寺から東京国立博物館に遷された四十八体仏の中には、651年の作と推定される165号観音菩薩立像があり、両手で宝珠を持つ姿は、7世紀半作と推定される法隆寺夢殿の救世観音（国宝）と同じである。当時の観音信仰は故人の追善にあったと考えられている。

　8世紀には密教的な多面多臂の変化観音像が多くつくられ、現世利益を願う観音信仰が盛んになったと考えられる。和歌山県那智勝浦町の那智山経塚から出土した銅造の十一面観音立像は7世紀末の作と推定され、密教的観音信仰は奈良時代以前に受容されていた可能性もある。735年に唐から帰朝した玄昉は観音信仰が篤く、741年に『千手千眼観世音菩薩大悲心陀羅尼経』を1,000部書写し、746年には筑紫の観世音寺を完成させている。740年の藤原広嗣の乱に際して国ごとに7尺の観音像をつくらせたのは鎮護国家の観音信仰といえよう。

　軍神としての観音は、畏怖の観音の系譜を導き出したのではないか。霊木から刻まれたという奈良県桜井市の長谷寺本尊と栃木県日光市の中禅寺

本尊は、ともに8世紀の造顕を伝え、いわゆる立木観音の様式をもっている。長谷寺の本尊は殊に霊験著しいと崇められ、長谷寺式の十一面観音像（長谷観音）は全国に勧請された。

9世紀になると観音は密教寺院や山岳霊場で盛んに祀られ、その様式も豊富に展開した。10世紀になると、天台宗では地獄・餓鬼・畜生・修羅・人・天の六道の抜苦与楽を司るとして、それぞれに千手・聖・馬頭・十一面・不空羂索・如意輪の六観音が充てられた。また、真言宗では11世紀に人道へ准胝観音を充てている。両宗の観音を統合して七観音とも称された。11世紀の平安京では清水寺（京都市東山区）や六角堂（京都市中京区）など7つの観音霊場を巡る七観音詣が流行したという。

観音信仰はインドやベトナム、中国など外国でもみられるが、三十三観音巡礼の信仰は日本独特である。その元祖とされる西国巡礼は11世紀末に始まったと思われる。現在は那智山が1番であるが、当初は長谷寺が1番であったらしい。三十三観音巡礼の信仰は全国に波及し、13世紀には関東地方へとウツ（写／移／遷／映）されて坂東巡礼を生み出した。15世紀の創始とみられる埼玉県の秩父巡礼も、当初は33ヶ所巡礼であったが、16世紀半ばには1か所を加えて西国・坂東と合わせられ、百観音巡礼を創出したと考えられる。

現在、東京都の浅草観音、愛知県の大須観音、三重県の津観音が日本三観音と称される。いずれも繁華街・歓楽街の中心となっている。

薬師信仰

古代の日本社会で最も広く信仰を集めたのは薬師如来と考えられる。7世紀末頃の作とみられる国宝銅造薬師如来坐像（奈良市法隆寺金堂安置）の銘によると、586年に用明天皇が病気の平癒を願って造像を誓ったが、それを果たさず崩じたので、代わりに推古天皇と聖徳太子が607年に薬師像を奉安したという。680年には天武天皇も持統天皇の病気平癒を祈って薬師寺（奈良市）の創建を発願している。

薬師如来は左手に薬壺を持ち、「大医王仏」とも称されたことから、治病の仏と崇められた。群馬県草津温泉の光泉寺や兵庫県有馬温泉・城崎温泉の温泉寺、愛媛県道後温泉の石手寺など、現在も多くの湯治場で祀られ

ている。日本三如来の一つ京都市下京区の因幡薬師は癌封じ、一畑薬師教団総本山の島根県出雲市の一畑薬師は眼病平癒の信仰を集めている。

日本の寺院建築史では、奈良市の薬師寺式伽藍配置から、寺院の本尊を安置する金堂が伽藍の中心となる。薬師像を寺の中心とした薬師寺のあり方からは、薬師信仰の隆盛がうかがえる。薬師寺は南都の四大寺に数えられる大寺でもあった。奈良市興福寺蔵の国宝銅造仏頭(旧山田寺講堂本尊)も同時期の678年に鋳造された丈六薬師像の頭部と推定され、日本三戒壇の一つとして知られた下野薬師寺(栃木県下野市)も出土した瓦などから7世紀末創建と推定されている。

日本には「峰薬師」と称される寺堂が多く、薬師如来は山岳霊場の本尊としても崇められたことがわかる。788年に天台宗総本山比叡山延暦寺(滋賀県大津市)を開いた最澄が本尊としたのも薬師如来であった。空海が住した京都市右京区の高雄山神護寺には森厳な本尊、国宝木造薬師如来立像が祀られている。山形県遊佐町の鳥海山に坐す大物忌神の本地仏も薬師如来とされた。新潟県上越市の米山薬師、愛知県新城市の鳳来寺山薬師、福島県いわき市の赤井嶽薬師も山岳霊場である。

修験道（修験宗）

7世紀頃、大陸から渡来した道教・仏教・初期密教は、日本古来の山岳森林への信仰に摂取され、新しい融合的な宗教的実践が始まったと考えられている。これを一般に修験道とよんでいる。

修験道とは験を修する道と思われる。衆生を現実に救済する験の力を修得するため山岳や森林で修行に励んだ彼らは山臥(山伏)とよばれ、厳しい修行の果てに験を修した者は修験者と称された。「山の行より里の行」といわれ、上求菩提よりも下化衆生を重んじている。

修験道は役行者(役小角／役優婆塞／神変大菩薩)を開祖と仰ぐ。役行者は650年に元興寺で孔雀王法などを学び、後に葛木山・大峰・熊野・富士山などで修行を重ね、金峰山で蔵王権現を感得したと伝える。葛木山(葛城山)は大阪府と奈良県の境に位置する山々の総称で、犬鳴山七宝瀧寺(大阪府泉佐野市)や、牛滝山大威徳寺(同岸和田市)、金剛山転法輪寺(奈良県御所市)があり、葛城二十八宿などが葛城修験の行場となって

第Ⅰ部 寺社信仰の基礎知識　17

いる。

　大峰（大峯）は奈良県南部にある山脈で、山上ヶ岳に大峯山寺、洞川に大峯山龍泉寺があり、大峯七十五靡などが大峯修験の行場となっている。修験道根本道場と崇められる、修験道随一の聖地である。

　熊野は大峰の奥、和歌山県南東部にある山野で、熊野本宮大社や那智山青岸渡寺があり、熊野九十九王子や那智四十八滝などが熊野修験の行場となっている。

　修験道で最も重視される大峰と熊野は、世界遺産「紀伊山地の霊場と参詣道」ともなっている。

　金峰山は奈良県南部の吉野山から大峰に至る連山の総称で、金峯山修験本宗（もと大峯修験宗）の総本山である金峯山寺などがある。

　愛媛県の石鎚山も役行者が開いたと伝え、鎖禅定や三十六王子などが石鎚修験の行場となっている。今も地元の石鎚本教総本宮石鎚神社のほか、山口県の石鎚本教吉見教会などが行を続けている。

　比叡山延暦寺の5代座主で天台寺門宗（天台宗寺門派）の祖とされる智証大師円珍は845年、役行者を慕って葛城山・大峰・熊野の聖跡を巡り、那智ノ滝で一千日の参籠修行をしたと伝える。これが天台系修験（修験道本山派）の始まりとされ、京都市左京区の聖護院が本山修験宗の総本山として法灯を伝えている。また、天台寺門宗の総本山である滋賀県大津市の園城寺（三井寺）には三井修験道が今も行われている。

　一方、真言系修験（修験道当山派）は、理源大師聖宝が894年に金峰山を中興したことに始まるとされる。聖宝は修験道中興の祖とも仰がれた。聖宝が開いた京都市伏見区の醍醐寺は真言宗醍醐派の総本山となっている。

　現在、修験道の総本山は岡山県倉敷市の五流尊瀧院であり、2012年には日本山岳修験学会名誉会長の宮家準氏が管長に就任している。

稲荷信仰

　長く稲作民族であった日本人が、今も盛んに崇拝している稲荷（稲成／稲生）神への信仰は、山城国紀伊郡の稲荷山（京都市伏見区）に発すると思われる。同地には稲荷山を神体として祀る伏見稲荷大社が建ち、全国に100万体以上は勧請されたといわれる稲荷社の総本社として崇められてい

る。伏見稲荷の創祀は711年と伝えられている。

713年に編纂が命じられた『山城国風土記』には「伊奈利」の由来譚として「伊侶臣秦公が餅を的にしたところ、白鳥と化して飛翔し、山の峯に居て子を生み、遂に社をなした」ことなどが書いてあったという。これが稲荷山に関する記述の初見と思われる。断片的ではあるが、米を大切にしなかったことを後悔する気持ちがうかがえ、稲がナ（成／生）ることへの祈りが感じられる。

稲荷山の周辺では、鉄器で加工した高度な農具を用いての稲作が、BC1世紀頃から盛んになったと考えられている。生業や職能の専門分化が進むと、従来の氏神や産土神、天神地祇、仏菩薩のような生活全般を守る神仏以外にも、特定の業の守護に特化した神仏が求められるようになったと思われる。稲作で生計を立てる集団が求めたのが稲荷神であろう。

菅原道真が892年に編纂した『類聚国史』には、827年に「稲荷神」が東寺（教王護国寺）と関連して祟りをなした記事があり、稲荷信仰が真言密教と深く結び付いていたことをうかがわせる。1254年成立の『古今著聞集』にも藤原忠実が真言僧に陀祇尼法を行わせ、狐の尾を得た不思議から栄進を果たした話がある。稲荷信仰が、狐に乗る姿の荼枳尼天への信仰と習合したことから、狐を稲荷神の眷属（召使い）と考えるようになったと考えられる。狐は油揚を好むとのことから、稲荷寿司の名も生まれた。稲荷神と仏教との結び付きは真言宗に限られるものではなく、伏見稲荷と共に日本三大稲荷に数えられる豊川稲荷（愛知県豊川市）は曹洞宗、最上稲荷（岡山市北区）は日蓮宗と結び付いている。

豊川稲荷は1441年、曹洞宗法王派の東海義易が妙厳寺を創建するにあたり、寒厳義尹が感得した吒枳尼真天を護法神として山門に祀ったのが始まりという。宝珠を持ち、稲束を荷い、白狐の背に乗って飛ぶ天女の姿で、立身出世や盗難避けの神として尊崇されている。

最上稲荷は高松稲荷とも親しまれ、報恩大師が龍王山で感得した最上位経王大菩薩を天台宗神宮寺に祀ったのが始まりで、1601年に日円聖人が入り日蓮宗妙教寺に改めたという。この菩薩は白狐に乗り、右手に鎌を持ち、左肩に稲束を荷う天女の姿である。最上位経は法華経を意味する。

16世紀までは主に怨敵調伏や城郭守護が期待された稲荷神であったが、17～19世紀には主に出世・縁切・金運が期待されるようになり、俗に

第Ⅰ部　寺社信仰の基礎知識

「病弘法、欲稲荷」といわれた。1868年以降は広く神道と結び付き、稲荷神は宇迦之御魂神・若宇迦乃売神・倉稲魂命・保食神・御食津神・豊受大神などであるとされ、再び稲作神・食物神としての性格が強調されるようになった。

神仏習合・権現・本地垂迹説

　日本では有史以来、寺社が密接な関係を結ぶ歴史が長く続いてきた。19世紀の神仏分離でその関係は激変したが、今でも寺社が隣り合って建つ風景はみられ、寺院に鳥居があるのも珍しくはない。神と仏とを習ね合わせることは、「神仏習合」や「神仏混淆」とよばれている。
　具体的には、藤原武智麻呂が越前の気比神宮（福井県敦賀市）に神宮寺を建設したことや、若狭比古神社（福井県小浜市）の神主が神のために神宮寺を建設したことを指している。前者は715年、後者は720年頃のことという。ともに神が煩悩の身を脱して仏法に帰依したい旨の託宣を下したことが契機であったと伝える。
　749年には宇佐八幡宮（大分県宇佐市）の神が東大寺（奈良市）の鎮守として迎えられたと伝え、それが現在、東大寺の隣に建つ手向山八幡宮の始まりという。藤原氏が氏寺である興福寺（奈良市）の隣に氏神の春日大社を創建したのは平城京遷都の710年ともいわれている。鎮守社とは、寺院が神を祀ることで、寺領の地霊を鎮め、守護神とするもので、伽藍神社や護法善神社とも称された。
　こうした神仏の調和は、神々を斎き祀る皇族に、篤く三宝（仏・法・僧）を敬えと説いた聖徳太子が登場したことにさかのぼるともいわれる。聖徳太子が604年につくったとされる十七条憲法では冒頭に「以和爲貴」（和を以て貴しと爲す）と掲げられており、調和を大切にすることが日本人として最も大切なことであると説いているようである。日本文化が和の文化とも称される由縁である。奈良県斑鳩町の龍田神社も、東に建つ法隆寺の鎮守社として聖徳太子によって創建されたとの説がある。
　8世紀には神を仏とすることも行われ、798年以前にはすでに八幡神が「八幡大菩薩」と称されていた。神が悟りの世界へと入り、世のため、人のために慈悲利他行を実践すると位置づけられたのである。9世紀につ

くられたと推定される東寺（京都市南区）の国宝男女神像3躯（僧形八幡及び二女神像）も八幡神への菩薩号付与の結果であろう。姿の見えない神から、姿の見える神への思想的一大転換が生じたのである。

9世紀には神と仏とは本質において一つであるとする神仏同体説が勃興してくる。その出発点は垂迹という概念である。日本の神祇は仏教で説かれる仏菩薩が衆生を救済するために姿を変えて迹を垂れた化身であるとする考えである。延暦寺の恵亮が859年に表した文には「大士垂迹或王或神」（菩薩が迹を垂れるのは、あるいは王となり、あるいは神となる）とみえる。日本に仏教を弘めた聖徳太子は人神として崇められ、救世観音の垂迹といわれたが、そうした信仰と重なる思想である。

10世紀になると化身の思想はさらに展開し、権現という概念を生み出した。日本の神祇は仏菩薩が権に現れた化身であるとして、神祇を権現名でよぶことが修験道を中心に行われた。937年の大宰府牒では宇佐神が「権現菩薩」と称されている。藤原道長は1007年、吉野の金峰山に参詣し、経筒に「南無教主釈迦蔵王権現」と刻んで納経した。

11世紀には仏菩薩の垂迹・権現としての神祇という考え方が広く普及し、今まで人々が在地で祭祀していた神祇の本源・本体・本性を知ろうとする動きが始まった。それが本地仏という概念である。伊勢神宮の重要事件を記した『大神宮諸雑事記』には「日輪者大日如来也、本地者盧舎那仏也」との記述がみえ、天照大神の本地仏が大日如来や盧舎那仏と考えられていたことがうかがえる。修験道で広く祭祀された熊野権現の本地仏は、本宮が阿弥陀如来、新宮が薬師如来、那智が千手観音とされた。

12世紀には、垂迹・権現・本地仏といった神仏関係の概念が密教的・修験的な解釈のもとで理論的に整理され、天台系の山王神道と真言系の両部神道が成立、最澄や空海の作とされる神道書が著されるようになった。この山王神道と両部神道の成立を以って本地垂迹説が成立したと理解されており、神仏習合は12世紀に始まるとする説もある。

14世紀には、それまでの仏本神迹説に対して、新たに神本仏迹説も唱えられるようになり、伊勢神道が誕生した。15世紀には吉田神道が登場して神道界を席捲、数多くの神祇に大明神の号が付与された。吉田神道は17世紀以降、神祇道宗家の地位を築いて神社界に君臨した。

第Ⅰ部　寺社信仰の基礎知識

八幡信仰

　現在、神社は日本国内に約8万社あるが、最も多いのは八幡神社で、約8千社を数える。明治末期の神社整理以前には2万社を優に超えていたという。その本源は大分県宇佐市の宇佐神宮である。

　八幡信仰が史料に登場するのは『続日本紀』の737年条が初見とされ、8世紀には異国に対する最前線にあって日本を守護する神として崇められたと思われる。八幡神の本源は不明であるが、周防灘と御許山の間に広がる平野に鎮座することから、宇佐国の有力者が8流の旗を標として祭祀した航海神または水源神ではないだろうか。周防灘に面した福岡県築上町の金富神社と、御許山頂の大元神社はともに宇佐神宮の元宮と伝えている。

　日本三大八幡に数えられる福岡市東区の筥崎宮も海に面しており、敵国降伏のため921年に鎮座したという。筥崎宮と宇佐神宮との間に位置する福岡県飯塚市には大分八幡宮が鎮座するが、同社は筥崎宮の元宮とされ、九州五所別宮（九州の5か所に鎮座する八幡神）の筆頭として崇められ、宇佐神宮の本宮であるともいわれている。

　八幡神は護国の神として古くから篤い信仰を集めていた。749年、日本各国を鎮護する金光明四天王護国之寺（国分寺）の総本寺である東大寺とその本尊（奈良の大仏）の建立に際しては、宇佐八幡神が守護神として上京し、手向山八幡宮として鎮座した。769年には和気清麻呂に託して道鏡の野望を挫き、皇統を死守している。そうした功績のゆえか、781年には「護国霊験威力神通大菩薩」の尊号が八幡神に献上されたという。

　9世紀にはすでに品太天皇（応神天皇／誉田別命／品陀和気尊）の霊とみなされており、それゆえか、応神天皇陵に治定される誉田御廟山古墳（大阪府羽曳野市）脇に鎮座する誉田八幡宮を日本最古の八幡宮とする向きもある。

　源氏が氏神と崇めた京都府八幡市の石清水八幡宮は、桂川・宇治川・木津川が合流する男山に鎮座し、860年の創建と伝える。神奈川県鎌倉市の鶴岡八幡宮など、石清水八幡宮から分霊を勧請して創建された八幡神社も数多い。信仰は武家に限られず、皇室からも伊勢神宮とともに二所宗廟と崇められた。

天台宗（日本天台宗／法華宗／天台法華円宗）

　806年、近江国の比叡山延暦寺（滋賀県大津市）に2人の年分度者（官許僧）が勅許され、天台宗が公認された。この事績は後に天台宗の立宗とされ、それを実現した伝教大師最澄は天台宗の宗祖とされ、延暦寺は天台宗の総本山とされた。

　天台宗は575年に天台大師智顗が中国浙江省にある天台山に入り、天台宗の根本道場としたことに始まる。智顗は天台宗を大成し、後に天台宗の開祖（または第3祖）および日本天台宗の高祖とされた。

　以来、日本へは断片的に天台宗が伝えられ、それらに接した最澄は、785年、天台学を志して故郷の比叡山に籠ったのである。

　804年、最澄は天台山で本場の天台宗を学ぶべく唐へ渡った。この時、最澄は国際社会で初めて「大日本国」という名称を用いている。天台山では、仏隴寺の行満から天台法華円教を授かり、天台宗の第8祖となった。修禅寺の道邃からは円教のほか、大乗円頓戒菩薩戒も伝授された。

　翌年には越州へ赴き、龍興寺の順暁阿闍梨から真言密教の相伝を受け、さらに禅林寺の翛然禅師からは達磨付法牛頭山法門の禅の要法を授かった。こうして最澄は、円・戒・密・禅の4宗を相承して帰国したのである。

　すなわち、インドや中国にあった真言密教を日本で初めて公式に伝えたのは最澄であった。最澄は年分度者の一人を天台円教の止観業（法華経読誦など）に励むよう定めたが、もう一人は真言密教の遮那業（大日経読誦など）としている。後に空海が真言密教の王道を日本に伝えると、最澄は真言密教を充実させるため812年に空海の弟子となった。しかし、台密（天台宗の円密一致の教旨）の大成は、弟子の円仁や、天台系修験を興した円珍、秘密大師五大院安然らの努力を待たねばならなかった。

　最澄の悲願であった戒壇院（大乗戒壇）の別立も生前には成し得ず、没後初七日に勅許された（822年）。これにより世界仏教史上初の大乗仏教教団が成立したのである。

　後に比叡山は衰退したが、966年に第18代天台座主となった良源が復興した。「朝題目に夕念仏」と称された活況からは叡山浄土教という新しい流れも生じた。良源門下の源信が985年に著した『往生要集』は極楽往生の方法を丁寧に説き、広く読まれた。

15世紀には、源信に傾倒した慈摂大師真盛が源信旧跡の西教寺（滋賀県大津市）を復興、後に同寺は天台真盛宗の総本山とされた。
　1613年、慈眼大師天海は下野国の日光山の貫主となり、1617年に徳川家康を祀る東照宮を設け、東照大権現として祀った。1624年には江戸城の鬼門に寛永寺を創建し、東の比叡山延暦寺として、東叡山と号し、年号を寺号とした。1655年からは日光山輪王寺の住持は代々法親王が務め、天台宗は幕府および朝廷と結び付いて大いに栄えた。

真言宗（真言陀羅尼宗／曼荼羅宗／秘密宗）

　806年、前年に唐で真言密教の正統第8祖となった弘法大師空海が帰朝し、真言密教の王道を日本に初めて伝えた。この事績は後に真言宗の開宗とされるが、真言宗という宗名が国家制度のなかで公認されたのは823年になってからである。真言宗は日本で誕生したもので、インドにも中国にも存在しなかった。
　空海は774年、讃岐国に生まれたと伝え、誕生地を父（善通）のために寺としたのが、香川県善通寺市の五岳山善通寺誕生院の始まりという。
　816年には紀伊国の高野山（和歌山県高野町）を下賜され、金剛峯寺の開創に着手した。同寺は現在、高野山真言宗の総本山となっている。
　823年には京の東寺を賜り、教王護国寺と改称、真言宗の根本道場とし、寺院として初めて宗派による枠組みを設けた。同寺は後に真言宗東寺派の総本山となり、1974年からは東寺真言宗の総本山となっている。真言密教は東寺を基盤に展開したので東密ともよばれた。
　12世紀に興教大師覚鑁が出て真言念仏を興し、東密と台密の事相を総合するなどして金剛峯寺の座主となったが、1140年に根来寺（和歌山県岩出市）へと移った。後に同寺は新義真言宗の総本山となっている。
　根来寺は1585年、豊臣秀吉に焼討ちされた。難を逃れた専誉は大和の長谷寺（奈良県桜井市）に入り、玄宥は京に智積院（京都市東山区）を構えた。両寺は現在、それぞれ真言宗豊山派と真言宗智山派の総本山となっている。

不動信仰

　不動明王への信仰は、インドや中国にもあったが、現在も盛んに信仰されているのは世界で日本のみとなっている。その原点は真言宗祖の空海にある。空海は東寺に新たに講堂を建設し、中央に五智如来、東に五大菩薩、西に五大明王を祀ったが、その五大明王の中心が839年開眼と推定される日本最古の不動明王像（国宝）なのである。ただし、東寺の御影堂に祀られている絶対秘仏の不動明王像（国宝）は、空海の念持仏であったと伝え、こちらが日本最古である可能性もある。

　空海が刻んだと伝える不動尊像は無数にあるが、なかでも有名なのは高野山の南院と千葉県成田市の神護新勝寺の本尊である。いずれも国重文で、前者は波（浪）切不動、後者は成田不動として、全国に分身が勧請されている。波切不動は空海帰朝の折に暴風雨を鎮めたとされ、海上安全や航海守護の信仰を集めている。成田不動は京都市右京区の神護寺から平将門降伏のため遷座されたと伝え、厄難摧破や交通安全の信仰を集めている。

　空海の甥と伝える円珍も不動尊への信仰が篤かった。園城寺に秘蔵される国宝絹本著色不動明王像は、円珍が籠山行中に感得した金色不動明王の姿を9世紀に描かせたものと考えられ、不動明王を単独で描いた仏画としては現存最古の遺品である。黄不動と崇められ、京都市左京区曼殊院の絹本著色不動明王像（国宝）や同区三千院の木造不動明王立像（国重文）、京都府木津川市神童寺の木造不動明王立像（白不動）など多くの写しが伝わる。

　高野山の明王院は、絹本著色不動明王二童子像（国重文）を本尊としているが、これは赤不動と崇められ、円珍が岩に頭を打ちつけて得た血で描いたとされる。黄不動と赤不動は、青不動と崇められる京都市東山区青蓮院の国宝絹本著色不動明王二童子像とともに、日本三不動と称されている。色で不動尊を特色づける民俗は、東京都目黒区の目黒不動を筆頭とする目白・目赤・目青・目黄の五色不動にもみられる。

　円珍も修した比叡山の籠山行は、建立大師相応に至って昇華され、回峰行が生み出されたという。相応が開創したとする滋賀県大津市の無動寺明王堂と葛川息障明王院はともに回峰行の重要な拠点となっている。今も9日間の断食断水不眠不臥を含む千日回峰行を修した者は生身の不動

第Ⅰ部　寺社信仰の基礎知識　25

明王として崇められている。

　無動寺には最澄が唐から請来した毘首羯磨作の不動尊像が祀られていたが、1185年に越後へ移され、菅谷寺（新潟県新発田市）の本尊として祀られたという。世に菅谷不動や田螺不動と名高く、各地に分身が勧請されている。

　不動明王は行者の守護神とされ、山岳修験の道場で特に多く祭祀された。山形県羽黒町の荒沢不動、福島市の中野不動、神奈川県伊勢原市の大山不動、長野県須坂市の米子不動、富山県上市町の大岩不動、熊本市南区の木原不動、佐賀県基山町の中山不動は特に名高い不動尊である。

天神信仰

　儒家でありながら右大臣になるという破格の昇進を遂げた菅原道真は、左大臣藤原時平らの謀略により醍醐天皇から九州の大宰府へと流され、903年2月25日に息を引き取った。遺骸は牛車に載せて送られ、牛が止まった所に埋葬されたという。その場所には現在、太宰府天満宮（福岡県太宰府市）の本殿が建っている。

　道真は天穂日命や野見宿禰を祖とする土師氏の出で、大和国添下郡菅原庄（奈良市菅原町）の土師氏が781年に菅原姓を得た。菅原氏は儒家として知られ、道真の祖父は最澄・空海らとともに唐へ渡り文章博士となった。父も文章博士であった。伯母の康子（覚寿尼）は土師寺に住したが、そこには現在、道明寺天満宮（大阪府藤井寺市）が建っている。

　道真は845年の丑月丑日（6月25日）丑刻に産まれたとされ、京都市上京区の菅原院天満宮や、同下京区の菅大臣神社、同南区の吉祥院天満宮、島根県松江市の菅原天満宮などが生誕地といわれる。なかでも菅原院天満宮は松浦武四郎により菅公聖跡二十五霊社の1番に選ばれている。

　道真への信仰は903年の大宰府を最初として、同年には京都府長岡京市の長岡天満宮、東京都国立市の谷保天満宮、兵庫県明石市の休天神、兵庫県姫路市の大塩天満宮などが創祀されたという。日本最初の天満宮は山口県防府市の防府天満宮とされ、薨去日に霊が出現し、904年に社殿を建てたという。大宰府での社殿創建は905年と伝える。

　道真が天神として信仰されるのは923年頃とみられる。923年に醍醐天

皇の皇太子が没すると、908年の清涼殿への落雷や、909年の時平の早世は道真の祟りと考えられたようで、朝廷は道真に正二位を追贈している。その際、火雷天神と号したという。

947年には近江比良宮の神良種や北野朝日寺の最鎮が北野天満宮(京都市上京区)を創建したが、北野は火雷神を祀る地であったともいう。同年、道真の孫が太宰府天満宮の前身である安楽寺の初代別当となり、土師寺は道真自刻の十一面観音像を祀り道明寺に改称したという。良種は翌年、福島県猪苗代町の小平潟天満宮を開いたと伝える。

993年、鎮西から起こった天然痘が全国で猛威を振るい、道真の祟りと恐れた朝廷は道真に正一位左大臣と太政大臣を相次いで追贈した。

熊野信仰

全国の山岳霊場を中心に勧請された熊野神は和歌山県の熊野三山に祀られる神である。熊野三山とは田辺市の熊野本宮大社、新宮市の熊野速玉大社、那智勝浦町の熊野那智大社を指す。熊野三山の神々は、昔は熊野三所権現や熊野十二所権現と崇められた。

熊野信仰は1090年に白河上皇が初めて参詣して以降、大きな盛り上がりをみせた。上皇はこの年、初めて熊野三山検校を設置して、参詣の先達を務めた園城寺(滋賀県大津市)の増誉大僧正を任じ、また、常しえに聖体を護持させるべく聖護院(京都市左京区)を与えた。聖護院は天台系の本山派修験の管領となり、以来、修験道の隆盛とともに熊野信仰も栄えたのである。上皇による熊野への御幸は1221年までに97回を数えた。

熊野とはクマ(目の隈や月ノ輪熊の胸の斑紋のような形)の野と解され、熊野本宮が1889年まで鎮座していた熊野川の中洲(大斎原)、あるいはそれを包み込む山間の平坦地の形状を神聖視しての命名ではなかったかと思われる。『日本書紀』では熊野は伊弉冉尊を葬った地であるとも伝えている。島根県松江市にも熊野があり、そこには出雲一宮の熊野大社が鎮座している。

熊野権現は、熊野修験の徒や熊野参詣の人々らによって、全国津々浦々に勧請祭祀された。14世紀には沖縄、16世紀には北海道にまで勧請されている。沖縄県那覇市の波上宮は、真言宗護国寺が開創された1368年頃、

第Ⅰ部 寺社信仰の基礎知識

その境内に熊野三所権現を勧請創祀したと考えられている。波上宮は琉球八社(きゅうはっしゃ)の首座を占めた。北海道松前町(まつまえちょう)の熊野神社は1513年の創祀という。

東北地方では今も獅子舞のことを権現舞とよんでいるが、これは熊野修験が村々で祭祀した熊野権現を、祭礼時に獅子頭へと勧請して舞わせたことによる命名である。験力(げんりき)を積んだ山伏が祭祀する熊野権現は、人々に霊験著しい悪魔祓いの神として崇められた。

熊野修験の山伏が人々に授与した熊野牛玉宝印(ごおうほういん)は、熊野権現の使いである八咫烏(やたがらす)を88羽刷った紙札であるが、山伏はこれに生薬の牛黄(ごおう)を染み込ませて薬効をももたせていた。気軽に医者にかかれない人々にとっては、神霊の宿る神札として御利益があるだけでなく、科学的にも大変有り難いものであった。

明治時代の神仏分離・修験道廃止・神社合祀で熊野信仰は大きく解体され、各地で祭神の混乱が生じたが、おおむね本宮の系統は家津美御子大神(けつみみこのおおかみ)や素盞嗚尊(すさのおのみこと)を、新宮系統は伊弉諾尊(いざなぎのみこと)や速玉男尊(はやたまのおのみこと)を、那智系統は夫須美(ふすび)(牟須美／結(むすび))神や伊弉冉命(いざなみのみこと)、事解之男神(ことさかのおのかみ)を祀った。

地蔵信仰(ぢ(じ)ぞうしんこう)

造像数からいえば日本随一の信仰と思われる地蔵菩薩(伽藍陀山地蔵大士(からだせんじぞうだいし)／金剛幢菩薩(こんごうどう))への信仰は、阿鼻叫喚(あびきょうかん)の堕地獄(だじごく)思想とともに11世紀頃から広がり始めたと考えられる。11世紀の作とみられる日本初の地蔵説話集『地蔵菩薩霊験記』には地獄で地蔵に救われる話がみえ、12世紀の『今昔物語集』には地獄に堕ちた人を地蔵が救い出す話が多数収録されている。

源信が985年に著した『往生要集』でも『地蔵十輪経(じぞうじゅうりんぎょう)』を引いて地蔵抜苦を説いているが、それは阿弥陀仏を囲む聖衆の一員としての地蔵尊の役割であった。12世紀前半作と推定される中尊寺金色堂の六地蔵像も阿弥陀三尊像の脇侍としてつくられている。また、747年にもすでに地蔵像は造立されているが、それは「天の仏」である虚空蔵菩薩(こくうぞう)と対になる「地の仏」としてであった。

12世紀には筑紫の観世音寺をはじめ、岐阜県大垣市(おおがき)の明星輪寺(みょうじょうりんじ)や滋賀県湖南市(こなん)の正福寺(しょうふくじ)、京都府宇治田原町の禅定寺(ぜんじょうじ)などに蔵される地蔵菩薩半跏像(いずれも木造で国重文)がつくられたと考えられるが、その特異

な姿は一般に延命地蔵と称され、主尊として信仰されるのがもっぱらである。日本三大地蔵に数えられる京都市中京区の壬生地蔵と滋賀県長浜市の木之本地蔵も延命地蔵として信仰を集めた。

　日本三大地蔵の一つ矢田地蔵（奈良県大和郡山市）は身代地蔵と崇められるが、身代地蔵の信仰は『今昔物語集』にすでにみえる。現代でも東京都豊島区の高岩寺とげぬき地蔵などが代受苦の信仰を集めている。

　武士が台頭して戦闘が頻繁になると、軍神としての地蔵信仰も14世紀頃から勃興した。全国の愛宕信仰の総本社である京都市右京区の愛宕神社は、昔は白雲寺が別当であり、同寺は愛宕権現の本地仏として勝軍（将軍）地蔵を祀っていた。甲冑姿で馬に乗る特異な姿であるが、戦勝や火伏を祈る愛宕信仰の広がりとともに、全国各地で祀られるようになった。

　現在多くみられる子安地蔵のような子供の守護神としての地蔵信仰は、戦乱も収まった17世紀頃から盛んになる。1627年頃の作とされる『富士の人穴草子』には、『西院川原地蔵和讃』で知られる、幼子が賽の河原で小石を積んでは地獄の鬼に崩されて父よ母よと泣き叫ぶ話の原型がみられる。青森県むつ市の恐山や秋田県湯沢市の川原毛地獄には賽乃河原地蔵尊への信仰が今も色濃くみられる。避妊具販売業者が仕掛けた水子地蔵の販売が大当たりしたのも、こうした地蔵信仰が背景にあったと考えるべきであろう。日本三大地蔵と称される大阪府八尾市の八尾地蔵や徳島県小松島市の立江地蔵は安産祈願の信仰を集めている。

　大阪や京都では8月23〜24日の地蔵盆が子供の祭として賑わうが、現代では地蔵尊そのものが子どものように造顕されることも多くなった。石像彫刻家の國廣秀峯は1970年頃から「わらべ地蔵」を刻み始め、臨済僧の河野（又玄窟）太通らは1995年の阪神淡路大震災に際して「やすらぎ地蔵尊」を配って数多くの被災者を慰めた。

浄土宗（浄土専念宗／浄土真宗／真宗）

　1175年、円光大師法然房源空は、善導の『観無量寿経疏』を通じて阿弥陀仏の本願を感得、比叡山の黒谷を去り、西山広谷の粟生（京都府長岡京市）で初めて念仏の法門を説き、東山大谷の吉水（京都市東山区）に移って専修念仏の教えを広め始めたという。この事績は後に浄土宗の立教

開宗とされた。粟生は浄土門根元地と称され、1198年に蓮生（熊谷直実）が創建した光明寺（西山浄土宗総本山）が建つ。また、吉水には法然没後に廟が営まれ、現在は浄土宗総本山の知恩院が建っている。

　法然は1133年、岡山県久米南町に生まれた。同地には蓮生が1193年に誕生寺を創建している。同寺は法然の550回忌に創設された法然上人二十五霊場の第1番とされ、第25番は知恩院とされた。

　京都市内には、知恩院とともに浄土宗京都四箇本山と称される、知恩寺（百万遍）、金戒光明寺、清浄華院の三大本山があり、これに徳川家菩提寺の増上寺（東京都港区）、浄土宗関東総本山の光明寺（神奈川県鎌倉市）、信州善光寺の大本願（長野市元善町）、浄土宗九州本山の善導寺（福岡県久留米市）の四大本山を加えた7か寺が浄土宗七大本山と称されている。昔は浄土宗に9つの流派があったとされるが、今も残るのは知恩院を中心とする鎮西派白旗流と、西山派の西谷流と深草流の3流派のみである。

　西山派は、法然に23年間教えを受けた西山国師善恵房証空を祖とする一派で、証空は京都西山の善峰寺（京都市西京区）に住して法門を宣布した。

　西谷流には、粟生の光明寺を総本山とする西山浄土宗と、永観堂（京都市左京区）を総本山とする浄土宗西山禅林寺派がある。

　深草流は、京都市中京区の誓願寺を総本山とする浄土宗西山深草派となっている。

臨済宗（臨済禅／日本臨済宗）

　1191年、宋に留学していた天台密教僧の明菴栄西が臨済宗黄竜派の嗣法の印可を得て帰国、長崎県平戸市の千光寺で布教を始め、1195年に聖福寺（福岡市博多区）を日本初の禅寺として開いたという。これが日本臨済宗の始まりとされ、日本に純粋な禅宗が伝えられた最初と評価されている。禅自体は、577年に百済から禅師が来日しており、道昭も660年に唐から戻り元興寺に禅院を建立しているので、かなり早くから日本で修されていたものと思われる。道昭は修禅中、食は7日に1回、起つのは3日に1回であったと伝える。

栄西は1202年に臨済宗建仁寺派大本山の建仁寺（京都市東山区）を開いたが、そこは天台・真言・禅の3宗兼修道場であった。

　純粋禅の日本初の専門道場は、鎌倉幕府5代執権の北条時頼と、その師である聖一国師円爾弁円が1253年に創建し、大覚禅師蘭渓道隆を開山に招いた、鎌倉五山第一位で臨済宗建長寺派大本山の建長寺（神奈川県鎌倉市）である。円爾は宋の径山万寿寺の無準師範から印可を得た高僧で、1236年には臨済宗東福寺派大本山の東福寺（京都市東山区）を開いている。同じく無準師範から法を嗣いだ仏光国師無学祖元は1282年に臨済宗円覚寺派大本山円覚寺（神奈川県鎌倉市）を開いた。

　臨済禅は武家だけでなく皇室の信仰も集め、1291年には亀山法皇が臨済宗南禅寺派大本山の南禅寺（京都市左京区）を開基し、大明国師無関普門を開山に迎えている。同寺は後に京都五山と鎌倉五山の上に位置づけられ、日本で最高の寺格を得た。

　日本には宋から24流46伝の臨済宗が伝えられたが、現存するのは大応国師南浦紹明が13世紀に伝え、正宗国師白隠慧鶴が18世紀に中興した1流のみである。宋で径山万寿寺の虚堂智愚に学んだ紹明は、1307年に建長寺の住持となり、大応派の禅風を興し、臨済宗諸派の源流となった。大応の法嗣である大燈国師宗峰妙超は、臨済宗大徳寺派大本山の大徳寺（京都市北区）を1315年に開山した。同寺は応仁の乱で荒廃したが、一休宗純が復興している。大燈に師事した無相大師関山慧玄は1337年に臨済宗妙心寺派大本山の妙心寺（京都市右京区）を開山した。白隠も同寺の法系に属する。以上の、大応国師から大燈国師を経て関山慧玄へ続く法系を、「応燈関」と俗称し、現在、妙心寺派を最大門派として、日本の臨済宗14派はすべてこの1流に属している。

　臨済宗は唐の臨済義玄を開祖とするが、その臨済の師であった黄檗希運の禅風を伝えるのが、1661年に大光普照国師隠元隆琦が来日して開いた黄檗宗（臨済正宗／臨済宗黄檗派）である。同宗の大本山は京都府宇治市の萬福寺となっている。

浄土真宗（真宗／一向宗／門徒宗／本願寺宗／浄土宗）

　1224年、見真大師親鸞（愚禿釈親鸞／藤井善信）は『教行信証』の草

稿本を著した。この事績は1923年に浄土真宗の開宗とされたが、親鸞自身に独立開宗の意思はなかった。また、1872年から宗名として公称された浄土真宗という言葉自体も、親鸞自身は法然が開いた教えという意味で用いていた。

親鸞は比叡山横川の堂僧であったが、1201年に山を下り、吉水に法然を訪ね、本願念仏の道に入った。京都市中京区の六角堂に参籠し、聖徳太子本地仏の救世観音菩薩より女犯偈を得たという。1207年、法然らとともに流罪となり、越後国府（新潟県上越市）に移るが、その途中、越前で信徒を得たのが福井県鯖江市にある真宗誠照寺派本山誠照寺と真宗山元派本山證誠寺の始まりという。

1211年に罪が赦されると関東地方へ移り、稲田御坊（茨城県笠間市）を中心に20年ほど布教した。1225年には明星天子の夢告で信濃国善光寺から一光三尊仏を迎えて下野に専修寺を創建したと伝える。これが奥州から東海地方へと教線を広げ、15世紀まで真宗の大勢を占めた高田門徒の拠点である。現在は栃木県真岡市に真宗高田派本寺の専修寺（親鸞聖人二十四輩巡拝第2番）を残し、真宗高田派本山の専修寺は三重県津市に移っている。

高田門徒と並ぶ有力門徒であった横曽根門徒の系統を引くのは真宗木辺派本山錦織寺（滋賀県野洲市）で、親鸞は京都へ戻る途中、1235年に立ち寄って布教したという。

親鸞は1263年に往生素懐を遂げ、遺骨は鳥部野北辺の大谷に納められた。1272年には吉水の北の辺に改葬され、大谷廟堂が創建された。1321年、大谷廟堂は寺院化され、本願寺と称された。

真宗は越前で盛んであったが、1290年に真宗三門徒派本山専照寺（福井県福井市）が創建されると、北陸一円に門徒が広がった。1338年には真宗出雲路派本山の毫摂寺（福井県越前市）も越前に移っている。

14世紀に教勢が盛んで西日本最大の勢力となったのは真宗仏光寺派本山仏光寺（京都市下京区）の門徒であったが、15世紀に本願寺に蓮如が出て勢力が盛んになると、1481年には仏光寺14世の経豪も蓮如に帰依し、真宗興正派本山の興正寺（京都市下京区）を創建して、多くの門徒とともに本願寺に帰属した。

こうして真宗教団の総領は本願寺へと移ったが、1603年には京都市下

京区の浄土真宗本願寺派本山本願寺（西本願寺）の東隣に真宗大谷派本山真宗本廟（東本願寺）が開かれて親鸞像が安置され、本願寺は東西に分裂した。

曹洞宗（仏心宗／洞曹宗／曹洞禅／日本曹洞宗／洞門）

1227年、宋で中国曹洞宗の法を嗣いだ承陽大師希玄道元が帰朝、建仁寺で『普勧坐禅儀』を著した。この事績が後に日本曹洞宗の立教開宗とされ、道元は高祖と仰がれた。

日本曹洞宗の最初の寺院は道元が1233年に山城国の宇治に開いた興聖寺（京都府宇治市）である。翌年には孤雲懐奘が徹通義介ら達磨宗の徒を大勢連れて道元の門に入った。懐奘は道元に常に随侍し、『正法眼蔵』の整理に従事、永平寺2世となって道元の宗風を護ることに努めた。

道元は1244年に越前国で大仏寺を開いたが、これが現在、曹洞宗大本山となっている永平寺（福井県永平寺町）の始まりである。同寺には日本初の僧堂（坐禅堂）が建立された。

曹洞宗の教線は間もなく九州地方へと及び、1278年には肥後国に大慈寺（熊本市南区）が創建され、九州本山と称された。

道元没後は保守派と開放派の対立が生じ、13世紀末には永平寺3世で開放派の徹通義介が山を下り、加賀国に大乗寺（石川県金沢市）を開いた。

1321年、義介の弟子、常済大師瑩山紹瑾は能登国に総持寺を開き、日本最多の寺院を擁する曹洞宗の基盤を築いた。紹瑾は太祖と仰がれ、総持寺（神奈川県横浜市）は永平寺とともに大本山とされた。後に総持寺と興聖寺・永平寺・大慈寺・大乗寺は日本曹洞五箇禅と称された。

1324年に総持寺2世に就任した峨山韶碩の頃から、道元の教えに従う人々はみずからの宗を曹洞宗と称するようになった。曹洞宗は庶民に受け入れられ、「臨済将軍」に対して「曹洞土民」と称された。

1348年には陸奥国にある天台宗の古刹黒石寺の奥に正法寺（岩手県奥州市）が創建され、永平寺・総持寺に次ぐ曹洞宗第3本寺とされた。

15世紀になると、相模国に最乗寺（神奈川県南足柄市）、三河国に妙厳寺（愛知県豊川市）、羽前国に善宝寺（山形県鶴岡市）が誕生し、それぞれ道了尊、豊川稲荷、竜王尊への信仰を集め、曹洞宗三大祈禱所として

栄えた。秋葉三尺坊大権現への信仰を集めた遠江国の秋葉山秋葉寺（静岡県浜松市）や可睡斎（静岡県袋井市）も曹洞宗である。

なお、明治維新後に合同した曹洞宗寿昌派は1677年に来日した東皐心越に始まり、常陸国の祇園寺（茨城県水戸市）を本山とした。

日蓮宗（法華宗／日蓮法華宗）

1253年、立正大師日蓮は清澄寺（千葉県鴨川市）で「南無妙法蓮華経」の題目を10回唱えたという。この事蹟は後に日蓮宗の立教開宗とされた。日蓮は1222年に千葉県鴨川市の誕生寺の地に生まれ、12歳で清澄寺に入ったと伝える。社会不安の解決を仏法に求め、1260年に『立正安国論』を著して国主を諫暁した。同書は翌年創建された千葉県市川市の中山法華経寺に巻頭部分（国宝）が現存する。

しかし、3度の国諫（国主諫暁）も用いられず、日蓮は1274年、甲斐国の身延山に入り久遠寺（山梨県身延町）を開く。同寺には日蓮没後に遺骨が納められ、現在は日蓮宗の総本山・祖山となっている。1282年、病身の日蓮は身延山を下り、湯治のため常陸国へ向かったが武蔵国で没した。そこに築かれたのが東京都大田区の池上本門寺である。

日蓮から後事を託された6老僧のうちの日興は駿河国へ移り、1290年に大石寺（静岡県富士宮市）を、1298年に北山本門寺（同）を創建した。日興門流（富士門流）からは後に日蓮宗興門派（のち本門宗）が生じ、大石寺を総本山とする日蓮正宗（もと日蓮宗富士派）や、京都市左京区の要法寺を本山とする日蓮本宗が生じた。20世紀後半に急成長した創価学会は大石寺の教学を受けていた。

1321年には日像が妙顕寺（京都市上京区）を創建、四条門流を開いた。同門流からは日隆や日真が出た。日隆門流からは日蓮宗八品派や、京都市上京区の妙蓮寺を大本山とする本門法華宗、京都市中京区の本能寺など4か寺を大本山とする法華宗本門流、京都市上京区の宥清寺を大本山とする本門佛立宗が生じた。また、日真門流からは京都市上京区の本隆寺を総本山とする法華宗真門流（もと本妙法華宗）が生じた。1345年には日静が本圀寺（京都市山科区）を創建、「東の祖山」久遠寺に対して「西の祖山」と称された。1389年には中山門流から日什が独立して妙満寺（京

都市左京区）を創建し、日什門流（のち顕本法華宗）を開いた。
　1595年、豊臣秀吉が主催した千僧供養会に際し、京都妙覚寺の日奥が日蓮の不受不施義を主張。この不受不施派（隠れ題目）からは岡山市北区の妙覚寺を祖山とする日蓮宗不受不施派（もと妙法華宗）や、岡山市北区の本覚寺を本山とする不受不施日蓮講門宗（もと日蓮講門宗）が出た。
　現在、上記の誕生寺・清澄寺・中山法華経寺・北山本門寺・池上本門寺・妙顕寺・本圀寺が日蓮宗の七大本山となっている。

神仏分離・廃仏毀釈・神社合祀

　約1,000年もの長きにわたって日本人が伝承してきた神仏習合が終焉を迎えたのは、王政復古を成し遂げた明治維新の政策によってであった。それを一般に神仏分離とよんでいる。
　維新政府は、神社から寺院を分離して独立させ、徳川幕府が寺院を手先として庶民を支配したように、神社を手先として庶民を支配しようと考えたのである。そして、神道を国教化して国家神道を樹立するため、神道を仏教から独立させるべく本地垂迹説を否定し、神仏分離令を出して神社から神仏習合の形態を払拭した。
　神仏分離令とは、1868年3月17日から10月18日にかけて相次いで出された法令の総称で、神仏判然令や神仏混淆廃止令ともよばれている。
　維新政府は3月12日に神道国体政策を提唱し、3月13日に神祇官再興を布告、3月14日に明治天皇が神に誓う形式で五箇条の御誓文を発布し、これらに続いて3月17日に神祇事務局達165号で別当・社僧の復飾（俗人に戻ること）を命令したのが始まりである。3月28日には同196号で仏像を神体とすることを禁止し、速やかに神社から仏具類を撤去するよう命じた。これを切っ掛けとして、全国で廃仏毀釈（排仏棄釈）の嵐が巻き起こるのである。
　4月1日、比叡山にある日吉山王権現社（滋賀県大津市）の樹下茂国は、京都の吉田神社へ赴き、そこにいた各国の神主たちで40余名の神威隊を組織して戻り、地元の住民らも加えて総勢約130名で神殿に乱入、仏像・仏画・経典・仏具など、少しでも仏教に関係ありそうなものは根こそぎ残らず社殿の外に出し、火を放って焼き捨てた。燃えない金属類はことご

く持ち去ったという。これに水戸学や平田国学の連中も同調、神社から仏具類を撤去する作業が公式に始まった。全国各地で寺堂の破壊や仏像・仏画の売却が相次ぎ、多くの貴重な文化財が海外へと流出した。

こうした動きに対応して寺院では、早々と僧侶が還俗して神職へと転身し、寺院を神社へと模様替えすることが各地で行われた。奈良興福寺の僧侶は春日神社の神職となり、讃岐の金毘羅大権現は金刀比羅宮になり、全国の八幡宮では祭神を八幡大菩薩から八幡大神へと変更した。神仏習合色の強かった天台宗では、1万寺以上あった寺院の約6割が廃絶した。

神社についても、吉田家や白川家による支配が否定され、全国の神社は国家神道に統一され、寺請（檀家）制度に代わる氏神制度が確立した。

こうして1868年のうちに寺社信仰のあり方は激変したが、その後も断続的に寺院の力を削ぐ政策は続けられた。なかでも大打撃を与えたのが1871年の第一次上知令であった。境内を除くすべての寺領を没収する政策である。高野山では2万石もの広大な寺領を失って収入が激減、寺堂の修繕や職員の維持がまったく立ち行かなくなってしまった。興福寺では資金を捻出するため、仏像・仏画・仏具を売却し、現在国宝とされている五重塔も焚き木として25円で風呂屋に売却したという。

経済的に神仏習合を解体した翌年、1872年には思想的に神仏習合を解体する一連の政策が実施された。女人禁制の廃止、僧侶の肉食・妻帯・蓄髪の許可、托鉢の禁止などは寺院や僧侶から聖性を奪い、仏教は骨抜きにされていったのである。

熊野権現や蔵王権現を祀って庶民から篤い信仰を集めていた修験道も、同じく1872年に廃止された。当時、日本の人口は3,300万人ほどであったが、そのうち修験者（山伏）は約17万人いた。それが姿を消したのである。神官や僧侶に転身した者もあったが、多くは帰農し、あるいは徴兵された。

以上の諸政策により、神仏習合の世界はほぼ駆逐されたのであった。

一方、神社を中心とする国家神道の政策もやがて経済的に行き詰まり、政府は財政負担を軽減させるべく、1906年から大規模な神社整理を始めた。世にいう神社合祀である。当時全国に19万3,000社ほどあった神社は次々と合併させられ、10年後には7万4,000社が姿を消した。自分たちが信仰していた神社を奪われた人々の神祇信仰はおのずと失われ、神社を拠点に庶民を支配する構想はついに破綻した。

第Ⅱ部

都道府県別
寺社信仰とその特色

凡例

* 寺院と神社については、おおむね各旧郡を単位として、地域が大切に守り伝えてきた民俗との関わりを重視して選定した。なお、本書では堂庵や御嶽も寺社の範疇に含めて取り上げた。
* 本書は民俗学の書であるので、使用する名詞については、余所者による他称や学術用語、登記簿上の名称、教義的な呼び方よりも、愛称や通称などの民俗語彙をできるだけ優先して用いたが、情報の重複を嫌って寺社名に二次的な民俗語彙を採用した場合もある。
* 民俗文化財については、検索の便を優先して、〈　〉内に行政が登録した名称を記した。そして、国指定の重要無形/有形民俗文化財には†を、登録有形民俗文化財と、記録作成等の措置を講ずべき無形の民俗文化財には‡を、それぞれ付した。また、国指定重要文化財は国重文、都道府県や市区町村の指定する文化財は県文や村文と略した。
* 記述については、民俗学の視角からみて特色を有すると考えられる伝承や事物を優先的に取り上げた。
* 出来事が起こった年については、和暦を略し、西暦のみを記した。
* 巡礼の霊場（札所）となっている場合は、その巡礼範囲の地名、番付霊場の数、礼拝対象とする神仏名、番付の順に、算数字を用いて略記した。例えば「関東三十六不動霊場の第一番札所」であれば「関東36不動01」と記した。また、「33観音」「88弘法大師」とすべき所は、単に「33-」「88-」とさらに略した。また西国33・坂東33・秩父34の百観音巡礼と四国八十八ヶ所霊場（四国遍路）についてはさらに「33-」と「88-」を略して「四国05」などと記した。

1 北海道

北海道神宮

寺社信仰の特色

　北海道での寺社信仰の歴史は意外に古く、1404年には知内町の湯倉神社（薬師堂）が存在したと考えられ、同町の雷公神社や江差町の姥神大神宮など13世紀の創建を伝える神社もある。函館博物館蔵の鰐口銘からは1439年以前の脇澤山神社の存在がほぼ確実とされている。松前町の法源寺・法幢寺・阿吽寺や、上ノ国町の上国寺などが15世紀の草創を伝えるのも、あながち作り話とも言い切れない。

　17世紀には円空が道南で修行しており、道南五大霊場（江差町の笹山稲荷、せたな町の太田神社、函館市の恵山賽ノ河原、奥尻町の賽ノ河原、八雲町の門昌庵）が信仰され始めるのも17世紀からと思われる。

　蝦夷地総社として信仰を集めた函館八幡宮は箱館奉行所の設置を受けて1804年に社殿が造営されており、同年には江戸幕府が蝦夷地を直轄地とし、蝦夷三官寺（有珠の浄土宗善光寺、様似の天台宗等澍院、厚岸の臨済宗国泰寺）の創建を決定した。

　しかし、道内で多くの寺社が建立されるのは1869年に北海道開拓使が設置され、開拓三神の鏡が札幌に遷され、無禄となった侍らが大勢移住した後のことである。神鏡を祀る札幌神社は1871年に完成し、北海道一宮と称され、1964年には明治天皇を合祀して北海道神宮と改称、現在は道内最多の参拝者数を誇っている。

　屯田兵や開拓入植者として道内各地に移住した人々は、その多くが心の支えとして古里の神仏を祀った。当初は棒に神仏名を書いて立てただけの「棒杭神社」や、切り株に神棚を据えただけの「切株神社」が多かったという。

　やがて浄土真宗や曹洞宗など仏教諸宗派の僧侶らも次々と道内に進出し、草庵を結んで仏像を祀り、仏法を説き、供養を営むなど、厳しい自然のなかで暮らす人々の救済にあたり、寺院を創建していった。

主な寺社信仰

厳島神社（いつくしま）
留萌市礼受町。市杵島姫命を祀る。1786年、松前郡福山の請負人・栖原彦右衛門が安芸厳島から弁天を勧請して留萌神社とともに創祀したと伝える。留萌は古くから栄えた蝦夷地有数の漁場で、17世紀初めには松前藩が交易場を開いたという。500mほど南に国史跡の旧留萌佐賀家漁場があり、〈留萌のニシン漁撈（旧佐賀家漁場）用具〉‡ 3,745点を収蔵して、ヤン衆で賑わった往時の様子を伝えている。1955年頃、ニシンがこつ然と姿を消し、その姿は戻らず、1957年春を最後に漁は終わりを告げた。佐賀家もこの年に経営を停止し、今は無人の番屋やトタ倉などが残るのみである。この社の例祭は7月3日で、昔は境内で子供神楽が行われるなど華やかであったが、現在は神楽も行われなくなってしまった。なお、佐賀番屋は北海道遺産「留萌のニシン街道」の一つでもある。

旭川神社（あさひかわ）
旭川市東旭川。1892年に入植した屯田兵400戸が天照大神と木花開耶姫命を祀り、翌年本殿を造営したのに始まる。以来、屯田移住が完了した8月15日を記念日として例祭を営み、屯田神輿（みこし）が地区内を渡御している。1968年には道内一の高さを誇る開道百年記念大鳥居を建立、1982年には屯田兵屋や民俗資料を展示する旭川兵村記念館を境内に開館した。旭川は古くから開けた場所で、石狩川沿いで大量の干鮭を生産し、交易品として本州に出荷していたらしい。市内神居町の一画では、9〜12世紀頃の竪穴住居遺跡が発見されており、後に進出したアイヌによりカムイ-コタン（神の村）とよばれた。市内には日本最古のアイヌ文化資料館である川村カ子トアイヌ記念館があり、〈アイヌの建築技術及び儀礼〉‡によって建てられた住居（チセ）など、約500点を展示している。

信善光寺（しんぜんこうじ）
北見市川東。浄土宗。1908年、吉田信静尼が観音堂に説教所を設けたのが始まりという。北見は1897年に入植が始まったばかりで、屯田兵が不撓不屈の精神で灌漑施設を建設するなどの開拓を進め、1904年にはついに寒冷地での稲作を始め、間もなく薄荷の栽培でも成功し、今に続く一大農業拠点となった。日露戦争でも活躍した屯田兵の偉業を顕彰するため、1923年、信静は彼らの姿を後世に伝える人形の建立を発願、地道に勧進（かんじん）を続け、10年後に現存の75体を完成させた。

信静は岐阜県大垣の出身で、1907年に兄を頼って北見に渡り、屯田家族らに仏の教えを説き続けたが、1944年に雪道で馬橇にひかれて亡くなった。1969年、〈屯田兵人形〉は市の民俗文化財に指定された。今も毎年、境内の桜が咲く頃、5月17日・18日には屯田兵の追悼法要が営まれている。

阿寒岳神社

釧路市阿寒町阿寒湖温泉。前田正名が阿寒湖畔で開発に着手した年でもある1905年、湖畔住民の心の寄り処として創祀された。9月の例祭は、まりも祭り、イオマンテの火まつりと並ぶ阿寒湖三大祭りの一つである。現在は国立公園や特別天然記念物の毬藻で有名な温泉地だが、当時は石炭や硫黄の採掘で内地から和人が移住した土地だった。活火山で日本百名山の雌阿寒岳の麓にあり、1975年には社を建てて愛媛県の大山祇神社から分霊を勧請している。阿寒はアイヌ語で輪の意とされ、道内最大のアイヌのコタン（村）があり、ユネスコ無形文化遺産の〈アイヌ古式舞踊〉†やムックリ（口琴）音楽がオンネチセ（大きい家）で披露される。舞踊はバッタの舞や色男の舞など、ベカンベ（菱の実）祭りや梟祭りでのウポポ（歌）やリムセ（輪舞）で、春採のアイヌコタンにも残っている。

報徳二宮神社

豊頃町二宮。1897年、福島県相馬郡石神村から当地へ移住した二宮尊親らが、1894年に神奈川県小田原城址に創建された報徳二宮神社の遥拝所を建立したのに始まる。尊親は二宮尊徳の孫で、報徳精神に基づく興復社農場を仲間とともに開拓していった。社には尊徳の紋付羽織が現存し、近くの二宮報徳館には尊親の「修学習業」の書が残る。1920年には、栃木県今市町の報徳二宮神社から分霊を勧請して社殿を造営した。このとき、尊徳直筆の書（道歌）を二宮尊道が奉納し、牛来巳之吉らは石神村の押釜神楽を奉納した。以来、毎年9月20日の例祭で〈二宮獅子舞神楽〉が続けられている。押釜神楽は1852年に石神村の彫刻師小沢深治らが伊勢神宮で習って村の高座神社に奉納したものであった。

納内神社

深川市納内町。天照大御神を祀る。1895年、当地に屯田兵村が置かれた際、尚武山の麓に開拓記念碑を建立し、翌年から記念祭を営んだのが祭の始まりで、1898年に至って尚武山の中腹に小祠を建立したのが社の始まりである。1902年に現在地へ遷し、2年後に本殿と拝殿を建立営した。境内には神木の水松やオンコの大木、忠

魂碑、開村記念碑、明治三十七年役出征記念碑、創祀百年碑、村上清孝翁公德碑、土俵などがある。9月5日の例大祭には〈猩々獅子舞〉が奉納される。これは当地に屯田兵として入植した矢野氏が1907年に郷里の香川県奥鹿村に伝わる猩々獅子舞を伝承したものである。獅子は2人立てで、1の舞から舞い込みまで15段階あり、白狐の舞や猩々の舞など多彩な舞をみせる。

金龍寺（きんりゅうじ） 石狩市新町。日蓮宗。本尊は十界未曾有大曼荼羅。外山貞妙が1859年に金竜庵を開いたのに始まり、1880年に現称を得た。宝珠山と号す。本堂隣の妙見堂に妙見菩薩・八大龍王・妙鮫法亀善神を祀る。妙鮫法亀善神像は、生振村で鮭漁場を経営していた古谷長兵衛が1889年に奉納したもので、地元では「鮫様」とよばれている。〈金龍寺の鮫様（龍神・妙亀菩薩・鮫神像）〉として、石狩市弁天町の1825年奉納〈石狩弁天社の鮫様（妙鮫・法亀大明神像）〉とともに、北海道有形民俗文化財に指定されている。鮫神像は宝珠を持ち緋色の袴を着け鮫の上に立つ姿で、日本三大河川の一つ石狩川の主と崇められた蝶鮫を神格化したものと考えられる。石狩は鮭漁の一大拠点で、日本初の缶詰工場ができた場所でもある。同じ新町にある金大亭は石狩鍋発祥の地。

明治神社（めいじじんじゃ） 余市町入舟町。モイレ山に鎮座。文武山と号す。1912年、明治天皇の病気（御不例）回復祈願に薬師主神を祀ったのが始まりという。翌年、明治天皇遥拝殿を創建し、崩御（御登龍）日の7月30日を例祭日とした。地元では「明治神宮」と称された。1947年からは余市の戦死将兵の神霊を配祀している。麓の北海道十三仏薬師霊場・茂入山阿弥陀院（いれざん）までの道には十三仏と三十三観音の石仏が並んでいる。山には水産博物館もあり、現存唯一のカムイギリ（多くの魚を下げた鯱の木彫り）を展示している。〈アイヌのユーカラ〉‡（叙事詩）では鯱（しゃち）は鰊や鮭などの海の幸を人間にもたらすレプンカムイ（沖神）で、アイヌの人々はカムイフンベ（神鯨）と崇め、イナウ（削り掛けの木幣）やイクパスイ（捧酒箸）に刻んだ。大和言葉でも鯱は幸（さち）の語源ともいわれている。

善光寺（ぜんこうじ） 伊達市有珠町（うすちょう）。浄土宗。有珠山の麓にあり、大臼山道場院と号する。境内は国史跡。慈覚大師が自刻の阿弥陀像を安置して開基したと伝える。1804年に蝦夷三官寺の一つとされ、アイヌの人々に仏教を広めた。アイヌ語併記の『念仏上人子引歌』（ネンブチカモイポウウンニシケイナ）（3代辨瑞作、4代

辨定開板）の板木（国重文）が今も残り、過去帳にはアイヌ民族の名がみえる。向かいのカムイ-タッコプ（神の丘）にはバチラー夫妻記念教会堂が建つ。バチラー博士はアイヌのために愛隣学校や無料の病院を開設した宣教師で「アイヌの父」と親しまれた。アイヌの言語や民俗の研究でも多くの成果を残し、戦後は邸宅が北海道大学の植物園内に移築され、博士の収集した資料を展示するアイヌ博物館となった。現在は後継の北方民族資料室が〈アイヌのまるきぶね（河沼用）〉†などを展示している。

義経神社（よしつね）

平取町本町。1799年、近藤重蔵らが江戸の法橋善啓に刻ませた源義経像を平取に安置して祠を建てたのが始まりと伝える。重蔵は平取のホンカンカムイを判官神、すなわち九郎判官義経と解したらしい。後に義経像は日高町門別に遷され、廃仏毀釈で焼却されそうになったが、平取コタンの首長・平村ペンリウクが引き取り、アイヌ民族の知恵の神オキクルミが降臨したと伝える平取のハヨピラに祀ったという。オキクルミは新井白石の『読史余論』（1712年）などで義経であろうと推測されていた。沙流川を遡るとアイヌ文化発祥の地といわれる二風谷がある。アイヌ文化の伝承に努めた萱野茂が創設した二風谷アイヌ資料館があり、平取町立二風谷アイヌ文化博物館とともに、〈北海道二風谷及び周辺地域のアイヌ生活用具コレクション〉†を保管・展示している。

厳島神社（いつくしま）

江差町鴎島。1615年、回船問屋仲間が航海安全を願って弁財天を勧請したのが始まり。江差は北前船の最終寄港地で「入船三千出船三千」の弁財船が行き交い、船乗りや商家の信仰を集め「弁天様」と親しまれた。一方「やらずの明神」ともいわれ、出稼ぎ人は江差に銭を落とさねば無事に故郷に帰れないと畏れられた。1868年に現称とする。7月の例大祭は「かもめ島まつり」として賑わい、姥神大神宮渡御祭・江差追分全国大会とともに江差三大祭りに数えられる。祭りは奇岩の瓶子岩への大注連縄飾りから始まり、次いで〈松前神楽〉‡（御城神楽）の流れをくむ江差神楽が奏せる。鼓笛隊や江差音頭千人パレードが続き、夕方には宵宮祭となる。翌日は神輿が御座船で海上渡御する神事から始まり、全道北前船競漕大会や歌謡ショーなどが繰り広げられる。

船魂神社（ふなだま）

函館市元町。世界三大夜景で有名な函館山の麓に建つ。函館港の守り神。1135年、融通念仏宗の開祖、良忍上人が巡錫の折、当地を観音の霊跡として一宇を建てたのが始まりという。函

館山は観音霊場として栄え、1832年には三十三観音霊場が開かれている。現在は函館山七福神の霊場も開かれ、当社は福禄寿を祀っている。江戸時代には船魂大明神と崇められたが、1879年に現称とした。現在は塩土老翁神や大綿津見神を祀り、8月11日を例祭日として神輿行列渡御や松前神楽奉納、餅撒き、福引きを行っている。社から日和坂を下ると函館市北方民族資料館がある。北方民族研究の世界的な権威である馬場脩が収集した〈アイヌの生活用具コレクション〉†や、児玉作左衛門が私財を投じて収集したアイヌ民族資料、および函館博物館旧蔵資料を収蔵・展示している。

おまいりの方法 ❶準備

＊基本的には、各寺社が示す方法に従います。なにも示されていない場合は、以下の方法を目安にしながら、皆さんそれぞれの意向や事情に応じて取捨選択すると良いでしょう。

1. 家を出る前に体と心を清めます。入浴、洗顔、歯磨、深呼吸、神棚／仏壇礼拝、大祓詞奏上、勤行など。
2. 身形を整え、精神を調え、真心を籠めて、忘れ物のないよう準備しましょう。
3. 持ち物は、外出全般に持って行く現金・雨具・手拭・薬・地図などのほか、次のような寺社参拝に特有の用具もあります。
4. 神社への場合、供物（塩・酒・洗米・水・果物・玉串・志納金など）や朱印帳を持参し、白衣・白襷・白足袋・白褌などの白い衣類を着用すると良いでしょう。
5. 寺院への場合、浄財・灯明・線香・着火具・塗香・仏花・経典・数珠・納経帳・納札・写経などを持参し、輪袈裟・白衣・頭陀袋・金剛鈴・金剛杖・笠などを身に着けるとよいでしょう。

☞ p.49に続く

2 青森県

恐山菩提寺

寺社信仰の特色

　青森県は、三内丸山遺跡や亀ヶ岡遺跡に代表される、豊かな縄文文化を受け継ぐ伝統文化が長く栄えた地であることから、寺社信仰が定着を始めたのは11世紀の後三年の役以後ではなかったかと思われる。1126年には藤原清衡が白河関から外浜まで1町ごとに金色の阿弥陀像を描いた笠率都婆（笠卒塔婆）を建てたという。

　1210年には金光上人が蓬田村で阿弥陀像を得て一寺（弘前市行岳山西光寺、青森市行岳山西光院）を創建、大中山梵場寺を再興したと伝え、1262年には北条時頼が平等教院（霊台寺、藤崎護国寺、満蔵寺、弘前市唐糸山万蔵寺）を再興したという。史料としては北条貞時が1306年に寄進した銅鐘（国重文）が弘前市の長勝寺に残っている。南部藩総鎮守の櫛引八幡宮が現在地に祀られたのも同時期の1222年と伝える。

　津軽（弘前）藩総鎮守の岩木山神社は、古くは百沢寺岩木山三所大権現として信仰を集めていた。岩木山北東麓の鬼神社（鬼神様）、平川市の猿賀神社（深砂大権現）とともに〈津軽の七日堂祭〉‡の修正会行事が今も伝わるように、津軽に熊野信仰が浸透する15世紀や、津軽氏が活躍する16世紀の隆盛が想像される。ただし、地元では〈岩木山の登拝行事〉†に象徴される御山こと御岩木様への信仰が古くから存在したのであろう。

　霊山信仰という点では日本三大霊場に数えられる恐山も古いのではないかと思われる。下北地方では人が死ぬと往く所と伝えられてきた。死者供養のために地蔵大士が祀られたのであろう。今も供養のための石積みや風車があちこちにみられる。釜臥山菩提寺が草創されたのは16世紀と考えられ、参詣者で賑わう7月の大祭（地蔵講）と10月の秋詣りに〈津軽のイタコの習俗〉‡の口寄せがみられるようになったのは1950年以降といわれている。

主な寺社信仰

熊野神社
東通村田屋。伊邪那美命・早玉男命・事解男命を祀る。1486年、氏子の勧請で鎮座したと伝え、同年の棟札（県重宝）が現存する。この棟札は県内でも3番目に古いもので、頂上部は左右非対称の鬼門切りと呼ばれる山形になっている。当時すでに下北へ熊野信仰が伝播していたことを証明するもので、大変重要である。例祭は9月17日で、上田屋青年会が〈下北の能舞〉†を奉納し、前夜祭から子どもの能舞や手踊りの奉納があって賑わう。能舞は中世芸能を伝える貴重な民俗文化財で、14世紀に誕生し、15世紀末に目名不動院三光坊が下北に伝え、今は東通村を中心に残るのみである。権現舞・式舞・武士舞・修験舞（鐘巻）・道化舞に大別され、鳥舞や翁舞など計28の演目がある。代表演目は道成寺縁起に取材した鐘巻で、鬼と化した娘を修験者が祈禱で救い出す。

小田子不動堂
七戸町和田下。1396年に地頭の南部政光が運慶作の不動尊像を安置して創建したという。17〜19世紀に奉納された〈南部七戸小田子不動堂奉納絵馬〉†108枚が残る。明治初期までは体の弱い子を本尊の取子にして育てる民俗があった。境内の祠に祀る桂化木は願掛け石とよばれ、本尊に願を掛けて石に酒を供えて持ち上げ、軽く上がれば願が叶い、上がらない時は叶わないという。七戸町見町の観音堂も政光が1396年に創建したと伝え、糠部33-13としても参拝を集めた。堂内には観光上人の1512年の順礼札のほか、絵馬・羽子板・読経札など〈南部七戸見町観音堂庶民信仰資料〉†359点が残されていた。両堂の絵馬は縁日に奉納されたものが多く、裏に「叶」の一字を大書したものが4割を占める。これらは現在、町の鷹山宇一記念美術館に保管されている。

法蓮寺
十和田市洞内。曹洞宗。地福山と号する。洞内城の主郭跡に建つ。鎌倉時代に城主の洞内由之進が法身性西国師（法心禅師）を迎えて臨済宗円福寺を創建したという。法身は1189年に常陸国真壁郡猫島村に生まれたと伝え、真壁城主の下僕であったが、仏縁を得て高野山の明遍、鎌倉寿福寺の退耕行勇に学び、宋に渡って径山寺の無準師範に師事、帰国後の諸国修行中に北条時頼の帰依を受け、松島瑞巌寺を中興したことで知られる。1273年に没し、当寺の裏に埋葬された。毎年9

月2日に盛大に供養祭が行われ、〈南部駒踊〉‡が奉納されている。模擬乗馬を腰につけた10人が、庭入りや直り駒などを踊る。木崎野での野馬捕りを模したとも、戦場での軍馬の活躍を舞踊化したものとも伝える。

長者山新羅神社（ちょうじゃさんしんらじんじゃ）

八戸市長者。1678年、八戸藩2代の南部直政が領内安穏の祈願所として虚空蔵堂を建立したのに始まる。本尊は伊勢朝熊山本尊の写しで、父の直房が直政の一代本尊として京でつくらせ、朝熊山明王院が明星水で加持して開眼した像という。直政は虚空蔵尊に祈願して産まれた子で、一代本尊も寅年の虚空蔵尊であった。これに、南部氏の祖とされる新羅三郎源義光と、愛宕権現を勧請したことから三社堂ともよばれた。堂は八戸藩修験総録の長者山常泉院栄尊が管理した。栄尊は直房の命で熊野山伏となった元家士であった。山の中腹には八戸南部家の墓所がある。2月には八戸に春を呼ぶ小正月の予祝芸〈八戸のえんぶり〉†が奉納される。8月は豪華な風流として知られる〈八戸三社大祭の山車行事〉†が行われ、中日には〈加賀美流騎馬打毬〉も催される。

月山神社（がっさんじんじゃ）

三戸町泉山。三戸南部氏13代守行が社を建てて祈願所にしたという。月読命を祀る。大祭は7月25日（昔は旧暦6月12日）で〈泉山の登拝行事〉†が催される。地元では「七歳児初参り」と言い、数え7歳になった男児が父兄とともに東に聳える名久井岳（月山）へ登り、山頂の奥殿に参拝する。これを済ませると男児は「神の子」から「村の子」へと成長を果たし、「男」の仲間入りをする。早朝に心身を冷水で清めた男児は白装束を身に着け、自分の手形を朱で押した絵馬を腰に下げて神社を出発、泉山神社（地蔵堂）で見送りの女児に賽銭をあげ、8合目の石出明神で小休止、最後の急登を経て奥殿に絵馬を奉納、今までの成長を感謝し、後の健康を祈る。山上で共同飲食を取ると、北麓の糠部33-22長谷観音恵光院へ向けて荒沢不動尊など山中15か所の祠に賽銭をあげながら下る。

義経寺（ぎけいじ）

外ヶ浜町三厩。龍馬山と号す。三厩は源義経が蝦夷ヶ島（北海道）へ渡った地と伝え、津軽海峡に面して厩石がある。荒れ狂う海峡を前に義経が念持仏の観音菩薩に助けを求めると、3頭の龍馬を得て無事に海を渡り、以来、一帯は三馬屋とよばれたという。1667年、当地を訪れた円空は、厩石の上に義経の観音像を見つけ、その像を流木を刻んでつくった聖観音像の胎内に納め、小さな堂宇を建てて祀った。これ

が当寺の始まりという。津軽33-19で、今も海上安全や大漁祈願の信仰を集めている。三厩から西、竜飛崎・小泊・十三湖にかけては磯まわり漁が盛んで、刳り抜き材（モダマ）を接いでつくった磯船が多く残り、〈津軽海峡及び周辺地域のムダマハギ型漁船コレクション〉†が青森市あおもり北のまほろば歴史館に展示されている。

善知鳥神社

青森市安方。鳥頭中納言藤原安方朝臣の霊を陸奥国外ヶ浜（油川）の鎮護として祀ったのが始まりという。当地は穏やかな干潟の安潟で、ヨシチドリ（葦千鳥／善知鳥）の生息地として知られていた。昔は善知鳥村とよばれたが、1624年に青森村と改称されたという。神仏分離で毘沙門堂が廃されると、代わりに青森総鎮守と崇められるようになった。夏に賑わう〈青森のねぶた〉†とは逆で冬に賑わい、県内では最も初詣参拝者が多く、年明けと同時に浄世太鼓が打ち鳴らされる。版画家の棟方志功は少年時代に好んでスケッチに訪れ、結婚式は同社で挙げている。志功の菩提寺は近くの青森山常光寺（一番寺）で、寺の隣には太宰治が下宿していた。なお、隣の本町には〈津軽・南部のさしこ着物〉†と〈泊のまるきぶね〉†を展示する県立郷土館がある。

猿賀神社

平川市猿賀。蝦夷討伐で戦死した上毛野君田道の霊を坂上田村麻呂が猿賀野に祀った神蛇宮が始まりという。後に津軽天台四山の1つ猿賀山神宮寺が別当を務め、深砂宮や深砂大権現と親しまれ、眼の守護神、辰年の守護神、農業の神として東北一円の信仰を集めた。1871年に現称とする。例大祭は旧暦8月15日の十五夜大祭で、10万人が参拝し、岩木山・小栗山とともに津軽三大祭と称される。宵宮には〈津軽神楽〉‡が奉納される。旧暦1月7日には〈津軽の七日堂祭〉‡があり、柳がらみの神事では拝殿で氏子が若柳の大枝を檜の盤に12（閏年は13）回打ち付けて作を占う。枝が早く落ちるほど豊年で、落ちた枝を種籾を浸すときに入れると豊作になるという。続いて境内でゴマの餅撒きがあり、この餅を食べると護符になるという。6月には御田植祭、9月には刈穂祭が行われる。

川倉地蔵堂

五所川原市金木町。芦野湖の東岸に突き出た、七夕野とよばれる丘の上に建つ。津軽地方の地蔵信仰の一大拠点で、賽乃河原地蔵尊として知られる。本堂には亡き子の供養に玩具や衣類、花嫁や花婿の人形が山のように奉納されており、境内には数千体の地

蔵尊が祀られている。旧暦6月22〜24日の縁日（大祭）には大勢の参詣があり、本堂に諷誦文を奉納する。本堂の裏にはイタコが集まっており、口寄せを行う。天から降った燈明の下を掘って出土した地蔵像を慈覚大師が安置して開いたと伝え、天台宗ではあるが、地蔵講が管理をしている。〈津軽の地蔵講の習俗〉‡では、中高年の女性が講を結び、毎旧暦月23日に集落のはずれの祠堂で地蔵を祀る。旧暦6月23日には宵宮をし、オセンダクといって像に新しい着物をつくって着せ、顔に化粧をし直す民俗も広くみられる。

最勝院（さいしょういん） 弘前市銅屋町（ひろさきどうやまち）。美しい五重塔（国重文）があり、弘前で最も初詣参拝者が多い。旧暦6月13日の牛頭天王尊（ごずてんのうそん）の縁日にも境内は露店が並んで参拝者で大変賑わう。金剛山光明寺と号し、金剛界大日如来を本尊とする。津軽弘法大師霊場1番札所。文殊菩薩は津軽一代様の卯年霊場本尊。巨大な貪瞋痴（とんじんち）の三毛猫を退治したという猫突不動明王（ねこつきふどうみょうおう）は東北36不動15となっている。1532年に常陸国桜川の弘信法印が開いたと伝え、日本7名城の1つ弘前城が1610年に築かれると翌年その鬼門へと移り、津軽藩永世祈願所に定められたという。藩政時代は領内の寺社総取締（僧録）で、弘前総鎮守八幡宮の別当も務めた。弘前八幡宮の例祭は8月1日で、1882年以前は〈津軽神楽〉‡の奉納や山車の曳き回しがあったという。この山車の曳き回しが〈弘前のねぷた〉†の曳行を惹起したと考えられている。

久渡寺（くどじ） 弘前市坂元（さかもと）。護国山観音院と号する。本尊は聖観音で津軽33-01。寺宝の幽霊画は円山応挙（まるやまおうきょ）が亡き妻を描いたと伝え、命日の旧暦5月18日に開帳して供養している。本堂には王志羅様（おしらさま）も祀られている。1897年に高坂清観住職が王志羅講を結成し、津軽地方のオシラ様信仰の拠点となった。5月16日の大祭には、津軽だけでなく秋田県北部からも大勢が参詣に訪れ、〈久渡寺のオシラ講の習俗〉‡が営まれる。早朝から参詣者が集まり、本堂で持参したオシラ様にオセンダクとよぶ衣装を着せ、受付で印を押してもらう。この印の数でオシラ様の位が上がるという。オシラ様は護摩壇（ごまだん）の周囲に立てられ、護摩にかざした大幣（おおぬさ）で祓われ、最後にイタコが津軽観音巡礼の御詠歌（ごえいか）とオシラ祭文を奉唱して大祭は終了する。

円覚寺（えんがくじ）　深浦町深浦。真言宗醍醐派。坂上田村麻呂が一宇（いちう）を建て、聖徳太子作の十一面観音像を安置したのが始まりで、後に円覚法印が当山派修験の寺にしたと伝える。大祭は7月16日で、宵宮には柴燈護摩（さいとうごま）や火渡行法（ひわたりぎょうほう）が修される。津軽33-10で、澗口観音（まぐち）と親しまれた。深浦は北前船（きたまえぶね）の風待ち港で、津軽藩4浦に数えられた。境内の竜灯杉は日本海を航行する船の目印とされ、澗口観音を信心すれば大時化の時や霧や闇に包まれた時でも、光を放って導くと信じられた。そのため商人や船乗りの寄進が数多くあり、現在も〈円覚寺奉納海上信仰資料〉†などが大切に保管されている。船絵馬70点は、船主や船頭が奉納したもので、北前船の前身である北国船（ほっこくぶね）を描いたものもある。髷額（まげ）28点は、海難に際して髷を切って祈り、一命を取り留めた者たちが御礼参りで奉納したものである。

おまいりの方法 ❷ 寺社にて

＊基本的には、各寺社が示す方法に従います。なにも示されていない場合は、以下の方法を目安にしながら、皆さんそれぞれの意向や事情に応じて取捨選択すると良いでしょう。

1. 山門や鳥居といった寺社の入口に着いたら境内に入る前に、寺院では合掌一礼、神社では一揖（ゆう）（両手を胸の前で組み合わせて御辞儀すること）し、心を引き締めましょう。
2. ここで、履物を脱いで裸足になる、祓川で垢離（こり）を取る、頭から潮／塩を被る、海中で禊する、全身に塗香する、といった心身の清浄化が行えればなお好ましいでしょう。
3. 境内に入ったら、最初に手水舎で手と口をすすぎましょう。柄杓（ひしゃく）がある場合の方法は、まず右手で柄杓を取り、水を汲み上げて左手にかけて洗い、次に柄杓を左手に持ち替え、水を汲んで右手を洗います。再び柄杓を右手に持ち替え、水を汲んで左の掌に注ぎ溜め、その水で口を漱ぎ、再び左手を洗います。最後に柄杓を立てるように傾けて水を柄の部分に流して洗い、もとの位置に伏せて戻します。

☞ p.55に続く

3 岩手県

盛岡八幡宮

寺社信仰の特色

　岩手県は世界遺産「平泉」の中尊寺（天台宗東北大本山）や毛越寺（天台宗別格本山）が全国的に有名である。国宝の中尊寺金色堂や、国特別名勝の毛越寺庭園などが仏国土（浄土）を表すとして高く評価されている。両寺の境内は国の特別史跡にも指定されている。

　平泉に先んじて仏教文化を開花させたのは宮古市の黒森山と考えられる。山麓からは8世紀と推定される密教法具が出土しており、黒森観音・黒森薬師・黒森大権現など複数の呼称も有することから、古くからの信仰がうかがえる。山腹に鎮座する黒森神社は、〈黒森神楽〉†や〈陸中沿岸地方の神子舞〉‡など、数々の貴重な民俗を今に伝えている。

　早池峰山も信仰の山で、花巻市の早池峰神社に伝わるユネスコ無形文化遺産の〈早池峰神楽〉†は、黒森神楽よりも古く南北朝期には確立されていたと考えられ、〈鴨沢神楽〉‡などを生み出した。

　岩手県を代表する信仰の山は岩手山（巌鷲山）であろう。山麓の滝沢市にある駒形神社（鬼越蒼前神社）は御蒼前様と親しまれ、人々は旧暦5月5日には愛馬とともに参詣の朝駆けを競った。その民俗は〈チャグチャグ馬コ〉‡として知られ、現在は同社から盛岡市の盛岡八幡宮までの、色鮮やかな装束で着飾った100頭ほどの馬の行進が人気を集めている。

　奥州市中上野の駒形神社にも馬の信仰があり、全国の駒形社の総本社とされている。奥宮は駒ヶ岳の山上に、里宮は金ケ崎町にある。

　岩手県は、二戸市の糠部33-01八葉山天台寺（瀬戸内寂聴名誉住職）も含め、天台宗の名刹が多いが、奥州市の正法寺は曹洞宗の第三本山と称される名刹で、盛岡市の本誓寺は親鸞聖人二十四輩の是信房の旧跡という浄土真宗の名刹である。

　旧暦10月のマイリノホトケは、阿弥陀如来や聖徳太子の像、六字名号の掛軸などを拝む民俗で、是信房の功績と考えられている。

主な寺社信仰

八幡神社（はちまん）
二戸市似鳥（にのへ・にたどり）。1512年に聖観音を祀ったのが始まりと伝え、似鳥観音や長流山観音堂（ちょうりゅうざん・かんのんどう）とよばれた。浄法寺町飯近山（じょうほうじ・まちいいづかやま）にあった観音を遷したとも伝える。長く糠部33-32の札所（いちのへまち・じっそうじ）であったが、1743年から一戸町の実相寺へ移った。二戸では旧暦7月10日に七観音を巡る民俗があり、浄法寺町天台寺の桂泉観音（かつらせんかんのん）から始めて当地で終えた。1871年に白旗八幡（しらはた）を合祀して現称とした。旧暦1月6日にはオコモリ（旧暦12月30日に炊いた飯）とサイトギ（井桁に積んだ生木）の状況で年を占う〈似鳥のサイトギ〉‡がある。サイトギは権現舞の後で点火され、御百度参り（おひゃくどまい）と祠巡り（ほこらめぐり）の裸参り（はだかまいり）を修した若衆が激しく動かして舞い上がる火の粉での豊凶を占う。なお、二戸市は漆器の浄法寺塗（しっき・じょうほうじぬり）でも知られ、市の浄法寺歴史民俗資料館には〈浄法寺の漆掻きと浄法寺塗の用具及び製品〉†が収蔵・展示されている。

大宮神社（おおみや）
久慈市夏井町（くじ・なついちょう）。大己貴命（おおなむちのみこと）を祀り、大宮様と親しまれる。境内には稲荷・惣前・金勢大明神（そうぜん・こんせい）の3柱を合祀した石塔社と、駒形大神の石像がある。宮司を務める播磨家（はりま）の伝承によると、先祖は修験山伏で、播磨国から大梵天不動明王（だいぼんてん）を背負って夏井に移住し、1754年に大宝院を創建したのが始まりという。今も播磨家の屋敷内には大梵天不動明王を祀る行屋（ぎょうや）があり、1754年の修験免状も現存している。8月の例祭で奉納される〈夏井大梵天神楽〉は、播磨家が権現様を奉じて行う霞廻り（かすみまわり）の神楽として編み出したという。霞廻りの神楽巡業は1957年以降中断しているが、1977年に神楽の保存会が結成され、旧暦8月15日には夏井町鳥谷（とや）の若宮八幡宮、5月5日には久慈市中町の巽山稲荷神社（たつみやま）でも奉納されている。

鵜鳥神社（うのとり）
普代村第25地割（ふだいむら・ちわり）。卯子酉山（うねどりやま）の山頂に本殿（奥宮）と御岬様（おおみさき）、麓に遥拝殿や神楽殿が建つ。もと薬師寺と伝え、今は鵜草葦不合尊（うがやふきあえずのみこと）や海神命（わだつみのみこと）を祀る。山中に湧水があり、硼酸を含むのか、この水で目を洗うと眼病が治るという。御縒場（およりば）は紙縒りを水に投じて吉凶を占う場である。縁結びの松は、枝を男の左手と女の右手で結ぶと縁が結ばれるといわれ、遠野の卯子酉様も恋愛成就で知られる。枝宮の子康神社（こやす）は女陰石を祀り、子授け・安産・子育ての神として尊崇されている。例大祭

東北地方　51

は旧暦4月8日で、松迎い・山の神・鬼神笠松山などの〈鵜鳥神楽〉†が奉納される。年初には権現様（獅子頭）を奉持して〈陸中沿岸地方の廻り神楽〉‡を行う。宮古市の黒森神社と交互で北と南の村々を巡業し、昼は家々を回って悪魔払いや家内安全を祈禱し、夜は宿で村人に神楽を披露している。

山祇神社（やまづみじんじゃ） 紫波町山屋。字山口に鎮座。大山祇命を祀る。例祭は9月3日。坂上田村麻呂将軍が十一面観世音を勧請したのが始まりと伝え、熊野山昭光寺と称した。山寺観音ともよばれ、当国33-12として巡礼者を集めたが、1872年に現称に改め、観音像を紫波町東長岡の常光寺に遷した。字山寺は山谷寺のあった所で、大字の山屋は山谷からきている。社の近くの尾根上、館には12世紀に築かれた経塚が4基も発見されている。旧暦1月15日には麓で〈山屋の田植踊〉†が行われ、前口上から三番叟、苗代こせァ、五穀くだしと種蒔き、仲踊、早乙女、御検分、さなぶり支度、しろあらい、稲刈の順で一年の稲作過程が歌と踊で演じられる。青年が女装した早乙女が、頭に冠った花笠を美しく回転する笠ふりは、岩手県中部地方の田植踊の特徴をよく伝えている。

熊野神社（くまのじんじゃ） 花巻市石鳥谷町好地。1581年、紀州熊野神社の分霊を全国巡回中の神官代理が早池峰山の奇岩に奉安したのが始まりという。1870年に当地へ遷座し、少名毘古那命を祀っていた薬師堂を社殿とした。陸中88-02で、今も御薬師様と親しまれる。9月の例祭（石鳥谷まつり）は南部風流山車や樽神輿の巡行があり、春日流鹿踊りや手踊りも出て賑わう。石鳥谷は日本三大杜氏の一つ南部流杜氏の発祥の地で、盛岡藩の御用酒屋があり、献上御膳酒をつくる酒司が住んでいた。境内にある南部杜氏の碑は最後の酒司で近代南部杜氏の祖、稲村徳助を顕彰して1893年に建てられた。1920年には松尾神社が勧請され、11月に酒造安全祈願祭を営んでいる。石鳥谷歴史民俗資料館では〈南部杜氏の酒造用具〉† 1,788点を収蔵・展示し、特色ある〈南部の酒造習俗〉‡を紹介している。

碧祥寺（へきしょうじ） 西和賀町沢内。真宗大谷派。1625年に武士の多田弾正源延清が出家して、前郷に草庵を結んだのが始まりと伝える。あるいは陸奥国と出羽国の境の関所寺として創建されたともいわれる。1669年に現在地へ移転。当地は和賀氏の重臣で沢内を領した深沢城主の太田縫之助が冬の屋敷を構えていた所という。寺院には珍しくきわめて充実した博

物館を設け、民俗資料1万数千点を展示している。14代住職で村長を長く務めた太田祖電が1969年に開設した。〈沢内のまるきぶね〉†1隻は和賀川で渡し舟や護岸工事の石を運ぶのに用いられたもので、〈マタギの狩猟用具〉†486点は奥羽山脈沿いのマタギ集落から収集したものである。〈沢内及び周辺地域の積雪期用具〉†1,792点の中には、蕨根の澱粉を取るのに使用した根槽（ねぶね）など、雪深い山国の貴重な民具が数多く含まれている。

六角石神社（ろっこうしじんじゃ）

遠野市青笹町。『遠野物語』冒頭で早池峰山・石上（石神）山とともに登場する遠野三山の一つ、六角牛山の麓に鎮座する。坂上田村麻呂が山頂に薬師如来、麓に不動明王と住吉3神を祀ったのが始まりといい、後に現在地へ移り住吉太神宮と称した。本殿裏には太瀧神社があり、山中の大滝（不動滝）を祀っている。1725年に六角牛山善応寺が祀っていた六角牛新山宮を合祀したという。1872年に現称となる。例祭は9月で、〈青笹のしし踊〉‡が奉納される。県央に広く伝わる幕踊系鹿踊で、踊り嘉兵ヱ（1730年没）が山城国松尾の踊に地元の豊年踊と神楽の山神舞を加えて創作し、1791年に新田市良右ヱ門の門弟3人が広めたと伝える。踊納めは遠野市土淵にある嘉兵ヱの墓前で行われている。

月山神社（がっさんじんじゃ）

奥州市衣川区松下。月山（三峰山）の頂に鎮座。下衣川の鎮守で、10月28日の例祭には初宮参り（七ツ子参り）が行われる。月山は女人禁制で、麓の荒沢神社が結界であった。山頂の奇石を神体とする胆沢七社の一つ和我叡登拳神社（わがえとじんじゃ）に、慈覚大師が自刻の阿弥陀如来を安置し月山権現を勧請したと伝える。後に源頼義・義家が三峰神を祀り、さらに藤原清衡が中尊寺の奥院としたという。〈川西の念仏剣舞〉‡は、前九年・後三年の役で滅びた安倍氏の亡魂を済度するため、清衡が家臣の佐野弥左衛門に創始させたと伝える。北上市の岩崎剣舞・滑田剣舞、奥州市胆沢区の朴ノ木沢剣舞とともに〈鬼剣舞（おにけんばい）〉†とも総称される。昔は舞人が13人で十三仏を象っていたという。現在では5月の中尊寺施餓鬼（せがき）や8月の盆などに精霊供養として、念仏にあわせて奉納されている。

黒石寺（こくせきじ）

奥州市水沢区黒石町。天台宗。妙見山と号する。奥州33-25、江刺（えさし）33-07。行基が東光山薬師寺を開き、慈覚大師が中興して現称に改めたと伝える。修験山伏の寺で、胆沢城の鎮守・石手堰神社（いわてじんじゃ）の別当も務めた。本尊の国重文木造薬師如来坐像は、銘文から胆沢城創建、つ

東北地方　53

まり蝦夷軍指導者アテルイの死から60年後の862年作と推定されている。寺領の境である字下柳には〈黒石の十三塚〉†（十三坊長根）があり、北上川左岸に13基が揃って残る。旧暦1月7〜8日の蘇民祭（裸祭）は日本三大奇祭に数えられ、〈岩手の蘇民祭〉‡の中で最大規模を誇る。川で禊をする裸参りに始まり、燃え盛る松の井桁に上って気勢をあげる柴燈木登り、住職一行が本堂に上がる別当登り、逆さに鬼面を背負った鬼子登りを経て蘇民袋が持ち出され、中の駒木を裸の若者が奪い合う。

新山神社 大船渡市三陸町吉浜。出羽国の羽黒山から祭神の宇迦之御玉命の分霊を勧請して祀ったのが始まりという。1535年から修験者の渡辺周永が奉仕した記録があり、明治初年までは出羽新山神社と号していた。例祭は9月8日である。吉浜では1月15日の晩に藁蓑をまとって奇怪な面をつけた異形の者が家々を訪れる〈吉浜のスネカ〉†が行われる。スネカは、囲炉裏にあたってばかりの怠け者（カバネヤミ）の脛にできる火斑をたくる脛皮たくりに由来するという。鮑の殻をいくつも重ねて腰に下げ、子どもの靴を付けた俵を背負い、1軒1軒回っては「泣く童子いねえが、言うこと聞かね童子いねえが」などと声を張り上げ、泣き喚き、逃げ回る子どもを威嚇する。吉浜は鮑漁でも知られ、昔は〈大船渡のまるた〉†（大船渡市立博物館蔵）のような丸木舟（ダンベ）を用いていた。

毛越寺 平泉町大沢。天台宗。世界文化遺産、境内は国特別史跡、庭園は国特別名勝に指定されている。本尊は薬師如来で医王山と号する。慈覚大師が白鹿に導かれて中尊寺とともに創建した嘉祥寺に始まると伝え、堂塔40余・禅坊500余という、中尊寺を凌ぐ繁栄を誇ったが、その後衰退し、近代になって復興を果たした。現在、毎年1月14〜20日には常行堂の奥殿に安置する秘仏摩多羅神の祭儀を、新春の祈禱として執行している。結願日は二十日夜祭とよばれ、献膳式に続いて古伝の常行三昧供の修法を行う。厄年の人々が松明を先頭に常行堂まで練り歩き、宝前に大根や白菜を捧げる献膳上り行列などがあり、最後に修正結願の法楽として田楽躍や路舞（唐拍子）、京殿舞など、〈毛越寺の延年〉†の舞が夜半まで奉納される。これほど整った延年の伝承はきわめてまれである。

室根神社 一関市室根町。室根山（牟婁峯山／鬼首山）の8合目に山宮が鎮座する。鎮守府将軍大野東人が紀州熊野本宮の神

を勧請して蝦夷征伐の祈願所としたのが始まりで、1313年に陸奥守護職葛西重信が紀州熊野新宮の分霊を勧請し、奥七郡の鎮守として崇めたという。例祭は旧暦8月13日で、陰暦閏年翌年旧暦9月17〜19日には特別大祭として〈室根神社祭のマツリバ行事〉†が行われる。初日は当地の開拓神を祀る南流(なんりゅう)神社に参拝し、馬場祓いを行い、2日目に御袋(おふくろ)神社背負騎馬や荒馬先陣、裳揃(ほろそろ)い、忌夜祭(いみやさい)があり、3日目に暗闇の中で御魂移しをした本宮・新宮の神輿が山宮を発輿、田植壇(たうえだん)の農王社(のうおうしゃ)で新穀献納の式を行い、里の祭り場（仮宮／御旅所）を目指して暗闇の参道を一気に駆け下ることから、荒祭の異名がある。昔はこの神輿の先着争いで年の作況を占ったとも伝える。

おまいりの方法 ❸ 寺社にて

＊基本的には、各寺社が示す方法に従います。なにも示されていない場合は、以下の方法を目安にしながら、皆さんそれぞれの意向や事情に応じて取捨選択すると良いでしょう。

（続き）
4. 手と口を清めたら、まず本殿主祭神または本堂本尊のもとへと向かいます。境内を進む場合は、常に神仏へ右手（利き腕）を向けながら近付く右遶(うにょう)（右回り）を基本とするため、左側に寄りながら進みます。心身が乱れないよう、出来るだけゆっくりと進みましょう。狭い参道を進む場合は、老人や子どもといった弱者を優先しましょう。
5. 寺院の場合、境内に鐘楼(しょうろう)があり、もし撞(つ)くことが赦(ゆる)されるのであれば、鐘を1回撞きます。鐘の音は彼岸(ひがん)（彼(か)の世(よ)）へも届くといわれています。

☞ p.61に続く

4 宮城県

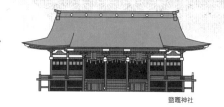
鹽竈神社

寺社信仰の特色

　宮城県の寺社信仰は仙台市郡山や多賀城市にあった陸奥国府を中心として始まった。一帯には郡山廃寺や多賀城廃寺、陸奥国分寺などが建立され、薬師如来や五大菩薩の像が安置された。多賀城の多賀神社は滋賀県の多賀大社の分霊を遷祀したと伝える。

　海路で多賀城に至る松島湾には国府津が開かれ、その鎮護として鹽竈神社が創祀された。祭神は塩釜明神や塩土老翁、塩椎神、塩神様などと伝え、塩を司る神霊を祀ったものと思われる。松島湾に国宝の本堂を構える瑞巌寺の境内からは、9世紀の製塩炉が発掘されている。

　やがて鹽竈神社は陸奥国全土の鎮護ともされ、1193年以前には陸奥国の一宮と認識されていた。その背景には海上交通の重要性のほかに、松島湾の神々しい美しさがあったと思われる。湾内に浮かぶ260余りの島々は国特別名勝「松島」として日本三景に数えられている。

　中世には真言系修験が活躍したとみられ、岩沼市の竹駒神社（宝窟山竹駒寺）や、石巻市の黄金山神社（金華山大金寺）、登米市の弥勒寺などが現在も信仰を集めている。

　弥勒寺は弥勒寺詣りの民俗で知られ、日本三弥勒尊の一つにも数えられている。〈陸前磐城のオガミサマの習俗〉‡では、拝み様（盲目の巫女）が死者の口寄せをすると「弥勒寺詣りをしてくれ」と言うことが多かったため、人々は故人の着物や写真を当寺に納めて供養した。特に盆の大祭は大変な賑わいをみせ、3年参れば夜の群集の中に必ず故人の顔を見つけることができるといわれている（弥勒寺の夜籠り）。

　登米市の宝性院も真言系修験と思われる。本尊は柳津福智満虚空蔵菩薩で鰻を眷属とする。福島県柳津町の福満虚空蔵菩薩、山口県柳井市湘江庵の柳井津虚空蔵尊とともに日本3所の秘仏という。

　近世以降は櫻岡大神宮など伊達政宗ゆかりの寺社も信仰を集める。

主な寺社信仰

小迫観音（おばさま）
栗原市金成。坂上田村麻呂が蝦夷平定の折、金成の丘にある白山神社（白山宮）の龍蔵大権現に戦勝を祈願し、帰途に堂宇を建立して十一面観音を祀ったのが始まりと伝える。奥州七観音（坂上田村麻呂建立護国鎮守七処観音堂）に数えられ、奥州33-22でもある。別当は真言宗の楽峰山勝大寺で、その前身は天台宗の畜峯山法華寺であるという。白山神社は三迫の総鎮守で、4月の例大祭（小迫祭り・金成春祭り）では〈小迫の延年〉†が奉納される。勝大寺から白山神社へと神輿が還御する御山詰（さんはさま）に続いて、大聖歓喜天への献膳があり、芝山で獅子舞（ちゃれんこ舞）、御山開き（御法楽）、入振舞（田村舞・長刀舞）、飛作舞（胡蝶舞・青陽舞）、田楽舞（花籠舞）が奉納される。実甲冑と実馬を用いて源平合戦を擬した馬乗渡し（的取り）も行われる。

多川稲荷神社（たがわ）
加美町中新田。1354年、奥州管領（奥州探題）として下向した斯波（大崎）家兼が中新田城を築いた際、氏神として本丸の南東隅に稲荷明神を祀り、初午の日に祭礼を行ったのが始まりと伝える。別当は北町の真言宗八幡山長興寺で、その前身は家兼の祈願寺の長福寺であった。1771年、京都の伏見稲荷大社より正一位を受ける。当地は早春から初夏に強風が吹き荒れ、しばしば大火が発生したため、家兼は『易経』乾卦にある「風は虎に従う」に拠り、虎の威を借りて風禍を鎮めようと初午祭に虎舞を奉納した。これが〈中新田の虎舞〉‡の始まりという。屋根に登って風を受けて舞うのが特徴で、色鮮やかな枝垂れ桜の山車（囃子屋台）とともに町内を練り歩き、家々に上がって火防祈禱も行う「火伏せの虎舞」である。現在は4月29日に行われている。

船形山神社（ふながたやま）
大和町吉田。舟形権現や升沢権現ともいわれ、西にそびえる船形山（御所山）を遥拝する山麓の社である。真言宗飯峰山信楽寺が別当で、仙台藩雨乞祈禱所10か所の一つであった。5月1日（昔は卯月八日）の例祭は御開帳や作祭とよばれ、奥山の岩窟に秘匿された保食神（田の神）の御正躰（北魏様式の金銅製菩薩立像）を迎え、里宮である薬師堂に納めて神事を行う。祝詞奏上が終わると御神体が開帳され、その発現や湿りの具合で天候や作の豊凶を占う。開帳が終わり神官が長さ約2mの青竹に紙垂を数多く挟んだ梵天を神庭の参詣者の中に投げ

東北地方　57

入れると、参拝者は梵天を激しく奪い合う（〈船形山神社の梵天ばやい〉）。手に入れた梵天を田の水口に祭って祈念すれば豊作になるという。

鹿嶋神社（かしま）　大崎市古川米倉。1535年に奥州探題の大崎義直が勧請したと伝える、米どころ宮城の中心である大崎の耕土開拓以来の古社である。1597年からは没落した大崎氏の旧臣・野村刑部らが帰農して佐々木と改姓、大沼の怪物を退治し、社殿を復興して祭祀を続けたという。同族18家で1年ずつ神主の宮座を務めてきたが、1948年からは氏子全戸で交代に当前を務めている。9月8～10日に行われる例祭の御前講（〈米倉鹿嶋神社の献饌行事〉）は、古式ゆかしい物静かな夜祭りで、初穂献上から始まり、古式に則って雌雉子や鮑・鰹・大根を調理して神に献じる。当宿が雉の搗り身汁を食べる陪膳の箸付、参加者を次々に胴上げする堂実献、社殿を拳で叩き鳴らす鬼祓などの儀を経て、神饌を食する直会となる。

大慈寺（だいじじ）　登米市東和町。奥州33-14。もとは天台宗の諏訪森大慈寺で狼河原にあり、平泉の藤原秀衡が開創したと伝えるが、1429年に黒石（岩手県奥州市水沢区）の正法寺4世・中山良用が現在地に隠居寺として再興して曹洞宗となり、法輪山と号した。境内に鎮座する秋葉大権現を本尊とする〈米川の水かぶり〉†は、2月の初午に五日町地区で行われる火伏せの行事である。朝に水かぶり宿（行場）へ集まった男たち（雲水）は水垢離を取って身を清め、裸体に御〆を巻き、顔に火の神様の印である竈の煤を塗り、当寺の秋葉権現社と諏訪森大慈寺跡で祈願することで、秋葉大権現の使いと化す。そして町へ繰り出し、家々の前に用意された水を屋根にかけ、町中の火伏せをする。この行事は五日町以外の人が入ると火災が起きるといわれ、他の人を加えることはない。

羽田神社（はた）　気仙沼市赤岩。羽田山の中腹に鎮座。太郎坊・次郎坊の杉を神木とし、波多権現や羽田三所権現とよばれた。現在は倉稲魂命・月読命・大名持命を祀る。旧暦8月15日の夜に数え年7歳の男児が登拝する〈羽田のお山がけ〉†は、県内の「七つ児参り」の典型例である。昔は飾り馬に晴れ着姿の児童を乗せて来る家が多く、付き添いで登る祖父や伯父も裃を着たという。社務所で鉢巻・御〆・笈摺と、白紙を巻いた篠竹の杖を身につけて社を出発、祓川で身を漱ぎ、約2kmの険しい道を登る。3合目で山の神、4合目で早馬神社（田の神）、5合目

で姥石、7合目で愛宕神社、8合目で賽ノ神を拝し、山頂の月山神社(奥ノ院)に着くと、社の周囲を右回りに3周し〈御鉢巡り〉、社前で御祓いを受ける。昔はさらに奥にある徳仙丈山から愛宕山までの7つの山々を登拝したという。

五十鈴神社
石巻市雄勝町熊沢。天照皇大神を祀る。4月と9月の例祭では〈雄勝法印神楽〉†が奉納される。奉納は、宮守とよばれる民家の庭先に仮設した舞殿へ神を迎え、数ある法印神楽のなかでも雄勝だけが現在も執り行う「湯立て神事」から始まる。舞は古典の神話に取材し、所伝は36番であるが、現在は初矢、魔王退治、岩戸開、笹結、日本武尊、道祖、蛭児、産屋など26番となっている。この神楽は羽黒派系といわれ、印を結びトラを踏むなど法印による加持祈祷の様相を残し、分浜の五十鈴神社や上雄勝の新山神社、大浜の葉山(石)神社、明神の塩釜神社、水浜の作楽神社など、雄勝町内の神社を巡って奉納されている。なお、宮城県内には五十鈴神社が多く、東松島市宮戸の五十鈴神社では小正月の鳥追い行事〈月浜のえんずのわり〉†が行われている。

零羊崎神社
石巻市湊。牧山(横木山)の頂に鎮座。海上守護の神、豊玉彦命(大綿津見神)を祀る湊七郷の鎮守で、式内社の零羊埼神社に比定される。牡鹿十座の筆頭を飾る大社。昔は白山宮とも称し、別当は鷲峰山長禅寺であった。8月9日の祭礼に奉納される〈牡鹿法印神楽〉‡は山伏の演じた獅子神楽の一種で、その祈禱の一方式として悪霊退散や五穀豊穣を祈って舞われたものであり、修験色が豊かである。当地には坂上田村麻呂が奥州三観音(田村三観音)の一つ牧山観音を祀ったともされ、後に円仁が牧山寺(魔鬼山寺)を創建し、それを万治(1658〜60)年間に片桐栄存法印が再興して長禅寺と改めたという。同寺は奥州33-08としても栄えたが、神仏分離で住職が復飾して本堂を神社としたため、牧山観音は中腹にある曹洞宗の両峰山梅渓寺に引き継がれた。

大崎八幡宮
仙台市青葉区。仙台の総鎮守。1607年、伊達政宗が仙台城の北西(乾)の方角に造営し、天門の鎮めとした。社殿は国宝。八幡堂とも呼ばれ、戌亥歳生まれの掛体神としても信仰を集めている。9月14日の例大祭では国重文の長床で〈大崎八幡神社の能神楽〉‡が奉納される。法印神楽の一種で所伝十二番といわれるが、現在は神拝・小弓遊び・竜天・摩応・三天・将足・四天・獅子とり舞いの8

番のみ残す。別当寺は隣接する龍宝寺(りゅうほうじ)で、伊達氏の祈禱寺であった。4代藩主伊達綱村が移した清涼寺式釈迦如来木像(国重文)が本尊で、出世如来や願かけ如来と崇拝され、1月14日のどんと祭と4月8日の花まつりに開帳される。その塔頭の東光院には鹿踊(ししおどり)と剣舞(けんばい)の踊り組が置かれ、ここから伝授されたのが青葉区芋沢の〈川前(かわまえ)鹿踊・川前剣舞〉‡や泉区福岡の鹿踊・剣舞である。

泉明寺(せんみょうじ) 仙台市太白区(たいはく)秋保町(あきうまち)。湯元(ゆもと)に鎮座し、薬湯山と号する。もと天台宗で開山は円仁、本尊の薬師三尊像は恵心の作というが、1625年に宥賢(ゆうけん)が中興して真言宗となった。隣の薬師堂(秋保(あきう)薬師)は神仏分離で薬師神社とされている。5月5日の子育薬師祭では〈秋保の田植踊〉†が奉納される。湯元の田植踊は薬師堂で五穀豊穣を祈願した手踊が発祥で、寺に集った法印や芸人によって今日の12種類の踊が工夫されたという。湯元から名取川をさかのぼった長袋(ながふくろ)と馬場でも田植踊は行われている。馬場では4月29日の秋保大滝(国名勝)の不動尊大祭で奉納。この不動尊は1825年に知足(ちそく)が再興した。知足は羽黒山荒沢で一千日断穀の後、日本廻国供養を修した木食行者(もくじきぎょうじゃ)で、翌年に日本一大金銅不動明王坐像を安置、その2年後には衆生済度の本願を発して大滝岩頭から投身遷化(せんげ)(しゅじょうさいど)したという。

羽山神社(はやま) 白石市白川犬卒都婆(しらかわいぬそとば)。大山祇神(おおやまつみのかみ)を祀り、羽山権立社(ごんだち)や羽山大権現とよばれたが、1873年に現称とした。例祭は11月8日で〈白川犬卒都婆のゴンダチ〉‡が行われる。参加するのは7歳を迎える男児で、その家では前日に餅を搗いて近所や親戚に配り、夕方に親戚を招いて宴会を開く。地域でも前夜祭として羽山祭を開催する。当日午前4時、普段は仮宮に安置されている神体を宮司が背負い、総代らと羽山山(権立山)の頂にある神社(奥宮)へ登り始めると、七つに丸めた一升餅を背負った児童らも登拝を始める。奥宮で一人ずつ御祓いと御札を受けると、持ち寄った酒や煮物・漬物を振る舞い合う。山を下りた児童は付き添いの人などに御礼回りをして、家で祝宴を開く。地元では「権立を終えると親の代理が務まる」といわれ、村の一員になる通過儀礼となっている。

福應寺(ふくおうじ) 角田市鳩原(かくだはとばら)。越後村山の耕雲寺7世・審岩正察(しんがんしょうさつ)が1492年に福島県安積郡(あさか)で創設した片平家の牌所を、1606年に当地へと移したものと伝える。臥龍山(がりょうざん)と号し、隣接する春日神社には「龍の枕石」

（疣神様）があり、東の山には龍が尾を載せるという大石があって「尾台森」とよばれている。境内の毘沙門堂は、1605年頃に福島県石川庄の伊達家直臣・片平新太夫が当地を拝領した際、守り本尊の毘沙門天・吉祥天女・善尼（善賦師）童子の三尊像を遷祀したものという。堂の床下には、江戸時代中期から昭和にかけて、百足を描いた数万枚もの〈福應寺毘沙門堂奉納養蚕信仰絵馬〉†が放り込まれた。当地ではかつて養蚕が盛んで、鼠が蚕を襲う害に悩まされたが、毘沙門天の使いである百足は鼠を除けると信じられ、養蚕無事を祈願して人々は絵馬を奉納したのである。

おまいりの方法 ❹ 宝前にて

＊基本的には、各寺社が示す方法に従います。なにも示されていない場合は、以下の方法を目安にしながら、皆さんそれぞれの意向や事情に応じて取捨選択すると良いでしょう。

1. 神仏の前に進んだら、浅く拝礼（御辞儀）し、鈴や鰐口の緒を大きく振って打ち、清らかな音を鳴らします。
2. 用意してきた供物・香華・灯明・写経・納札・賽銭などを神前／仏前に奉納します。志納金（賽銭・初穂料・玉串料・灯明料・御布施・香典など）の額は個々人の気持ち次第ですが、その総額は収入の1割を超えないのが正しい信仰です。例えば、手取り月収15万円の人が毎日1回参拝する場合は、500円以下とすべきで、心願成就の月参りの場合でも多くて毎月15,000円です。奉納金額が収入の1割を大きく超えている場合、一般にそれは間違った信仰（狂信）です。
3. 金品の献納を終えたら礼拝する位置につき（礼拝時間が長くなる場合はほかの参拝者の邪魔にならない場所へ行く）、改めて姿勢を正し、心をさらに研ぎ澄まします。

☞ p.67に続く

5 秋田県

太平山三吉神社

寺社信仰の特色

　秋田県の寺社信仰は、『日本書紀』の658年の記事に恩荷という人が齶田浦神を信奉している内容がみえるので、生業にかかわる場所の神々を祀る社殿が既に建てられて始まっていた可能性がある。齶田は秋田のことで、雄物川の河口域が浦となっており、その要衝に8世紀に出羽柵（秋田城）と出羽国府が移されたと考えられている。

　県内最多の初詣客を集めるのは秋田市の太平山三吉神社といわれるが、それは秋田市の北東にそびえる太平山への信仰を基盤にしている。1月17日には数十の若衆団体が激しく押し合いながら梵天を奉納する祭があり、俗に喧嘩梵天とよばれている。大祭は10月17日で、神体は7月17日に山頂の奥宮へと遷し、9月17日に里宮へと遷される。

　太平山は鳥海山や森吉山と同様に修験の山であり、薬師如来が祀られてきた。秋田県には薬師信仰が多くみられ、角館には院内薬師・白岩薬師・山谷薬師の「峰の三薬師」への信仰がある。

　男鹿半島の赤神神社も真山神社も本地仏は薬師如来であった。〈男鹿のナマハゲ〉†は山の神が里に降りて怠け者を戒めるともいわれ、古来の山への信仰に新たな修験の信仰が習合したものと理解できる。

　式内社は県内に平鹿郡の塩湯彦神社と波宇志別神社、山本郡の副川神社の3社のみで、秋田藩三国社と崇められたが、それらは横手～金沢柵～大曲という奥州の要地を三方から包むように位置していたと考えられ、盆地に暮らす人々が周囲の山々に加護を祈った民俗をうかがわせる。

　秋田県には14世紀以降に曹洞宗が普及したことから、にかほ市の蚶満寺や横手市の大慈寺、能代市の倫勝寺など多くの古刹が宗を改め、久保田城の佐竹氏も帰依するなどした結果、現在も曹洞宗寺院が多い。

　現在、久保田城址には平田篤胤と佐藤信淵を祀る彌高神社が、秋田城址には県内戦没者を祀る護国神社が建てられて参拝者を集めている。

主な寺社信仰

大日霊貴神社（おおひるめむち）

鹿角市八幡平。鹿角郡総鎮守。継体天皇が后の吉祥姫の霊を慰め、姫の親であるダンブリ長者の徳を頌えるために創祀したと伝える。そばには姫の墓と吉祥院があり、東の五ノ宮嶽には天皇と后の子、莵皇子（第5皇子）が祀られている。後に行基が再建し、その落慶式で奉納された芸能が、ユネスコ無形文化遺産の〈大日堂舞楽〉†の始まりという。今も1月2日の祭堂（養老礼祭）に小豆沢・大里・長嶺・谷内の4集落の能衆が権現舞・駒舞・烏遍舞・五大尊舞など7つの舞を奉納する。本尊は胎蔵界大日如来で、長牛の金剛界大日如来、独古の遍照胎蔵界大日如来とともに一木三体の像と拝された。昔は五ノ宮嶽・皮投嶽・三倉山を掛ける「嶽参り」が盛んで、今は春のシメ彼岸に五ノ宮嶽の峰伝いに火を灯して吉凶を占う〈小豆沢のオジナオバナ〉が行われている。

幸稲荷神社（さきわい）

鹿角市花輪。皮投嶽の麓に鎮座。花輪の城下に赤鳥居、中心に御旅所がある。鹿角郡役所が置かれた花輪通の総鎮守。伊勢両宮の分霊を得て創祀したと伝え、現在は豊受姫命を祀る。1960年から合同で例祭を催している六日町の神明社には天照大御神が祀られ、その大鳥居の脇には御伊勢井戸がある。例祭は8月16日に神輿が御旅所へ渡御し、8月19日から〈花輪祭の屋台行事〉†があり、8月20日に還御する。豪華な底抜け屋台10基が、19日夕方の御旅所詰めから20日深夜の赤鳥居詰めまで断続的に町内を巡る。巡行中は日本三大囃子の一つ〈花輪ばやし〉が演奏され続ける。花輪祭は、昔は毛馬内の月山神社と隔年で催されていた。今では毛馬内の8月は秋田三大盆踊りの〈毛馬内の盆踊〉†で賑わう。

浅内神社（あさない）

能代市浅内。浅内小学校の北、字上ノ山に鎮座。健速盞雄命と誉田別命を祀る。1675年、能代市河戸川にある熊野神社の別当、観嶺山大塚寺が当地に別院を設けたのが始まりで、1690年には現宮司浅野家の初代、福性院尊永が鎮守として熊野神社を創建し、別当を務めたという。境内には神明社・唐松社・受持神社と、1887年建立の可愛らしい狛犬がある。例祭は7月27日。12月31日の夕刻には地元の若者が当社で御祓いを受けた後、〈能代のナゴメハギ〉‡を行っている。稲

藁で編んだケラを身に纏い、番楽で使う山ノ神などの恐ろしげな面をつけ、鉦や拍子木を打ち鳴らしながら集落内百数十軒の家々を訪ね歩く。「ウォー、ウォー、泣ぐワラシっこ、いねがー」と大声で叫びながら家に上がり込み、子どもを見つけ出しては「親の言うこと聞いでらがー！」などと詰め寄る。

森吉神社

北秋田市森吉。森吉山（秋田山）の前嶽に鎮座。少名比古那命などを祀る。里宮は北秋田市前田にある。一山は修験道場として栄え、古くから阿仁地方の霊山として信仰されてきた。社の裏にある巨岩群が神体の冠岩で、山神様とよばれて、胎内潜りが行われた。卯月八日には7日の精進を経た若勢が団体で嶽参りを行い、神木のモロビの枝を得て里に持ち帰る風習もあった。阿仁のマタギは山に出るとき、このモロビを焚いて家や身を清め、魔除け・災難除けとした。山の西麓にはマタギ発祥の地である根子の里がある。根子の山神社（少彦名大神）の祭りも卯月八日で、今も伝承されている修験神楽の〈根子番楽〉†だけでなく、相撲なども奉納された。なお、南の麓にある打当温泉ではマタギ資料館を併設して、〈阿仁マタギの狩猟用具〉†を展示している。

土崎神明社

秋田市土崎港中央。出羽湊城の本丸跡に鎮座。北国七湊に数えられた秋田湊（土崎湊）の総鎮守。天照大御神を祀る。1602年に佐竹義宣が常陸から秋田へ転封された際、旧臣の川口惣次郎が後を追い氏神を邸内に遷したのが始まりで、1620年に現在地へ遷座した。境内の西宮神社は事代主神を祀り、秋田七福神の恵比寿霊場となっている。例祭は7月21日で、地元では大祭り、みなと祭り、カスベ祭りなどとよばれる。奉幣と湯立ての神事の後に神輿が渡御し、これに合わせて〈土崎神明社祭の曳山行事〉†が行われる。曳山は毎年つくり替えられ、台車の上に岩山を象り松や杉の生木を立て、武者人形やヤマツゲを配する。巡行中は囃子に合わせて若者や子どもが手踊りを披露する。その定番は秋田（久保）城下発祥の軽快な秋田音頭（御国音頭）である。

東湖八坂神社

潟上市天王。八郎潟の南端、船越水道の東に鎮座。近世は牛頭天王社と称し、秋田十二社に数えられた。7月7日の例祭は船越地区と共同で〈東湖八坂神社のトウニン（統人）行事〉†を行う。朝に天王と船越の統人による七度半詣りがあり、午後に両地区から神輿の渡御があり、天王からは牛乗り、船越からはチョマンが登

場する。酒部屋から酩酊状態で黒牛に乗るのは祭神の素戔嗚尊で、八郎潟に浮かぶ船上で蝶舞（蜘蛛舞）を演じる真紅のチョマンは八岐の大蛇または櫛稲田姫であるという。八郎潟は昔「魚七つに水三つ」と称されるほど魚類が豊富で、多彩な〈八郎潟漁撈習俗〉‡が営まれた。市では昭和歴史民俗資料館で多種多様な〈八郎潟漁撈用具〉†を収蔵・展示している。

桜神明社
秋田市下北手桜。字宮ヶ沢に鎮座。天照皇大神と豊受姫大神を祀る。例祭は4月8日。由緒は不明。秋田市千秋公園にある八幡秋田神社が管理している。1969年3月、放火で焼失したが、秋田市千秋の大浦孝氏が総栗材の社殿を寄進し、9月に再建された。下北手桜は、その名のとおり桜の名所で、明桜高校には多くの桜が植えられ、桜大橋のあたり、太平川の堤防に並ぶ桜も美しい。社の北には日本大学理事会長の古田重二良が創設したノースアジア大学があり、附属施設の雪国民俗館では研究誌の『雪国民俗』を発行するほか、労働時に布で面部を覆う風習を伝える〈作業用覆面コレクション〉†や、ジュンサイ採りに使った〈大沼の箱形くりぶね（きっつ）〉†など、地域生活を伝える資料を収蔵・展示している。秋田では長方形の箱やフネ（槽／舟）を木櫃とよんでいる。

神明社
仙北市角館町岩瀬。古く古城山に鎮座し、田町山を経て当地へ遷った。角館総鎮守。菅江真澄終焉の地でもある。天照大御神を祀り、境内には青麻神社がある。例祭は9月7日で北浦神楽の奉納があり、夕方から9月9日にかけては〈角館祭りのやま行事〉†がある。各町から曳き出された十数台の豪壮な飾山が続々と社に参拝し、秋田初娘が〈おやま囃子〉‡にのせて手踊りを奉納する。参拝後には曳山同士の激しい「山打っ付け」がみられることから、日本三大喧嘩祭りにも数えられる。9月8日は日中に神輿渡御祭があり、夕方には祭礼が角館町西勝楽町にある成就院薬師堂の宵宮へと移行し、9月9日の薬師堂本祭（真言僧が行う神輿渡御）で終了する。薬師堂は角館城主の戸沢能登守が眼病の折、城内に山谷薬師（峰の薬師さん）の遥拝所を建てたのが始まりという。

諏訪神社
美郷町六郷。湧水群で著名な「水の郷」六郷の総鎮守。坂上田村麻呂が奉じた信州諏訪大神を払田柵の南に祀ったのが始まりという。1604年に現在地へ遷座。由利本荘市の本荘神社や横手市大屋寺内の諏訪神社は当社の分社である。1869年に羽後国総鎮守、1987年に秋田諏訪宮と称した。2月に行われる〈六郷のカマクラ行事〉†は、

六郷の地頭であった二階堂氏が伝えたといわれ、鎌倉幕府の小正月行事をよく伝承している。蔵開きは2月11日で、各家では子どもが書初めをした五色の長大な短冊形の天筆を軒先に飾り、各町ではカマクラを設けて鎌倉大明神を祀る。2月13日に鳥追い行事があり、最終日の2月15日には社前のカマクラ畑に天筆焼きをし、町を南北に二分して竹打ちを行う。男たちが5mの青竹を打ち合い、北軍が勝てば豊作、南軍が勝てば米の値が上がるという。

波宇志別神社

横手市大森町。八沢木（夜叉鬼）地区にある。大和金峰山の蔵王権現を勧請して金峰と称したのが始まりと伝え、修験道で栄えた保呂羽信仰の本家。榜示で領域を分けた地と思われる保呂羽山の山頂に本殿（奥宮）がある。秋田県内に3社しかない式内社（秋田藩三国社）の一つで、現在は安閑天皇を祀る。東麓の木根坂には里宮があり、その北の宮脇には国重文の神楽殿（弥勒堂・本宮）と資料館が建つ。11月7日・8日に保呂羽・御嶽・高岳の神霊を勧請して五穀豊饒を祈る〈保呂羽山の霜月神楽〉†は、湯加持や天道舞など古風な神事芸を徹宵して行う日本最古の湯立神楽で、昔は神楽殿で奉納されたが、戦後は里宮で実施されている。横手市は旭岡山神社の梵天奉納祭や、〈荒処の沼入り梵天行事〉‡でも知られるが、当社でも昔は年頭に梵天が奉納されていた。

御嶽神社

羽後町西馬音内。字宮廻にある西馬音内の鎮守。13世紀に源親が蔵王権現を祀り日本三大盆踊りの一つ〈西馬音内の盆踊〉†を伝えたのが始まりと伝える。当初の盆踊は豊年踊であったが、後に西馬音内城で滅亡した小野寺一族を供養する亡者踊と習合して、音頭（秋田音頭と同じ地口で囃される）から甚句の踊（亡者踊／願化踊）に移る形になったという。編笠か彦三頭巾で顔を隠し、その洗練された振付は日本一と評される。1546年、仙北・由利郡の修験先達が横手御嶽山を勧請して再興、維新後は明学院を現社に改め須佐之男命などを祀った。今でも宮司は御院代とよばれている。社殿には珍しい赤白青の注連縄が掛かる。この注連縄は境内にあるもと千手観音堂の前郷神社にも掛けられている。境内には当地出身の経世家、佐藤信淵を祀る社などもある。

金峰神社

にかほ市象潟町。鳥海山の登拝口に鎮座。役行者が大和の金峰山から蔵王権現を勧請祭祀した蔵王堂が始まりとい

う。後に慈覚大師が法華八講を修して鳥海山の手長足長を退治し、鳥海大権現（大物忌明神）を併祀したと伝える。現在は少彦名神ほか8柱を祀る。6月に演じられる〈小滝のチョウクライロ舞〉†は八講祭舞楽やタエシトンともよばれ、昔は旧暦3月17日に奉納されていた鳥海修験の延年である。象潟町には今も豊かな民俗が伝承されており、小滝の隣の横岡では〈鳥海山北麓の獅子舞番楽〉や〈上郷の小正月行事〉†が、海沿いの大潟では〈象潟の盆小屋行事〉‡などがみられる。横岡や小滝の獅子舞番楽は、由利本荘市鳥海町の百宅や猿倉に京都から伝えられた〈本海番楽〉‡から伝授されたという。百宅と猿倉は〈猿倉人形芝居〉‡の発祥地でもある。

おまいりの方法 ❺礼拝

＊基本的には、各寺社が示す方法に従います。なにも示されていない場合は、以下の方法を目安にしながら、皆さんそれぞれの意向や事情に応じて取捨選択すると良いでしょう。

1. 神社の場合：①深く（腰を90度に折る）2回拝礼します。②胸の前で両手を合わせ、祈念を込め、右指先を少し下にずらしたら、両手を肩幅ほどに開いて柏手を2回打ちます。③両手を合わせて指先を揃え、祭神を強く念じます。この時に大祓詞を奏じるとよいでしょう。④最後に1回、深く拝礼します。
2. 寺院の場合：①鈴や鉦を2打し、胸の前で合掌します。②三礼をしながら「恭しく御仏を礼拝し奉る」と唱え、数珠を3回摺ります。③金剛合掌（両手の指を交互に浅く組み合わせる）し、本尊を強く念じます。この時に勤行を修するとよいでしょう。④最後に合掌し、深く一礼します。
3. これらの後、神仏を称えるためにさらに加えて、御神歌や御詠歌を上げたり、和歌や漢詩を詠んだり、舞楽・神楽・獅子舞・稚児行列などを奉納したりするのもよいでしょう。
4. ほとんどの寺社では、本堂本尊・本殿主祭神のほかにも複数の神仏が祀られているので、それらの神仏へも同様または略した礼拝を行うことが好ましいでしょう。

☞ p.73に続く

6 山形県

出羽三山神社

寺社信仰の特色

　山形県は著名な山岳霊場の多い地で、中でも出羽三山は東国三十三ヶ国の総鎮守とされ、西国二十四ヶ国総鎮守の熊野三山、九州総鎮守の英彦山とともに日本三大修験霊場と称せられた。

　出羽三山は月山を中心に、鳥海山や羽黒山、湯殿山、葉山から2山が取り合わされて崇拝された称である。古くは月山・鳥海山・葉山であったとも伝える。出羽は以天波とも書かれ、越国の先にある出端の意と考えられるが、山端に降臨する神を祀るハヤマ（端山／葉山／羽山）信仰との関係も想わせる。

　出羽一宮は遊佐町の鳥海山大物忌神社であるが、出羽の神としては月山神が高く崇められ、864年の神階は月山神が従三位、大物忌神が正四位であった。両神を祀る山形市の鳥海月山両所宮は「北の総鎮守」として尊崇されてきている。なお、出羽二宮は酒田市表物忌の城輪神社、三宮は酒田市山楯の小物忌神社である。

　羽黒山は日本三名塔の国宝五重塔や〈松例祭の大松明行事〉†で知られ、山頂には月山と湯殿山の神を合わせて祀る出羽三山神社三神合祭殿が建つ。羽黒とは端の畔で、月山の端山の意ではないかと思われる。

　また、湯殿山信仰は現在、田麦俣の湯殿山神社や大網の湯殿山注連寺と大日坊（東北36不動02）などで護持されている。

　山形市の蔵王山も修験の霊山で、金剛蔵王大権現が祀られていた。14世紀には、この山に寄った所（山方）に斯波（最上）氏が山形城（霞城）を築き、以来、政治の中枢として栄えている。

　14世紀には曹洞宗が進出し、遊佐町の剱龍山永泉寺や鶴岡市の龍澤山善寶寺（曹洞宗三大祈禱所）など、天台宗から転じた寺が多い。

　現在は山形市の山形縣護國神社、鳥海月山両所宮、日本三熊野の熊野大社、高畠町の日本三文殊の亀岡文殊なども信仰を集めている。

主な寺社信仰

熊野神社　遊佐町杉沢。鳥海山蕨岡道（松岳山順峯）の１合目に鎮座。伊佐那伎命・伊佐那美命を祀る。古くは鳥海山修験入峰の二之宿であり、山伏鳥海山二之王子とよばれ熊野大権現（本地十一面観音）を祀っていた。杉沢には蕨岡三十三坊のうち２坊が存在した。８月の祭礼の晩には山伏が伝えた〈杉沢比山〉†が奉納される（８月６日仕組、８月15日本舞、８月20日神送）。景政や蕨折など14番の演目は、能楽大成以前のさまざまな芸能の要素を含んでいて芸能史上きわめて重要であるうえ、数ある番楽の中でも洗練された美しい舞振りがあり芸術的価値も高い。1930年に本舞を見て感動した折口信夫は、小寺融吉と本田安次に神送を見せ、11月の明治神宮鎮座十年大祭には日本青年館での奉納公演を実現している。比山とは鳥海山のことらしく、火山ないしは月山に対する日山を意味するといわれる。

松葉寺　遊佐町吹浦。鳥海山と号する。本尊は不動明王。権現観音は庄内（荘内）33-21として江戸時代から巡礼者を集め、戦後は如意輪観音を安置して庄内100平和観音07にもなっている。寺宝として神仏分離の際に鳥海山から遷された等身大の鳥海山大権現本地仏の薬師如来と月山神社本地仏の阿弥陀如来の像がある。女鹿の丸岡に鎮座し、隣には〈遊佐の小正月行事〉†で有名な八幡（白旗）神社がある。１月３日の夜に社で祈禱を済ませてケンダンを身にまとったアマハゲが、集落の家々を巡ってアマミ（火斑）を剥ぐ。アマハゲは滝ノ浦の大鳥神社では１月１日、鳥崎の三上神社では１月６日に行われ、鳥崎ではホンテ焼きや鳥追いもある。遊佐町内には三上神社がいくつかあるが、基本的に稲倉魂命を祀っている。

青龍寺　鶴岡市青龍寺。古くから金峰山の修験道場として登拝者を集め、江戸時代からは庄内33-33となり巡礼者も多く集めてきた。本尊は如意輪観音である。背後には金峰山がそびえ、そこから南へは母狩山と、大滝慶順が多額の借金をして開いた摩耶山が連なり、金峰三山を構成している。昔、母を亡くした慈覚大師が金峰山に登ると、西の山から読経と死者の泣き声が聞こえたので赴くと母に逢うことができたという。大師は大施餓鬼を行って母を供養したが、これが鶴岡市中清水にある森山（三

森山／清水の森）における〈庄内のモリ供養の習俗〉‡の始まりと伝える。山中には優婆堂・閻魔堂・大日堂・観音堂・地蔵堂・勢至堂・阿弥陀堂と、不慮の死を遂げた霊が集まるという藤墓があり、8月には多くの人々が施餓鬼供養に参り、新仏の歯骨を納めるなどしている。

春日神社

鶴岡市黒川。黒川地区の産土神。新山明神や春日四所明神として武藤・最上・酒井と歴代領主から崇敬庇護された。2月の王祇祭（豆腐祭）では、1日の元朝祭で王祇様を当屋に迎えて〈黒川能〉†が奉納され、翌日の大祭でも王祇様が社に還る神事の後に奉納される。能の演目数は540番、狂言は50番と、民俗芸能としてはきわめて大規模で、現在は氏子約160人が演じる。最初に笛が音取を吹くなど古形を伝承し、稚児の舞う大地踏が9種の特殊な足踏みを示して開口風の祝言を朗々と唱えるなど、芸能史的に重要である。後小松天皇の第3皇子・小川宮（龍樹宮）が乱世を避けて当地に至り伝授したのが始まりで、境内にある皇子塚は皇子の墓、背後の帝王山松樹院が行宮跡と伝えている。隣接する寺尾山永楽寺法光院は当社の別当で、庄内33-31として巡礼者を集めた。

天満神社

新庄市堀端町。1628年8月25日、新庄藩主の戸澤政盛が氏神の天満宮を常陸国松岡から城内本丸南西隅に遷座したと伝える。1756年9月25日、戸澤正諶は餓死者の霊を弔い、領内安寧・五穀豊穣を祈り、「世直し」として例祭に城下各町から飾り屋台を出させ巡行させたのが〈新庄まつりの山車行事〉†の始まりという。現在は8月24～26日に実施され、24日は戸澤神社の例大祭で宵祭りとよばれ、各町内から出された21台の山車が一堂に会して巡行する。25日は天満神社の例大祭で本祭りとよばれ、神輿の渡御とそれに供奉して山車の巡行がある。26日は新荘護國神社の例大祭で後祭りとよばれ、山車を飾り置いて鹿子踊りなどが奉納される。戸澤神社は1894年の創建で、戸澤衡盛・政盛・正實を祀り、新荘護國神社は1871年の創建で、堀彦右衛門ら新庄最上の戦没者を祀っている。

若宮八幡神社

東根市東根甲。11世紀に鎌倉鶴岡八幡宮の神主三浦為澄が戦乱を逃れて当地に至り神璽を移したのが始まりと伝え、鎌倉時代作の神輿（県文）が現存する。東根城主の小田島長義が崇敬し、1347年には社殿を造営して社領を寄進、1356年には鰐口を奉

納して、東根一円の総鎮守とした。現在の拝殿は1672年に松平氏が、本殿は1840年に大貫氏が建立したものである。8月最終日曜日の例祭は二百十日の風除けの祭りで、台風によって作物が被害に遭わないように祈る。この風祭りには〈若宮八幡神社太々神楽〉が奉納される。現在のような神楽に整ったのは1835年で、仙台の祠官から丹波神楽を教わったという。5人の舞い手が奉幣舞・鉾舞・剣舞・千歳舞・種蒔舞・釣舞・鬼やらい・諏訪舞の8座を演じる。昔は神招き・小弓舞・竜宮・岩戸開きの4座もあったという。

谷地八幡宮

河北町谷地。鎮守府将軍の八幡太郎 源 義家が石清水から白鳥に八幡神を勧請したのが始まりで、のちに白鳥十郎長久が谷地城を築く際に現在地に遷して鎮守にしたという。寒河江・溝延の八幡宮とともに寒河江荘三八幡とよばれて武家の信仰を集め、今も正月の歳旦祭・オサイトウに始まり、春の祈年祭、夏のキュウリ天王祭、秋の風日祈祭など1年を通して地元の人々に信仰されている。特に9月の例大祭は、2kmに及ぶ御輿渡御、勇壮な凱旋奴、囃子屋台の巡演など豪華絢爛な祭礼絵巻が繰り広げられ、山形三大祭ともされる。境内の石舞台で奉奏される〈林家舞楽〉†は、神職の林家が一子相伝で守ってきた四天王寺系の舞で、宮中舞楽・四天王寺舞楽・南都楽所舞楽と並ぶ日本四大舞楽の一つに数えられる。その太鼓の音からドンガ祭りと親しまれている。

十八夜観音堂

中山町金沢。天台宗。飛鳥時代に開山された日月寺が始まりという。南西の高峰山頂に奥ノ院とよばれる場所があり、洞窟内に中世作の石造宝篋印塔が残る。目の神様として村山地方一円から信仰を集めた。昔は年3回の祭があったが、今は8月18日が例祭で火渡りの儀式があり、大勢の参詣者で賑わう。また、人々の依頼に応じて神憑りして託宣するオナカマ(盲目の口寄せ巫女)の本山としても栄え〈村山地方のオナカマ習俗〉‡の拠点となった。オナカマが堂内に奉納したトドサマ(神下ろしや託宣の際の神像でオシラサマに似る)や、死霊下ろしに使う梓弓、祈禱用の剣、卜占用の筮竹・算木、信者が奉納した鏡を取りつけた絵馬や眼病平癒の祈願札など951点は〈岩谷十八夜観音庶民信仰資料〉†として町の歴史民俗資料館で保存・展示されている。

立石寺

山形市山寺。天台宗。宝珠山と号する。松尾芭蕉の名句「閑さや岩にしみ入る蟬の声」で知られる国名勝で、日本三大

霊場や日本三山寺の一つに数えられている。慈覚大師が延暦寺から不滅の法灯を分けて開いたと伝え、灯火は今も国重文の根本中堂で護持され、百丈岩に立つ開山堂では香を絶やさず、奥の院の如法堂では石墨草筆・一字三礼の如法写経行が不断に修せられている。如法堂には結婚式の場面や学童の手を引く親の姿を描いたムカサリ絵馬や着飾った人形、子どもの写真などが多数納められている。8月6日夜には死者供養に〈山寺夜行念仏の習俗〉‡が営まれ、念仏講中が麓の根本中堂から念仏堂・姥堂・仁王門・四塔頭・如法堂・多聖場と順に登って念仏をあげ、如法堂で通夜し、翌朝は多聖場・開山堂・磐司祠・五大堂・本坊・滝不動と巡拝している。

玉林寺

長井市上伊佐沢。曹洞宗。字館久保に建ち、館照山と号する。伊達氏家臣の桑島館主5代の仲綱（将監）が1504年に妻お玉と先祖の菩提を弔うために創建し、天室正運を開山に迎えた。その落慶供養に奉納したのが〈伊佐沢念仏踊〉の始まりという。境内にはお玉の墓碑が今も残る。伊佐沢の久保桜（国天然記念物）もお玉の供養に植えられたと伝える。1565年、仲綱は家族がみな死に果てたため、禄を捨てて高野山に上り、そこで没したという。現在、夜桜公演として毎年4月に久保桜の隣で念仏踊が披露されている。盛大な輪踊りは実に愉快で引き付けられるものがあるが、古くは鎮花祭的な性格をもつ豊年踊であったという。桜の花は稲の花の象徴で、早く散れば不作の予兆であり、散った花びらは疫病をもたらす悪霊になるとされ、大勢の踊で花びらを踏み鎮めた。

安久津八幡神社

高畠町安久津。慈覚大師が豪族安久津磐三郎の協力で阿弥陀堂を建立したのが始まりで、後に八幡太郎源義家が奥州平定を祈願して鎌倉鶴岡八幡を勧請したと伝える。裏山一帯には奥之院の洞窟や安久津古墳群10数基が点在し、弘法清水・爺婆石・片葉の葦などの伝説が残る。宮城県白石と結ぶ七ヶ宿（羽州）街道の要地として栄え、別当の神宮寺は12坊を有したという。三重塔が今も残り、町の象徴となっている。5月3日は春の例大祭として五穀豊穣を祈り、参道にある宝形造茅葺の舞楽殿で倭舞や田植舞が舞われる。9月中旬には秋の例大祭として長寿を祈る「安久津延年」‡が舞われ、振鉾式（燕舞式）・三躰舞（三代舞）・拝舞・眺望舞などの舞楽が演じられる。一帯には県立考古資料館や町立郷土資料館、道の駅が立ち並び「まほろばの里」とよばれている。

上杉神社(うえすぎ)

米沢市丸の内。越後春日山城から会津を経て米沢城内に移された上杉謙信の遺骸が、明治の神仏分離と廃城で上杉家廟所(びょうしょ)へ移されることを契機に、城内に留まる謙信の霊を神式で祀るため、大乗寺の僧が還俗して神官となり、併せて米沢藩中興の上杉鷹山を祀ったのが始まり。1876年、現在の米沢城奥御殿跡に社殿を創建。1902年には、別格官幣社(べっかくかんぺいしゃ)となり、鷹山を摂社へ遷した。現在の社殿と宝物殿(稽照殿(けいしょうでん))は米沢出身の建築家・伊東忠太(ちゅうた)の設計。隣接する上杉博物館には飯豊山(いいでさん)(お西)詣りや出羽三山(お北/お下)詣りに精進潔斎(けっさい)した行屋(ぎょうや)が建つ。これは〈置賜(おきたま)の登拝習俗用具及び行屋〉†の一部で、本体は遠藤太郎の収集資料を展示する米沢市の農村文化研究所附属置賜民俗資料館が保存している。

おまいりの方法 ❻礼拝を終えて

＊基本的には、各寺社が示す方法に従います。なにも示されていない場合は、以下の方法を目安にしながら、皆さんそれぞれの意向や事情に応じて取捨選択すると良いでしょう。

1. 大きな寺社では社務所や寺務所で御守(おまもり)・朱印・護符・御影(みえい)・由緒書・ガイドブックなどを授与しているので、その時の心の動きに応じて授かると良いでしょう。

2. また、多くの寺社では境内に庭園や絵馬堂などの見所も整備しているので、ゆっくりと鑑賞するのが良いでしょう。寺社には珍しい石や樹木が非常に多くあると常々感じています。社殿や堂宇に施された彫刻や絵画にも素晴らしい作品が多く、文化財となっているものも少なくありません。什宝(じゅうほう)の拝観がもし可能であれば、貴重な御縁であるので(寺社の宝物館や資料館は休館であることが多い)、是非とも拝観しましょう。

3. 無事におまいりすることが出来たのは、何よりも神仏の加護(かご)があり、自身に志も生じてのことではありますが、家族や縁者の支えがあったことも忘れないようにしましょう。御礼のために何か土産(みやげ)(宮笥(みやけ))となるものを購入すると良いですね。

7 福島県

開成山大神宮

寺社信仰の特色

　福島県の寺社信仰は、会津坂下町に3世紀末〜4世紀初頭築造と推定される前方後円墳と県内最大の前方古墳が存在し、法相宗の徳一菩薩が拠点としたことなどから、会津から開けたように思われる。会津総鎮守で陸奥二宮の伊佐須美神社は、会津で行き会った四道将軍の大毘古と建沼河別の親子が奉斎したと伝える。

　奇祭「会津七日堂裸まいり」で知られ、日本三虚空蔵に数えられる柳津町の円蔵寺（福満虚空蔵／柳津虚空蔵）も、国宝薬師三尊像を祀る湯川村の勝常寺も、徳一の開創を伝える。会津は会津初代藩主保科正之による寺院整理や戊辰戦争後の廃仏を経たが、今なお日本五大仏都の面目を保ち続けている。会津若松市の飯盛山中腹に建つ旧正宗寺三匝堂（国重文）は日本三大栄螺堂の一つである。

　県内は西から会津・中通り・浜通りの3地域に大別されるが、会津には飯豊山神社や磐梯山慧日寺（恵日寺）など山の信仰が顕著であり、中通りには郡山市の開成山大神宮（東北の御伊勢様）や福島市の福島稲荷神社など町の信仰が、浜通りでは〈鹿島日吉神社のお浜下り〉‡や波立薬師など海の信仰が今も多くみられる。

　陸奥一宮は中通りの棚倉町馬場にある都都古和氣神社や、同町八槻の都々古別神社、石川町下泉の石都々古和気神社、白川市建鉾山の都々古和気神社などとされ、その分布域は中世の神社信仰の拠点であったと思われる。中通りには棚倉の他にも白河・須賀川・郡山・二本松・福島など政治経済の拠点が多い。福島市の中野不動尊は日本三大不動、飯坂八幡神社の大祭は日本三大喧嘩祭りにあげられている。

　浜通りの古社寺はいわき市に集中する。国宝の白水阿弥陀堂、好嶋荘鎮守の飯野八幡宮、浄土宗名越派奥州総本山の専称寺、十二薬師一番の赤井嶽薬師（福島88-88、東北36不動36）などが知られている。

主な寺社信仰

中村神社(なかむら)
相馬市中村。天之御中主神(あめのみなかぬしのかみ)を祀る。相馬総鎮守。平将門が下総国相馬郡の守谷城内に妙見社を創建したのが始まりという。1323年、将門の子孫である相馬重胤(しげたね)は守谷城から氏神の妙見尊を奉じて陸奥国行方郡(なめかた)へ移り、南相馬市原町区の太田神社を創建し、さらに重胤は太田川沿いに拠点を広げて、1332年には行方郡小高に城を築いて妙見尊を遷し、南相馬市小高区の小高神社(おだか)を創建したと伝える。そして1611年、相馬利胤が中村藩を興した際、城内に妙見尊を遷し、当社を創建したという。以上3社は妙見三社や相馬三社とよばれた。7月に行われる〈相馬野馬追〉†は将門の軍事訓練に由来すると伝え、昔は旧5月の中申(なかのさるの)日に行われていた。当社での総大将の出陣式から始まる相馬三社合同の祭礼であり、特に原町区雲雀ヶ原(ひばり)での甲冑競馬と神旗争奪戦が勇壮である。

稲荷神社(いなり)
浪江町津島。保食大神(うけもちのおおみかみ)・佐田大神(さだのおおかみ)・宮売大神(みやのめのおおかみ)を祀る。最初、出羽国由利郡白岩城の守護神として祀られ、後に戦乱を避けて安田三郎義定が神体を下津島の石鼻に遷し、1400年に当地へ鎮座したと伝える。津島・下津島・水境・羽附・芹沢・赤宇木・昼曽根7か村の氏神で、相馬高胤から七曜星(たかたね)と五三桐(しちようせい)(ごさんのきり)の神紋と下馬制札(げばせいさつ)を賜り、下馬落大明神や対馬大明神とよばれたという。10月に秋祭があり、三匹獅子舞が五穀豊穣と無病息災を祈願する。春祭は2月11日。1月14日には〈津島の田植踊〉‡が奉納される。これは年頭の豊作祈願で、種まきから米つきまでを踊りで表現する芸能で、最後に鍬頭が祝言を述べる。社前で踊り終えると集落内の招待された家々を巡って踊るが、招待が多い場合でも1月16日には決して踊らない。なお、南津島の田植踊りは村芝居として伝承されている。

熊野神社(くまの)
いわき市錦町。字御宝殿(ごほうでん)(大島郷米ノ倉)に鎮座。伊弉冊尊(いざなみのみこと)・豫母都事解之男命(よもつことさかのおのみこと)・速玉之男命(はやたまのおのみこと)を祀る。紀州熊野新宮の別当(べっとう)の日下大膳(くさかだいぜん)が分霊を勧請(かんじょう)したのが始まりで、菊田荘の庄司が刀剣を奉献して御宝刀殿大権現とよばれたと伝え、1596年に佐竹又七郎義憲が菊田(菊多)郡73か村の総鎮守としたという。例祭は7月31日・8月1日で、〈御宝殿の稚児田楽・風流(ふりゅう)〉†が奉納される。稚児による田楽は

全国的にも珍しい。7月31日は宵祭りで勅使童児の須賀海岸での潔斎や丑の刻参拝式があり、8月1日の本祭には豊凶占いの鉾立神事、豊作祈願の稚児田楽（ザラッコ）、豊年感謝の風流、神輿渡御、早馬の疾走などが行われる。鉾立神事は、兎を描いた白い鉾が先に立てば里豊作、3本足の烏を描いた赤い鉾が先なら浜大漁になるという。風流では鷺舞・龍舞・鹿舞・獅子舞が行われる。

黒沼神社

福島市松川町金沢。昔、南の月峯山の麓に黒沼があり、黒鬼が棲んで災をなしたが、老翁（敏達天皇か）の諭しで黒沼の神、沼中闇玉命になったという。後に翁は沼中倉太珠敷命として月峯に祀られた。月峯は日本武尊東征の行在所とも伝える。神紋は丸に違い剣である。古くは境内社の三社神に祀られる大山祇命が峯中で、足尾神社に祀られる阿武隈大蛇が沼神であったろうか。例祭は4月で、江戸で修得された〈金沢黒沼神社の十二神楽（出雲流神楽）〉が奉納される。旧暦11月16～18日には〈金沢の羽山ごもり〉†がある。集落の男衆が籠り屋で別火精進潔斎し、神明井戸で水垢離を取り、ヨイサァの儀などの神事を行う。最終日の早暁、全員が御山駈けをし、羽山の山上でカシキがノリワラに来年の天気や作物の豊凶を問い、羽山の神託を受け、その内容を書き取る。

隠津島神社

二本松市木幡。木幡山8合目に鎮座。山頂には12世紀の経塚6基があり、昔は蔵王宮もあった。木幡の弁天様と親しまれ、弁才天と千手観音の像と御影版木が旧別当の天台宗木幡山治陸寺に残る。例祭は4月25日で、12月第1日曜には日本三大旗祭りの一つ〈木幡の幡祭り〉†（御山駈け）がある。1966年までは旧暦11月18日で、参加者は3日前から地区の堂社に籠り、水垢離を取って臨んだ。現在は9地区から行列が出て田谷地区に集合し、総大将の指揮で国旗・梵天・法螺貝・権立（初参加者）・駒形・白幡・色幡・神供餅の列を組んで社へ進む。権立は藁縄で編んだ裂裟を首に掛け、木を男根状に削った太刀を肩から下げる。権立は大岩の割れ目に太刀と裂裟を捧げて通り抜ける胎内潜りを経て、食い初めとして乳（小豆粥）を御馳走になり、羽山神社に参って梵天と餅を供える。

白山寺

須賀川市上小山田。天台宗。古寺山と号する。字百目木の随光寺が管理。行基が東国巡錫の途次に聖観音菩薩を祀ったのが始まりと伝える。後に堂宇は焼失したが、15世紀に領主となった二階

堂為氏が再興したという。以後、須賀川城主二階堂氏の祈願所とされた。仙道33-12。1752年、住職の清光和尚が老朽化した堂宇を再建すべく、子どもたちに踊りを教えて村々を托鉢に廻ってもらい、人々から浄財を募ったのが、〈古寺山自奉楽〉‡の始まりという。自奉楽とは寺法楽のことである。現在は33年目ごとの旧暦3月10日の本尊開帳に奉納されており、花枝（傘鉾）を中心に踊って庭を清める平鍬踊、12種類の模擬稲作作業で豊作を祈る田植踊、花枝担ぎと鉦切りとともに悪霊を祓う一人立三匹獅子舞で構成される。伝承のため毎年旧暦1月2日には唄い初めとして練習を行っている。

東福寺　玉川村南須釜。字久保宿に鎮座。本尊は大日如来だが、地元では薬師様と親しまれる。薬師堂の本尊は弘法大師が刻んだ1木3体の像と伝え、可児・会津と合わせ日本三薬師とされ、33年ごとに開帳がある。国史跡の須釜東福寺舎利石塔は周囲に弥勒浄土49院の名を刻み、開山の宥元が1205年に造立した大日如来石像を中に安置して、像下に累代住僧の舎利を分祀している。4月3日の大寺薬師祭と8月14日の盆には、着飾った少女たちが境内で〈南須釜の念仏踊〉‡を奉納する。演目は小夜の中山、小鍛治、松川、下妻など10種あり、小豆を入れた綾竹か白扇子を持ち、念仏に合わせて美しく踊る。8月14日には新盆の家々も巡って供養する。17世紀中頃に始まったと伝え、境内には1748年の念仏供養結衆の石塔が残る。

都々古別神社　棚倉町八槻。日本武尊が味耜高彦根命を創祀したと伝える。15世紀頃には別当の大善院が白河結城氏の領内や菊多庄の熊野修験を統括して東北熊野信仰の中心となっていた。陸奥一宮で、大宮や近津宮ともよばれた。12月の霜月大祭（八槻様）には、新籾をツトッコ（藁苞）に包んで奉納し、ほかのツトッコを頂いて帰る風習があった（神慮に基づく品種交配）。現在では七座の神楽や三春ひょっとこ踊りが奉納されている。旧暦1月6日には年初の豊作祈願で〈都々古別神社の御田植〉†が奉納される。松舞・巫女舞・幣舞の神楽3番から始まり、続いて堰検分やメバライ（用水堀の掃除）、田耕い、畦端落とし、アシオトメ（肥入れ）、種蒔き、田植え、天狐の舞などが演じられ、最後に楽人が「中飯、中飯」と言いながら参詣人に細長く切った餅を盛大に投げ配る。

磐梯神社

磐梯町磐梯。806年の磐梯山噴火の翌年、法相宗の徳一が南西麓に慧日寺を創建し、守護神として奥宮に磐梯明神を祀ったのが始まりと伝える。寺の本尊は薬師如来で、勝常寺や上宇内薬師堂の本尊とともに徳一開創の会津五薬師と崇められた。盛時には3,800坊を擁したという大寺は1869年に廃され、金堂（薬師堂）に磐梯明神を大山祇命として祀り、磐梯神社となった。春彼岸の中日に行われている〈磐梯神社の舟引き祭り〉‡と巫女舞は、1923年に社殿を新築した際に寺の御国祭と明神舞を復活させたものである。寺跡が国史跡に指定されたことを受けて、2000年には字八幡から字並杉に遷座し、社の跡地には金堂が復元された。なお、社の北西には羽山があるが、会津では人は死ぬと霊が羽山へ登り、やがて厩岳の馬に乗って磐梯を登り昇天すると信じられている。

八葉寺

会津若松市河東町広野。字冬木沢に鎮座。空也上人が一宇を建立して阿弥陀仏と経典を納め、捨て置かれた遺骨や遺骸を集めて供養したのが始まりと伝える。後に会津の人々も身内の遺骨や遺髪の一部を小さな木製の五輪塔などに入れて奉納するようになり、会津総菩提所と崇められた。この民俗は〈冬木沢参りの習俗〉‡（会津の高野山参り）として現在も続き、特に8月1〜7日の祭礼時は、故人の初盆を迎える前に家族や親族が揃って参詣する盆迎えの御参りがあって賑わう。8月15日には先祖供養を願う〈冬木沢の空也念仏踊〉も奉納されている。中世には芦名氏の庇護を受け、伊達政宗の焼き討ちに遭うが、阿弥陀堂はすぐに再建された（国重文）。このため1595年以降の〈八葉寺奉納小型納骨塔婆及び納骨器〉†14,824点が現存し、現在は舎利殿に納めている。

田出宇賀神社

南会津町田島。宇迦之御魂命を祀る。昔、田の中の小島から田ノ神が出現したのを、田出宇賀大明神と崇めて鎮守として奉斎したのが始まりで、後に南山御蔵入総鎮守と崇められたという。1189年の奥州合戦に随行した長沼五郎宗政は当地を領すると旧領から牛頭天王を遷座したと伝え、今も田嶋天王と親しまれている。1603年には長沼盛実が宮本館（現在地）に両神を祀り、新町と元町の熊野神も合祀し、例祭に京都八坂神社の祭式を導入したという。現在、例祭（蕗祭）は7月22〜24日に行われ、御党屋組による一年神主の制を継承し、日本一の花嫁行列が七行器行列に供奉するなど古式をよく保持しており、日本三祇園の一つに数えられている。例祭に先立って7月18〜21日には

御千度や御神酒開き、七度の使いなど、〈田島祇園祭のおとうや行事〉†が営まれている。

鎮守神　檜枝岐村居平。日本百名山の会津駒ヶ岳の麓に鎮座。駒ヶ岳山頂に816年に鎮座したという駒形大明神と、燧ヶ岳山頂に832年に鎮座したという燧大権現を祀る。勧請年代は不明だが、星立庵が創建された15世紀以前と思われ、藤原常衡らが村を開いたと伝える9世紀とも考えられる。境内の疱瘡神は1696年の勧請。1902年には水神様のバンバが橋場から参道へと遷され、今では縁切り・縁結びの信仰を集めて多くの椀が頭上に載せられている。境内には〈檜枝岐の舞台〉†もあり、8月18日の例祭、5月12日の愛宕祭、9月の歌舞伎の夕べには千葉之家花駒座が〈檜枝岐歌舞伎〉を奉納する。南会津町の駒嶽神社にある〈大桃の舞台〉†とともに、かつて37か所もの舞台を擁した南会津の栄華を今に伝えている。

巡礼案内 ● 諸国一宮ってなに？

12世紀頃から散見される「一宮」の語は、日本の旧国毎に筆頭とされた神社の通称と思われます。16世紀頃に吉田兼右が記したとされる『大日本国一宮記』をはじめ、17世紀に橘三喜が著した『諸国一宮巡詣記』など、諸本にさまざまな一宮が記されています。本書では、川村二郎著『日本廻国記 一宮巡歴』(1987、河出書房新社)に記された82か所から、国名、社名、所在地を抽出しました。

☞ p.85に続く

8 茨城県

鹿島神宮

寺社信仰の特色

茨城県は古くは常陸国とよばれ、その国府・国分寺・総社は石岡に置かれていた。そこへ至る道が直道であることから常陸と名付けられたという。常陸國總社宮の大祭「石岡のおまつり」は関東三大祭りとされ、今も多くの人々で賑わう。

常陸は雄大な太平洋から昇る旭日を拝する適地でもあることから、日立とも解された。大洗磯前神社、酒列磯前神社、東国三社の息栖神社など、東方瑠璃光浄土の薬師如来を本地仏とした神社も少なくない。

御来光を拝めるとして初詣に人気の筑波山は、常陸三山の筆頭に挙げられ、中禅寺の跡地に建つ筑波山神社や、坂東25大御堂が多くの参拝者を集めるが、かつては北に続く足尾山や加波山とともに天狗信仰の霊場でもあった。平田篤胤は岩間山十三天狗、筑波山三十六天狗、加波山四十八天狗と書き残している。岩間山は笠間市の愛宕山のことで、十三天狗に罵声を浴びせる「悪態まつり」は日本三大奇祭に数えられる。笠間市には日本三大稲荷の笠間稲荷（胡桃下稲荷）も鎮座する。

常陸一宮は鹿嶋市の鹿島神宮で、二宮は那珂市の静神社、三宮は水戸市の吉田神社とされ、いずれも名神大社の由緒をもつ。鹿島神宮は鹿島信仰の総本社で、他に県内には全国の総本社として、絹笠（衣襲）明神の蚕霊山星福寺（神栖市）や、蚕影明神の蚕影山神社（つくば市）がある。

県内には比較的寺院が少ないが、それは水戸光圀と徳川斉昭による二度の寺院整理の結果ともいわれる。明治維新の精神を導いたとも言われる2人は、今は水戸市の常磐神社で祀られている。

茨城県には日本民俗学の原点として有名な徳満寺（利根町）もある。間引き絵馬のほか、日本最古の十九夜塔も蔵している。本尊の子育て地蔵と、その開帳である地蔵市が人々を集めてきた。近くには柳田國男記念公苑があり、國男の少年期を知ることができる。

主な寺社信仰

神峰(かみね)神社
日立(ひたち)市宮田町。神峰山の頂に本殿(山宮／奥の宮)が、10kmほど離れた麓(ふもと)の稲荷の森に里宮(遥拝殿)が建ち、伊邪那岐命・伊邪那美命・熊野櫲樟日命(くまのくすびのみこと)の3柱を祀る。1695年に水戸光圀が当社を宮田・助川・会瀬(すけがわ)3か村の総鎮守と定め、神幸(おうせ)祭を催したのが7年に一度行われる大祭礼の始まりという。1991年以前は不景気時に「世直し祭」として行われていた。本殿から神霊を宿す神鉾(かみほこ)を里宮に迎え、これを稚児(えば)が持して役馬に乗り、荒屋神社、宮田浜の宮、助川鹿島神社、会瀬鹿嶋神社、会瀬浜の宮を巡幸する。この渡御を出迎えるのが、ユネスコの無形文化遺産とされた〈日立風流物(ひたちふりゅうもの)〉†である。高さ15m・重さ5tの巨大な山車(だし)で、前方に青竹と花笠を、背面に岩山の姿を残す。5層の唐破風(からはふ)造りの屋形では、源平盛衰記や忠臣蔵などの操り人形芝居が演じられる。

西金砂(にしかなさ)神社
常陸太田市上宮河内町。常陸7郡の総社。金砂山(西金砂山)の頂に鎮座。天台沙門宝珠上人が山中に比叡山延暦寺を模した七堂伽藍(がらん)を建立し、日吉山王権現を勧請(かんじょう)したのが始まりという。谷を挟んで東向かいには、源頼朝が「金砂攻め」の後に伽藍を移したという東金砂山があり、近世には西は神の山、東は仏の山とよばれた。7年目ごとの小祭と72年に一度の大祭では、往時の金砂修験の神楽を伝える〈金砂田楽(かなさだまき)〉‡が奉納されている。種子蒔と一本高足の曲を伝え、東金砂神社の陰の田楽に対する陽の田楽であるという。大祭は磯出(いそで)ともよばれ、数百人の大行列が日立市にある水木の浜へと渡御する。巡幸は7日間で、天下野(けがの)や中桜、増井の正宗寺(旧別当)、馬場八幡宮を経て水木浜に到り潮垢離(しおごり)の神事を行い、上河合や下宮の金砂本宮(旧社地)を経て戻る。

那珂湊天満宮(なかみなとてんまんぐう)
ひたちなか市湊中央。海上から浜辺に降臨した菅原道真の霊を祀ったのが始まりという。中世には真言宗の北野山泉蔵院が社職で、十一面観音像を安置していた。所蔵する瀬戸緑釉狛犬(こまいぬ)は室町時代後期の作で、鹿島神宮および香取神宮に伝わる古瀬戸の狛犬に類似する。1695年に水戸光圀が社僧と仏像を廃し、柏原明神(現橿原(かしはら)神宮)の社守を社職として道真像を安置、水戸東照宮に倣う祭式とした。8月の祭礼は、神輿が町を巡幸した後に浜下りし、海中に入ってもみ合う勇壮なもので、湊八朔(みなとはっさく)祭と親しまれる。神輿には各町の風流物屋台

が供奉し〈那珂湊の獅子とみろく〉‡などを演じて賑わう。獅子は雄・雌・子の三頭獅子舞（ささら）、みろくは赤（鹿島神）・青（春日神）・白（住吉神）の3体の弥勒踊で、いずれも木偶人形の素朴な操法で演じられる。

稲荷神社　水戸市大串町。地元の人見氏が大字山海の地に小祠を建て、倉稲魂命を勧請したのに始まるという。周辺には大串古墳群が分布し、古い霊地であった。一時、水戸光圀が他所へ遷したが、1702年に旧跡へ復し、近隣21村の総鎮守となった。1707年には水戸3代藩主徳川綱條が、総漆塗り葵紋の神輿、日天・月天の鉾、四神の旗を寄進している。水戸徳川家の守護神とされ、社殿は水戸城下を向く。例祭は11月23日で、底無し屋台の人形戯、〈大串のささらと大野のみろく〉‡が奉納される。昔は古宿が露払い、大串が散々楽、下大野が弥勒、大場が稚児を出し、神輿と日月の鉾と四神の旗が21か村の村旗とともに水戸下市七軒町広小路荒神鳥居前の仮殿まで神幸し、大串祭として大いに賑わったという。大野の弥勒は、青が鹿島様、赤が香取様、黄色が春日様という。

鹿島神宮　鹿嶋市宮中。皇紀元年創建と伝え、日本建国の神、武甕槌大神を祀り、日本の要石を守る。風土記では同神と、坂戸社の天児屋根命、沼尾社の経津主大神を合わせて香島乃大神としている。全国の鹿島神社の総本社で、奈良の春日大社も分社である。神職の家からは鹿島新当流の祖、剣聖塚原卜伝が出た。国宝の直刀は全長224cmで、布都御魂剣を擬してつくられている。地元では毎月定期的に女性が集い、鹿島神宮と地区内の神々に〈鹿島みろく〉‡の歌舞を奉納している。神奈川県や静岡県の鹿島踊はこの芸能との共通点が多い。例祭は9月で、大提灯焼納や神輿巡幸、神楽舞、鹿島踊などが催される。3月9日には防人の鹿島立ちを再現したといわれる〈鹿島の祭頭祭〉‡が行われる。新発意を先頭に勇壮な囃子が奉納され、最後は若衆が斎庭で大豊竹と万灯を叩き壊す。

素鵞熊野神社　潮来市潮来。天王山に鎮座。潮来総鎮守。1877年に素鵞神社と熊野神社が合名して誕生した。両社は別の地にあったが、1696年に水戸光圀が一村一社の政策から当地へ遷して相殿とし、1843年にそれぞれ牛頭天王宮と熊野三山大権現という仏教色の強い名前から、神道色の強い社号へと変えられた。8月の例大祭は祇園祭とよばれ、初日に天王様と権現様の神輿が出御する御浜下り、中日に町内

渡御、最終日に御山上りが行われる。奉納される獅子舞は2人立ちで、大平楽など6種を勇壮に舞う。14台の飾り立てた山車には芸座連が分乗し、砂切や松飾などの〈潮来ばやし〉を奏でる。圧巻は「のの字廻し」や「そろばん曳き」の曲曳きで、若衆・山車・芸座連が一体となった様は見事である。

福寿院（ふくじゅいん）　石岡市真家。仁王山不動寺と号す。白旗八幡神社境内から宥鑑が1602年に当地へ移転開山したという。昔、大和の長谷寺から旅僧があり、村人に伝えた風流念仏踊りが〈真家のみたま踊〉‡であるという。毎年8月の盆に行われ、提灯を先頭にした軍配やサイマラ、ビンザサラ、シャグマ、踊り子、囃子方（念仏衆）らの行列が、明円寺や全龍寺、戦没者忠霊塔、新盆の家々を回り、当寺で笠納めをする。踊り子は浴衣姿に赤・青・黄色の襷を纏い、御護摩を付けた花笠を被り、日の丸の扇を手に七月・二ノ谷・十六拍子を舞い、年寄りは念仏和讃を歌って霊を慰める。昔は御霊供養として村人が寺庭に参集し、夜を徹して踊ったという。明円寺の開山は山伏の弁円で、親鸞を殺そうとしたが逆に感化されて弟子となり、明法房として二十四輩の一人に数えられている。

大杉神社（おおすぎ）　稲敷市阿波。高台に建つ。香取海の安婆島に立つ大杉を地元漁民が崇めたのが最初。大杉信仰の総本社で、アンバ様、安馬大杉大明神、阿波本宮とも称される。当地で疱瘡が流行したとき、日光の勝道上人が大杉に祈ると三輪明神が現れて収束したので祠を建てて祀ったと伝える。後に僧快賢が勝道の刻んだ不動尊像を安置し、安穏寺を開基したという。同寺には源義経の郎党、常陸坊海存（海尊）も住した。義経が修行した京都の鞍馬はアンバとも読まれ、奥宮には大杉大明神を祀っている。海存は容貌が天狗に似ていたという。江戸崎不動院の天海も住して、日光輪王寺・上野寛永寺と兼帯したという。10月の例祭では、ヒゲタ醤油の創業者が1617年に紀州から伝えた〈あんば囃子〉‡が奉納される。1725年に悪魔祓い囃子として江戸で流行し、各地に流布した。

八坂神社（やさか）　龍ケ崎市上町。源頼朝の家臣で常陸南部を領した地頭の下河辺政義が、沼沢の地であった龍ケ崎の開拓にあたり貝原塚の領民を根町に移し、同時に貝原塚の鎮守を分祀して龍ケ崎の鎮守としたのが草創と伝える。1525年には稲敷市小野の逢善寺12世尊雄の子、考観法印が貝塚原から天台宗金剛山観仏寺般若院を境内に移し、諸堂を建

関東地方

立して別当を務めた。1577年、龍ケ崎城主の土岐胤倫(ときたねとも)が第二干拓を行い、新たに誕生した8か町の中心地に当社を遷座した。7月下旬に行われる祇園祭では、最終日に関東三奇祭の一つ〈龍ケ崎の撞舞(つくまい)〉‡が斎行(さいこう)されている。般若院の前に建てられた仮屋に神輿が渡御し、その横に立てられた高さ15mの撞柱に、雨蛙の面を被った舞男が命綱なしで登り、逆立ちや綱渡りなどさまざまな妙技を披露する。頂上の円座では魔除けの矢を四方に放つ。

愛宕(あたご)神社
つくばみらい市小張(おばり)。伊奈(いな)台地の南端部に鎮座。1579年に只越善久が小張城を築いた際に守護神として勧請(かんじょう)したのが始まりという。社殿の東には高さ1.5m、南北50mほどの土塁が残る。善久は多賀谷氏との戦で没したが、それは影武者で本人は岩手へ逃れ、子孫が出家して小張へ戻り西念寺の住職となったとも伝える。8月24日の例祭には〈綱火(つなび)〉†が奉納されることから、境内には多くの露店が出て大変な賑わいをみせる。綱火は1603年に4代目の城主となった松下重綱が考案したと伝え、火薬の配合や技術は秘伝とされ、家元の大橋家が松下流として今に伝承する。8月23日の夕方は繰り込みで、手筒花火の一行が神社への石段を一気に駆け上がる。翌日は境内に張り巡らせた綱に操り人形を下げ、仕掛花火を添えて二六三番叟(にろくさんばんそう)や舟遊山(ふなゆさん)、間宮林蔵などの芝居を演じる。

五所駒滝(ごしょこまがたき)神社
桜川市真壁町(まかべちょう)。山尾山(権現山)の麓に鎮座。昔、境内の滝から「馬が来る」との音が聞こえて間もなく芦毛の馬が出現し、石を踏み嘶(いなな)いた奇瑞(きずい)があったことから、滝の辺に小祠を建てて駒ヶ滝明神と崇めたのが始まりという。1172年には真壁郡の中心地として真壁城が築かれ、城の辰巳(たつみ)にあたることから鹿島神宮の分霊を祀って社殿が造営されたと伝える。以来、真壁氏の氏神となり、真壁氏累代墓地および墓碑群が近くに築かれた。後に笠間領主の祈願所となり、春秋の祭儀を執行した。江戸時代初期、真壁の町年寄と町名主が商いを発展させるべく、〈五所駒滝神社の祭事〉‡を夏に始めたと伝える。現在も大老・中老・世話人・月番などの伝統的祭祀組織を保ち、笠抜き式などを古式のまま伝承している。この夏祭りは大正時代から祇園祭とよばれている。

諏訪(すわ)神社
結城市上山川(ゆうきかみやまかわ)。ユネスコの無形文化遺産「結城紬(ゆうきつむぎ)」で知られ、結木(ゆうき)(木綿の木、楮(こうぞ))が生い茂る織物の里であった

結城郡の中心に鎮座する。上山川は水運の便により古くから開けた地で、8世紀前半には法成寺（結城廃寺）が創建され、700年続いた。結城氏の祖とされる藤原秀郷は、平将門の乱に際して当地に陣を構え、諏訪大明神を勧請して、弓引きの神事と神楽を行い、戦勝を祈願した。討伐後、明神の神徳に感謝して陣跡に社殿を造営し、弓引きに用いた鉄の矢尻を奉安したという。今も1月27日の破魔弓祭では矢が放たれ、4月3日の例祭では〈上山川諏訪神社太々神楽〉が奉納されている。神楽は、全員が免許皆伝の専業神楽師によって、五行の舞（四方固め）から大山ツミ（山の神）の舞に至る12座が舞われる。

巡礼案内 ● 巡ってみたい！ 諸国一宮❶

＊諸国一宮についてはp79を参照してください。
＊川村二郎著『日本廻記 一宮巡歴』（1987）から、国名、社名、所在地を抽出しています。

◆ [出羽] 大物忌神社（山形県飽海郡遊佐町吹浦字西楯）◆ [陸奥] 都々古別神社（福島県東白川郡棚倉町馬場）、都々古別神社（福島県東白川郡棚倉町八槻）◆ [常陸] 鹿島神宮（茨城県鹿島郡鹿島町宮中）◆ [下野] 二荒山神社（栃木県宇都宮市馬場町）◆ [上野] 貫前神社（群馬県富岡市一ノ宮町）◆ [武蔵] 氷川神社（埼玉県大宮市高鼻町）◆ [下総] 香取神宮（千葉県佐原市香取）

☞ p.91に続く

関東地方　85

9 栃木県

日光東照宮

寺社信仰の特色

　栃木県は世界遺産「日光の社寺」で全国的に知られ、特に東照大権現（徳川家康）を祀った日光東照宮は国宝に満ち溢れ、「日光を見ずして結構と言うなかれ」との諺も生まれた。国宝の陽明門は日本三大門に数えられ、見惚れて日の暮れるのも忘れてしまうことから「日暮の門」ともよばれている。日本最大の石鳥居は日本三大鳥居の一つである。

　日光社寺信仰の中心は、勝道が開いた男体山を観音浄土の補陀洛山として祀る二荒山神社で、同社は宇都宮（一宮の転という）の二荒山神社とともに、下野一宮とされている。祭神の本地仏（千手観音・阿弥陀如来・馬頭観音）を祀る日光山輪王寺は、天台宗三本山の一つである。

　勝道は日光中禅寺湖畔の坂東18立木観音や、坂東17出流山満願寺（栃木市）、日本三蓬莱の一つ蓬莱山神社（佐野市）なども開いたとされ、生誕地は真岡市の仏生寺とされている。

　栃木県は古くから仏教が栄え、日本三戒壇の一つ下野薬師寺が置かれた。勝道も同寺で受戒している。『入唐求法巡礼行記』を著した世界的偉人、慈覚大師円仁を輩出した土地だけあって、特に天台宗の名刹が多い。日本三大岩船地蔵の一つ高勝寺も、元三大師（慈恵大師良源）の信仰で大勢の参拝者を集める関東三大師の一つ佐野厄除け大師も天台宗であり、家康を日光に祀った日光山貫主の慈眼大師天海も天台宗の大僧正である。

　佐野厄除け大師は平将門の乱を平定した下野の押領使、俵藤太藤原秀郷が開基で、栃木三偉人の一人、田中正造の墓所としても知られる。秀郷の墓は佐野市新吉水にあり、居城跡の唐沢山神社は秀郷を祀っている。

　秀郷は藤姓足利氏の祖で、佐野氏などを輩出したが、栃木県は足利尊氏ら室町幕府将軍を輩出した源姓足利氏の拠点でもあり、大日様と親しまれる鑁阿寺（真言宗大日派本山）は、足利義兼の館を兼ねた氏寺として国の史跡にも指定されている。なお、本堂は国宝である。

主な寺社信仰

烏山八雲神社(からすやまやくも)

那須烏山市中央。1560年、烏山城主・那須資胤(すけたね)が城下の鎮守として大桶村の牛頭天王社の分霊を仲町十文字に勧請(かんじょう)し、疫病退散を祈願したのに始まる。烏山は那珂川水運の拠点として栄えた。毎年7月末の例大祭では、19世紀半ばから〈烏山の山あげ行事〉†が奉納されており、参加する各町内が特産の〈程村紙(ほどむらし)〉‡(烏山和紙)を貼った高さ10m以上もの築山(つきやま)を上げる。それぞれの氏子の若衆らは、この築山を背景として館や橋などの手づくりの仮設舞台を市街地に設け、所作狂言(しょさきょうげん)(歌舞伎)や神楽などの余興を奉納する。3日間、最大16回にわたって築山と舞台装置一式の解体・移動・組み立てを繰り返し、上演しながら町中を巡行。移動の総延長は20kmにも及び「日本一の野外劇」と名高い。境内にある市神社(いちがみ)は烏山城下七福神巡りの恵比寿神となっている。

松原寺(しょうげんじ)

那須烏山市三箇(さんが)。真言宗智山派。出羽国の鳥海上人(ちょうかい)が高野山修行の後の帰路、当地で病に倒れ一寺を開山、18世紀に出羽三山を勧請(かんじょう)して念仏踊りを伝えたのが〈塙の天祭(はなわのてんさい)〉‡の始まりという。これは二百十日の風祭であったが、現在は9月1日直近の日曜日に、出羽三山に奥参りした行人が水垢離(みずごり)を取り、僧侶・神官とともに2階建ての屋台(天小屋)の天棚へ登り、日天・月天・諸神仏を勧請、風雨順時・五穀豊穣を祈願する。その後、太鼓場での奏打(ブッツケ)と、千渡場(せんどば)での梵天かつぎ(行道)がある。最大の呼び物は天祭踊りで、太鼓や笛のお囃子に合わせて綾竹踊りや扇子踊りが奉納される。神送りの後、太鼓場での奏打(ブッキリ)があり、翌週には天棚が壊され行事が終わる。天祭・天念仏の行事は鹿沼市の〈栃窪の天念仏(とちくぼのてんねんぶつ)〉‡など、北関東で広く盛行した。

光徳寺(こうとくじ)

那須塩原市百村(なすしおばらしもむら)。曹洞宗。霊泉山と号す。境内には村唯一の水源、護安沢が流れ、参道の杉並木は美しい。1493年に下総国葛飾郡山王山村の東昌寺2世能山聚芸が開創し、下野国那須郡福原村の永興寺(ようこうじ)3世理岩宗察が中興したと伝える。〈百村の百堂念仏舞〉‡は、旧暦7月15日に村内の数多くの堂や祠を廻って奉納する盆行事だったが、現在は4月29日に当寺を発ち東福寺、西の辻、百村鎮守愛宕神社と巡って舞を奉納している。一行は、竿頭に楠木正成を頂く見事な大纏(まとい)とともに、

笛の音に合わせて梅若念仏を唱えながら街道を流し、色鮮やかな衣装を纏った形振・鐘木切・太鼓打ちが、光明遍照や岡崎、トウトノマイ、綾念仏などを美しく踊る。百堂念仏は芳賀郡茂木町の松倉山観音堂にも伝承されている。

愛宕神社

日光市川俣。愛宕山に鎮座。一帯は「天狗の棲み処」と伝え、大日如来や毘沙門天の石像や行屋跡がある。社の棟札には「奉納愛宕大権現守護」と1504年の銘があることから、古くからの山岳修験道場であったと考えられる。山頂には今宮大権現（今宮様）が祀られ、麓には大将塚（太夫塚／上人塚／平家塚／御塚様）とよばれる墳丘がある。1月20日の二十日祭（山之神祭／山神祭）では、山の神の当渡し（1年交代の祭りの当番の本宿と甘酒宿の引き継ぎ）が行われ、元服の男子（数え年20歳）がいる年は翌日に〈川俣の元服式〉†（名付け）を行う。両祭式では〈川俣の三番叟恵比須大黒舞〉が奉納される。8月20日には〈川俣今宮様のオコモリ〉が行われ、小若衆が今宮様の御神体を山裾の仮屋に迎えて祀り、翌日は大将塚で獅子舞を奉納する。

今宮神社

鹿沼市今宮町。二荒山（男体山）へ登拝して日光三社権現を祀った勝道上人が、御所の森（鹿沼市泉町）にも社殿を設けて同神を祀ったのが始まりという。1535年には日光神領惣政所の壬生綱房が鹿沼城を築く際に鎮守として現在地へ遷したと伝える。後に鹿沼宿の氏神とされ、日光山鹿沼今宮大権現と崇められた。昔は旧暦3月や旧暦6月に行われ、現在は10月に行われる例大祭（鹿沼秋祭り）では、付け祭り（鹿沼ぶっつけ秋祭り）として〈鹿沼今宮神社祭の屋台行事〉†が行われる。日光東照宮を想わせる豪華な彫刻を施した屋台が氏子各町から曳き出され、各町内を回った後で一番町を先頭に神社へ繰り込む。境内で囃子を奉納した後、夕方には提灯を灯して町内へ繰り出し、市中を引き回す。巡幸は翌日も行われる。境内では〈奈佐原文楽〉‡の上演もある。

妙見神社

鹿沼市上粕尾。発光路の鎮守。1595年に日光から遷されたという。古く山伏の峰修行の地であった横根山の登拝口にあり、日光修験が虚空蔵菩薩を祀ったのが最初と思われる。虚空蔵菩薩は明星（金星）や妙見（北斗七星）に化身するとされ、星宮大権現や妙見大菩薩の本地仏とされた。修験道廃止と神仏分離で虚空蔵堂の多くは星宮や妙見神社とされた。1月3日の神事の後に公民館（郷土文化保存

伝習館)で行われる〈発光路の強飯式(ごうはんしき)〉†も山伏の伝承で、日光山輪王寺や生岡(いきおか)神社の強飯式(こわいいしき)と同様、日光責(にっこうぜめ)の流れを汲む。呼び使いが太夫(祭り当番)らに酒を注ぐ当渡しが済むと、山伏と強力が登場し、「酒なら33杯、湯が5杯、強飯75膳がお定まり、1粒1菜の許しはないぞ!」と大声を上げ、太いザクマタの責め棒で太夫らの首根を押さえて高盛りの赤飯を強いる。

生子神社(いきこじんじゃ)

鹿沼市樅山町(もみやままち)。瓊々杵神(ににぎ)を祀る。昔は樅山明神と称したが、1549年に痘瘡(とうそう)で死んだ氏子の子どもが明神の霊験で蘇生するという奇跡があり、以来「生子神社」と崇められ、痘瘡平癒と育児の神として信仰を集めるようになったという。9月19日頃の秋祭りには子どもの健やかな成長を祈願する〈生子神社の泣き相撲〉‡が奉納され、大勢の人々で賑わう。境内の御手洗(みたらせ)の池とよぶ湧水(ゆうすい)で身を浄めた力士が社前の土俵に上がり、行司の呼び出す幼児を東西の土俵から抱き抱え、行司の軍配を合図に掛け声とともに高く揺すり上げて取り組ませる。先に泣いたほうを勝ちとするのは、「泣く子は育つ」との信仰に基づくものであろう。1月には「日の出祭り」があり、神前に42種の供物(くもつ)をあげて弓取り式を行う。

関白山神社(かんぱくさんじんじゃ)

宇都宮市関白町(かんぱくちょう)。鎮守府将軍の藤原利仁(としひと)を祀る。利仁は下野国高蔵山で貢調(こうちょう)を略奪した群盗数千を鎮圧し、一帯を荒し回っていた蔵宗・蔵安の鬼兄弟を退治したと伝え、その没後に村人が墓を建てて利仁の霊を祀ったのが始まりという。1879年に高座山神社を創建し、後に関白の笹沼氏が奉仕していた、白山大権現(菊理姫命(くくりひめのみこと))を祭神とする関白山神社を合祀(ごうし)したとされる。8月に奉納される〈関白獅子舞(きずい)〉は、利仁の葬儀で3匹の獅子が闇を破った奇端を再現するものとされ、〈天下一関白神獅子舞〉ともよばれている。県下に広く分布する関白流獅子舞の始祖(家元)と考えられている。境内に9尺四方の〆縄(しめなわ)を張り、その中へ籾殻を撒いてつくった場で、一人立三匹獅子が平庭(ひらにわ)・蒔寄(まきよせ)・唐土(とうど)の舞・弓くぐり・四方固め・芝隠し・御子舞(鬼退治)の7庭を舞う。

間々田八幡宮(ままだはちまんぐう)

小山市間々田。思川の舟運や日光街道の往来で栄えた宿場町間々田の鎮守。当社への戦勝祈願により平将門を討ち取った藤原秀郷(ひでさと)が神饌田(しんせんでん)を奉納したことから「飯田の里(まんまだ)」とよばれるようになったという。境内の一部は公園として開放され、市民の憩

いの場となっている。5月5日に行われる〈間々田のジャガマイタ〉‡は田植えを前に五穀豊穣や厄払いを祈願する祭りで、子どもたちが長さ15mを超える7体の藁蛇を担ぎ「蛇が参た」の掛け声とともに町中を練り歩く。間々田の竜昌寺の住職が旱魃の際に、釈迦誕生時に八大竜王が雨を降らせた故事に因み、竜頭蛇体をつくって雨乞いと疫病退散を祈禱したのが始まりという。1960年頃までは釈迦降誕会（花祭り）の旧暦4月8日に行われていた。蛇体は藁や竹、藤蔓、羊歯、鮑の貝殻などでつくり、昔は尾の尻剣に卒塔婆を用いたという。

大日堂 真岡市中郷。1658年、日光の中禅寺湖畔にあった大日堂の荒廃を嘆いた良念法印が本尊の大日如来像を、日光を開山した勝道上人の生誕地である、真岡市南高岡の仏生寺で祀ろうと運び出したが、中郷の僧智善に請われて当地で祀ることになったのが始まりという。例大祭は8月で、悪疫・災禍を祓う護摩焚き供養と〈大日堂獅子舞〉が行われる。獅子舞は開創時に始めたと伝え、女獅子・中獅子・大獅子の一人立三匹獅子が、街道下り、入羽、本庭、獅子おこし、御山かえりなど、素朴で神秘的な舞いを繰り広げる。栃木県で最も古典的な獅子舞といわれ、真岡市田町の般若寺の施餓鬼にも奉納されている。般若寺は阿弥陀如来が本尊で、真岡藩主・稲葉正成（春日局の夫）の菩提寺として知られ、稲葉家が崇敬した薬師如来像（関東91薬師59）を安置している。

鶏足寺 足利市小俣町。石尊山の南西麓に建つ。本尊は五大明王。奈良東大寺の僧定恵が、石尊山の鳴動で出現した釈迦の石仏を本尊として世尊寺を創建し、後に比叡山の円仁が現在地に堂塔を整備して仏手山金剛王院と号したのが始まりという。平将門の乱の時、定有法印が土で将門の首をつくり調伏法を修したところ、結願日に将門は打ち取られ、土首には鶏の足跡がついていた。この奇端から現称に改め、梵鐘を鋳造したという。その後衰退したが、1269年に高野山金剛三昧院頼賢の法弟で下野薬師寺長老の良賢が中興、真言宗慈猛流の総本山となった。8月14日の〈石尊山の梵天祭り〉では、白装束の若者が15mの杉丸太と1,000体余りの梵天（幣束）を麓の石尊不動尊から担ぎ揚げ、山頂の奥ノ院石尊宮に奉納する。山中には釈迦岩や山婆の腰かけなど、背筋の凍る絶壁が点在する。

朝日森天満宮（あさひもりてんまんぐう）

佐野市天神町。藤原秀郷の子孫、足利家綱が唐沢山城中の天神沢に創建したと伝える。家綱は讒言で冤罪に陥れられ、九州の大宰府へ流されて安楽寺に住したが、そこはかつて菅原道真が住んだ場所であった。奇縁を感じた家綱は、道真を祀る大宰府天満宮に無実の罪が晴れるよう一心不乱に祈念したところ、まもなく故郷に帰ることができたため、その偉大な神恩に感謝して大宰府から分霊を勧請し、菅神廟を建てたという。1602年に現在地へ遷座され、佐野の氏神として崇められた。7月の佐野夏祭りは、当宮と鐙塚の星宮神社の夏祭りで、佐野の25町会が年番で執行している。山車の上で演じられる〈鐙塚の宮比講神楽（みやびこうかぐら）〉は、19世紀前半に伝えられた神田囃子系の里神楽で、十八番はオカメの子守りと速狐（はやぎつね）の舞で、俗にヒョットコ踊りとよばれている。

 巡礼案内 ● 巡ってみたい！ 諸国一宮❷

＊諸国一宮についてはp79を参照してください。
＊川村二郎著『日本廻国記 一宮巡歴』(1987)から、国名、社名、所在地を抽出しています。

(続き)
◆ [上総] 玉前神社（千葉県長生郡一宮町一宮）◆ [安房] 安房神社（千葉県館山市大神宮字宮ノ谷）、洲崎神社（千葉県館山市洲崎字神宮免）◆ [相模] 寒川神社（神奈川県高座郡寒川町宮山）◆ [佐渡] 度津神社（新潟県佐渡郡羽茂町飯岡字一之宮）◆ [越後] 弥彦神社（新潟県西蒲原郡弥彦村弥彦）、居多神社（新潟県上越市五智）

☞ p.97に続く

10 群馬県

少林山達磨寺

寺社信仰の特色

　群馬県は山の信仰が色濃い。上毛三山の赤城山・榛名山・妙義山だけでなく、浅間山・白根山・武尊山などの山々も広く信仰を集めている。日本三大奇景の一つで国名勝の妙義山は波己曽神が鎮座すると伝えるが、これは奇岩景勝を岩社として祀ったものと考えられる。

　赤城神社は往古の上野一宮と伝え、県内には赤城神社が数多く祀られている。一宮の座を貫前神社に譲ったのは機織の生糸を借りた礼との逸話があり、古くから絹織物や養蚕が盛んであったことがうかがえる。今も県内各地には、桐生市の織姫神社や伊勢崎市の倭文神社（上野九宮）、長野原町の養蚕神社（荒神さん）、富岡市の蛇宮神社、安中市の絹笠神社や雲門寺など、織物や養蚕の神々が祀られている。そうした伝統は世界遺産「富岡製糸場と絹産業遺産群」に結実した。前橋市の蚕糸記念館では〈前橋の養蚕・製糸用具及び関連資料〉‡を展示している。

　群馬県は上州三名湯の草津・伊香保・四万だけでなく、水上・磯部・老神などを擁する温泉王国として有名で、各地に薬師信仰もみられる。伊香保神社は上野三宮で、古くは温泉神社と称し、温泉寺が別当を務めていた。若伊香保神社は上野五宮という。

　江戸幕府の徳川将軍家は太田市にあった得川郷の出身といわれ、徳川家の祖が創建したと伝える長楽寺には、日本三大東照宮の一つ世良田東照宮が建てられた。同所は国史跡の新田荘遺跡でもある。新田荘は鎌倉幕府を倒した新田義貞を輩出した地であり、義貞を祀る新田神社もある。太田市には新田触不動と千体不動塔を祀る明王院、子育て呑龍様を祀る大光院新田寺、縁切寺の満徳寺、高山彦九郎を祀る高山神社もある。

　高崎市の少林山達磨寺は日本における達磨信仰の一大拠点で、全国の8割のダルマは高崎市で生産されている。また、前橋市の産泰神社と、板倉町の雷電神社は、それぞれ産泰・雷電信仰の総本社である。

主な寺社信仰

武尊(ほたか)神社
片品村花咲。霊峰武尊山を祀る。利根沼田地域に点在する武尊神社の総本社で、利根郡76村の総鎮守。1908年に村内28社を合祀している。主祭神は穂高見命で、神体は黄金の御幣である。古くは保高明神や保鷹明神とも称された。武尊山は15世紀に修験道場として開かれ、1800年には本山派修験の武尊山法称寺が武尊大神別当に任じられ、1801年に木曽御岳信仰を広めた普寛の分骨が納められたという。旧暦9月の中の申の日には奇祭〈片品の猿追い祭〉†(猿祭)が行われる。武尊山に住む白毛の大猿が村人を苦しめた際、武尊様に祈願して退治したことに始まるという。東日本には数少ない宮座組織を有する祭りで、花咲を東西に分け、イッケという同族集団が酒番(さかばん)や櫃番(ひつばん)、謡(うたい)などの役割を分担し、赤飯を振り掛け合ったり、猿役が幣束を持って社殿を3周したりする。

親都(ちかと)神社
中之条町五反田。霊山の嵩山を拝する地に鎮座。須佐之男命を祀る。古くは七社大明神や和利宮ともよばれ、吾妻七社明神(児持七社)の内の和理大明神を祀っていたとも伝える。和理大明神は現在、中之条町横尾の吾妻神社で祀られている。『神道集』の「児持山之事」に出てくる「見付山」は嵩山のことであるともいう。1702年、僧空閑は嵩山合戦(1565年)の犠牲者を弔(とむら)うため、山中への坂東三十三番観音石仏の配置を発起、その後10年をかけて百番観音を完成させた。嵩山の東麓には白久保(しろくぼ)天満宮があり、2月24日の宵祭りには〈上州白久保のお茶講〉†が催される。これは渋茶(煎茶)と甘茶とチンピ(蜜柑の皮を干したもの)を煎り粉にして4種類の混合茶をつくり、それを飲み当てる行事で、14世紀に行われた闘茶(茶勝負)を伝承するものと考えられる。

天龍寺(てんりゅうじ)
渋川市赤城町。天台宗。本尊は薬師如来。赤城山と号し、大門地区にある。戦国時代は赤城神社の別当を務めたとも伝える。古くから開けた土地で、隣接する見立(みたち)地区には、縄文時代早期〜晩期の瀧沢石器時代遺跡があり、国史跡となっている。環状列石からは長さ1mを超す大石棒が発見され、赤城歴史資料館で展示されている。1819年、境内に〈上三原田(かみみはらだ)の歌舞伎舞台〉†が建立された。上方で修行した大工、永

井長治郎の手になるもので、特殊な機構を併せ持つ。強盗返は三方の板壁を外側に倒して舞台面を倍以上の広さにするもので、遠見は舞台の奥に背景をつけて奥行きを深くみせるもの、柱立廻は平舞台を6本の柱で支えて回転させ、迫り引きは二重とよぶ小舞台を天井・奈落の双方から迫り上げ・引き下ろすものである。1882年に上三原田に移築された。

榛名神社

高崎市榛名山町。上毛三山の一つ榛名山の神を祀る。榛名山は大型の複成火山で、一帯から伊香保温泉やガラメキ温泉など多くの湯が湧き出している。古くは元湯彦命を祀り、春名満行権現と崇められた。本地は勝軍地蔵で、天台宗榛名山巌殿寺が祭祀したが、神仏分離で仏教色が廃されて現在に至る。境内は巌山とよばれ、九折岩や鞍掛岩などの奇岩がある。近世には祈禱札を受けに代参が登拝する榛名講が関東一円で盛んであった。講の全員が参詣を果たすと、記念に太々講として〈榛名神社神代神楽〉を奉納した。この神楽は男舞22座・巫女舞14座の演目があり、摺り足を基本とする無言の舞で、宮廷神楽を伝承すると考えられる。現在も2月の神楽始式と5月の端午祭・神輿渡御祭などで奉納される。社家町の榛名歴史民俗資料館では関流算額などを展示している。

蓮華寺

安中市中宿。天台宗。清水山と号す。本尊は阿弥陀如来。太田市世良田の長楽寺を開いた釈円栄朝禅師（1165〜1247）の開山と伝える。栄朝が京から鎌倉へ向かう途中当地に宿ると、夜更けに鳴動とともに凍った池の中から蓮が出て、美しい花を咲かせたことから蓮華寺と名付けたという。1817年には上野34観音31の雉子観音を岩戸山から境内へ遷した。隣接する諏訪神社（中宿鎮守）の別当を務めたが、同社では1656年頃から例祭に〈安中中宿の燈籠人形〉†が奉納されるようになった。胴の中に小型の回転式龕灯（カンテラ）をいれた高さ70cmほどの和紙製人形の芝居で、糸操りで『俵小僧力自慢』『馬乗り小僧の籠抜け』『安珍清姫綱渡り』などを演じる。灯火で明るく浮き立つ人形劇は幻想的である。人形は上間仁田の学習の森（ふるさと学習館）に展示されている。

貫前神社

富岡市一ノ宮。上野一宮。菖蒲（綾女）谷に経津主神を祀る。元は安中市の鷺宮（先宮）または下仁田町の荒船山（笹岡山）に鎮座していたと伝える。古くは抜鋒神または貫前神を祀り、抜鋒大明神社とも呼ばれた。国重文の楼門・拝殿・本殿へは、蓬ヶ丘の大

鳥居から石段を下る。社殿が鳥居より低い位置にあり、宮崎県の鵜戸神宮、熊本県の草部吉見神社とともに日本三下り宮に数えられる。国重文の白銅月宮鑑は日本三名鏡。12月8日には御機織神事と御戸開祭に先んじる行事として〈貫前神社の鹿占習俗〉‡が行われている。高田川で用具を清める川瀬神事の後、上野国内の大小神祇を招請、忌火で焼いた錐で鹿の肩甲骨を貫き、その割れ具合で甘楽郡内の吉凶を判断する。現在、日本で鹿占の民俗を伝えるのは当社と東京都青梅市の御嶽神社のみである。

安養寺（あんようじ） 南牧村大日向（なんもくむらおおひなた）。天台宗。8月14・15日の夜には檀家たちが寺の前で〈大日向の火とぼし〉‡を行う。長さ2〜3mの縄に付けた直径50cmほどの藁束を燃やしてグルグル回転させるもので、盆の先祖供養の火祭りと考えられるが、地元では1561年に武田信玄が上州に出兵した際に先祖が加勢して圧政領主を追い出した喜びを伝える行事ともいわれる。1560年、小幡憲重（おばたのりしげ）の国峰城は小幡景純（かげすみ）に乗っ取られ、憲重は武田氏を頼って甲斐に逃れた。やがて武田騎馬隊の中枢となり、翌年、信玄の西上野侵攻で城を取り戻したのである。8月15日は御練（おねり）もあり、行燈（あんどん）を持った子ども達の一行が境内を3周して先祖供養の念仏を唱和する。村の民俗資料館では砥石（ぬぎいし）や蒟蒻（こんにゃく）の生産に用いた〈南牧村の山村生産用具〉‡を展示している。

乙父神社（おっちじんじゃ） 上野村乙父（うえのむらおっち）。経津主命（ふつぬしのみこと）を祀る。上野一宮の貫前神社の姉神とされ、貫前神社や森戸抜鉾大明神（ぬきほこ）とも称される。僧宗救が神前に奉納した14世紀の墨書大般若経が乙父の曹洞宗天岩山泉龍寺に残る。4月5日の例大祭には〈神流川（かんながわ）のお川瀬下げ神事〉が行われ、羽織紋付き姿の若者が神輿を運び降ろし、神体が神流川の御台所で清められる。その対岸では4月3日の雛祭りに〈乙父のおひながゆ〉‡が行われ、子どもたちが河原に城（円形の石垣）を築いて炬燵（こたつ）や御雛様（おひなさま）を運び込み、粥（かゆ）を食べたり遊んだりして過ごす。昔、神流川に流された姫を助け、粥を炊いて介抱したのが始まりという。御雛様は当社の東にある山中の天神祠へ向けて城の奥に祀られ、昭和の中頃までは天神様の座り雛も飾られたという。東隣の楢原（ならはら）地区には日航機墜落（にっこう）の犠牲者520名を祀る慰霊の園がある。

神明宮（しんめいぐう） 玉村町樋越（たまむらまちひごし）。12世紀に伊勢神宮の神領（荘園）である玉村御厨（たまむらみくりや）の中心として創祀されたと伝える。玉村御厨は125町もあ

り、年30反の麻布を献上していた。第一鳥居は埼玉県上里町勅使河原の丹生神社にあるという。玉村はその地の利によって古くから開けた場所で、100基を超す古墳が築かれた。もとは隣の上福島地区の古神明（北部公園の砂町遺跡付近）にあったが、1742年の洪水で流され、1783年の浅間山大噴火で跡地を失い、神人村の神明原（現在地）に遷したという。跡地はやがて耕されて神田となり、その予祝儀礼として1798年に始められたのが2月11日に行われる〈樋越神明宮の春鍬祭〉†であるという。拝殿前の斎場を田に見立て、鍬持の役が餅を付けた榊や樫の枝を鍬に見立て、畔塗など米づくりの過程を模擬的に演じる。やがて禰宜が「春鍬良し」と叫ぶと、一同が「何時も何時も百世良し」と唱和し、最後に鍬や稲穂が投げられて参拝客が奪い合う。鍬を家に飾ると養蚕があたり、稲穂を祀ると豊作間違いなしという。

飯玉神社

玉村町五料。領主の那波氏が伊勢崎市堀口町の飯玉神社（那波郡総鎮守）から分霊を勧請して創建したと伝える。1907年に保養森の石神社や白山川岸の白山神社を、1908年に新川岸の大杉神社を合祀した。この大杉神社は元は利根川の岸にあり、船頭衆が水上安全の守護神として茨城県稲敷市阿波の大杉神社から分霊を勧請したという。五料は利根川と烏川の合流地で、近世初頭に河岸が開設されて以来、水運の要衝として栄え、俗に「船頭の村」とよばれた。7月に行われる〈五料の水神祭〉‡はもともと大杉神社の祭りである。子どもたちが長さ7mの藁船を曳いて地域を練り歩き、船に災厄を託して利根川へ流し、水難除けや無病息災を祈願する。流した船が岸に閊えた場所は洪水で決壊するという。

白瀧神社

桐生市川内町。昔、仁田山の里に都から嫁いで来た白滝が、殿を建てて八千々姫（織姫）を祀ったのが始まりという。白滝は見事な絹布を織り上げ、それを都へ奉って以降、桐生は絹織で有名になったと伝える。白滝が世を去ると、里人は降臨石の近くに埋葬し、御霊を機織神の白滝姫として八千々姫の殿に配祀し、桐生織（仁田山織）の祖神、機神天神として崇めたという。昔は降臨石に耳をあてると中から機音が聞こえたとも伝える。桐生は絹織物の聖地で江戸時代から「西の西陣、東の桐生」と称され、近代にマニュファクチュアを導入して発展、大正初期には紋章上絵が伝来した。2015年には絹撚記念館や当社など12件が『か

かあ天下一ぐんまの絹物語』として初の日本遺産に認定されている。8月の例祭には〈神誠流大和太々神楽〉が奉納される。

茂林寺　館林市堀工町。曹洞宗。青竜山と号す。大林正通禅師の開山。狸が化けたという紫金銅製の分福茶釜が伝わる。一度水を入れると一昼夜汲み続けても尽きず、無病息災や開運出世の八徳を授けるという。境内には多くの狸像が立ち並び、本堂には808狸コレクションが展示されている。館林は小麦粉の聖地で、館林駅前には製粉ミュージアムがある。坂東16水沢寺への参拝客に供された生麺の水沢うどんに対して、館林うどんは館林藩から幕府へ献上された乾麺として発達した。いずれも〈群馬の粉食文化・オキリコミ〉の代表格である。日本を代表する企業の一つ日清製粉は、皇后美智子様の祖父正田貞一郎が一橋大学卒業後に館林へ戻り、祖父の興した正田醤油で修業、1900年に館林製粉を創業し、1908年に日清製粉を吸収して改称したものである。

巡礼案内 ● 巡ってみたい！ 諸国一宮❸

＊諸国一宮についてはp79を参照してください。
＊川村二郎著『日本廻国記 一宮巡歴』(1987)から、国名、社名、所在地を抽出しています。

（続き）
◆ [越中] 雄山神社（富山県中新川郡立山町雄山）、気多神社（富山県高岡市伏木）、射水神社（富山県高岡市古城）、高瀬神社（富山県東砺波郡井波町高瀬）◆ [能登] 気多神社（石川県羽咋市寺家町）◆ [加賀] 白山比咩神社（石川県石川郡鶴来町三宮町）◆ [越前] 気比神社（福井県敦賀市曙町）◆ [若狭] 若狭彦神社（福井県小浜市竜前字彦野：上社、遠敷字宮ノ腰：下社）

☞ p.103に続く

11 埼玉県

氷川神社

寺社信仰の特色

　埼玉県は秩父地方から開けたとされ、国造は武蔵（无邪志）国に先んじて秩父（知々夫）国に任命されている。秩父神社の主祭神・八意思兼命は信濃国（長野県）に降臨し、その子孫が秩父国造になったという。のちに妙見信仰や熊野信仰が高まり、秩父巡礼も創始された。その背後には東接する比企地方の寺谷廃寺や馬騎ノ内廃寺、坂東09慈光寺などを中心とした仏教文化の繁栄があったであろう。なお、秩父三社の三峯神社と宝登山神社はともに御犬様（狼）信仰でも知られている。

　県内で修験道が盛んであったことは、坂東巡礼の札所が4か寺あり、秩父巡礼が創設されたこと以外にも、ともに関東三不動に数えられる飯能市の高山不動（常楽院）や加須市の不動ヶ岡不動（関東36不動30総願寺）で今も火渡り式が伝承されていることからもうかがえる。

　秩父郡に隣接した入間郡の開発も早く、716年には高麗郡が新設されて1,799人の高麗人が移住、高麗王の若光が首長に任ぜられた。王は日高市の聖天院に葬られ、隣の高麗神社で今も子孫が祀られている。

　入間川の流域にある川越市の喜多院（無量寿寺）は、近世に天海が住職になる以前、慈光寺の尊海による再興で13世紀には関東天台宗の本山として栄えていた。近世には江戸城の御殿が移築され、日本三大東照宮の仙波東照宮や、日本三大五百羅漢の石仏群が建立されている。

　武蔵一宮はさいたま市大宮の氷川神社とされる。現在も県内で最も参拝者が多い。入間川や荒川の流域を中心に分布する約280の氷川社の総本社である。

　氷川社の分布と接するようにして東側の元荒川流域には久伊豆神社が分布する。加須市の玉敷神社が総本社とされている。岩槻総鎮守の久伊豆神社や越谷総鎮守の久伊豆神社は、現在はクイズの神様としても信仰されている。

主な寺社信仰

秩父神社
秩父市番場町。知知夫国総鎮守。中世以降、秩父15母巣山蔵福寺の管理となり、妙見宮、秩父大宮、武蔵四宮として信仰を集めた。柞乃杜に囲まれた社殿は、武甲山（妙見山／秩父嶽蔵王権現）を遥拝するように建てられており、両者の間には亀の子石（玄武の像か）と御旅所がある。本殿の北側には頭だけ北に振り返った『北辰の梟』の彫刻がある。かつて霜月三日に行われた北辰祭は現在、12月3日の秩父夜祭（例大祭）として〈秩父祭の屋台行事と神楽〉†が絢爛豪華に繰り広げられ、日本三大曳山祭に数えられている。祭に出る〈秩父祭屋台〉†は、隣接する秩父まつり会館で常設展示されている。また、〈秩父神社神楽〉‡は例大祭のほか、4月の御田植祭や、7月の川瀬祭でも奉納される。御田植祭では市内の中町にある今宮神社の例大祭から竜神を迎えている。

高台院
美里町猪俣。松久山明王寺と号す。本尊は十一面観音。武蔵七党の猪俣党が菩提寺として創建したと伝え、境内には9基の五輪塔が残っている。4代目頭領の猪俣小平六範綱は、保元の乱（1156年）、平治の乱（1160年）、一ノ谷の戦い（1184年）で活躍し、1192年に没した。その亡魂を慰めるために始められたのが、盆行事の〈猪俣の百八燈〉†であるという。この行事は、区内の6〜18歳の青少年が、親方・次親方・後見・若衆組・子供組に分かれて、道こさえや塚築きなど一切を取り仕切る。8月15日の夜、範綱の墓前から提灯行列が村はずれの堂前山へと向かい、尾根に築かれた108基の塚に火を灯す。百八灯行事に引き続き、美里夏まつり花火大会が行われ、5,000発の打ち上げ花火が夜空を彩る。猪俣地区の鎮守は二柱神社であるが、これは猪俣氏が崇敬した聖天宮であった。

浄業庵
熊谷市今井。浄古庵とも。本尊は地蔵菩薩。境内には1740年建立の地蔵石仏もあり、台座は熊谷道と深谷道を示す道標となっている。1月と8月には〈今井の廻り地蔵〉がそれぞれ8日間行われる。本尊を厨子に納めて背負い、南無阿弥陀仏と唱えながら列を成し、1日毎に各字を移動して回り、子どもの成長や家内安全・長命息災を祈願する。厨子を安置する各字の御宿では、参拝客に祝い料理を振る舞う。江戸時代後期に信州の僧が地蔵像を背負って訪れたことに始まると伝え、厨子

には1852年の銘が残っている。かつては全戸を回ったという。今井は地蔵信仰が盛んで、村鎮守の赤城神社（別当は本山派修験の今井寺）は本地仏に地蔵像を安置していた。また、天台宗光照寺の本尊は室町時代の地蔵像で、大仏師法橋助教が1691年に村人の依頼で修理したと解明されている。

妙安寺（みょうあんじ）　東松山市岡。曹洞宗。16世紀に祖真和尚が開山。諏訪山と号す。隣接する諏訪神社は上岡地区の鎮守である。境内にある観音堂は上岡観音と称され、関東地方随一の馬頭観音霊場、関東の三大観音として有名で、源義経とともに鞍馬山（くらまやま）で修行した瑞慶和尚が鎌倉時代に創建した福聚庵（ふくじゅあん）に始まるという。近くには坂東札所が3か所もあり、鎌倉時代から観音信仰が盛んな地であった。上岡観音は長く馬の守り神として信仰を集め、馬の銅像や千匹馬の大幕が今も残る。2月19日の縁日（恒規大祭）には〈東松山上岡観音の絵馬市（えまいち）の習俗〉‡が現在も営まれ、乗馬や競馬の関係者、運送業者などが大勢参拝する。なお、隣の下岡地区の光福寺には、1306年作の板石塔婆（いたいしとうば）（来迎阿弥陀三尊像）と、1322年作の宝篋印塔（きょういんとう）（国重文）が現存し、併せて鎌倉時代の信仰を学ぶことができる。

川越氷川神社（かわごえひかわ）　川越市宮下町（みやしたまち）。古くからの川越総鎮守で、2組の夫婦神を祀ることから縁結びの神としても人気を集める。川越は荒川と入間川が流れる要衝で、古墳時代には既に石剣祭祀が行われ、平安時代には河越能隆（かわごえよしたか）が館を、室町時代には太田道灌（どうかん）が城を築いた。江戸時代には酒井忠勝、堀田正盛、松平信綱、柳沢吉保（よしやす）らが入封して武蔵国一の大藩となり、城下町として発展し、「小江戸」と称された。10月15日の例大祭に伴って開催される「川越まつり」は、関東三大祭りとして著名で、氏子の各町内から豪華な山車が多数曳き回される〈川越氷川祭の山車行事〉†が、とりわけ多くの人々を惹き付けている。山車同士が擦れ違う際に囃子の競演をする「曳（ひき）っ交（か）せ」の民俗は、独特の廻り舞台を発展させた。山車や祭の資料は川越まつり会館や川越市立博物館で展示されている。

出雲祝神社（いずもいわい）　入間市宮寺。字寄木森（よりきのもり）に鎮座。宮寺郷の総鎮守。寄木（よりきゆるぎ）明神と崇められた。入間郡毛呂山町の出雲伊波比神社とともに、式内社の出雲伊波比神社にも比定（ひてい）される。立派な社叢（しゃそう）に囲まれた境内には、1832年に建立された重闘茶場碑（かさねてひらくちゃじょうのひ）があり、狭山（さやま）茶業の歩みや茶づくりの教訓を今に伝えている。入間市は狭山茶の生産拠点であり、入間市博物館には〈狭山茶（さやまちゃ）の生産用具〉‡が収蔵・展示されている。狭山茶（河

越茶)の生産は鎌倉時代に始まるとされ、南北朝時代の『異制庭訓往来』では「武蔵河越」を日本有数の茶産地としている。1875年には繁田武平(満義)が海外輸出を開始、その息子の繁田百鑒斎(金六、狭山茶人)は煎茶道の狭山流を興した。以来、静岡茶・宇治茶と並ぶ日本三大茶とされ、茶づくり唄でも「色は静岡、香りは宇治よ、味は狭山で止め刺す」と歌われた。

白鬚神社

鶴ヶ島市脚折町。716年に武蔵国高麗郡を開いた高句麗人が村の鎮守として創建したという。昔は室町時代の十一面観音菩薩立像を本地仏として祀っていたが、今は収蔵庫に安置している。4年に一度の8月に行われる〈脚折の雨乞行事〉‡は、社の横で組み立てた蛇体が2km先の雷電池まで渡御して降雨を祈る祭である。蛇体は長さ36m、重さ3tで、大勢の男衆に担がれる。池では、群馬県邑楽郡板倉町の雷電神社(全国の雷電神社の総本社)からいただいた御神水を注ぎ、蛇体を池の中に入れ、「雨降れタンジャク、此所に掛かれ黒雲」と唱えながら池の中をグルグル回る。かつては干ばつの年のみ行われていたが、1976年からは地域の伝統文化の継承と新旧住民を結ぶため、定期的に実施するようになった。

玉敷神社

加須市騎西。埼玉郡の総鎮守。昔は久伊豆大明神と崇められ、今は大己貴命を祀る。初め正能村にあり、私市党が崇敬したと伝える。1627年頃、根古屋村の騎西城前から、式内社宮目神社の地であった当地へと遷座されたという。元荒川の流域を中心に分布する久伊豆神社の総本社とされる。神苑には百畳敷きの大藤があり、4月下旬~5月上旬は大勢の人で賑わう。5月4日の御馬潜りには、子どもたちが神馬舎の木馬の腹下を通り抜けて健康を祈願する。2月1日初春祭、5月5日春季大祭、7月15日夏季大祭、12月1日例祭の年4回奉納される〈玉敷神社神楽〉†は、江戸神楽の原型を残す素朴で典雅な舞である。埼玉県北東部を中心とする170か所以上の地区では、神宝の獅子頭を借り受けて村内を練り歩き、お祓いをして豊作や息災を祈っている。この民俗は御獅子様とよばれている。

釣上神明社

さいたま市岩槻区。地主の屋敷神として勧請され、のちに釣上村の鎮守となったという。徳川家光が日光参詣の途次に道中安全祈願をした記録もある。10月21日の例大祭に際して奉

納される〈岩槻の古式土俵入り〉†は、幼稚園児から小学校6年生までの男児が土俵入の型を披露する行事で、日輪・鷹・鶴・虎・鯉などの勇壮で縁起の良い柄をあしらった色とりどりの化粧回しを身につけ、年少組・年長組・三役・二人組・四人組の順で土俵入りし、身体健全・子孫繁栄・村民安泰を祈願する。三役土俵入の後、行司は祭文を唱える。1680年代に始まり、真砂子土俵入ともよばれてきた。笹久保の篠岡八幡大神社でも隔年9月に行われ、赤色の化粧回しをつけた年少者の小役、紫色の化粧回しをつけた年長者の手合、白色の化粧回しをつけた最年長者3名の亀能の順で土俵入する。

秀源寺 蓮田市閏戸。曹洞宗。東照山と号す。総持寺3世・太源宗真の開山と伝える。江戸時代に伊奈備前守忠次（1550～1610）の家臣・富田吉右衛門が主人追福のため再建し、秩父郡吉田村の清泉寺6世・長山賢道を中興開山、忠次を中興開基とし、その法名から2字を取って寺号としたという。18世紀初頭に秀源寺の僧が上閏戸の鎮守として愛宕明神を祀り、五能三番の舞を復活したのが〈閏戸の式三番〉‡と伝え、古風の舞の手を遺している。現在は10月の愛宕神社の秋祭に奉納され、千歳・翁・三番叟が次々に舞って今年の豊年を感謝し、来年の豊作を祈念する。東隣の貝塚地区は縄文時代前期（BC4000年頃）に貝塚が営まれた場所で、当時はここまで海がきていた。市内には国史跡の黒浜貝塚もある。

東沼神社 川口市差間。もとは浅間神社と称し、神仏分離以前は真言宗浅間山興照寺（鯖大師）が隣にあった。1907年に大白天社ら7社を合祀して現称とする。7月1日の開山祭には富士塚（見沼富士）で初山を営む。脇を流れる見沼代用水東縁を2kmほど南下すると〈木曽呂の富士塚〉†（木曽呂浅間）がある。場所は用水と通船堀との結節点にあたる。1800年に丸参講の蓮見知重が築いた埼玉県内最古の富士塚である。頂上に火口を設えて御鉢巡りが、中腹には穴を開けて胎内潜りが、それぞれできるようになっていた。御中道（五合目道）と人穴もあった。富士塚は1780年に江戸高田の水稲荷境内につくられたのが日本で最初という。木曽呂の富士塚のすぐ向こう（下山口新田）には1791年に勧請された稲荷社が今も残る。そこは氷川女体神社（三室女体権現）の御船祭御旅所であった。

鷲宮神社

久喜市鷲宮。天穂日命や武夷鳥命を祀り、鷲宮社（御西様）の総本社と称される。古くは土師宮とよばれたらしく、主祭神の天穂日命は土師部の祖で、近隣の加須市水深や蓮田市荒川附では土師器生産遺跡が発掘されている。関東神楽の源流とされる〈鷲宮催馬楽神楽〉†も、地元では土師一流催馬楽神楽とよばれている。後に太田庄の総鎮守となり鷲宮とよばれた。これは伊予国の三嶋大社の摂社・鷲大明神が遷ったものともいう。1376年に奉納された太刀（国重文）には鷲山大明神とある。1869年に別当の大乗院は廃され、唐招提寺旧蔵の本尊木造釈迦如来像（県文）は売りに出されたが、近所の鷲宮山霊樹寺が30両で買い取って散逸を防いだ。2007年、『らき☆すた』（アニメ版）の舞台モデルとされたことからファンによる聖地巡礼が発生し、賑わいをみせている。

巡礼案内 ● 巡ってみたい！ 諸国一宮❹

＊諸国一宮についてはp79を参照してください。
＊川村二郎著『日本廻国記 一宮巡歴』(1987) から、国名、社名、所在地を抽出しています。

（続き）
◆ [甲斐] 浅間神社（梨県東八代郡一宮町一ノ宮）◆ [信濃] 諏訪神社（長野県諏訪市中洲：上社、諏訪郡下諏訪町：下社）◆ [飛騨] 水無神社（岐阜県大野郡宮村一ノ宮）◆ [美濃] 南宮神社（岐阜県不破郡垂井町）◆ [伊豆] 三島神社（静岡県三島市大宮町）◆ [駿河] 浅間神社（静岡県富士宮市宮町）◆ [遠江] 事任八幡宮（静岡県掛川市八坂、小国神社（静岡県周智郡森町一宮）◆ [三河] 砥鹿神社（愛知県宝飯郡一宮町一宮）

☞ p.109に続く

12 千葉県

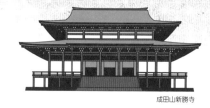
成田山新勝寺

寺社信仰の特色

　千葉県は海の信仰が色濃い。多くの人々が西から黒潮にのって房総半島に定着したと考えられており、南端にあった安房国は阿波国(徳島県)麻植から移住した忌部氏らが開いたと伝え、安房一宮の安房神社はその祖神を祀るという。安房は鮑や麻の産地として知られ、フサ(房／総／布佐)の語は麻を指すともいう。安房一宮は〈洲崎踊〉‡で知られる洲崎神社との説もある。また、安房二宮は洲宮神社という。

　上総一宮の玉前神社、同二宮の橘樹神社の祭神も海から上陸したとの伝承がある。また、外房には山武市成東の長勝寺や、いすみ市大原の関東36不動35大聖寺、鴨川市天津の自性院など波切不動の信仰がある。日本一の不動尊と名高い成田市の関東36不動36成田山新勝寺の本尊が上陸したと伝える横芝光町の尾垂ヶ浜には波切不動像が建立された。新勝寺では毎年4月3日に弥勒踊りの〈おどり花見〉‡が奉納されている。

　下総一宮は香取神宮で、関東地方を中心に約400社ある香取社の総本社である。祭神の経津主は武神・剣神として知られるが、香取が「楫取」とも書かれたことから、舵取の航海神ともみられている。下総二宮は、海神の娘・玉依姫尊を祀る旭市の玉崎神社(龍王宮)とも、下総三山の七年祭り(磯出式)で知られる船橋市の二宮神社とも伝える。

　千葉県は平安時代に千葉氏によって発展したことから、千葉氏の守護神を祀る妙見本宮千葉神社(北斗山尊光院)や、千葉氏の祈願所とされた坂東29海上山千葉寺も信仰を集めている。

　鎌倉時代には日蓮が活躍したことから、鴨川市の誕生寺と清澄寺、市川市の法華経寺(中山鬼子母神)は日蓮宗の大本山とされている。

　義民の佐倉惣五郎を祀る成田市の宗吾霊堂(東勝寺)も信仰が篤い。惣五郎は佐倉城主の堀田正亮により佐倉市将門山の口ノ宮にも祀られた。佐倉城の跡には今は国立歴史民俗博物館が建っている。

主な寺社信仰

須賀神社
野田市野田。下町に鎮座。須佐之男命（牛頭天王）を祀る。社殿は土蔵造り。境内に高さ2mの猿田彦神の丸彫り石像が立つ。7月の祭礼は野田三ヶ町夏祭りとよばれ、上町・仲町・下町が輪番で神輿年番・津久年番・獅子年番を務める。底抜け山車や獅子神輿が地区を練り歩き、中日には〈野田の津久舞〉‡が奉納される。重次郎とよばれる舞い手が、白装束に雨蛙の面をつけ、津久年番の囃子にのせて高さ15mの杉の丸柱に登り、室町時代の蜘蛛舞に似た曲芸的所作を演じる。命綱はない。柱の頂上に被せた醤油の一斗樽の上に立ち、四方に白・黒・赤・緑の破魔矢を弓で射ると、最後は柱から張られた白綱を滑り降りる。1802年の大旱魃で山崎村大和田の重次郎が舞ったのが最初と伝え、重次郎役の転落死などで何度か中断されながらも、地元の熱意で伝承されている。

安養寺
印西市武西。天台宗。本尊は阿弥陀如来。印西88-51。1560年に秀範僧正が戸神に創建し、2世の尊祐法印が現在地に再建したという。武西に伝わる〈六座念仏の称念仏踊〉‡は当寺の行事であった念仏が民間に根付いて伝承されたものである。地元ではショウネエとよばれ、2月15日の天道念仏の最後に踊られる。青年館（薬師堂）の仏壇の前に日輪を表す赤い幣束を立て、法眼が鉦と締太鼓を叩き、称念仏1座と心経・不動釈迦全文を唱え終わると、女性だけが座を立ち、天蓋の下で輪になって踊る。念仏講はこの他にも鉦起し念仏、寒念仏、彼岸念仏、虫送り念仏、棚念仏、施餓鬼念仏、荒れ除け念仏、鉦伏せ念仏などの年間行事と、毎月初の月次念仏、墓石を立てる際の石立念仏、年忌供養や葬式などの依頼に応じて随時行う念仏など、年間数十回もの念仏を行っていた。

八坂神社
香取市佐原。本宿の鎮守。17世紀に諏訪山の天王台から牛頭天王社を遷したと伝え、祇園感応天王宮と称された。7月の祇園祭は、10月の新宿諏訪神社例祭とともに「佐原の大祭」とよばれ、関東三大祭に数えられる。附祭に〈佐原の山車行事〉†が行われ、日本三大囃子の一つ佐原囃子にのって幣台とよばれる10台の華麗な山車が町内を曳き回される。囃子台の上の露台には巨大な飾り物が載り、大きい幣台は高さ7m・重さ4tにもなる。八日市場の大鯉と仁井宿の大鷹の飾り物は、古式に則り麦藁でつくられている。本祭では通し砂切の演奏後、10台の

山車が次々に豪快な曲曳き「のの字廻し」を披露する。境内の水郷佐原山車会館では幣台など、数多くの祭り資料を展示している。なお、南隣の多古町では、八坂神社の祇園祭に〈多古のしいかご舞〉‡が演じられる。

菊田神社
習志野市津田沼。大己貴大神が久久田浦の小嶋に鎮座したのが始まりと伝え、久久田大明神と崇められた。後に藤原師経・師長らが船で漂着し、境内を船の形にして、祖先の藤原時平を追祀したという。後に師経らは三山へと移り、二宮神社の神主になったという。1月は御札焼き、2月は節分祭、3月はアンバ様、10月19日（昔は旧暦9月19日）は例祭で賑わう。丑年と未年には周辺7社の神輿とともに二宮神社へ集まり〈下総三山の七年祭り〉を行う。参加する9社は時平の一族とされ、二宮神社は父、畑の子安神社は母、萱田の時平神社は長男、古和釜の八王子神社は末子、高津の高津比咩神社は娘、当社は叔父、実籾の大原大宮神社は叔母、武石の三代王神社は産婆、幕張の子守神社は子守であるという。

広済寺
横芝光町虫生。慈士山地蔵院と号す。本尊は地蔵菩薩。1196年の創建と伝える。薩摩国の石屋禅師が虫生の辻堂に宿った折、妙西信女という亡者が地獄で鬼に責められている夢を見た。妙西は椎名安芸守の一人娘であった。2人は娘の法名を妙西から広西に改め、菩提を弔うために広西寺を開いたという。その年の仲夏、寺に赤・青・黒・白の鬼面や鬼婆の面が天降り、また、同じ夢を見たとして運慶・湛慶・安阿弥の3人が来訪し、閻魔大王・倶生神・菩薩などの面を授けたため、石屋はそれらの面で因果応報を説く劇を始めたという。今も地獄の釜の蓋が開くという8月16日に〈鬼来迎〉†として釜入れや死出の山が演じられている。同様の鬼舞は、香取市の浄福寺や成田市の迎接寺でも行われていた。鬼婆に抱いてもらうと赤子は健康に育つと伝え、幕間に虫封じが行われる。

西光寺
匝瑳市八日市場。米倉山白毫院と号す。本尊は阿弥陀如来。真言宗智山派。1427年に鏡照が開山したと伝え、13世紀の絹本著色十王図を蔵する。椎名氏が大檀那であった。背後の台地は椎名一族の米倉氏の城館址である。門前には老人クラブ発祥の地の碑が建ち、2月の節分会には多くの人々で賑わう。14代住職は、1591年に江戸で真福寺（1610年に新義真言宗触頭、現在は真言宗智山派総本山智積院別院）

を開いた照海(しょうかい)で、江戸時代は真言教学の道場として栄えた。近くで茶屋をしていたという権左(ごんざ)の悲劇は、8月中旬に米倉地区で行われる〈八日市場の盆踊り〉の盆踊歌、『権左が西国』に今も唄い継がれている。墓地には1796年作の、千葉県固有ともいえる馬乗り馬頭観音の石仏が残されている。

八坂神社(やさか)

旭市宿天神(あさひしゅくてんじん)。昔は牛頭天王、今は須佐之男命を祀る。7月の例祭〈太田祇園(おおたぎおん)〉では〈太田八坂神社のエンヤーホー〉‡が奉納される。本祭の日没後、地区を練り歩いた神輿が境内に戻ると、舞台で無言劇と幢枚(つくまい)が演じられる。進行中、観客の子どもたちは陰陽法と声を掛ける。無言劇では、赤獅子・青獅子・カマキリ・阿亀(おかめ)・火男(ひょっとこ)などの面をつけた人々が、悪霊退散・五穀豊穣・子孫繁栄の祈りを演じる。幢枚は、利根川の高瀬舟船頭が帆柱の上で曲芸を演じたのが始まりとされ、赤獅子の面を着けた昇り獅子が、命綱をつけずに高さ9間の幢柱に登って軽業(かるわざ)を披露し、柱上で五色の紙吹雪を撒く。この紙は安産の御守りになるとか、地面に落ちる前に拾うと病気にならないといって、人々が競って拾う。最後は獅子が縄2本のみで体を支え、両手を広げたまま頭から滑降(かっこう)する。

海保神社(かいほ)

市原市海保。八幡宮と崇められたが、1915年に日枝神社(大山咋命(おおやまくいのみこと))を合祀して現称とした。境内には出羽三山の塚がある。10月15日の例祭などに演じられる〈大塚ばやし〉は、もともとは梵天納め(ぼんてん)(大供養)の山車の上で演じられるものであった。それは約20年に一度行われた行事で、奥州出羽三山詣でをした行人が海保地区の丘陵の突端にある大塚(海保大塚古墳)に御符を埋納した。房総半島西部は出羽三山信仰が盛んで、男は三山詣でをして一人前といわれた。市原市上高根では行人によって敬愛講社が構成され、毎月の八日講と二十日講には金剛界大日如来坐像を祀る行屋に集まって祈禱し、囲炉裏を囲んで共同飲食を行うほか、夏には出羽三山に登拝し、供養塚に梵天を納めるとともに、八社参りと称して近隣8か所の行屋を巡拝することなどが今も活発に行われている。

玉前神社(たまさき)

一宮町一宮(いちのみやまち)。上総一宮。名神大社。玉依姫命(たまよりひめのみこと)を祀る。神体は潮汲みの翁が得た12の明珠(めいしゅ)とも伝える。9月の例祭は〈上総十二社祭り〉とよばれ、当社祭神一族が漂着した釣ヶ崎(一宮町東浪見(とらみ))の海岸で再会する。昔は玉前六社と称された当社・本納橘樹神社

（上総二宮）・山崎二宮神社・北山田三之宮神社（上総三宮）・宮原南宮神社・下之郷玉垣神社の、それぞれの大宮と若宮、あわせて12社が集ったという。房総半島に多い浜降り神事では最古とされる。今は山内四社（和泉玉崎神社・中原玉崎神社・椎木玉前神社・綱田玉前神社）などから5社9基の神輿が出る。大海原を背に2,500人余りの裸若衆たちが担ぐ神輿が渚を疾走することから「上総の裸祭」と親しまれる。上総神楽として知られる〈玉前神社神楽〉は、例祭のほか宮薙祭や太々祭でも奉納されている。

山王様（さんのうさま）

木更津市中島。大山咋神を祀り、日枝神社と称される。境内には中島敬愛講が建立した出羽三山碑が4基ある。講では毎月8日に1667年鋳造の大日如来像を祀る行屋（行宿）の月照院に集う他、1月に〈木更津中島の梵天立て〉‡、2月に浦祭り（水神祭）、3月にヤマンデマチ（愛宕祭）、8月に土用行（施餓鬼）を行っている。梵天立ては、1月7日未明に新入りの若い衆が海中に長さ3間の梵天を立てる行事で、水神宮の斎場では出羽三山行人が海に向かって数珠を繰りながら身滌祓詞やホトギ詞、般若心経などの「拝み」を唱え続け、浜大漁・悪疫退散・村内安全・五穀豊穣を祈願する。水神講の職人が世界に普及させた上総掘りは、わずか数名で深さ数百メートルの自噴井戸を掘削できる技術で、木更津市郷土博物館（金のすず）では〈上総掘りの用具〉†を収蔵・展示している。

鹿島神社（かしま）

いすみ市大原町貝須賀。常陸の鹿島神宮から武甕槌命を神明台に分霊し、近隣数村の鎮守としたのが始まりという。造式の日月神社と大井の瀧内神社も同時に創祀され、併せて上座三社と称された。大原地区10社の親神（伊南十社の総社）と崇められ、9月の「大原はだか祭り」には子神（造式日月・大井瀧内・大原八幡・小浜八幡・渋田賀茂・小佐部熊野・北寄瀬八坂・上寄瀬御嶽・新場廣田の各神社）が当社へ参集し、法楽を施行後、10社の神輿が揃って大原漁港へ向かう。釈迦谷天御中主・南日在大山・深堀滝口・北日在玉前・若山熊野・新田日月・小沢諏訪・岩船八幡の各神社の神輿も合流し、18社一斉に大原海水浴場へ入って豪快に揉み合う（汐踏み）。〈房総のお浜降り習俗〉‡を代表する行事である。最後の大別れ式では神輿が走り回って別れを惜しむ。

日枝神社（ひえ）

南房総市千倉町。白間津の氏神で、日ノ宮や山王大権現と崇められた。岩戸大納言義勝ら田仲の8軒が、隣の真言

宗智山派岩戸山円正寺とともに開創したと伝える。同寺は明治維新まで別当寺として当社を管理し、今も祭典ではまず本尊の千手観音にササラ踊が奉納される慣わしとなっている。4年に一度の旧暦6月15日に行われる〈白間津のオオマチ（大祭）行事〉†では、宵祭に、オッペコ踊をする露払いのトヒイライ、片鎌槍と薙刀で魔物を退けるエンヤ棒、〈白間津ささら踊〉‡、酒樽萬燈などが奉納され、本祭では御浜下りに続いて、日月を模した10mの大幟を競って曳く大綱渡しの行事がある。白間津ささら踊は、振込み（寺・神社）、お寺踊り、白間津踊り、山伏踊り、御参宮踊り、扇踊り、六角踊り、小切小踊り（外山・森屋様）、牛若踊り、綾踊りの全12曲がある。

巡礼案内 ● 巡ってみたい！ 諸国一宮❺

*諸国一宮についてはp79を参照してください。
*川村二郎著『日本廻国記 一宮巡歴』(1987)から、国名、社名、所在地を抽出しています。

（続き）
◆ [尾張] 真清田神社（愛知県一宮市大宮町）◆ [伊勢] 椿大神社（三重県鈴鹿市椿一宮町）◆ [伊賀] 敢国神社（三重県上野市一之宮）◆ [志摩] 伊射波神社（三重県鳥羽市加茂）、伊雑宮（三重県志摩郡磯部町）◆ [近江] 建部大社（滋賀県大津市瀬田神領町）◆ [丹後] 籠神社（京都府宮津市大垣）◆ [丹波] 出雲神社（京都府亀岡市千歳町出雲）◆ [山城] 賀茂別雷神社（京都市北区上賀茂本山町、賀茂御祖神社（京都市左京区下鴨泉川町）◆ [河内] 枚岡神社（大阪府東大阪市出雲井）◆ [摂津] 住吉神社（大阪市住吉区住吉町）◆ [出雲] 熊野神社（島根県八束郡八雲町熊野、出雲大社（島根県簸川郡大社町杵築東）

☞ p.115に続く

13 東京都

明治神宮

寺社信仰の特色

東京都には江戸時代から政治の中枢が置かれ、明治時代から天皇一家が住むことから、皇族や維新政府、徳川将軍家に関係する寺社が多い。

全国一の初詣客を集める渋谷区の明治神宮は明治天皇と昭憲皇太后を祀り、明治天皇に殉じた陸軍大将の乃木希典は港区の乃木神社に、海軍元帥の東郷平八郎は渋谷区の東郷神社に祀られている。千代田区の東京大神宮は、大正天皇の結婚の儀に倣い、神前結婚式を創始した。

幕末以来のたび重なる戦役の犠牲者は、千代田区の靖国神社や千鳥ケ淵戦没者墓苑、墨田区の東京都慰霊堂、文京区の東京都戦没者霊苑、中央区の明治観音堂、江東区の八百霊地蔵尊、八王子市の相即寺（ランドセル地蔵）など都内各地に祀られて、今も平和を願い続けている。

徳川将軍家の産土神は千代田区の日枝神社（山王様）で、江戸総鎮守の神田明神（千代田区）とともに、その祭礼は江戸城内に入ることを許されたことから天下祭とよばれた。江東区の富岡八幡宮の深川祭りとともに江戸三大祭りと称された。徳川将軍家の菩提寺は、天台宗関東総本山の東叡山寛永寺（台東区）と、浄土宗大本山の三縁山増上寺（港区）である。寛永寺は天海の創建で、徳川将軍家の祈禱所でもあり、上野東照宮には日本三大石灯籠の「お化け灯籠」がある。

東京都は古く西部が開け、調布市の深大寺には7世紀の銅造釈迦如来倚像（国重文）が残る。隣の府中市には武蔵国府が、その隣の国分寺市には武蔵国分寺が置かれた。府中には武蔵国総社の大國魂神社も創建されている。武蔵一宮も、古くは多摩市の小野神社であったと考えられ、あきる野市の二宮神社が武蔵二宮であったと思われる。

ただし、東京都最古の寺院は東部にある台東区の浅草寺（浅草観音）であるともいわれ、現在は都民のみならず海外からも絶大な人気を集めている。坂東巡礼の13番札所であり、招き猫発祥の地でもある。

主な寺社信仰

築地本願寺（つきじほんがんじ）　中央区築地。西本願寺東京別院。浄土真宗本願寺派の関東における信仰拠点。本尊の阿弥陀如来立像は聖徳太子作と伝える。1617年、本願寺12世の准如上人が横山町（浜町）に開創した。1657年に明暦の大火で類焼したため、佃島の名主忠兵衛が再建に奔走、海中を埋め立てて土地を築き（ここから築地とよばれた）、1680年に本堂が完成した。このときに京都本願寺のチンバ踊を受け継いで始められたのが、7月13～15日に行われる〈佃の盆踊〉‡（佃踊／佃島念仏踊）であるという。江戸時代は寺中子院を58ヶ寺も擁する一大寺町を形成したが、関東大震災で子院は各地へ移転、附属墓地は杉並区の和田堀に移された。本堂は、震災祈念堂（現東京都慰霊堂本堂）や一橋大学兼松講堂を建てた伊東忠太の設計で再建され、古代インド仏教式外観の近代的耐震耐火建築となっている。

大乗院（だいじょういん）　足立区西保木間。古谷野山寶持寺と号す。本尊は聖観音。1272年の創建と伝え、本堂裏からは1289年の釈迦一尊種字板碑が出土している。15世紀に賢勝阿闍梨が中興、七堂伽藍が並んだが、やがて焼失したという。薬師堂の近くには薬師様の御使いの白蛇が棲んでいたが、堂が焼けてから姿を消してしまい、以後、飢饉や悪病が続いたことから、代わりに藁で大蛇を編んで木の上に掛けたのが、今も正月に行われている〈じんがんなわ〉の始まりという。昔は初薬師の1月8日に実施したが、戦後は1月7日となり、2009年からは成人の日となっている。早朝に大門厨子とよばれる旧家の人々が集まり、古い大蛇を下ろして燃やし、その灰で新しい大蛇の目鼻をつくり、藁で頭と胴をつくる。完成した大蛇を木に這わせると、干葉粥という干した大根の葉を入れた塩抜きの粥を食べる。

天祖神社（てんそじんじゃ）　江戸川区西小松川町。天照大神を祀り、明治初頭まで神明社と称した。相殿には香取・鹿島の両大神を祀る。例祭は8月21日。1456年、下総国の千葉氏に仕えていた神職の秋元氏が当地へ移り創祀したと伝える。以来、秋元氏が子孫代々奉仕してきた。秋元氏は江戸流神楽（江戸里神楽）の一つ〈葛西の里神楽〉の中心的な担い手でもあった。この神楽は、東葛西領総鎮守の香取神社（現葛飾区葛西神社）

の神官が創作したという葛西囃子にのせて、神話を題材とした身ぶり手ぶりの黙劇を繰り広げるもので、現在は区内の篠崎浅間神社などで奉納されている。また、秋元家にある〈四つ股の道標〉は1805年の建立で、4面にそれぞれ「大山石尊大權現」「秩父三峯山大權現」「讃州金比羅大權現」「遠州秋葉山大權現」と刻み、それぞれ市川・浅草・行徳・両国への道を示した。

北野神社（きたの）

板橋区徳丸。正一位太政大臣菅原朝臣道真公を祀り、徳丸天神と親しまれる。昔、当地で疫病が流行した時、里人の徳麿の夢に道真公が現れ、里にある梅の古木に祈るよう告げた。早速に疫病平癒を祈るとたちまち霊験が得られたことから、山城国の北野天満宮より御分霊を戴き、正月11日に祠を設けたのが始まりという。この時、神前に田夫の業を奉納したのが〈板橋の田遊び〉†の始まりと伝える。現在は2月11日の例祭（春季大祭）で田遊び神事が奉納され、社殿前庭にモガリ（舞台）を設け、太鼓を据えて田に見立て、苗代づくりから収穫に至るまでの一年の農耕作業を摸す。徳丸郷には16の洞があり、その代表者が代々田遊びなどの諸祭儀に奉仕してきた。洞は小字のようなもので、現在は町会へと移行している。5月5日には全6幕の獅子舞と、四つ竹踊りが奉納される。

小野照崎神社（おのてるさき）

台東区下谷。下町八福神（下町八社巡り）の一つ。小野 篁 が亡くなったとき、その霊を上野照崎（忍岡）に創祀したと伝える。1625年、東叡山寛永寺創建の際、長左衛門稲荷社の境内（現在地）に遷座したという。近くの天台宗小野照山嶺照院が別当であった。境内の〈下谷坂本の富士塚〉†は富士山を写した直径16m・高さ5mの大塚で、富士山から移した溶岩で全体が覆われ、合目石や役行者像を具えている。1828年の築造で、6月30日・7月1日の御山開きに登拝できる。富士塚は富士信仰の流行とともに江戸時代に50基以上が築かれたが、完全な形を保つのは当富士塚と、豊島区高松の浅間神社にある〈豊島長崎の富士塚〉†、練馬区小竹の浅間神社にある〈江古田の富士塚〉†の3基のみである。

井草八幡宮（いぐさはちまんぐう）

杉並区善福寺。武蔵野の面影が残る景勝地にあり、併設する井草民族資料館では宮崎茂樹・芳樹宮司が集めた転棒や高機など〈武蔵野新田村の生活用具〉を所蔵公開している。一帯

は井草川や善福寺川の水源で、古くからの生活拠点であった。境内の東からは縄文時代中期の住居址や国重文の顔面把手付釣手形土器などが出土している。平安時代末期に春日神を祀ったのが始まりで、後に源頼朝が奥州討伐の折に戦勝を祈願して八幡大神を合祀したと伝える。頼朝は当社宿陣の際、飲み水を得ようと井戸を掘ったが、水の出があまりに遅いため「遅の井」とよんだといい、当社も明治時代までは遅野井八幡ともよばれていた。別当は本山派修験の勝鬼山金胎寺林光坊であった。例祭は10月1日で、3年ごとに神幸祭があり、1952年からは流鏑馬神事を5年ごとに実施している。

奥澤神社

世田谷区奥沢。世田谷七沢八八幡の一つ。15世紀に吉良氏の家臣が奥沢城を築く際、八幡大菩薩を守護神に勧請したのが創祀という。城跡には〈浄真寺の二十五菩薩練供養〉で知られる九品仏が建ち、当社の二つの旧本殿が観音堂と五社様として移築されている。9月の例祭は初日に長さ10mの藁蛇が町内を巡る〈奥澤神社の大蛇お練り行事〉で有名だが、昔は神事舞太夫による〈江戸の里神楽〉†で有名だった。今も品川区東大井の間宮社中が奥沢囃子にのせて神楽を奉納している。厄除け大蛇の行事は、18世紀に疫病が蔓延した際に、八幡様の夢告で始められたという。1939年に中断したが、宮司が「神社は古いことを見直し、伝えるべき」と1958年に復活させた。本祭では、大蛇を巻き付けた樽神輿や、蟹歩きで進む城南神輿など7町会の神輿6基が連合で宮入を行う。

大國魂神社

府中市宮町。武蔵国府跡（国史跡）の隣に建つ。8世紀前半頃から代々の武蔵国造が祭務を 掌ってきた。武蔵国の一宮から六宮までを祀り、武蔵総社六所宮と称されたが、1871年に現称に改めた。なお、現在の武蔵一宮とされる氷川大神は三宮として祀られ、一宮には小野大神を祀っている。馬場大門の欅並木（国天然記念物）は源頼義・義家父子が1062年に寄進したものである。5月5日の例大祭は国府祭で、関東三大奇祭の一つ闇夜祭として著名である。1961年からは暗闇での神幸式が廃止されたが、野口の仮屋の神事など古い行事を伝承している。広域住民で組織された太鼓講中が胴径1.6mの大太鼓6張を曳行し、8基の神輿を御旅所まで先導する〈武蔵府中の太鼓講の習俗〉‡は圧巻である。1月1日午前0時には崇敬者80名が3打ずつ太鼓を打ち悪疫

を退散させている。

薬王院（やくおういん）

八王子市高尾町（たかおまち）。高尾山（たかおさん）にあり、関東三大霊場の一つとして著名。真言宗智山派三大本山の一つ。関東36不動08、多摩88-68、関東91薬師05。14世紀に高尾山頂へ飯縄権現（いづなごんげん）を勧請（かんじょう）して以降発展した高尾山修験道の霊場で、日本三大天狗にも数えられる。年中行事は、山頂で初日の出を拝む1月1日の迎光祭に始まり、2月の節分会、3月の火渡り祭、4月1日の滝開き、4月の大祭（稚児練行）、5月の天狗祭り、6月の峰中修行会などきわめて豊富。11月の「高尾山もみじ祭り」では民謡踊りや〈八王子・車人形（くるまにんぎょう）〉‡などのイベントが山麓で催される。車人形は八王子市下恩方の西川古柳座（しもおんかた にしかわこりゅうざ）が伝承する芸能で、3人で1体の人形を操作する文楽とは異なり、操作者が車輪を仕込んだ台に腰掛ける工夫により1人で遣う人形芝居である。全国で車人形を受け継ぐのは八王子・奥多摩・埼玉の3座のみ。

春日神社（かすが）

日の出町平井（ひでまちひらい）。宮本（みやもと）地区に鎮座。日本武尊（やまとたけるのみこと）の旧跡に村首の日奉森明（ひまつり）が大己貴命（おおなむちのみこと）を祀ったのに始まり、後に日奉森栄が武甕槌命（たけみかづちのみこと）・斎主命（いわいぬしのみこと）・天児屋根命（あめのこやねのみこと）を合祀（ごうし）したという。9月の例祭には〈下平井の鳳凰の舞（しもひらい ほうおう）〉†が奉納される。江戸風の奴ノ舞と、上方風の鳳凰ノ舞の2庭から構成され、前者は江戸歌舞伎の太刀踊で、所作や台詞回しに荒事（あらごと）の影響がみえる。後者は京都の雨乞い踊に祇園囃子と風流踊が結びついたもので、鳳凰の冠や踊り方が希少な伝承である。例祭は道場（どうじょう）地区の八幡神社と合同で「平井の御祭」と親しまれ、春日神社からは志茂町・加美町・桜木の3基の山車が、八幡神社からは八幡と三和の2基の山車が宿通りを巡行し、競合いを行う。重松流祭り囃子の掛け合いは圧巻。宵祭の19時頃には中宿で両社の神輿と山車すべてが勢揃いして最大の活況を呈する。

長栄寺（ちょうえいじ）

新島村本村（にいじまむらほんそん）。日蓮宗。三松山と号す。本尊は一塔両尊四士（いっとうりょうそんしし）。1415年に中山法華経寺法宣院4世の日英が若郷（わかごう）に開創したのが始まりという。8月の盆には境内で盆祭祝儀踊がある。男性が周囲にカバとよぶ布を垂らした笠を被り、白足袋跣（しろたびはだし）で、役所入り踊、お福踊、伊勢踊を踊る。若郷の妙蓮寺の盆踊とともに〈新島の大踊（おおおどり）〉†とよばれている。境内奥には白砂を敷き詰めた共同墓地があり、行事ごとにショバナ（羽伏（はぶし）浦（うら）海岸の渚で波に洗われた砂）を入れ替え清めている。老人が墓（ダント

一）を毎朝綺麗にする習慣があり、花も活けられ美しい。墓地の一段下、不浄道（ふじょうみち）の先には流人墓地（るにんぼち）があり、島特産の抗火石（こうがせき）でつくった墓が並ぶ。なかには酒樽や賽子（さいころ）と壺の形をした墓もある。寺の隣は大三王子明神など同族13神を祀る十三社神社で、招霊（おがたま）の木や椨（たぶ）の木が茂っている。

物忌奈命神社（ものいみなのみこと）

神津島村前浜。伊豆国賀茂郡上津島（こうづしまむらまえはま。いづかもかみつしま）の鎮守、物忌奈命（ものいみなのみこと）を祀る。伊豆一宮の三嶋神と、長浜の阿波咩命（あわのめのみこと）の御子神とされ、定大明神（だだなえじま）と崇められた。本地仏の薬師如来を薬王殿に祀っている。弟神は多幸湾（たこうわん）の日向神社（ひゅうが）とその沖の祇苗島（ただなえじま）に祀られたという。例祭は8月1日・2日で、子供御輿と山車が練り歩く。1日は神津島太鼓の競演、2日は〈神津島のかつお釣り行事〉†と花火大会もある。鰹釣（かつお）りは、境内を漁場に見立て、青竹でつくった舟や擬似の鰹を用いて、漁師の若衆が出船・撒（ま）き餌（え）・一本釣り・帰港・入札（競り合い）・沖上がり（大漁を祝う宴）などを模擬的に再現し、豊漁を祈願するものである。鰹釣り儀礼は1月2日の乗り初めでも行われている。旧暦1月24日・25日には島民が物忌を行う二十五日神事がある。

巡礼案内 ● 巡ってみたい！ 諸国一宮❻

＊諸国一宮についてはp79を参照してください。
＊川村二郎著『日本廻国記 一宮巡歴』(1987)から、国名、社名、所在地を抽出しています。

（続き）
◆ [石見] 物部（もののべ）神社（島根県大田市川合町川合）◆ [隠岐] 水若酢（みずわかす）神社（島根県隠岐郡五箇村郡）◆ [美作] 中山神社（岡山県津山市西一宮字長良嶽）◆ [備前（びぜん）] 吉備津彦神社（岡山県岡山市一宮）◆ [備中] 吉備津神社（岡山県岡山市吉備津）◆ [備後] 吉備津神社（広島県芦品郡新市町宮内字上市）◆ [安芸] 厳島（いつくしま）神社（広島県佐伯郡宮島町）

☞ p.121に続く

14 神奈川県

川崎大師

寺社信仰の特色

　神奈川県の寺社信仰は県央を南北に流れる相模川の流域で始まったと思われる。相模国の国府と国分寺は海老名市に置かれ、南の寒川町には県内唯一の名神大社で相模一宮の寒川神社が鎮座した。相模国分寺は法隆寺式伽藍配置なので、白鳳時代の既存の寺を充てたと考えられる。

　これらは県東部を占めた相武国の領域にあるが、西の師長（磯長）国の地でも沿岸部に古い信仰がみられる。大磯町には国府の地名が残り、六所神社は相模総社とされ、相模一宮～四宮と、五宮格の平塚八幡宮が渡御する国府祭が営まれたという。平塚市には四宮の前鳥神社もある。また、二宮町の川勾神社は相模二宮とされたが、寒川神社と一宮を争ったと伝え、国府祭の座問答がその名残りという。

　三宮は伊勢原市の比々多神社で、国御岳と崇められた大山の麓に鎮座する。大山には阿夫利神社・石尊大権現が鎮座し、中世には雨降山大山寺を中心とした修験道場として栄え、近世には大山詣が盛んとなった。東麓の日向薬師（日本三大薬師）も10世紀には開かれていたとみられ、横浜市の坂東14弘明寺と同様、10～11世紀頃作の鉈彫り像が現存する。

　鎌倉は日本における寺社信仰の一大拠点である。鎌倉幕府が開かれたことで寺社信仰も開花した。鶴岡八幡宮は1063年の勧請ながら相模一宮格である。日本初の禅寺である建長寺を筆頭に、国宝の舎利殿で知られる円覚寺などの鎌倉五山が開かれ、国宝の鎌倉大仏も造立された。坂東巡礼発祥の地でもあり、箱根山などを拠点とした熊野修験の活躍がうかがえる。南足柄市の大雄山最乗寺（道了尊）も修験の様相が強く、曹洞宗三大祈禱所の一つとなっている。

　現在、全国から参詣者を集める寺社として、曹洞宗大本山の總持寺、真言宗智山派大本山の川崎大師、時宗総本山の清浄光寺（遊行寺）、日本三大弁天の江島神社、二宮金次郎を祀る報徳二宮神社などがある。

主な寺社信仰

広福寺（こうふくじ）　川崎市多摩区枡形（たま・ますがた）。真言宗豊山派。稲毛山と号する。稲毛（いなげ）33-01。開山は慈覚大師で、鎌倉時代に長弁阿闍梨（あじゃり）が中興したと伝える。本尊は桃山時代作の木造五智如来坐像（ごちにょらい）。枡形城北麓の稲毛三郎重成館跡に鎮座し、稲毛領主の菩提寺とされたという。稲毛七福神の大黒天も祀る。寺前の北野天神社はもと韋駄天社で、神体が当寺の観音堂にもあったが、維新で菅原道真を祀り、今は建速須佐之男神（たけはやすさのおのかみ）を祀っている。枡形城跡は生田緑地（いくたりょくち）として整備され、日本民家園や岡本太郎（おかもとたろう）美術館がある。昔は戸隠不動堂（とがくし）があって祭礼が賑わったが、1993年に焼失してしまった。民家園には川崎市麻生区金程（あさお・かなほど）から移築された国重文の伊藤家住宅や、三重県志摩（しま）から移築された〈旧船越の舞台（ふなこし）〉†があり、民家解説・年中行事展示のほか、昔話や郷土芸能公演のイベントを随時開催している。

妙蓮寺（みょうれんじ）　横浜市旭区善部（ぜんぶ）。松久山と号する。本尊は大曼荼羅。畜霊納骨堂でも知られる。1628年に地頭の宅間伊織忠次が、威光山法明寺（雑司が谷鬼子母神）（ぞうしがや・きしもじん）12世日暁上人に隠居所を提供すべく、名主の和田四郎左衛門に命じて小庵を建てたのに始まる。1672年に本堂が建立されたが、祖師堂や山門などの寺観を整えたのは日蓮聖人五百遠忌の1781年である。10月の御会式（おえしき）に奉納される〈善部妙蓮寺の曲題目〉は江戸時代末期に伝授されたという。南無妙法蓮華経のわずか7文字の題目に12通りの曲節をつけて唱えるもので、文字の読めない人でも信仰に親しむことができた。唱題行の実践を重視した日蓮宗ならではの民俗である。赤い房の付いた撥（ばち）と平たい鼓太鼓（つづみ）を持った稚児が本堂の雛壇に座り、長老の唱える題目に合わせて24通りもの見事な撥捌き（綾取り芸）を披露する。

本牧神社（ほんもく）　横浜市中区本牧（なか）。大日霊女命（おおひるめのみこと）を祀る。古くは本牧の塙（はなわ）（岬の先に出た島）に鎮座し十二天社とよばれていた。神前には大自在天（だいじざいてん）を含む十二天が祀られ、本牧元町の真言宗多聞院が別当を務めたと伝えることから、真言密教の社であったと推測される。十二天は三浦水軍の氏神であったから、その勢力の伸長とともに平安時代に当社も創建されたのではないだろうか。現在の神像は1263年1月1日に海中から出現したと伝えている。8月の例祭に伴う神事〈お馬流し（うまながし）〉は1566年に始

まるといわれ、茅で編んだ馬頭亀体の御馬様が本牧6か村から1体ずつ奉納されたという。茅馬は集落を巡ってあらゆる災厄を一身に背負った後、船で本牧沖合いへ運ばれ、旧暦6月15日の大潮の引き潮に乗せられ海上遥か彼方へと流された。馬を流すという発想は、本牧が牧場ではなかったかと想わせる。

海南神社

三浦市三崎。藤原資盈・盈渡姫・地主大神・天之日鷲命・筌竜弁財天を主祭神とする。資盈は伴大納言善男の讒言で追われ、当地に漂着して没したと伝える。諏訪、住吉、梶の三郎山、洲の御前の各社は家臣4人を、房州館山の鉈切明神は息子の資豊を祀るという。1653年に正一位、1719年に三浦半島総鎮守とされた。例大祭は7月で、行道（お練り）獅子が土地の悪霊や災いを祓う。1月15日に奉納されるユネスコ無形文化遺産〈チャッキラコ〉†は、飾りつけた2本の細く短い竹の棒を両手に持って打ち合わせる豊漁・豊作・商売繁盛の祝福芸で、少女たちが母親の唄で踊り、盈渡姫が土地の娘に教えたのが始まりと伝える。初伊勢、チャッキラコ、筑波嶺、よさざ節、鎌倉節、お伊勢参りの6種の踊りがあり、仲崎と花暮の竜神様や、旧家・老舗へも祝福して回る。

光照寺

三浦市初声町三戸。龍徳山と号する。1430年に空念和尚が開山。浄土宗大本山鎌倉光明寺末で、本尊は阿弥陀如来。三浦33番外の瓶庫裏観音（お手観音／イナダ観音／大漁観音とも）も祀っている。境内には数多くの庚申塔や六十六部供養塔が立ち並ぶ。8月16日には〈三戸のオショロ流し〉†があり、深夜から明け方にかけて地元のセイトッコ（小中学生男子）が墓に供えられた盆の供物を集めに来る。イボトリ地蔵で知られる海養山霊川寺と、一切亡虫魚墓がある龍円山福泉寺でも同様で、供物は三戸海岸へと運ばれ、御精霊様（1対の円筒形の飾り物）とともに藁の御精霊船で沖へ送られる。近隣は漁業が盛んで、横須賀市の自然・人文博物館では〈三浦半島の漁撈用具〉†を収蔵展示している。

御霊神社

鎌倉市坂ノ下。鎌倉（平）権五郎景政を祀り、権五郎神社とも称する。景政は後三年の役（1083～87）での武勇が知られ、関東平氏の鎌倉・梶原・村岡・長尾・大庭の5家とともに湘南地域一帯を開拓した。創祀は不明だが、平安時代後期に関東平氏5家の祖霊を「五霊」として祀ったと想像されている。例祭は景政の命日とされる

9月18日で、鎌倉（湯花）神楽の後の神幸祭（御渡り）では、猿田彦や獅子頭とともに〈御霊神社の面掛行列〉が神輿を先導する。面掛行列は古代寺院法会の伎楽面風流を今に伝える貴重な文化遺産である。行列は爺、鬼、異形、鼻長、烏天狗、翁、火吹男、福禄寿、阿亀、女（取り上げ／産婆）の順で、阿亀は妊婦を滑稽に演じる。その腹に触れると安産・豊漁・豊作になると伝えることから人気を集め、例祭は「孕み人祭」と親しまれている。

長松寺（ちょうしょうじ） 相模原市南区新戸。曹洞宗。万年山と号する。本尊は薬師如来。鎌倉公方の足利氏満と建長寺の曇芳周応が臨済宗建長寺宝珠庵末として開創し、1430年に守護人の松本式部少輔が中興、1630年頃に代官の平岡岡右衛門吉道と喚室宗応が再興したと伝える。津久井町にある津久井城主菩提寺の功雲寺の末であった。寺前には関東総奉行内藤清成の陣屋があったが、現在は新戸鎮守の白山姫神社がある。昔は相殿に山王と稲荷を祀り、2月8日の氷祭の神事では社前で大般若経が転読されていた。新戸は磯部・勝坂とともに〈相模の大凧揚げ〉で知られ、5月4日・5日に相模川の河川敷で開かれる大凧まつりでは、14.5m四方・重さ950kgという日本一の大きさを誇る八間凧が空に舞う。端午の節供に男児の誕生を祝って大凧を揚げ競う〈関東の大凧揚げ習俗〉‡の一つに数えられている。

諏訪神社（すわじんじゃ） 相模原市緑区鳥屋。建御名方命と天照皇大神を祀る。菱山肥後守隆顕（1288年没）が1241年に諏訪大明神を勧請して鳥屋の鎮守にしたのが始まりで、1530年に現在地へ遷座されたという。隆顕は入道して菱山家菩提のため阿弥陀如来を祀り、1265年に鳥岳山清真寺を開いた。10世住職の円海法印（1678年没）は、鳥屋に芸能がないのを寂しく思い、寺の桐の木を切って3つの竜頭の獅子頭をみずから刻み、武州多摩郡高月の獅子舞を参考に振付と作詞作曲をして、盂蘭盆会に当社で獅子舞を始めたという。現在は8月の例大祭に〈鳥屋の獅子舞〉が奉納されている。一人立三匹獅子が莚の上で荒々しく舞う姿は、神懸りの祈禱色が強い。父（巻）獅子と子獅子は太鼓、母（玉）獅子は摺りササラを持って舞う。

堰神社（せきじんじゃ） 厚木市長谷。用水の守護神で長谷の鎮守。1576年6月25日、枯渇した用水の確保に多摩川を堰止める工事が難航していたと

関東地方　119

ころ、桂坊という山伏が雨降の霊峰筑波山参詣の帰路に通りかかり、村人の苦難を救うため川底に入定して堰の人柱となった。工事は間もなく完成し、無事に秋の稔りを迎えることができた村人は、桂坊を関野大明神として祀り、山王・天王・稲荷を合祀したという。例祭は昔は6月25日、今は4月で、自治会主催のふるさとまつりと同時開催である。子供神輿が社に着くと、神楽殿では長谷座（南毛利座）が三番叟や傾城阿波の鳴門巡礼唄の段などの〈相模人形芝居〉†を奉納する。芝居は阿波の人形回しから伝授されたと伝え、社には淡路から伝承された翁面が現存する。長谷の名は、社の東にある観音坂に、大和・鎌倉の長谷観音と同木の運慶作長谷観音像が祀られたのが由来という。北条時頼夫妻の信仰が厚く、真言宗福寿院長谷寺や曹洞宗長谷山福昌寺が別当を務めたと伝える。現在は曹洞宗蓬莱山長谷寺となっている。

賽神社 大磯町大磯。大北地区に鎮座。猿田彦命を祀る。道祖神社とも。例祭は3月7日。1月14日のドント祭は浅間町の浅間神社や大泊の熊野神社など9地区にある道祖神・賽ノ神様の祭とともに〈大磯の左義長〉（セエトバレエ）として知られる。本殿での祭典後、夕刻から大勢の若衆が荒縄で編んだ屋形を梶で引き廻し、海岸の砂浜に立てたセエトの傍らに置く。夜になると宮総代がドゥミドンヤと唱えながらセエトに点火して燃やし、人々は枝や竿につけた福団子を炙って食べる。最後に若衆が渚でヤンナゴッコ（綱引き）をする。行事に先立って1月11～13日には子どもたちは地区の御仮屋に籠もる御仮籠をし、大人たちは七所詣りをして子どもの無病息災を祈る。現在は「七所詣って八所せ」と言って坂下・浜之町・大泊・子之神・中宿・浅間町・大北・長者町の8か所を巡拝する。

神明社 山北町皆瀬川。字高杉に鎮座。大神宮ともよばれ、大日孁貴命・大山祇命・大山咋命・金山彦命・倉稲魂命・素盞嗚命・火結命・天児屋根命の8柱を祀る。大野山の東裾に鎮座し、山頂との間に古宮がある。大野山は王ノ山や龍集山、星山、岳山ともよばれ、頂には龍集大権現が鎮座する。例祭は10月16日で、おおむね5年ごとに〈山北のお峰入り〉†（御練り）が行われる。昔は10～20年ごとの8月16日に行われた。南北朝時代、宗良親王が河村城に難を逃れた時に始まったという。地区の81人が天狗・獅子・阿亀・山伏などに扮装し、禊・満月の歌・

鹿枝踊など8種の歌踊を龍集大権現に奉納する大規模な風流芸能であるが、熊野・愛宕・富士山・羽黒の4人の山伏による修行踊は柴燈行事の印象が強い。山麓の神庭で歌舞を披露した後、行列を組んで当社へ登り、境内で歌舞を奉納する。

貴船神社 真鶴町真鶴。真鶴港を見下ろす高台に鎮座。1868年までは貴宮大明神とよばれ、相模・伊豆地方に多い来宮・今来神（渡来神）信仰の社と考えられる。真鶴岬の三ツ石の沖に出現した木像12体を祀ったのが始まりと伝え、現在は大国主神・事代主神・少彦名神を主祭神とし、真鶴の地主神の市倉明神を合祀している。例祭は7月27〜28日で、日本三船祭の一つ〈貴船神社の船祭り〉†として知られている。初日は華やかに飾られ小早船（御座船）と神輿船が櫂伝馬に曳かれて神迎えに来る。途中、櫂伝馬の競漕もある。神社で祭式があり、鹿島踊りが奉納されると、神輿は船に移される。仮殿への海上渡御では、小早船では古風な旋律と詞章の御船歌が唄われ、囃子船では笛や太鼓の囃子が奏でられる。仮殿に神輿を移すと鹿島踊りが奉納され、式典が済むと町内に花山車（花傘万燈）の一行が繰り出す。翌日は神輿と花山車の町内巡行があり、多くの提灯を点した小早船に伴走されつつ神輿が神社へ還御すると、壮麗な船祭りが終了する。

巡礼案内 ● 巡ってみたい！ 諸国一宮❼

* 諸国一宮については p79 を参照してください。
* 川村二郎著『日本廻国記 一宮巡歴』（1987）から、国名、社名、所在地を抽出しています。

（続き）
◆［周防］玉祖神社（山口県防府市大崎字居合）◆［長門］住吉神社（山口県下関市楠乃）◆［和泉］大鳥大社（大阪府堺市鳳北町）◆［但馬］出石神社（兵庫県出石郡出石町宮内字芝地）◆［播磨］伊和神社（兵庫県宍粟郡一宮町須行名）◆［淡路］伊弉諾神社（兵庫県津名郡一宮町多賀）◆［大和］大神神社（奈良県桜井市三輪）

☞ p.127に続く

15 新潟県

弥彦神社

寺社信仰の特色

　新潟県を開いたのは伊夜比古神であるという。この神は弥彦村の弥彦神社に祀られている。県内唯一の名神大社で、越後一宮と崇められ、県内最多の初詣客を集める。2月1〜4日の神幸神事は特に賑わう。7月25日の夏の大祭には〈弥彦神社燈籠おしと舞楽〉†が奉納される。

　弥彦山脈の南端、燕市の国上山には弥彦神の託宣で創建されたという国上寺が建つ。県内最古の寺とされ、長く弥彦神社の別当を務めた。

　国上山の中腹にある五合庵と麓の乙子神社は、良寛（大愚）が書を大成した地である。最期は貞心尼が看取り、長岡市の隆泉寺に永眠した。出雲崎町の生誕地には安田靫彦らが良寛堂を建てている。

　越後一宮には、上越市の居多神社や、糸魚川市の天津神社も候補に挙げられている。居多神社の近くには越後の国分寺と国府が置かれた。越後二宮は柏崎市の物部神社、三宮は南魚沼市の八海神社とされる。

　八海神社は、越後三山の一つ八海山にあって、国狭槌尊（元気水徳神／八海山大頭羅神王）を祀っている。八海山はきわめて険しい霊山で、御岳行者の修行場とされてきた。山頂には八ッ峰と称される岩峰が連続した鎖場もある。北西麓には普光寺があり、日本三大奇祭の一つ〈浦佐毘沙門堂の裸押合の習俗〉‡が伝承されている。

　弥彦山とともに県を代表する山は越後富士こと妙高山であろう。昔は越の中山と称され、後に名香山と書かれ、音読に現称があてられたという。修験道場として栄え、妙高市の関山神社には〈関山の仮山伏の棒遣いと柱松行事〉が伝承されている。

　佐渡島（佐渡市）は昔、佐渡国とよばれた。佐渡一宮は度津神社、二宮は大目神社、三宮は引田部神社とされる。18〜19世紀には島内の神社や寺堂で〈佐渡の人形芝居（文弥人形、説経人形、のろま人形）〉†が祭祀の余興として盛んに行われていた。

主な寺社信仰

吉野神社
村上市中浜。奥羽三関の一つ鼠ヶ関（念珠関）に南接する、県最北部の地、字宮ノ沢に鎮座。祭神は金峯神・水分神・山口神の3神で、旧中浜村の産土神と崇められる。現在は念仏堂で行われている〈山北のボタモチ祭り〉†は、明治時代末期までは当社で行われていた。正月2日に各家の主人が集まり、大きな塩味のボタ餅をつくって神前に供え、豊漁を祈願した後に皆で食べ、お籠もりして一夜を明かしたという。現在は12月2日に火防組の若勢が念仏堂に集まり、堂の正面に石動神社、両脇に石動五社大権現と十三仏の掛軸を掛け、境内にある榎の枝で擂粉木をつくり、これで御飯を搗いて甘いボタ餅をつくって祭壇に供え、新婚や婿入りしてきた若勢には強要して無理矢理に多く食べさせている。村上市岩石では1月12日に念仏堂でボタ餅をつくって鎮守に奉納して集落に配る。

八坂神社
村上市大須戸。須佐之男命を祀り、昔は牛頭天王と崇められていた。1906年に大須戸の、1907年に大行院の各産土神を合祀した。桃の節句の4月3日（大須戸春祭）には境内にある能舞台で〈大須戸能〉‡（観世大内がかり黒川流大須戸能）が、地元住民によって奉納されている。以前は1月11日の山神祭の日にも演じられていたこの能は、1844年に当地へ滞在した庄内黒川能の役者から受け継ぎ、1851年3月に社殿で演じたのが始まりで、神事として演じられたのは1933年の村社昇格以降という。謡・囃子・所作ともに黒川能より大き目で優雅であり、中央の5流とは違った舞台芸術の様式・技法を特殊に発達させている。2008年には大須戸能舞台条例も施行され、現在は8月15日に薪能としても公開されている。

金刀比羅神社
新潟市中央区西厩島町。下町神社めぐりの第7番。18世紀末頃、古町の山伏、大楽院が海上安全祈願のため境内に金毘羅大権現を創祀したと伝え、それは古新潟からの遷座であったともいう。1869年に現在地へ移り、1870年に現称へ改めた。現在は大物主命と船玉ノ神を祀る。境内には龍王殿や陰陽石がある。新潟は河村瑞賢が西回り航路を開いたことで多くの輸送船が出入りするようになり、日米修好通商条約では五港の一つとされた。こんぴら通り商店街には映

画館や芝居小屋があり大いに賑わったという。収蔵庫の〈金刀比羅神社奉納模型和船〉†28点は、新潟や佐渡の船主が北前船(地元ではバイセンとよんだ)を新造した際に航海安全を祈願して奉納した持船の模型である(見学は要予約で100円)。大祭は10月9日・10日で、神楽奉納や大黒様餅撒きがある。

荒川神社

胎内市桃崎浜。乙大日川と荒川の河口に鎮座。天鈿女命を祀る。拝殿の屋根は「人面社」ともいうべき特異な形状である。15世紀に村上市小岩内の荒川神社を勧請したとも、1717年に若宮八幡宮から改称したともいわれる。境内の文化財収蔵庫に保管されている〈荒川神社奉納模型和船および船絵馬〉†の和船2隻は、いずれも地元の廻船問屋・三浦関右ヱ門が当社に奉納したもので、10月17日・18日の秋祭にシャギリ船として屋台に載せて曳行される。1768年作の船を雨船、1850年作の船を日和船とよび、それぞれ雨天、晴天のときに用いてきた。船絵馬85枚は荒川湊の船主や船頭が19世紀に奉納したもので、最も見応えがあるのは1861年に大坂随一の絵馬師・吉本善京が欅板に描いた特製品であろう。

白山媛神社

長岡市寺泊大町。寺泊の総鎮守で、港を見下ろす高台に鎮座。菊理媛命と伊弉冉尊を祀る。修験者が加賀の白山から分霊を勧請して祀ったのが始まりという。往古は本山派の胎蔵院が別当であった。地元では白山大権現と崇められ、今もハクサンヒメと称される。境内の収蔵庫には1774〜1889年に北前船の航海安全を祈って奉納された〈白山媛神社奉納船絵馬〉†52枚がある。大祭は5月2〜4日で、旧北国街道沿いに出店が並び大変賑わい、神輿渡御では十万石の格式という大名行列が町内を練り歩く。昔は鰯の大漁に活気づく時期で鰯祭ともよばれ、街はむせ返るような雑踏であったという。境内の二面神社は、洋船の船首にあったと思われる西洋人男女の一体像を祀り、3月の祭では女像を正面に、9月の祭では男像を正面に向ける。麓の越之浦神社は順徳上皇を祀っている。

黒姫神社

柏崎市女谷。黒姫山の西麓、静雅園の近くに鎮座。9月の例祭(十五夜まつり)に奉納される〈綾子舞〉†は、以前は境内にある大杉(推定樹齢800年)の下が舞台となっていた。少女の小歌踊と、男性の囃子舞・狂言から成り、女歌舞伎禁止(1629年)以前を

伝える貴重な民俗学的資料となっている。特に少女の舞は出雲の阿国が取り入れたというヤヤコ踊を思わせる。黒姫大明神（黒姫様）は本地仏が如意輪観音、垂迹神が罔象女神で、今は鵜川神社が鎮座する黒姫山頂には、昔は如意輪観音像が祀られており、越後33-09となっていた。昔は婦女子が機織の上達を願って登拝したという。明治初年に観音像は東麓の磯之辺に遷されたが、現在も山頂には三十三観音の石仏が残っている。東麓の岡野町には里宮の黒姫神社があり、その向かいには国名勝の貞観園がある。

十二山神社

長岡市山古志種苧原。四方拝山の北西麓、字中野に鎮座。大山祇命を祀る山ノ神信仰の拠点だが、普段はゲートボールなど集落活動の拠点となっている。害虫を祓い五穀豊穣を祈る弓射り神事の十二講は月遅れの3月12日に実施している。魚沼・古志・頸城の3郡では十二神信仰が盛んで、同様の行事が各地にある。9月の村祭では奉納踊りが行われ、裏山の闘牛場では〈牛の角突きの習俗〉†が営まれる。春の「古志の火祭り」では高さ日本一の巨大賽の神が燃え上がり、日本で唯一の雪中闘牛大会が行われる。闘牛は山古志郷（二十村郷）の各村で、神事かつ娯楽として行われてきた。山古志郷では、岩手県の南部地方から鉄材や鉄製品を運んで来た荷役用の南部牛を買い入れて農耕に用いてきた。牛は足腰が強く、寒さや粗食に耐えるため、雪国での棚田に適した。

八幡宮

魚沼市堀之内町。薮上神社とも称される。薮神荘宇賀地郷堀之内村の鎮守であった。本殿は魚野川へと向いている。1650年に股倉神社、1677年に天神社を合祀したことから「三社の宮」とも称された。8月14〜16日の盆踊り〈大の阪〉†は、町が三国街道の宿場かつ越後縮の集散地として栄えた17世紀末頃に京阪と往復する問屋衆が伝えたという。境内に高さ6mの櫓を丸太で組んで太鼓を据え、周囲を左廻りで踊る古風で幽玄な先祖供養の念仏踊り。「大の阪、七曲がり」で始まる五五七五調の盆踊歌が15番残り、すべてに「南無西方」の文句が入る。9月の秋季大祭、堀之内十五夜祭は京伝来の踊り屋台（大屋台）と囃子屋台（シャギリ屋台）が出る。民踊流し、大煙火大会、魚野川での神輿流しもあり、2月11日の雪中花水祝、2月15日の鳩祭りとともに、古の祭儀を今に伝えている。

八幡宮

南魚沼市仙石。集落の辻に佇む小さな社だが、入口が鳥居を象る珍しい社殿となっている。細矢氏の氏神として創祀され

た。近隣には集落の氏神・十二神社（十二大明神）があり、卯年には式年御神幸渡御大祭として御神廻が行われている。両社に対して1828〜71年に奉納された〈奉納越後上布幟〉†は、機織技術の向上を祈願して織り出した布を幟旗にしたもので、当時の生地や機織技術を伝える貴重な文化財である。越後縮とよばれた越後上布と小千谷縮は、苧麻を原料とし、心地良い肌触りと通気性に富む、最上級の麻織物である。その機織は、雪籠り中の婦女の重要な手仕事であり、その巧拙が婦女の評価とされた。縮市場が開設された十日町市では、〈越後縮の紡織用具及び関連資料〉†のほかに、〈十日町の積雪期用具〉†も十日町博物館で所蔵している。

白山神社

糸魚川市能生。古は権現岳の頂にあったと伝え、はさみ岩や胎内洞などの行場が今も残る。白山権現として栄え、大宮権現に伊邪那岐命＝本地十一面観音、小白山に菊理媛命＝聖観音、御劔に大己貴命＝不動明王を祀った。国重文の聖観音像は本来は4臂十一面観音で大宮本地仏とみられる。本殿も国重文で室町時代の風を今に伝える。小白山権現は越後観音巡礼の護法神とも崇められた。海上安全の信仰も集めた当社には、廻船業者らが船絵馬を数多く奉納し、現在は〈能生白山神社の海上信仰資料〉†として船絵馬93点と船額4点が保存されている。4月24日の春季大祭（能生祭り）に奉納される11曲の舞楽（稚児舞）は、市内一の宮の天津神社・奴奈川神社で4月10日・11日に演じられる舞楽とともに〈糸魚川・能生の舞楽〉†と総称され、平安時代の雅楽を伝承している。

金蔵院

糸魚川市山寺。日本百名山雨飾山の麓、上杉謙信が敵に塩を送った糸魚川から信州松本への「塩の道」の関所にあたり、平安時代から山王社を守護神とする天台寺院12坊が栄えたが、神仏分離で当院のみとなった。隣の山口地区には塩の道資料館があり、〈越後姫川谷のボッカ運搬用具コレクション〉†を展示している。9月1日には獅子や稚児を伴う行道が当院を出発、観音堂からは2基の神輿を伴い日吉神社へ登り、県内唯一の延年芸能〈根知山寺の延年〉†を奉納する。地元では舞中の風流小歌踊「おててこ舞」を祭礼の通称としている。全10曲の舞は種々の芸能要素を伝承し、芸能史的価値がきわめて高い。8月31日には宵宮として9曲が奉納され、夜店や盆踊りもある。12月31日夜には山寺の青年が観音堂から日吉社本殿まで鉦を鳴らしながら走って厄を払う裸参りが

行われる。

真禅寺（しんぜんじ）　佐渡市大久保。1199年に佐渡へ流された文覚上人（遠藤盛遠）が開いたと伝え、文盛山や文覚山と号し、本尊脇に上人の位牌を祀る。上人は寺の奥にある鍋倉の滝で荒行を積み、不動明王の石仏を刻んで安置したという。滝近くの大日堂は前仏に不動明王を安置し、毎月28日に護摩供を修する。後に小木の小比叡山蓮華峰寺の末となり、佐渡88-84（旧52）とされた。寺の鎮守は白山神社で、1月3日に〈白山神社の田遊び神事〉‡が行われる。厄年の男が田人に出仕するのが特徴で、夕刻に寺で潔斎して装束を整え、餅の鍬を担いで社へ向かう。拝殿で苗代から田植えまでを模擬的に演じる。ユズリ葉を苗に見立てた田植えは、北鵜島に伝承されている〈佐渡の車田植〉†と同じ方式である。赤泊の五所神社で2月6日に演じられる〈五所神社の御田植神事〉‡も同様の芸能である。

巡礼案内 ● 巡ってみたい！ 諸国一宮 ❽

＊諸国一宮については p79 を参照してください。
＊川村二郎著『日本廻国記 一宮巡歴』(1987) から、国名、社名、所在地を抽出しています。

（続き）
◆ [紀伊] 宇倍神社（鳥取県岩美郡国府町宮下字一宮）◆ [伯耆] 倭文神社（鳥取県東伯郡東郷町宮内字宮坂）◆ [阿波] 大麻比古神社（徳島県鳴門市大麻町板東字広塚）◆ [讃岐] 田村神社（香川県高松市一宮町）◆ [伊予] 大山祇神社（愛媛県越智郡大三島町宮浦字榊山）◆ [土佐] 土佐神社（高知県高知市一宮字大宮）◆ [筑前] 筥崎八幡宮（福岡県福岡市東区箱崎、住吉神社　福岡県福岡市博多区住吉）◆ [筑後] 高良神社（福岡県久留米市御井町高良山）◆ [肥前] 千栗（ちりく）（知利久とも）八幡宮（佐賀県三養基郡北茂安町白壁）、河上神社（佐賀県佐賀郡大和町川上）◆ [壱岐] 天手長男神社（長崎県壱岐郡郷ノ浦町田中触字鉢形山）

☞ p.133 に続く

16 富山県

雄山神社（立山）

寺社信仰の特色

　富山県の象徴は立山であるといわれる。立山は日本三霊山の一つとして名高く、立山権現（本地阿弥陀如来）の使いとされる雷鳥は県鳥になっている。中腹には雄大な弥陀ヶ原が広がり、そこから流れ落ちる称名滝は落差日本一である。立山を祀る雄山神社は越中一宮で、中宮祈願殿は中宮寺（芦峅寺）、前立社壇は立山寺（岩峅寺）と称され、それぞれ山岳信仰の拠点として栄えた。中宮の隣に建つ立山博物館には〈立山信仰用具〉†1,083点が伝えられ、向かいの閻魔堂では3月13日に〈芦峅寺のおんば様のお召し替え〉が行われている。

　越中一宮は高岡市の射水神社であるともいう。二上山の南麓で伊弥頭国造祖を創祀し、越中総鎮守と崇められたと伝え、1875年に高岡城本丸跡へ遷された。また、能登国が越中国から分立する前は石川県の気多大社が越中一宮であったとされ、後に越中国府の近くに分祀された高岡市の気多神社が越中一宮になったともされる。射水神社と気多神社はともに県内唯一の名神大社であったもいわれる。さらに後、国府が礪波郡に移った際、南砺市の高瀬神社が越中一宮になったという。

　高岡市の国府には、日本最古の歌集『万葉集』の代表的歌人、大伴家持が国守として赴任していた。現在、家持の太刀を祀った藤波神社や、国府跡に建つ浄土真宗本願寺派の勝興寺などが、万葉のふるさととして参拝者を集めている。射水市の放生津八幡宮は、家持が宇佐神宮から勧請したのが始まりと伝え、10月の放生会には築山行事と曳山行事が伝承されている。

　現在、県内で最も多くの参拝者を集めるのは富山市の日枝神社といわれる。5月31日〜6月2日の山王祭は県内最大の祭で、大勢の人々で賑わう。

　越中おわら風の盆で9月に賑わう富山市八尾地区には、絢爛豪華な〈八尾町教礼曳山〉も伝承されており、5月の町を賑わせている。

主な寺社信仰

妙国寺（みょうこくじ）
富山市梅沢町（うめざわちょう）。日蓮宗。日向山と号す。1631年に身命院日全上人が創建。高岡市片原町と石川県金沢市東町にも日向山妙国寺があり、それぞれ日全が1609年と1614年に開いた。越中売薬行商の祖・八重崎屋源六は当寺の檀徒で、越中売薬の祖・万代常閑（もじょうかん）（後に家名を万代に改める。1675～1712）と親しく、常閑の没後、常閑の守護仏・薬王菩薩と、常閑の分骨を受けて当寺に安置したという。現在も売薬商人が帰郷する6月5日には報恩講（常閑祭）が営まれている。常閑は1681年頃に富山藩へ招かれ、家伝の妙薬『延寿返魂丹（はんごんたん）』の製法を城下の薬種商・松井屋源右衛門に授け「越中富山の反魂丹」を生み出したという。越中富山の売薬は先用後利（せんようこうり・はいちゃく）の配置薬という独特の行商で全国に得意先を開拓した。富山市安養坊（あんようぼう）の民俗民芸村にある売薬資料館では〈富山の売薬用具〉†1,818点を保管・展示している。

櫟原神社（いちはらじんじゃ）
滑川市神明町（なめりかわしんめいまち）。柳原の櫟原神社とともに式内社の論社。祭神は素盞嗚命（すさのおのみこと）で東ノ宮とも。加島町（かしまちょう）で大山咋命（おおやまくいのみこと）を祀る加積雪嶋神社（かずみゆきしまじんじゃ）を西ノ宮とよび、西の山王に対する東の天王とみられる。ただし、地名に残る通り昔は神明社とよばれており、主祭神は現在配祀の天照皇大神（てらすすめおおかみ）であった可能性もある（市大稲日命（いちのおおいなひのみこと）とする史料もある）。大祭は6月15～17日で16日にはヤサコ（鯛行灯（たいあんどん））や高張提灯（たかはりちょうちん）が出て賑わう。7月31日には禊場（みそぎば）で茅の輪潜りがあり、続いて〈滑川のネブタ流し〉†がある。ネブタは青竹を芯に藁（わら）や籐（とう）を添えて莚（むしろ）や薦（こも）で包んだ高さ3～6m、径70～80cmの松明で、目鼻を刻んだ茄子や胡瓜に色紙の服を着せた人形（ひとがた）や、願い事を書いた短冊、紅白の御幣などの飾り物を胴体に刺す。和田の浜で点火して海へ流すことで、眠気（ネブタ）や穢（けが）れを流し、翌日からは昼寝をしてはならないとされる。

諏訪神社（すわじんじゃ）
魚津市諏訪町。創祀は古く、魚津が豊漁祈願に初魚を諏訪大社へ奉納したのが機縁と伝え、漁夫（ぎょふ）の宮とも称される。魚津からは魚や塩が諏訪へ、諏訪からは野菜などが魚津にもたらされた。例祭は8月7日で、それに伴って「じゃんとこい魚津まつり」が行われる。キャンドルロード、海上花火大会、ブラスバンドパレード、せり込み蝶六踊（ちょうろくおどり）の街流し、経田七夕祭（きょうでんたなばたまつり）など盛りだくさんのイベントのメインが〈魚

津のタテモン行事〉†である。タテモンは、神前に「たてまつるもの」の転訛ともいい、高さ16mの大柱に90張余りの提灯を三角形に吊るして絵額をつけ、ソリ台に屹立させる万燈である。三方に贄物を山積みした姿とも、帆を揚げた船形ともみえる。総重量は5t。氏子町内から繰り出した7基のタテモンを半被姿の若衆が威勢よく曳き回し、大漁と海上無事安全を祈る。

持専寺（じせんじ）

入善町上野。真宗大谷派。梅沢山と号す。親鸞の直弟子・越中3坊主の一人である持専坊の創建と伝える。かつて富山市梅沢町にあった梅沢山持専寺および富山市小見（おみ）にある梅沢持専寺とは深い関係にあるらしい。梅沢山持専寺は長野県諏訪市にもある。山門横に「二十四輩（にじゅうよんはい）」と刻む石碑があり、北陸二十四輩の寺院とみられる。近隣には「賽神」と刻む石碑があり、小正月の1月15日頃に〈邑町（むらまち）のサイノカミ〉†で小屋を燃やす場所となっている。小屋は竹を組んで外側を藁（わら）で覆った高さ3mの円錐形の作り物で、1m四方の入口を開け、中に木偶様（くさま）とよぶ男女一対の人形と注連飾りや書初めを詰め、灰になるまで燃やすのである。子どもたちが木偶様を持って「塞（さい）の神（かみ）じゃ、大神（おおかみ）じゃ…」と唄を歌いながら集落全戸を勧進して回り、正月飾りと米・大豆・小豆・菓子などを貰う。

熊野神社（くまの）

富山市婦中町中名。伊弉册尊（いざなみのみこと）・事解男神（ことさかのおのかみ）・速玉男神（はやたまのおのかみ）を祀る。出雲国八雲村から移住して為成郷（ためなり）を開いた人々が古里の熊野大社を勧請したとも、佐伯有若が立山の麓に勧請した熊野権現を来迎寺光明房が移したとも伝える。中名寺の前身、円通庵が別当であった。長く祭祀は絶えていたが、郷内で悪疫が流行した際、熊野神の怒りによるとの夢告があり、早速祭事を興したところ悪疫が鎮まり、豊作にも恵まれた。以後、次第に祭儀が盛大となり、社殿が整備され、稚児舞や12年に一度の遷宮（ちぐう）も始められたという。8月25日の例大祭に奉納される稚児舞は、4人の児童が鉾・賀古（かこ）・林歌（りんが）・蛭子（えびす）・小奈曽利（こなそり）・大奈曽利（おおなそり）・陪臚（ばいろ）の7つの舞を順に奉納する。射水市の〈加茂神社の稚児舞〉‡と宇奈月町法福寺の〈明日（あけび）の稚児舞〉‡と合わせ〈越中の稚児舞〉†と総称されている。

関野神社（せきの）

高岡市末広町（すえひろまち）。神紋は梅鉢で、高ノ宮（たかみや）や関野三社とも称された。拝殿後方には1919年に合併した関野神社・高岡神社・加久彌神社（かくみ）の3本殿が並ぶ。関野神社はもと熊野宮と称し、射水郡水戸田の熊野離宮（熊野山密蔵寺）から遷座したと伝え、伊弉冉尊（いざなみのみこと）・速玉男命（はやたまのおのみこと）・

事解男命を祀る。高岡神社は稲荷大神・前田利長・菅原道真を祀る稲荷社、加久彌神社は天照皇大神や国常立尊を祀る神明社であった。5月1日の春季例大祭は「ヤマ祭」と親しまれ、〈高岡御車山祭の御車山行事〉†が営まれる。桃山時代を伝承する7基の絢爛豪華な曳山が神輿とともに高岡町内を巡行し、北陸路随一の賑いを呈する。これらの曳山は、高岡城を築く際に前田利長が町民に与えた聚楽第の御所車を、京都祇園祭に倣って鉾山に改造したものという。県内各地の曳山祭は御車山祭の模倣である。

大仏寺 高岡市大手町。浄土宗。鳳徳山と号す。1940年設立の宗教結社・大仏堂の後身で、1952年に設立された。境内にある総高約16m・重さ65tの銅造阿弥陀如来坐像は、世に高岡大仏として名高く、日本三大仏と称される。1900年の高岡大火で木造大仏が焼失した後、松木宗左衛門らが再建を発願。焼失しない青銅製の大仏鋳造は困難を極め、ようやく1933年に完成、1958年に光背が設置された。高岡銅器の製造技術の粋を集めた傑作である。高岡は日本一の銅器の町として知られ、銅像・梵鐘・茶器といった銅器製品の国内シェア9割を占める。1611年に始まる高岡銅器の製作技法と生産の実態は、金屋町の鋳物資料館が収蔵展示する〈高岡鋳物の製作用具及び製品〉‡1,561点などで知ることができる。

願正寺 氷見市論田。浄土真宗本願寺派。本尊は阿弥陀如来。勧学(本願寺派の最高学階)にまで昇った15世住職の滝山義浄(1817～86)が氷見市南大町の円満寺で空華学派を学び、寺内に学塾の安祥閣を開設して富山・石川・長野・新潟各県の門弟育成に努めたことから「論田下の御坊」と親しまれた。氷見市は浄土真宗が盛んだが、論田には法華ヶ峯があり、経塚からは瓦経が出土し、立山講が岩峅寺明星坊から立山権現(矢疵の阿弥陀如来)像を譲渡されるなど、天台・真言の影響が強かったとみられる。〈論田・熊無の藤箕製作技術〉†も1400年頃に天台僧が伝えたという。村人は良い藤を各地に求めたが、その際に獅子舞を伝授したとされ、石川県には論田から受け継いだとする獅子舞が10か所ほどある。論田八幡神社では9月22日に獅子舞の七五三やイソブリが奉納される。

光禅寺 氷見市丸の内。日宮神社の隣に建つ。曹洞宗。1327年に明峰素哲が開山。明峰派本寺。寺の鎮守は地主像王権現。藤子不二雄Ａの生家で、手塚治虫の机やオバＱ維摩、喪黒達磨があり参拝者が多い。海慧山と号し、唐島の弁財天が鬼門鎮護社。唐島は氷見漁港の守り

神で、5月3日には弁天渡御があり、各町の太鼓台や神輿が盛大に巡行、地元の魚取社も例祭を催行する。氷見は北陸有数の漁場で、阿尾の網元・上野八郎右衛門が1912年に発明した大敷網から越中式大謀網が誕生し、日本の定置網漁法に革新をもたらした。この漁法は漁業資源の再生可能性が高く、海外でも採用が始まっている。〈氷見及び周辺地域の漁撈用具〉‡2,853点は、氷見市立博物館と氷見市文化財センターが収蔵展示している。

神明宮 南砺市城端。山田川沿いの丘に鎮座。神紋は三ツ巴で、神明・八幡・春日の3神を祀る。1574年に直海郷伊勢領鎮座の太神宮を遷座したと伝え、大神明と崇敬される。5月の例祭には〈城端神明宮祭の曳山行事〉†が行われ、獅子舞・剣鉾・傘鉾・四神旗・神輿・曳山・庵屋台が氏子町内を巡行する。町は1559年に福光村から移された善徳寺（真宗大谷派城端別院）の門前町として栄えたため行事は盛大である。絢爛豪華な曳山は6基で、それぞれが恵比寿・大黒・布袋・寿老人などの神像を頂く。宵祭では各町の山宿（山番）が曳山の神像を迎えて祀り（飾り山）、氏子らが山宿を巡拝する。庵屋台は6台で料亭や邸宅などの建物模型を頂き、各所の所望宿に横付けされて若連中が庵唄を披露するため、巡幸は深夜に及ぶ。曳山や庵屋台は曳山会館で展示されている。

白山宮 南砺市上梨。越中五箇山の中心に鎮座。城端からは人喰谷の先にある。泰澄が人形山に祀った白山神を遷座したものという。1502年に再建された本殿は国重文。本尊の十一面観世音菩薩（白山権現菊理媛命）は秘仏で33年ごとに開帳される。隣の村上家住宅も国重文で、塩硝や和紙の製造民具など数千点を展示している。4月26日の春祭りには百足獅子の獅子舞が出て、子どもが獅子捕を舞う。9月25日・26日にはコキリコ祭が下梨地主神社の9月23日・24日の麦屋祭に続いて開催される。これらの祭礼で奉納される筑子節や麦屋節、トイチンサ、古代神などの〈五箇山の歌と踊〉‡は、地方色豊かな古代民謡である。また、同じ五箇山で東隣の谷筋には〈利賀のはつうま行事〉‡が伝承されている。上梨と下梨の間には世界遺産で国史跡の相倉合掌集落があり、民俗館と伝統産業館もある。

護国八幡宮 小矢部市埴生。宇佐八幡神を勧請して創祀したという。1183年に木曽義仲が「火牛の計」で平家を破った倶利伽羅峠の東麓にあり、義仲が当社に戦勝祈願したことが『源平盛衰記』に

みえる。9月の〈宮めぐりの神事〉は義仲の御礼参りに倣ったもので、4mの道祖幣を持つ氏子長老を先頭に、烏帽子狩衣や紋付袴、鎧に身を固めた氏子らが隊列を組んで拝殿外側の広縁を7回半巡り、最後に鬨の声を上げて本殿に駆け込む。前田利長らが戦勝報賽や平癒祈願で奉納した拝殿・幣殿・釣殿・本殿は国重文。2躯の男神像は残るが、神仏分離で僧形八幡神木像（13世紀初頭頃作）と本地仏の阿弥陀如来銅像（12世紀末頃作、若宮古墳出土）、峠の長楽寺の仁王像・十王像・倶利伽羅峠三十三観音石像11体は社頭の医王院に移された。石段も108段から103段へと減らされた。

巡礼案内 ● 巡ってみたい！ 諸国一宮❾

*諸国一宮についてはp79を参照してください。
*川村二郎著『日本廻国記 一宮巡歴』（1987）から、国名、社名、所在地を抽出しています。

（続き）
◆［対馬］和多都美神社（長崎県下県郡豊玉町仁位字和宮）◆［対馬］海神神社（長崎県上県郡峰町木坂字伊豆山）◆［肥後］阿蘇神社（熊本県阿蘇郡一の宮町宮地）◆［豊前］宇佐八幡宮（大分県宇佐市南宇佐）◆［豊後］柞原八幡宮（大分県大分市八幡）◆［豊後］西寒多神社（大分県大分市寒田）◆［日向］都農神社（宮崎県児湯郡都農町川北）◆［大隅］鹿児島神社（鹿児島県姶良郡隼人町宮内）◆［薩摩］枚聞神社（鹿児島県指宿郡開聞町十町）

17 石川県

気多大社

寺社信仰の特色

　石川県には全国の白山社の総本社である白山比咩神社がある。白山市にある日本三名山の一つ白山の北麓に鎮座し、加賀一宮、北陸鎮護の名社と崇められた。加賀一向一揆の戦乱で白山衆徒四千を擁する一山は16世紀に壊滅したが、後に白山寺は復興され、維新まで神宮寺を務めた。

　加賀一宮は小松市の石部神社ともされる。加賀国府の隣に鎮座し、加賀総社と崇められた。加賀二宮は加賀市の菅生石部神社とも、内灘町の小濱神社ともいわれる。

　加賀国が越中国から分立したのは823年で、日本で最も遅い成立であったが、能登国は718年に分立したという。能登一宮とされる羽咋市の気多大社は分立前には越中一宮とされていた。

　能登二宮は中能登町の伊須流岐比古神社（石動五社権現）とも天日陰比咩神社ともいわれる。両社はともに石動山への信仰を伝えている。石動山は白山を開いた泰澄が開いたと伝え、白山と並ぶ一大山岳霊場として栄え、天平寺が石動衆徒三千を擁したという。

　県内における寺院の建立は7世紀以前に遡るとみられ、野々市市の末松廃寺と七尾市の大興寺（後の能登国分寺）はともに法起寺式伽藍配置で、出土した瓦などから7世紀後半以前の建立と考えられている。

　加賀では15世紀に浄土真宗が広まり、1488年には一向一揆が守護を倒し、1546年には石川郡金沢の台地上に尾山御坊を創建、金沢の発展が始まった。坊跡には金沢城が築かれて加賀藩が成立、1600年には加賀・越中・能登の3か国にわたる120万石超を支配し、日本最大の藩となった。城跡には加賀藩祖前田利家を祀る尾山神社が1873年に創建されている。

　金沢市の波自加弥神社は式内社で、後に一国一社護国正八幡神を祀り、加賀一宮・能登一宮と共に加能三社と称されたという。

主な寺社信仰

須須神社

珠洲市三崎町寺家。北前船で栄えた能登半島の先端に鎮座。夫婦神で、高座宮に男神、金分宮に女神を祀っている。神域の社叢はよく守り継がれ、国の天然記念物に指定されている。狼煙町の山伏山（鈴ヶ嶽）の頂に奥宮があり、もとはそこで日本海の守護神・珠々（三崎）権現を祀ったという。その神使は海豚とされた。金分宮は雨宮や金文宮ともよばれ、金峰山信仰の宮であったかとも想像されている。珠洲郡の総社と崇められた。9月の秋祭りは寺家キリコ祭りとよばれ、能登半島独特の〈能登のキリコ祭り〉‡の一つである。高さ約15mもの巨大で豪華な切子灯籠4基が神輿に供奉し、夜通し町内を巡行して神幸の御明かしとする。うち1基は石川県木の档（ヒノキアスナロ）でつくられ、高さ16.5m、重さ4t、屋根の大きさが12畳もある、日本一の大キリコである。

菅原神社

能登町鵜川。浦人の夢告で海に漂う菅公の像を得て旧暦10月7日に祀ったのに始まり、後に鵜川の馬場の婆の夢告により旧暦3月21日に村長の伝兵衛尉が現在地へ遷座したと伝える。この両日が例祭日となっている。旧地は真北にある連光寺山の麓で、萬年寺が別当を務めてきた桜木神社があった。11月1～8日の秋祭は八講会ともよばれ、1日の口開祭（オハケ立て）に始まり、8日のオハケ倒しで終わる。その中心が7日目の〈鵜川菅原神社のイドリ祭り〉‡である。頭渡しに伴い、直径1.2mの大鏡餅2枚、丸型小餅50～60個、トウシ餅16枚を神前に供し、来年の当番をもてなすが、陪賓たちは餅改めで笑いを誘う難癖をつけては選取るという奇祭である。地元12か所の名が2組1年交代の輪番制で頭屋を務め、主賓の伝兵衛を迎えるのに七度半の使いが立つなど、古風をよく留めている。

総持寺祖院

輪島市門前町。曹洞宗。1911年までは曹洞宗大本山の総持寺であった。往古当地には真言律宗の諸嶽寺（諸嶽観音堂）があり、近郷108か村の総鎮守・諸岡比古神社（鉄川宮）の社僧院を勤めていた。1321年に曹洞宗4世の瑩山紹瑾が入り、諸嶽山總持寺と改め、2世の峨山韶碩らが曹洞宗の大本山とすると、一帯は本山参りの人々で賑わい、門前町として栄えた。門前町では1月2日の晩に〈能登のアマメハギ〉†が行われている。アマメとは、囲炉裏の火に長くあたって

いると出来る火斑のことで、働かない怠け者の印である。面様ともよばれる恐ろしい仮面の異人が、これを剥ぎ取るべく夜中に家々を訪れて回り、包丁や揺粉木を振り上げ、威厳ある所作で子どもらの怠惰を戒め、家庭の災厄を祓う。同様の行事は能登半島の各地で行われ、節分の夜に行うところが多い。

久麻加夫都阿良加志比古神社

七尾市中島町宮前。地元では御熊甲と親しまれ、祭神は阿良加志比古と、敦賀（角鹿）の神・都奴加阿良斯止の2柱で、ともに朝鮮半島（阿羅国や加羅国）の王子と伝える。摂社には本地仏の薬師如来が祀られている。9月20日の例祭では〈熊甲二十日祭の枠旗行事〉[†]がある。早朝から氏子19地区の末社を立った神輿や枠旗が、各々猿田彦の先導で熊来（熊木）郷の本社である当社の境内へと参入し「弥栄」の掛け声で高々と持ち上げられる。御旅所の加茂原への渡御は、金色に輝く20基の神輿と、高さ20mもの真紅の巨大枠旗30数基が列をなして神幸する。寄り合い祭にふさわしく地区をあげて参加するため道中は見物人で溢れ返る。大勢の若者が枠旗を傾げる妙技「島田崩し」の乱舞は正に圧巻。門前には祭り会館があり、旗や神輿を展示している。

大地主神社

七尾市山王町。能登国の守護神として比叡山から山王宮（大己貴尊）を勧請創祀し、能府地主山王宮と称したという。1882年に山王社と天王社を統合して現称としたが、今も山王様と親しまれる。現在の祭神は大山咋命である。神紋は丸に三柏。3つの町が神饌を青柏の葉に盛って供える旧暦4月申日（現在は5月上旬）の例大祭には〈青柏祭の曳山行事〉[†]が行われる。これは白狼が退治した3匹の大猿の祟りを封じるために始まったともいう。高さ12m、幅13m、重さ20tという日本最大の山車3台が町内を曳き回されることから俗にデカ山とよばれる。車輪の直径だけでも2mある巨大な曳山は、蔵から車を出して地山を組み立てるまで10日余りを要する。曳山の上段は舞台になっており、人形などを飾って物語の名場面をしつらえ、庭に若松を1本立てる慣わしがある。

気多大社

羽咋市寺家町。能登半島の付け根に鎮座。北陸の大社として知られ、県内唯一の名神大社である。能登一宮。大己貴命（本地勝軍地蔵）を祀り、気多大神宮と称し、隣の亀鶴蓬莱山正覚

院は神宮寺であった。国天然記念物の社叢は「入らずの森」とよばれ、奥宮が鎮座する。もと七尾市所口町の気多本宮（能登生国玉比古神社）の地に鎮座したとも伝える。3月の平国祭は「御出祭」と親しまれ、神馬が先導する神輿一行が、宿那彦神像石神社で神璽を伴って気多本宮へ行幸し、6日間で羽咋・鹿島郡内300kmを巡る。古くは旧暦2月午日に出て旧暦3月3日の追澄祭に戻ったという。12月の〈気多の鵜祭の習俗〉†は、七尾市鵜浦町鹿渡島の観音崎で捕えられた鵜が、気多本宮に奉納された後、鵜捕部により徒歩で3日間かけて当社へ運ばれる。1kmほど南に折口信夫の墓がある。

医王山神社

金沢市二俣町。二俣の産土神でお宮さんと親しまれる。武甕槌命を祀り、1910年に白山社を合祀する以前は武雄社と称した。二俣は加賀奉書の産地で、二俣紙すきの里古里館が道具や工程を今に伝えるほか、〈加賀の手漉和紙の製作用具及び民家〉†が金沢湯涌江戸村に移されている。医王山は現ノ証拠や黄連などの薬草が多く自生し、戸室石を産することで知られる。泰澄が医王権現（本地薬師如来）を祀り、48か寺3千坊の一大法城を築いて白山修験の道場としたが、1481年に瑞泉寺の門徒が全山を焼き払い、壊滅した。社の麓には蓮如の叔父が開いた真宗の名刹、本泉寺がある。蓮如も滞在し九山八海の庭をつくったと伝え、境内ではイヤサカ節による古い盆踊りが1958年から続けられている。

真成寺

金沢市東山。日蓮宗。妙運山と号す。1647年の創建で、1671年に当地へ移った。加賀藩主前田利常が信仰した鬼子母神像を祀り、鬼子母神さんと親しまれる。昔から授子・安産・育児の祈願で参拝する者が多い。祈願成就の暁には御礼に百徳着物や背守着物を鬼子母神像に着せて納めた。授子祈願は柄杓、流水願いは底抜柄杓、百日咳は涎掛け、耳病は瓦笥を、それぞれ納めた。現在も江戸時代後期から奉納された着物286点、提灯237点、柄杓223点、履物97点、絵馬58点、千羽鶴23点、涎掛け22点、瓦笥13点、人形7点が〈真成寺奉納産育信仰資料〉†として保管されている。人形塚があり、4月29日には人形供養会を営むことから人形寺ともよばれる。一帯は卯辰山寺院群とよばれ、寺社が数多くあり、卯辰神を祀る宇多須神社は金沢五社の一つとして五社参りで賑わう。

北陸地方 137

岩根(いわね)神社

白山市白峰(しらみね)。風嵐集落の産土神で、泰澄が開いた白山七社の一つ岩根之宮と伝えられる。大欅の樹根に包まれた3つの巨岩のそれぞれに白山三所(御前峰(ごぜんがみね)・大汝峰(おおなんじみね)・別山(べっさん))の神を祀っていたが、現在は奥の岩に合祀している。7月の白山まつりは、昔は当社の白山開山法要(かいさんほうよう)で、今は中心街で〈白峰のかんこ踊〉‡が披露される。羯鼓(かんこ)とよばれる締め太鼓を肩から吊るし、それを両手の撥(ばち)で打ちながら踊る風流踊である。白山を開いた泰澄を迎えた村の神子たちが蚊遣火を振って白山神を迎える神迎(かんこ)の踊りをしたのに始まるという。白峰では昭和30年代まで焼畑に依存する典型的な山村生活が営まれていた。その貴重な資料である〈白峰の出作り生活の用具〉†と〈白峰の出作り民家(山の小屋)と生活用具〉†は、街はずれの白山ろく民俗資料館で収蔵・展示されている。

菟橋(うはし)神社

小松市浜田町(はまだまち)。旧称は小松諏訪神社で、今も御諏訪様(おすわさん)と親しまれる。元は氾濫時に浮橋(うはし)の様相を呈した梯(かけ)川流域に鎮座し、式内社で得橋郷30か村の総社であったが、1639年に小松城の兎橋(うはし)御門内に遷され小松・金沢両城の守護神とされたという。1651年に浜田庄神明宮社地の現在地へ遷座し、九竜橋川(くりょうばしがわ)以北(橋北)を氏子区域とし、橋南を氏子とする小松本折山王社(日吉神社)と一緒に神輿を城へ渡御(とぎょ)させた。これが「お旅まつり」の始まりという。現在は5月上旬に実施され、小松にある8基の曳山が一夜限り勢揃いする。最大の見ものは、絢爛豪華な曳山を舞台に子どもたちが熱演する歌舞伎で、日本三大子供歌舞伎の一つにも数えられている。小松城の三ノ丸跡には小松市立博物館が建てられ、〈白山麓西谷(にしたに)の人生儀礼用具〉†などを5万点余りの資料を収蔵している。

菅生石部(すごういそべ)神社

加賀市大聖寺敷地(だいしょうじしきち)。加賀二宮。疫病を鎮める菅生石部神を祀ったのが始まりで、暁に鳥居の下で草履を脱いで参拝し、振り向かずに女坂を下って帰ると疫病落(おと)としになるという。昔は一帯が北野天神社領で、敷地天神と称された。2月11日の〈大聖寺のゴンガン〉‡は小正月行事で、御願(ごんがん)神事がある。境内に奉納された300本近い青竹を若衆らが次々と叩き割るので竹割祭(たけわりまつり)ともいう。すべて割ると拝殿から長さ20m、重さ180kgの巨大な藁縄の大蛇(だいじゃ)を引き摺り出して曳き回し、社前の橋から大聖寺川へ落とす。参拝者は散乱した竹を持ち帰り、天井裏に置いて雷避け、玄関先に置いて魔除け、箸にして虫歯・病気避けとする。敷地の歴史民俗広場では〈白山麓の山村生産用具及び民家〉†の

138

民家を公開している。生産用具と〈白山麓の積雪期用具〉†は民具収蔵庫で保管している。

那谷寺（なたでら）　小松市那谷町。山が傾れて生じた奇岩遊仙境にあり、庭園は国名勝となっている。松尾芭蕉も奥の細道で「石山の石より白し秋の風」と詠んだ。泰澄が岩窟に十一面千手観音（白山比咩神・白山妙理大権現の本地仏）像を安置して岩屋寺を開いたのが始まりという。本殿の中では岩窟内の「胎内くぐり」ができる。西国巡礼を中興した花山院（花山法皇）は、この窟内で光り輝く観世音三十三身の姿を感得、みずから求める観音霊場33か所は当一山に尽きるとして、西国巡礼1番札所の那智山と結願札所の谷汲山から頭文字を取り那谷寺と改名し、総霊場として崇敬したという。花山院は晩年を当地で過ごして亡くなり、住民が菩提を弔ったと伝え、隣の菩提町にある院ノ山の麓には花山神社がある。

巡礼案内 ● 百観音ってなに？

百観音とは、西国三十三観音霊場と坂東三十三観音霊場と秩父三十四観音霊場の総称として一般的に用いられています。各霊場の観音像を写して像を刻み、100体を1か所に安置した堂や寺も百観音と親しまれ、地名になっている所もあります。100体の観音石仏を峠道や街道などに1丁毎に安置した百観音も少なくありません。西日本では百観音と四国八十八ヶ所霊場の百八十八ヶ所を巡礼する人が多く、東日本では百観音とともに出羽三山を巡礼する人が多くいました。

☞ p.145に続く

18 福井県

永平寺

寺社信仰の特色

　福井県は古くから都との関係が深かった。若狭国の国府と国分寺が置かれた小浜市では、陸揚げした物資を若狭（鯖）街道で都へと届けていた。奈良東大寺のお水取りの水も、市内の霊応山神宮寺が送るものとされている。同寺は名神大社若狭比古神社二座の別当寺であった。

　この２座は、龍前の若狭彦神社と、遠敷の若狭姫神社で、両社はそれぞれ若狭の一宮と二宮であるという。遠敷は玉造の里で、若狭歴史民俗資料館が〈若狭めのうの玉磨用具〉‡を伝えている。

　若狭国の北に続く越前国の一宮は、敦賀市の気比神宮である。名神大社の気比神社七座に比定され、北陸道総鎮守と崇められた。日本で最も早く神宮寺が創建され（715年）、神階が明記された（731年）ことでも知られる。神苑であった気比の松原は国名勝で日本三大松原の一つに数えられ、国史跡の武田耕雲斎等墓がある。

　越前二宮は越前町の劒神社とされる。同町には白山信仰の拠点として栄えた越知山大谷寺がある。白山を開いた泰澄は福井市浅水に生まれ、越知山で修行を積んだという。勝山市にある白山神社（霊応山平泉寺）や、坂井市丸岡町にあった豊原寺も白山信仰の拠点であった。県内に曹洞宗大本山永平寺を開いた道元が越前で最初に入った永平寺町の吉峰寺も白山信仰の寺であった。

　越前二宮は越前市の大塩八幡宮ともいわれ、気比神宮と並び越前国の名神大社であった市内の大虫神社とともに、越前の国府・国分寺・総社が置かれた市内武生の郊外に鎮座している。

　越前市は「紙の王」と称される越前和紙でも知られる。市内大滝にある岡太神社は日本唯一の紙の神と崇められ、紙の文化博物館と今立歴史民俗資料館には〈越前和紙の製作用具及び製品〉†が伝わる。市内粟田部にある岡太神社では〈粟田部の蓬莱祀〉‡が伝承されている。

主な寺社信仰

糸崎寺（いとさきじ）
福井市糸崎町。育王山龍華院（いくおうさんりゅうげいん）と号す。真言宗智山派（ちさんは）。式内社・糸前神社（いとさき）の別当寺とも。本尊は十一面千手観音で秘仏だが、33年目ごとに大開帳、17年目ごとに中開帳がある。泰澄が結んだ草庵に始まり、後に明州育王山の禅海が本尊像を得て一寺を開いたという。像は大亀に乗って海中から出現し、開眼法要（かいげんほうよう）には菩薩が現れ優美に舞ったといい、その姿に倣って隔年4月18日と開帳時に奉納するのが〈糸崎の仏舞（ほとけまい）〉†と伝える。住職の読経に続いて巡礼者が御詠歌（ごえいか）（花和讃）を奉納すると、金色の仏面を着けた黒衣の舞仏8人が、観音堂正面に設けた石組舞台で、雅楽に合わせて優雅に3曲を舞う。仏面に薄墨衣（うすずみごろも）の少年2人は念菩薩で1曲を舞う。白い童面に白衣の児童2人は角守り（かどもり）で、舞台の隅で合掌のまま立ち続ける。奈良時代の唐伝来の舞楽の、古い舞の様式を今に伝承している。

地蔵院（じぞういん）
永平寺町志比（しひ）。永平寺の門前にあり、上山（じょうざん）する修行僧が心構えなどを教わる安下処（あんげしょ）で、現存唯一の塔頭である。8月23日の地蔵盆施食（せじき）では、門前各家の祖霊を祀る燈籠を供養し、永平寺川へと流す。1930年頃までは千体地蔵尊が祀られ、毎年開帳供養会があったという。永平寺の建立以前にあった真言宗閑古寺地蔵院の後身と考えられ、所蔵の地蔵菩薩三尊像は『延命地蔵経（えんめいじぞうきょう）』が典拠とみられる。門前の百姓村では現在も毎月「お大師講」がある。弘法大師の座像や頂相画を納めた厨子を持ち回り当番の家に運んで開扉し、十三佛真言（じゅうさんぶつしんごん）や弘法大師山開、弘法大師御詠歌（ごえいか）、善通寺御詠歌、西国三十三ヶ所御詠歌などを唱えた後、当番家の仏壇に向かって般若心経・大悲心陀羅尼（だいひしんだらに）・消災妙吉祥陀羅尼（しょうさいみょうきちだらに）を唱える。

火産霊神社（ほむすび）
福井市手寄（てよせ）。秋葉さんと親しまれる。神紋は三ツ葉葵。徳川家康の次男で福井藩祖の松平秀康（えんしゅうあきはごんげん）が、下総国結城城（しもうさのくにゆうきじょう）に遠州秋葉権現の分霊を勧請したのに始まり、1601年、秀康が越前国北ノ庄（現福井市）に移った際、権現を福井城の南に遷し、福井城下33-03福蔵院を別当としたという。領内唯一の火防神として広く崇敬され、今も消防関係者の参拝を集める。1872年に現称とした。5月24日の例祭には太鼓囃子が奉納される。〈馬鹿ばやし（ばかばやし）〉と称され、御多福や火男、出目金、蛙（かえる）、赤猿などの面を着け、面に相応しい滑稽な仕草で踊りながら太鼓を

打つ。隣の報徳幼稚園の児童も太鼓を披露する。この芸能は、天正（1573～82）年間に戦国武将朝倉家の御用商人、大米屋こと多田善四郎が能や狂言の面を奉納し、町内の人々が火祭りなどに面を着けて踊ったのが始まりという。

神明神社（しんめい）

勝山市元町（かつやま　もとまち）。創祀は中世以前で、天台宗平泉寺末南教坊が別当であったが1574年に越前一向一揆（いっこういっき）で焼失、1609年に現在地へ遷座し、比叡山末袋谷山興福寺が別当になったという。南教坊跡には黄檗宗国泰寺（おうばくしゅうこくたいじ）が建つ。1871年、勝山藩主小笠原家鎮守の八幡神と、小笠原家中興祖の小笠原貞宗（ごうし）を合祀し、御前相撲を継承。1911年、勝山藩校成器堂（せいきどう）の講堂を移築し社務所とした。神紋は小笠原家紋と同じ三階菱（さんがいびし）。例祭（おしんめさん）は9月17〜19日で相撲や民謡踊りで賑わう。奥越に春を呼ぶ奇祭、2月の〈勝山左義長（さぎちょう）〉は当社での五穀豊穣鎮火祈願に始まり、御神火を九頭竜川の弁天河原へ送ってドンド焼（くずりょう）をして終わる。期間中は13町が松飾りを立てて歳徳神（としとくじん）を祀り、世相風刺の絵行灯（えあんどん）や俄か仕立ての作り物を披露、櫓（やぐら）を建て、赤い長襦袢（ながじゅばん）の「浮き手」が囃子に合わせて太鼓を叩く。

鵜甘神社（うかん）

池田町水海（いけだちょうみずうみ）。部子山（へこさん）の西麓に鎮座。足羽（あすわ）の水源神として創祀されたという。南越前町堂宮や越前市片屋町、同入谷町の鵜甘神社とともに式内社・鵜甘神社の論社。神紋は丸に対い鳩で、例祭は9月15日。昔は八幡社と称された。2月15日の〈水海の田楽・能舞（むか）〉†は小正月の特殊神事で、鎌倉幕府の北条時頼が村人に教えたのが始まりという。烏（からす）とび・祝詞（のっと）・アマジャンゴコ・阿満（あま）の田楽4番と、翁・高砂・田村・呉服（くれは）・羅生門（らしょうもん）の能5番を奉納する。近隣の稲荷・月ヶ瀬・志津原にも能楽が伝わり、鎌倉街道一帯の伝承と考えられる。稲荷には能楽の里歴史館と須波阿須疑神社（すわあずき）が、志津原には能面美術館がある。2月13日のバイモショ（バイマショウ）は1910年に合祀した賀宝（加宝）（かほう）五所社の田遊びで、昔はホノキでつくったゴウギを奪い合ったといい、棒チギリや鳴合（なるわい）神事とよばれる。

味真野神社（あじまの）

越前市池泉町（いけいずみちょう）。武衛山（ぶえいざん）の北西麓、鞍谷御所跡（くらたにごしょあと）に鎮座。神紋は福井県の神社に多い輪宝（りんぼう）。もとは須波阿須疑神社（すわあずき）と称し、後に本宮や伊弉諾神社（いざなぎ）と称したという。1879年に総社神社と称し、1908年に式内社小山田神社など近隣諸社を合祀して現称とした。現在は

建御名方命・伊弉冊命・継体天皇・大國主神など9神を祀る。1月1日には〈越前万歳〉†の初舞があり、扇の太夫と太鼓の才蔵が新年を祝い、万歳を奉納する。味真野に伝わる祝福芸能で、日本三大万歳の一つに数えられる。弓形につくったエゴノキの撥で、小さい締め太鼓を擦りながら叩く、擦太鼓が特徴。当地は継体天皇の宮居跡で、謡曲「花筐」発祥の地とも伝え、隣接する万葉の里（越前の里）味真野苑には万葉の植物や歌碑、万葉館などがある。

賀茂神社

福井市大森。現在の社家の祖、廣部民部が京都の賀茂両宮の神璽を奉斎したのが起源という。丹生郡志津荘（賀茂郷・鴨里）は下鴨社の供御田であり、『蔭涼軒日録』の1458年9月14日付に「越前志津荘の賀茂社家廣庭」とあるので、あるいは廣部は下賀茂社の鴨氏から出た廣庭家の者ではなかったかとも思われる。賀茂下上大明神と崇められた。越前市広瀬町の雷神社や福井市鮎川町の加茂䴭神社とともに式内社の丹生郡雷社に比定されている。4年ごとに会館で奉納される〈睦月神事〉†は、古くは志津荘8か村4組が毎年交替で拝殿で奉納していた。丈揃行列、明神参り、子どもの稚児舞、大人の田囃しなどを展開する神事は、平安時代末期から室町時代の田楽と田遊びの姿をよく伝承しており、大変貴重である。2mの巨大扇を振る扇本は、天下泰平の神事を象徴している。

大塩八幡宮

越前市国兼町。古く南西の桜井峯に天八百萬比咩神社が、南東の高岡峯に高岡神社が鎮座し、後に両峯の麓の榊山に石清水八幡宮を勧請したと伝え、大塩保八幡宮と称した。北陸唯一の大型拝殿は古風な長床式で国重文。社宝として1701年に蜂屋頼哉が奉納した〈鶴亀松竹の算額〉があり、鶴・亀・松・竹の寿命について連立四元四次方程式の問いを記す。1910年に王子保区内12神社を合祀。境内の寿翁神社は疱瘡の守護神を祀り、越前領主朝倉孝景の娘が守札により全快したという（隣の南越前町の湯尾峠にも疱瘡守で有名な孫嫡子神社があった）。昔は石清水祭祀に倣い8月15日に放生会を営んだが、現在は9月に例大祭を実施。9月23日の宵宮で暴れ神輿が御旅所まで渡御し、翌日は夕刻に還幸後、子どもが拝殿で浦安の舞を奉納。民謡踊り大会や御菓子撒きで賑わう。

天満神社

敦賀市栄新町。昔から川東（児屋川以東）の漁師の尊崇を集め、小正月の〈敦賀西町の綱引き〉†（夷子大黒綱引）

では、漁師たちは夷子方となり、農家らの大黒方に勝利すると豊漁になるとして、そのまま綱を引き摺って御礼参りに来たという（隣の美浜町でも小正月に〈日向の綱引き行事〉‡で1年の吉凶を占う）。戦前は周辺に大きな旅館や料理屋が建ち並び、裏手には遊郭街もあって大変賑やかだったが、1945年の敦賀空襲で全焼した。再建は1960年で、滋賀県彦根市の佐和山神社から、華麗な彫刻が施された権現造りの本殿・石之間・拝殿を譲り受けた。現在は11月20日の奇祭・煎餅焼が賑わいをみせる。境内にある恵比須神社の祭りで、長さ3ｍの青竹の先に挟んだ生煎餅を、古い神札や守礼を焚く神火で焼いて食べると、悪病を祓い、無病息災になるという。

宇波西神社

若狭町気山。宇波西川が久々子湖へと流れ込む字寺谷に鎮座。上瀬宮とも。名神大社。祭神は、浜辺で産まれた（敦賀市色浜の産小屋は〈若狭の産小屋習俗〉‡を今に伝える）若狭彦神社の御子神・鵜草葺不合尊で、安産・漁業の守り神とされる。日向国から日向浦に垂跡したと伝え、今も日向浦の渡邊六郎右衛門家は裏山に元宇波西神社の小祠「出神」を祀っている。日向浦の言葉は日向国との共通点が多く、実際に同国からの移住があったと推測されている。寺谷の若狭33-06恵日山宝泉院らが供僧を勤めていた。4月8日の例祭に行われる〈宇波西神社の神事芸能〉‡は午前2時から各氏子集落から精進人の行列が相次ぎ、10時頃の大祭式の後、王の舞や獅子舞、田楽が奉納される。出神家の当主は社殿の石段に立ち、王の舞の約1時間、両手で宝刀を頭上に捧げ続ける。

加茂神社

小浜市加茂。若狭国鎮守大明神十社の一つ。一社二宮で、上宮に事代主命を、下宮に上賀茂神を祀る。社宝の国重文十一面千手観音立像（11世紀頃）は隣に建つ銭蔵山為星寺の旧本尊で、昔は山の峰に鎮座していたという。上宮は禁足地で森ノ宮ともよばれ、鬱蒼とした社叢の中に、自然石で囲った幅4ｍ×奥行6ｍほどの磐境と、その内に神籬の椿や榊があるのみである。野木川を挟んで向かいの大戸にも山麓に神籬のみで社のない弥和神社がある。旧暦1月16日、歩射神事と御棚会の後に行われる上宮神事は、前年に神木の下へ埋けた木箱を掘り出し、中に納めた7種の物実の芽立ち具合で吉凶を占う神事で、〈加茂神社のオイケモノ〉‡とよばれる。箱には山神が好む栗・団栗・椎・橿実・銀杏・干柿・野老が、薄く伸ばした「牛の舌」とよぶ餅で挟むように入っ

ている。

島山神社

おおい町大島。宮留に鎮座。嶋山明神や六所大明神とも称された。10月20日の大祭には子供神輿の巡幸があり、神輿船と護衛船が何隻も来迎する。御鳥喰神事もある。摂社の余永神社は赤礁の影長神社を遷したもので、大島を開拓した24宗家の祖神を祀るという。〈大島半島のニソの杜の習俗〉‡も24のミョウ（名／苗）の開祖を祀るとされる。ニソの杜は樮・椎・藪肉桂・椿などの照葉樹が鬱蒼とした禁足地で、霜月二十三日の祭祀日以外近づくことはない。多くは村近くの山裾にあり、巨木の下に小さな祠が置かれ、中に「遠祖大神」「大上宮」「地主大神」「大聖権現」などと書かれた札が納められている。鳥勧請をする鳥口を伴う杜もある。古い三昧跡と伝える杜や、古墳上の杜、最近まで墓所として使われていた杜もある。柳田國男は「神社の原型」と評価した。

巡礼案内 ● 百観音 西国三十三観音霊場ってなに？

西国三十三観音霊場とは、百観音の一つで（p139参照）、現在の和歌山県から大阪府・奈良県・京都府・滋賀県・兵庫県・岐阜県へと巡る33か所の観音霊場です。11世紀末頃に始まり、15世紀には「巡禮之人道路如織」と称される賑わいをみせ、以後、現在まで日本最多の巡礼者を誇り続けています。本書では『西国三十三所観音霊場記図会』（1803年刊）に記された33か所から、巡る順番、霊場名、所在地、本尊を抽出しました。

☞ p.151に続く

19 山梨県

武田神社

寺社信仰の特色

　山梨県は名将武田信玄の故郷として、甲府市の積翠寺・甲斐善光寺・武田神社、甲州市の向嶽寺・菅田天神社、韮崎市の武田八幡宮など、信玄ゆかりの寺社が多数存在し、信玄信仰の一大拠点となっている。

　信玄の菩提寺である甲州市の恵林寺は、信玄の化身とされる武田不動尊を祀り、織田軍の焼討に遭いながら「心頭滅却すれば火もまた涼し」と遷化した快川紹喜や、夢窓疎石作で国名勝の庭園でも知られている。

　甲府市昇仙峡の先、金桜神社が鎮座する金峰山は、昔は蔵王権現と崇められ、日本三御岳の一つ「花の御岳」と称された一大修験道場であり、ここの修験者は情報戦や山岳戦で信玄を大いに助けたという。

　県内には浅間（富士）信仰の拠点も多い。富士吉田市の吉田口登山道や北口本宮冨士浅間神社をはじめ、富士河口湖町の河口浅間神社と冨士御室浅間神社などが世界遺産「富士山─信仰の対象と芸術の源泉」に登録されている。河口浅間神社では富士講を迎える御師が祈禱の一環として演じた太々神楽の流れを汲む〈河口の稚児の舞〉‡も伝承されている。

　浅間信仰は県内に広く浸透しており、笛吹市の浅間神社は甲斐一宮とされ、市川三郷町の浅間神社は市川郷一宮とされている。戦国期から近世の甲斐では、甲斐一宮が二宮の美和神社（笛吹市御坂町）、三宮の玉諸神社（甲府市国玉町）と合同で、甲斐市竜王の信玄堤で水防祈念を行う三社神幸（お御幸さん）が義務づけられていた。

　甲斐市篠原は倒幕の魁をなした山県大弐の生誕地で、1921年には大弐を祀る山県神社が創建され、尊王論者の聖地となっている。

　身延町にある身延山久遠寺は日蓮聖人の御真骨（遺骨）を祀る墓所として、また日蓮宗の総本山として、日蓮門徒の無二の帰依処であり、多くの参詣者を集める。日本三大門に数えられる雄大な三門から、奥之院思親閣への参詣、鎮守の七面山への参籠などが今も営まれている。

主な寺社信仰

三輪神社（みわじんじゃ）

北杜市須玉町（ほくとしすたまちょう）。県内では数少ない水田地帯に鎮座し、大美和大物主大神（おおみわおおものぬしのおおかみ）（三輪明神）を祀る。当地は昔から稲作とその裏作として麦を栽培する二毛作が盛んである。12世紀に当地へ進出した源刑部三郎義清（武田冠者）も崇拝し、逸見郷の総鎮守であったと伝える。例祭は10月。7月30日の夏祭りは〈若神子（わかみこ）のほうとう祭〉‡（ドンドン火祭）と親しまれる。昔は旧暦6月晦日（みそか）に行われた。背丈2mほどの鬼形相で、右手に杖を持ち、納め袋（腹掛）を下げた麦稈人形（むぎからにんぎょう）（おデクさん）を祀り、参詣者は社印の捺された白紙で身体の悪い所を拭い、人形の納め袋に入れる。境内では害虫を焼き殺すというドンドン火が焚かれ、老人会が神前に供した新小豆と新小麦粉で小豆ほうとうをつくって参詣者に接待する。昔は最後に人形を須玉川に流したが、今はドンドン火で燃やしている。

沢登六角堂（さわのぼりろっかくどう）

南アルプス市沢登。如意輪観音と聖徳太子の像を祀る。太子信仰に基づく六角堂建築で、柱も六角柱を用いている。1590年、龍沢寺の東に創建され、1664年に当地へ移されたと伝える。〈沢登六角堂の切子（きりこ）〉は、移転後まもなく、堂内で熱心に読経していた当地の若者に御岳金桜（みたけかなざくら）神社の巫女（みこ）が六角堂の護符として伝えたものという。10月13日の例祭には今も地元の人々が数か月をかけて丹精込めて制作した切子（お透かし）を宝前に奉納し、出来栄えを競っている。切子は切紙細工の一種で、5〜10枚重ねた美濃和紙に突き鑿（のみ）できわめて精緻な図柄と模様を切り透かすものである。地紋には必ず麻の葉を入れるが、麻は早く真直ぐ育つことから、昔から子どもの寝巻やオムツの柄に使われてきた。切子は翌日、家内安全の御守りとして観音の札や仏供とともに区内全戸に配られる。

外良寺（ういろうじ）

早川町奈良田（はやかわちょうならだ）。早川の上流、南アルプスの東麓に建ち、農鳥岳（とりだけ）や白峰三山（しらねさんざん）への登山基地となっている。奈良時代、女帝孝謙天皇（奈良法王様）が湯治（とうじ）のため奈良田温泉で8年間を過した際、外郎という薬の製法を伝える祈願所として開創したと伝える。奈良王山外郎寺と号して真言宗であったが、1582年に禅定院（善蔵坊）日心が日蓮宗身栄山外良寺に改めたという。富士川町小室妙法寺（ふじかわちょうこむろ）の末で、本尊は十界勧（じっかいかん）

請曼荼羅である。奈良田は7段に分かれた集落であったが、1957年、西山ダムの建設により1～3段は湖の底に沈んだ。昔は粟・小豆・蕎麦・隠元豆などを整然と輪作する〈奈良田の焼畑習俗〉‡が盛んで、木鍬・楢暖簾・オホンダレなど〈甲州西山の焼畑農耕用具〉†698点を収蔵展示する早川町歴史民俗資料館は、日本でも数少ない焼畑専門の博物館となっている。

天津司神社

甲府市小瀬町。大日霊貴神・月読神・経津主神・磐裂神・根裂神・磐筒男神・磐筒女神・黄幡神・豹尾神の9神を祀り、九曜星を神紋とする。天津神12神が天降って舞楽をし、後に2神が天に昇り、1神が西油川の古井戸に没したが、9神は舞楽を続け、それを見た者が神の姿を写して9体の像をつくったのが始まりという。『甲斐国志』には小瀬の諏訪明神が下鍛冶屋の鈴宮に遷された際に建立した神庫とあるので、像を収めた厨子に由来する名と思われる。社の北西が旧諏訪社地で、石和五郎信光が館を営み、以後、小笠原長清や巨勢信堅も居を構えたと伝え、江戸時代には玉田寺があった。4月の例祭にある〈天津司舞〉†は神遊びで、本殿から9体の等身大の人形が鈴宮諏訪神社へ渡り、幕を廻らせた竹囲い（御船）の中で鹿島・姫・鬼・編木・太鼓・鼓・笛を演じる。

金鶏寺

甲州市塩山一ノ瀬高橋。臨済宗向嶽寺派。武田菱を紋とし、黒川山と号する。もとは武田信玄の隠し金山であった黒川山（鶏冠山）にあったが、17世紀末頃の閉山により、黒川金山衆とともに当地へ移転したという。高橋地区には黒川山頂に鎮座する鶏冠神社（鶏大権現）の里宮もある。境内には薄墨桜があり、多摩川の源流に建つことから、多摩川夢の桜街道八十八ヶ所巡りの第88番札所となっている。当地では小正月の道祖神祭の折に〈一之瀬高橋の春駒〉‡が営まれ、行列が集落内の寺社や祠堂を巡る神参りなどが行われていたが、1989年を最後に途絶した。2009年からは塩山駅前の甘草屋敷（国重文「旧高野家住宅」）を拠点に再興され、万灯と柳を付けた神立てが飾られ、白馬の飾りを付けた馬役と、馬子の格好をした露払いが馬踊り（春駒）を披露している。

大善寺

甲州市勝沼町勝沼。真言宗智山派。柏尾山と号する。行基が葡萄を持した薬師如来を当地で感得し、その姿を刻んで開創したと伝える。本尊の薬師如来坐像（国重文）は平安初期の作と推定され、

左手に葡萄を載せている。行基は里人に葡萄栽培を教えたことから、勝沼はワインの名産地となったという。〈勝沼のぶどう栽培用具及び葡萄酒醸造用具〉‡は市内のぶどうの国文化館で展示されている。裏山の経塚からは1103年の経筒が出土し、当時は天台寺院であったらしい。鎌倉幕府が1286年頃に再建した本堂（薬師堂）は国宝。5月8日の薬師大祭典には〈大善寺の藤切り祭〉‡が行われる。神木に吊るした七尋半の大蛇（藤蔓）の目を弓矢で射て、最後に役行者が大蛇を退治する（切り落とす）。

浄善寺

市川三郷町落居。もと真言宗の落居山大中寺で天神社を鎮守としたが、1555年に日蓮宗に転じて七面堂を鎮守とし、その際、末寺の藤尾寺の本尊は千手観音像であったため、不都合により曹洞宗光岳寺へと遷されたと伝える。寺内の道祖神では毎年1月14日に近い日曜日に〈山田の神楽獅子〉の初舞が奉献される。17世紀頃、村の重兵衛が京で宮仕えをした時、優雅な獅子舞に魅せられて習得して帰り、村の若衆に伝授して河内領に広まったという。獅子舞は保存会（旧若者組織の共親生）の御頭の家をはじめ、地区の当家（厄年・出産・新築・新婚の家）を巡回して梵天の舞・狂獅子・鳥刺踊などを舞い、悪魔祓いや天下太平を祈禱する。

景徳院

甲州市大和町。曹洞宗。天童山と号する。天目山の南、武田家が滅亡した田野に建つ。1582年に当地で自刃した武田勝頼らの菩提を弔うため、徳川家康の命で1588年に開創されたと伝える。境内には首を奪われた遺骸を弔ったという没頭地蔵尊や、二百年遠忌として1775年に建立された勝頼の墓がある。丸石（御玉様）を安置する道祖神の祠もあり、小正月には寺前で道祖神祭りが営まれる。竹を裂いて色紙で飾った御柳を立て、ドンド焼きの火を燃やし、丸石を迎えて洗い清め、仮設の祠に祀って獅子舞を奉納し、公民館で〈田野の十二神楽〉を奉納する。この神楽は、1665年頃に田野で伊勢参りをした際、伊勢参りができない人のために伊勢から移した太々神楽であると伝え、1790年に境内に道祖神場を設けて勝頼らの鎮魂祭を営んだ時に奉納したのが始まりという。

熊野神社

丹波山村丹波山。村の中心である宿地区に鎮座。昔は熊野魂命、今は伊弉冊尊を祀り、天王宮・神明宮・白山宮・稲荷明神の各末社がある。1月7日の門松送り（〈お松引き〉）で知られ、松を積み上げた修羅を100人以上が当社から道祖神まで引いていく。例祭

は7月15日で、この日に近い土日に祇園祭が行われ、〈丹波山のささら獅子〉が奉納される。これはササラを1対ずつ持った花笠役を四方に配置し、その内部で太夫・小太夫・雌獅子の3頭の獅子が舞う一人立三匹獅子舞で、2人の白刃の舞を伴う。奥多摩地方独特の獅子舞であるが、丹波山の舞が最も激しい。獅子舞は、初日は飛龍権現・川上神社・大六天神社・子之神社・当社、2日目は飛龍権現・当社の順で奉納される。当初は末社天王宮の祭であったと思われるが、今では村全体の祭礼として賑わいをみせている。

北口本宮冨士浅間神社（きたぐちほんぐうふじせんげん）

富士吉田市上吉田（かみよしだ）。諏訪の森に鎮座。1561年、武田信玄が諏訪神社の境内に富士権現を造営したのが始まりと伝える。後に富士権現への信仰が高まり、諏訪神社は境内摂社とされた。吉田は江戸からの富士参詣路として栄え、1733〜38年には富士行者の村上光清（むらかみこうせい）が荒廃していた当社を復興、富士講の参拝を多く集めるようになった。1788年には富士信仰の象徴である金鳥居（一ノ鳥居）も建てられた。8月の〈吉田の火祭（ひまつり）〉†は80本以上の大松明を市中に並べ立てて盛大に燃やすもので、日本三奇祭の一つに数えられる。富士山お山開きに対するお山仕舞いの祭とされるが、もとは諏訪神社の例祭で、諏訪神社の神輿が「御影（みかげ）」とよばれる重さ1tの巨大な赤富士の神輿とともに氏子域を渡御（とぎょ）し、祭場では安産や子育てを祈る女性が薄（すすき）を持って神輿について回る。

雛鶴神社（ひなつる）

上野原市秋山無生野（うえのはらあきやまむしょうの）。雛鶴峠の東麓に鎮座。1335年、護良親王の侍妃雛鶴姫が、殺された親王の首級（しるし）を携えて鎌倉を発ち京都を目指すも、師走の29日に当地へ至って親王の子を産み落とし、寒さと飢えのために死んでしまった。従者らは姫と王子の亡骸を手厚く葬り、小さな祠を建てて悲劇の親子3人の霊を祀り、永く冥福を祈るため当地で帰農し、姫が最期に残した「嗚呼無情（ああむじょう）……」の言葉から無情野と名付けたという。これに同情した村人も、正月を迎えるために飾っていた門松を取り払い、樒（しきみ）の枝を立てて冥福を祈り、以来、無生野では正月に松飾りをしないという。また、3人を供養するために始めたのが〈無生野の大念仏〉†であると伝え、今も8月16日と旧暦1月16日に集会所に道場を設けて踊り念仏を続けている。1989年、信徒の尽力により立派な社殿が建立された。

諏訪神社

山中湖村山中。豊玉姫命と建御名方命を祀る。関東屈指の安産神として知られ「山中にはお産で死んだ人がいない」という。山中の氏神浅間神社の摂社で、山中明神と親しまれる。山中湖を挟んだ対岸の明神山に奥宮が鎮座。例大祭は9月で〈山中の安産祭〉と世に名高い。1日に奥宮から神霊を迎え、4日の宵祭に本殿から御旅所に渡御、5日に還御、6日に後祭で稚児行列と奉納相撲がある。御旅所では伏せた臼の回りを神輿が右に3周するが、安産祈願の妊婦や子授け祈願の女性、子を抱いた御礼参りの産婦らが「神輿のお供をする」として担ぎ手にしがみついて列をなし、お百度参りなどを行う。昔は「山中のお祭りのときだけは嫁も自由に外出できる」といわれ、遠方からも参詣者が多かった。

 巡礼案内 ● 巡ってみたい！百観音 西国三十三観音霊場❶

*西国三十三観音霊場についてはp145を参照してください。
*『西国三十三所観音霊場記図会』(1803)から、巡る順番、霊場名（所在地：本尊）を抽出しました。

◆1 那智山観世音（紀伊国牟婁郡：二臂如意輪観世音坐像）◆2 紀三井寺／普陀落山金剛宝寺（紀伊国名草郡：十一面観世音立像）◆3 粉河寺（紀伊国那賀郡風市村：千手観世音立像）◆4 巻尾山施福寺仙楽院（和泉国〔郡〕：彌勒菩薩左右観音文殊）◆5 藤井寺（河内国丹南郡：千手観世音坐像）◆6 壷坂寺（大和国高市郡：如意輪観世音坐像）◆7 岡寺（大和国高市郡：如意輪観世音坐像）◆8 豊山神楽院長谷寺（大和国城上郡：十一面観世音立像）◆9 南圓堂（南都興福寺：不空羂索八目観世音坐像）
☞ p.157に続く

20 長野県

善光寺

寺社信仰の特色

　長野県は昔、信濃国（信州）とよばれた。信濃一宮は県央の諏訪湖の畔に鎮座する諏訪大社（南方刀美神社）である。諏訪市に上社本宮、茅野市に上社前宮、下諏訪町に下社の春宮と秋宮が建つ。建御名方神や八坂刀売神を祀るが本殿はなく、上社は後背林を神体とし、春宮は杉、秋宮は一位を神木とする。

　二宮は隣接して建つ塩尻市の小野神社と辰野町の矢彦神社で、三宮は松本市の沙田神社または安曇の穂高神社とされる。一〜三宮はすべて諏訪・松本地域に分布し、同地が信州の先進地帯であったことをうかがわせる。

　一方、日本一長い信濃川（千曲川）流域には仏教文化が花開いた。源流には金峰山がウツされ、小諸には牛に引かれて善光寺参りで知られた布引観音が、上田には〈上田市八日堂の蘇民将来符頒布習俗〉‡を今も伝える信濃国分寺、篠ノ井には日本三長谷の金峯山長谷寺、長野には善光寺がそれぞれ開かれた。善光寺は県内最多の参拝者を集め、その北西には信濃三大修験道場の飯縄山（飯綱山）と戸隠山も開かれている。

　善光寺は、もとは飯田市座光寺にあったと伝え、今も元善光寺が建っている。飯田市は〈伊那の人形芝居〉‡の中心で人形劇の街とよばれ、座光寺の隣の上郷黒田には、日本最古の人形劇舞台〈下黒田の舞台〉†が諏訪神社の境内に残されている。

　県南は木曽の御嶽山が全国的に有名で、王滝村や木曽町の御嶽神社が多くの参拝者を集めている。

　天竜川流域の伊那地方には〈遠山の霜月祭〉†や〈天竜村の霜月神楽〉†などの豊かな民俗が村々の神社を拠点に今も伝承されている。天龍村では、大森山諏訪神社で〈坂部の冬祭の芸能〉‡が、天照皇大神宮で〈向方のお潔め祭の芸能〉‡が、池大神社で〈下伊那大河内のシカオイ行事〉‡が、それぞれ行われ続けている。

主な寺社信仰

小菅神社（こすげじんじゃ）　飯山市瑞穂。戸隠山・飯縄山とともに信州三大修験霊場の一つ小菅山に鎮座。役小角が熊野（伊弉冉尊／阿弥陀仏）・金峯（安閑天皇／釈迦如来）・白山（伊弉諾尊／十一面観音）・立山（大国魂命／無量寿仏）・山王（大己貴命／薬師如来）・走湯（瓊々杵尊／准胝観音）・戸隠（太刀雄命／正観音）の7権現を勧請し、地主の小菅権現（摩多羅神／馬頭観音）とともに祀ったのが始まりで、後に坂上田村麻呂が元隆寺を開創したと伝え、小菅山八所大権現と崇められた。菩提院の観音堂は信濃33-19となっている。7月の例大祭は祇園祭とよばれ、3年ごとに点火を競う〈小菅の柱松行事〉†が営まれる。南隣の木島平村の柱松行事も7月に行われ、〈北信濃の柱松行事〉‡と総称される。北隣の野沢温泉村では、冬に日本三大火祭の一つ〈野沢温泉の道祖神祭り〉†が営まれる。

祥雲寺（しょううんじ）　小布施町小布施。曹洞宗。1333年開創と伝え、釈迦牟尼仏を本尊とする。本堂の大間天井には15畳敷の大作、5本爪の心字毘沙門大龍の図が描かれている。小布施の文化人として著名な高井鴻山の菩提寺で、鴻山の書や妖怪画、愛用の筆などが残されている。鴻山は葛飾北斎の門人で、北斎を小布施に迎えて作業場を与えるなど支援した。北斎は祭屋台の『怒涛』や岩松院の21畳敷の天井絵『大鳳凰図』などを小布施に残している。隣には日本初の灯火具専門博物館である日本のあかり博物館が建ち、金箱正美が収集した〈信濃及び周辺地域の灯火用具 附版画等関係資料〉†963点などを展示している。空気圧を利用した鼠短檠や無尽灯が珍しい。小布施は照明燃料用の菜種油の製造が盛んであった。

彦神別神社（ひこかみわけじんじゃ）　飯山市豊田。五束の里に鎮座。五束神社、五束の大宮、大宮諏訪社とも称される。背後の山頂には巨石があり、影向石や鎮座石とよばれている。主神は建御名方命だが、相殿には庭津女命・知奴命・麻背命・沙南豆良姫命・八須良雄命・武753根命という独特な6神を祀っている。本殿後方には伊勢社があり、81基もの石祠が整然と並べられている。1672年、飯山城主松平忠親が本殿・拝殿・鳥居を再建した。長野市内の二つの水内大社とともに名神大社建御名方富命彦神別神社の論社とされ、1789年には京都の吉田家より名神大社号の允許を得た。例祭は9月23日で、1674年以前から〈五束の太々神楽〉が奉

納されている。出雲流神楽の流れを汲み、巫女神楽や伊勢流神楽の湯立・献湯行事なども取り入れて多彩なものとなっている。1800年からは御柱の行事も始めている。

穂高神社(ほたか)

安曇野(あずみの)市穂高。穂高岳の東麓に鎮座。奥穂高岳山頂の嶺宮、国特別名勝「上高地(かみこうち)」(神垣内)の奥宮に対して本宮(里宮)と呼ばれる。名神大社で、日本アルプス総鎮守とされる。綿津見命(わたつみのみこと)の子で、安曇氏の祖神とされる穂高見命(ほたかみのみこと)を祀り、若宮には7世紀中頃に活躍した武将で、安曇氏中興の祖とされる安曇連比羅夫(あずみのむらじひらふ)と、信濃中将(物くさ太郎)を祀っている。例大祭は9月27日で、比羅夫が白村江(はくすきのえ)で戦死した日を追悼する祭といわれ、〈穂高神社の御船祭りの習俗〉が営まれる。御布令(おふりょう)神事に続いて子供船3艘が神楽殿を3周すると、睦友社と健壮団の大人船が入場し、見る者を圧倒する激しい衝突を繰り返す。船は車輪の付いた櫓(やぐら)を土台として腕木(うでぎ)と刎木(はねぎ)を組み合わせてつくり、船上の山に木偶(でく)を飾り付ける。木偶は穂高人形とよばれ、他所の技法を入れずに地元で自作する。

武水別神社(たけみずわけ)

千曲(ちくま)市八幡(やわた)。千曲川の西岸に鎮座。八幡様と親しまれ、更埴(こうしょく)地方で最も多くの初詣(はつもうで)客を集める。武水別大神を祀り、長野市の桶知大神社とともに名神大社に比定されている。一帯は山城国の石清水八幡宮の荘園で、相殿の八幡神は同宮から勧請(かんじょう)されたと伝える。当地方随一の武神として木曽義仲(よしなか)や上杉謙信の崇敬を集めた。天台宗信濃五山の一つ更級(さらしな)八幡神宮寺が別当を務めていたが維新で廃寺とされた。9月15日に例大祭、3月15日に祈年祭、12月10〜15日に大頭祭(だいとうさい)(新嘗祭(にいなめさい))を営む。昔は霜月に実施していた大頭祭では、東日本には珍しく古式の頭屋(とうや)行事を伝承する、〈武水別神社の頭人(とうにん)行事〉‡を営む。大頭とは、頭人を50年以上務めた家から出る、最上位の頭人の称である。選出された5人の頭人は1週間の別火(べっか)生活を送り、祭り当日は無言で1日を過ごし、新穀の餅を供える。

雨宮坐日吉神社(あめのみやにますひよし)

千曲市雨宮。大雨を鎮めた大小2個の石を大己貴命(おおなむちのみこと)・少彦名命(すくなひこなのみこと)として祀った天ノ宮が始まりで、後に近江国坂本の大山咋命(おおやまくいのみこと)を勧請して山王権現と称したという。1780年頃に吉田家から日吉山王宮の称を受け、1868年に神祇官から現称を得た。埴科(はにしな)郡の一宮または総社で、雨宮摂津守と清野山城守の両家の鎮守としても崇められたという。埴科郡大領(だいりょう)の金刺(かなさし)氏の館跡に建つとの伝承もある。

3年ごとの4月29日には御神事が営まれ、獅子踊などの〈雨宮の神事芸能〉†が繰り広げられる。天狗面の御行事を先頭とする社宮神・飯縄神・相丞神など六大神の練り込みや、作神の御鍬や陰陽獅子などの踊りが、当社のほか若宮など村内各所で奉納され、唐崎社（辛崎明神）手前の生仁川では、獅子役が浜名の橋（斎場橋）から逆さ吊りにされ、頭の紙垂で水面を叩く橋懸を行う。

北向観音

上田市別所温泉。天台宗金剛山照明院常楽寺を本坊とする。慈覚大師円仁が北向に千手観音を祀り、常楽寺・長楽寺・安楽寺の三楽寺を創建したのが始まりという。南向に阿弥陀如来を祀る善光寺と両参りをする民俗があり、当寺で厄除の現世利益を、善光寺で往生の当来世利益を祈る。常楽寺の隣にある別所神社は昔は熊野社と称した。7月の祇園祭には天王下ろしがあり、別所神社から安楽寺に牛頭天王が遷座される。安楽寺には大日如来を祀る国宝の八角三重塔がある。祇園祭の翌日は〈別所温泉の岳の幟行事〉‡があり、早朝に夫神岳山頂の九頭竜権現で雨乞いの祈願を終えた一行が、竹竿に反物を括り付けた幟を担いで温泉街を練り歩く。三頭獅子舞やササラ踊も披露され、安楽寺を経て別所神社へと向かう。幟の反物で着物や布団をつくると病気をしないという。

西方寺

佐久市跡部。浄土宗。1617年、千曲川氾濫時に往来ができなくなる跡部の檀家の要請で、西念寺（佐久市岩村田）の末寺として運蓮社法誉恵貞が開創。本尊は阿弥陀如来。跡部山と号す。寺紋は信濃国小諸藩仙石氏の桐に永楽銭を配す。4月に行われる〈跡部の踊り念仏〉†は、時宗開祖の一遍上人が1279年に佐久郡伴野庄小田切（佐久市臼田）で始めた踊念仏を、日本で唯一現在も伝承するものである。本堂内に板塔婆を2間四方に立て巡らせて道場を組み、中心に数珠を掛けた太鼓2基を据え、8人1組の女性の踊り手数組が入れ替わりに念仏を唱えたり鉦を打ち鳴らしながら太鼓の周りを左回りに踊り回る。太鼓と鉦の音は次第に速まり、踊りも段々と激しく前後左右に跳び撥ねるようになり、人々を踊躍歓喜・恍惚無我の境地へと誘う。終わりには知恵の団子が配られる。

生安寺

松本市蟻ヶ崎。生安が市内並柳に結んだ草庵が始まりで、1447年に石見国津和野の良忠が善光寺参詣の折に寄ったことから良忠院と号し、1553年に浄誉順故が功徳山良忠院生安寺に発展させたという。後に泥町（市内城東）へ移転し、浄土宗知恩院末、天照山良忠

院生安寺となる。小笠原貞慶の城下町整備の折、市内丸の内(地蔵清水)から湧出した地蔵石像が奉安され、市内本町へと移転した。1868年に廃寺となるも、1898年に遠江国遍光寺の籍を得て復興、曹洞宗に改めた。1962年、現在地へ移転。本町の生安寺小路では、松本市立博物館の〈七夕人形コレクション〉†にみるような人形が多くつくられた。同館には〈農耕用具コレクション〉†や、〈松本のミキノクチ製作習俗〉‡による神酒の口を含む〈民間信仰資料コレクション〉†なども展示されている。

駒ケ岳神社 上松町小川。国名勝「寝覚の床」や木曽檜の産出地として知られた中山道(木曽路)上松宿から木曽駒ケ岳へと登る途上の徳原に鎮座。山上の奥宮に対して里宮とよばれる。1338年に高遠家親が登拝道を開き八坂大神を祀ったのが始まりで、1532年に徳原長大夫春安禰宜が山頂に保食大神を祀り当社を建立、1804年に信濃国下諏訪の寂本が宝剣岳の頂に鉄の錫杖を奉納し、同じ頃に尾張国犬山の心明が乾山講を開いたという。養蚕や馬の神と崇められ、信濃と尾張に講社が多くあった。5月3日の例祭と6月の開山式では一子相伝門外不出の〈駒ヶ岳神社の太々神楽〉‡13座が奉納される。昔は登拝者の祈禱としても行われた。白刃を振るう三剣舞は迫力が素晴らしく、修験の姿を伝える舞といわれる。

若宮神社 下諏訪町富部。諏訪湖に注ぐ承知川の扇状地に鎮座。川の向こうには諏訪大社下社秋宮が鎮座する。諏訪大社の分社で、諏訪の御子神13柱を祀り、町内では熊野・津島神社とともに三神社と称される。小宮の御柱の一つとして9mの柱2本を曳き上げて境内に立てる御柱祭を行うほか、諏訪大社御柱祭下社里曳きには氏子が道中長持ち行列を披露する。1907年、蚕影山社・伊勢宮・津島社を合祀。富部(留辺)は昔は土武郷とよばれ、伊那風(伊那谷からの風)が吹いてくる所で、郷前に広がる諏訪湖の水域は、湖中で最も良い漁場となっている。諏訪湖は日本屈指の富栄養湖で魚種が豊富、平均深度が約4mと浅く、湖のほぼ全域が漁場となっている。諏訪湖で発展した多種多様な漁法を伝える〈諏訪湖の漁撈用具及び舟大工用具〉‡は町内の諏訪湖博物館に展示されている。

伊豆神社 阿南町新野。新熊山の中腹に鎮座。伊豆国の伊東小次郎が当地へ移住し、生国の伊豆山権現を祀ったのが始まりと

伝える。小次郎は奈良の春日大社に奉仕しており、薪能を伝えたともいわれる。江戸時代には円通山二善寺の鎮守で、二善寺の御宮と親しまれた。現在は本殿に天津彦根火瓊々杵尊、相殿に伊弉諾尊・伊弉册尊、社殿背後の山中に加藍様を祀る。1月14日の〈雪祭〉†は田楽や猿楽の古風を伝承しており、折口信夫による発見は民俗学・芸能史学の発展に大いに寄与した。古くは正月神事や田楽祭とよばれたが、折口が神前に必ず雪を供えねばならない祭儀と紹介して以来、雪祭と称されるようになった。新野は8月14日の古風な〈新野の盆踊〉†でも知られている。阿南町の盆踊としては〈下伊那のかけ踊〉‡の一つでもある、〈和合の念仏踊〉†も有名である。

 巡礼案内 ● 巡ってみたい！百観音 西国三十三観音霊場❷

＊西国三十三観音霊場については p.145 を参照してください。
＊『西国三十三所観音霊場記図会』(1803) から、巡る順番、霊場名（所在地：本尊）を抽出しました。

（続き）
◆10 三室戸寺（山城国宇治郡：千手観世音立像）◆11 深雪山上醍醐寺（山城国宇治郡：準提観世音坐像）◆12 岩間寺／正法寺（近江国志賀郡：千手観世音立像）◆13 石山寺（近江国志賀郡：二臂如意輪観世音坐像）◆14 三井寺（近江国志賀郡：如意輪観世音坐像）◆15 今熊野（山城国洛東：十一面観世音立像）◆16 音羽山清水寺（山城国洛東：楊柳千手観世音立像）

☞ p.163に続く

21 岐阜県

南宮大社

寺社信仰の特色

　岐阜県は北の飛騨国と南の美濃国から成っている。肥沃な濃尾平野を中心に131郷を擁して「御野」と称された美濃は交通・軍事の要衝でもあり、天武天皇は672年に美濃で東海・東山道諸国の兵を得て勝利した。

　1600年に天下を分けた関ヶ原に隣接する垂井町には、美濃一宮の南宮大社、二宮とされる伊富岐神社と大領神社の3社が鎮座し、三宮とされる多岐神社も隣の養老町に鎮座する。

　岐阜市の伊奈波神社も美濃三宮とされるが、こちらは岐阜市の長良川南岸にあって、岐阜城の建つ金華山（稲葉山）の麓に鎮座し、県内で最も多くの初詣参拝者を集めている。

　長良川を下った海津市には日本三大稲荷にも数えられる千代保稲荷神社（おちょぼさん）があり、商売繁盛や家内安全を願う参拝者が年間250万人にも上り、参道には鯰料理店や土産店が110店も軒を連ねる。

　長良川の上流には小野天満宮の古名に由来する郡上八幡があり、日本三大盆踊に数えられる〈郡上踊〉†には、徹夜踊が行われる盆の4日間だけで25万人が訪れる。

　岐阜県を代表する祭である飛騨高山祭は、4月に行われる日枝神社の山王祭と、10月に行われる桜山八幡宮の八幡祭の総称である。〈高山祭の屋台行事〉†は日本三大山車（曳山）祭に数えられており、飛騨の匠の技による23基の〈高山祭屋台〉‡は壮観の一言に尽きる。

　飛騨一宮は高山市の水無八幡とされる。県木の一位が茂る位山の北東麓に鎮座し、〈水無神社の神事芸能〉‡を伝承している。飛騨二宮は下呂市の久津八幡とされる。下呂市には〈下呂の田の神祭〉†（花笠祭）で知られた森水無八幡や、両面宿儺を討伐した武振熊が最初に戦勝祈願した下原八幡があり、以上4社に高山市丹生川町の桐山八幡など4社が武振熊を守護した飛騨八幡八社とされている。

主な寺社信仰

気多若宮神社（けたわかみや）

飛騨市古川町。榊ヶ岡に能登国の気多神を勧請創祀したと伝える。昔は古川五社宮とも称され、大己貴（おおくにぬし）・多聞天（たもんてん）・不動・虚空蔵（こくうぞう）・地蔵を祀っていた。天正年間（1573〜92）に金森可重（もりありしげ）が増島城を築く際、古川城（蛤城）の鎮守であった是重村の杉本大明神を遷座して鬼門鎮護にしたという。1870年に現称としたが今も杉本様と親しまれる。現在は大国主神（おおくにぬしのかみ）や御井神（みいのかみ）を祀り、古川の産土神（うぶすながみ）となっている。4月19〜20日（昔は旧暦8月6日）の例祭は日本三大裸祭りの一つで、〈古川祭の起し太鼓・屋台行事〉†が行われ、絡繰人形の青竜台や子ども歌舞伎の白虎台など9つの屋台が巡幸する。晒しで背中合わせに結ばれた2人の男が跨（またが）る起し太鼓は、200人もの裸男に担がれて町内を練り歩き、勇壮な音を深夜に響かせる。棒上の回転芸や付太鼓の激しい争いなどの古川ヤンチャも見所。

素玄寺（そげんじ）

高山市天性寺町。曹洞宗。1609年、金森可重が飛騨を平定した父（金龍院殿前兵部尚書法印要仲素玄大居士（こんりゅういんでんさきのひょうぶしょうしょほういんようちゅうそげんだいこじ））の菩提追福に創建。高山城の評定所を移築して本堂とする。本尊は釈迦牟尼仏で、円空作不動明王像も安置。観音堂の馬頭観音像は円仁作、松倉城主・三木自綱（よりつな）の兜仏と伝え、飛騨07-01、飛騨33-04で、江戸時代後期までは飛田民俗村の上の松倉山にあった。8月の縁日には山に戻され、昼夜を徹して法要が営まれて賑わう。大正初期までは9日に八軒町の絵馬市で紙絵馬を買い、牛馬を曳いて登り、10日の御来光を拝した上で祈禱の朱印を絵馬に受け、九万九千日の御利益があるとした。八軒町の池本屋、本町（ほんまち）の山桜（ざくら）神社、吉城郡上宝村（かみたからむら）の神明神社でも〈飛騨の絵馬市の習俗〉‡がみられる。

白山神社（はくさん）

下呂市門和佐（かどわさ）。例祭は11月2〜3日で、境内の白雲座（〈門和佐の舞台〉†）で農村歌舞伎がある。1952年以降途絶えていたが、1978年の文化財指定を機に大人の地芝居が復活し、1981年からは子どもの地歌舞伎も始まった。江戸時代は拝殿型の舞台であったが、劇場型に建て替えられ、1890年に舞台開きが行われた。約500人収容と地芝居小屋では小規模だが、全国でも珍しいコマ回し式舞台や花道を備える。県内は地芝居が盛んで、恵那（えな）の五毛座（ごもうざ）、各務原（かかみがはら）の村国座（むらくにざ）、中津川（なかつがわ）の明治座などが現存する。門和佐は天正の大地震で中絶し、後に今井・細江の両氏

が入植して復興した。中村に入った今井氏は当社を産土神として崇め、山続きの裏山（裏森）に立つ２本の大杉を祠も建てぬまま氏神として崇めた。この夫婦杉は今も「中村の氏神」とよばれ、４月20日と11月20日に例祭がある。

長滝白山神社（ながたきはくさん）

郡上市白鳥町。隣の白山長龍寺（はくさんちょうりゅうじ）とともに、泰澄（たいちょう）創建の白山中宮長滝寺（はくさんちゅうぐうちょうりゅうじ）が前身と伝える。表本宮とも称される。長滝は白山の南口で、表日本における白山信仰の拠点として栄え、最盛期の鎌倉時代には六谷六院三百六十坊を擁し、「上り千人、下り千人、麓（ふもと）千人」の賑わいをみせたという。参道左手にある護摩壇跡の金剛童子堂が美濃禅定道（みのぜんじょうどう）の起点で、峰伝いに鳩居十宿（はといじっしゅく）の行場が展開していた。祭神は五社殿に祀られ、左から大将軍社・白山三社（越南智社・白山大御前（おなむちしゃ・はくさんおおごぜん）社・別山社（べっさんしゃ））・若宮社と並ぶ。例大祭は１月６日の六日祭で、古風を伝承する〈長滝の延年（しゅしょうえんねんまい）〉†が奉納される。修正延年舞の途中から拝殿の土間天井に吊された桜・菊・椿・牡丹・芥子の花輪を奪い合う勇壮な花奪（はなば）いが行われる。隣の若宮修古館（わかみやしゅうこかん）が入峰斧（にゅうぶおの）や手鉾（てぼこ）など多くの白山信仰民俗資料を展示している。

大矢田神社（おやだ）

美濃市大矢田。天王山の南麓、楓谷（かえでだに）に鎮座。国天然記念物のヤマモミジ樹林に包まれる。山に棲む竜を退治した須佐之男命（すさのおのみこと）と、それを導いた喪山の天若日子命（あめのわかひこのみこと）を祀って創建したという。後に泰澄（たいちょう）が天王山禅定寺を創建したが、1556年に全山焼亡した。1672年、釈迦堂跡に本殿（国重文）が建立された。神仏分離でほとんどの仏堂仏像が廃され、1870年に牛頭天王社が現称に改めたが、極楽坊の社僧が神官となり、中世の阿弥陀如来像と弘法大師（こうぼうたいし）像は守られた。江戸時代には旧暦９月７日・８日、明治時代には10月７日・８日、1965年からは11月23日に演じられる〈大矢田のヒンココ〉‡は、秋の麦蒔（むぎまき）前の予祝芸能とみられる。御旅所（おたびしょ）である竜山の中腹につくられた舞処（まいど）では、上段で猩々姫（しょうじょうひめ）と竜（たつ）の絡繰（からくり）が、下段で祢宜殿（ねぎどの）や農人（のうにん）の舞がそれぞれ演じられ、いずれも人形戯の古態をよくとどめている。

神明神社（しんめい）

八百津町久田見。字下田に鎮座。天照大神（あまてらすおおみかみ）を祀る。拝殿に至る階段は急登で、参拝困難者のため鳥居左手に遥拝所（ようはいじょ）がある。創建は不詳だが、1534年銘の棟札（むなふだ）が残っている。久田見は木曽川で運んだ物資を各地に送る中継基地として栄えた。現在は長閑（のどか）な風景が

広がるが、西に鎮座する白鬚神社とともに4月に開催する例祭（久田見祭）は大勢の人々で賑わう。祭は1590年に和知城に入った稲葉方通が、都に倣って振獅子・神馬各1頭と6輌の華山車を曳き、神前に絡繰を奉納したのが始まりという。今も本楽祭では各地区が2輪の豪華な山車を神前に引き揃え、山車の上で〈久田見の糸切りからくり〉‡を順番に上演する。極秘に制作した独創的な人形劇を、直接人形とつながっていない糸で操る特殊な絡繰は、続いて白鬚神社でも奉納され、前日の試楽では各地区で披露される。

物部神社

本巣市上真桑。字本郷に鎮座。甘瓜の真桑瓜で世に知られた郷土の鎮守で産土神。主祭神は物部十千根命（弓削の守屋大連）で、1915年に地神・若宮・稲荷・若宮八幡・天神・一王子・熊野・貴船・神明の各神社を、1938年に八幡神社を合祀したことから、現在は水波能売神・天照大御神・応神天皇・仁徳天皇・倉稲魂命・菅原道真・熊野久須美神・速玉男神をも祀る。昔は白藤の大木があり、藤の宮とよばれていた。3月21日の例祭では境内にある〈真桑の人形舞台〉†で〈真桑人形浄瑠璃〉†（真桑文楽）が奉納される。この人形芝居は、当地の灌漑用水の功労者、福田源七郎（？〜1692）の亡魂を弔うため、義民源七郎を演じたのが始まりという。『竹本豊竹浄瑠璃譜』などに名を残すのみで他に現存しない六部や内匠の頭を伝承している。3月20日夜には試楽がある。

神明神社

岐阜市長良。字鵜飼屋に鎮座。1604年に土岐美濃守が社地を寄付して創建したという。例祭は4月15日。境内には金刀比羅神社、さざれ石、松尾芭蕉が鵜飼に招かれた際に詠んだという「又たくひなからの川の鮎なます」の句碑などがある。7月16日の長良川まつりには鵜匠らが鮎供養を斎行して水難防止と豊漁を祈願し、社前の川原で鮎を放流する。昔はこの祭祀がすむまで川遊びが禁じられた。夜には三重塔や鳥居を模った提灯舟が運航され、打ち上げ花火がある。鵜飼屋の長良川うかいミュージアム（鵜飼伝承館）では盆踊りやカラオケがあり、対岸では伊奈波神社の川開き祭りが営まれる。秋に鵜飼が終了すると、鵜飼屋の裏にある浄土宗霊天庵の鵜塚で鵜供養を営み、川に短冊を流して鵜の冥福を祈る。〈長良川鵜飼用具〉†は岐阜市歴史博物館で常時展示されている。

村国神社

各務原市各務おがせ町。各務の産土神。一帯を治めていた村国氏が天火明命と御子石凝老命を祀ったのが始まりと伝え、裏山には村国古墳群がある。後に壬申の乱で大海人皇子を助けた最高の功労者・村国連男依を併祀し、1076年に各務氏が白山大権現を合祀したという。式内社。隣の補陀山慈眼寺が別当であった。すぐ近くの御宝松に男依の墓と伝える村国神社があり、椋の大木を神木として斎き、御旅所となっている。1973年、金幣社に昇格。蘇原の加佐美神社、鵜沼の村国真墨田神社、稲羽の御井神社、那加の手力雄神社とともに各務原市内金弊社5社めぐりの対象となっている。拝殿隣の村国座は〈各務の舞台〉†とよばれ、皿回し式回り舞台・花道・奈落・スッポン・太夫座・二重台・葡萄棚・二階桟敷などを備え、10月の例祭では地歌舞伎が奉納されている。

白髭神社

揖斐川町東津汲。揖斐川上流東岸に鎮座。猿田彦命を祀る。承久（1219～22）年間頃、後鳥羽院に仕えた延臣の侍である小寺氏と松岡氏が、都を離れて当地へ住み着き、素盞鳴命を祀る津島神社とともに創祀したと伝える。4月29日の例祭に神社で奉納される〈東津汲の鎌倉踊〉‡も彼らが踊った武者踊が始まりという。鎌倉踊という名称は、鎌倉時代の名を伝えたものではなく、踊の曲目の「鎌倉御所」か、音曲の調子の「鎌倉」に由来すると考えられている。揖斐川（久瀬川）上流域や近くの春日谷近辺、東の谷汲にも同種の芸能が伝承されており雨乞踊・武者踊・豊年踊などとよばれている。母衣と称する長さ2.6mの48本の飾り竹刀を背負い、太鼓を抱えて踊ることから竹刀踊や太鼓踊ともよばれる。

南宮大社

垂井町宮代。美濃一宮。美濃中山（南宮山）の北東麓に金山彦命を祀る。もとは金山姫命を祀る南宮御旅神社の地にあったという。740年に聖武天皇が訪れた宮処寺及曳常泉（『続日本紀』）は、行基が無量寿仏（阿弥陀如来）を安置して開いた象背山宮処寺および境内左手の引常明神とされる。宮処寺は後に南宮神社の別当寺となり、大神宮寺と号したという。1600年に関ヶ原の合戦で寺社ともに焼失したが、1642年に徳川家光が7,000両を寄進して再建。本殿や拝殿などが多数現存し、国重文に指定されている。楼門前の石橋も国重文で、門正面の輪橋は神が、下手の下向橋は人が通る。本地堂や三重塔は神仏分離で西

の朝倉山の麓、真禅院に移されている。5月の例大祭には、御田植祭・蛇山神事・還幸舞など、きわめて古風な舞を伝承する〈南宮の神事芸能〉†が奉納される。

八幡神社(はちまん)

大垣市西外側町(おおがきしにしとがわちょう)。1334年、奈良東大寺の荘園であった当地に東大寺鎮護神の手向山(たむけやま)八幡宮を鎮守として勧請(かんじょう)したのが始まりという。1451年、別当の牛屋山大日寺遮那院が藤江から現在地へと遷し、北野社を勧請して西に祀り、当地の地主神(ぬしのかみ)の稲荷社を東に祀り、大井荘18郷の総社とした。1546年に戦火で焼失。1647年に大垣藩初代・戸田氏鉄(うじかね)が再建し、翌年に大垣城下10町が再建を祝して10輌の山車をつくって曳き出し、〈大垣祭の軸(やま)行事〉†を始めたと伝える。現在は長浜系舞台型2輌、名古屋系絡繰型8輌、単層露天型3輌の軸(じしのがみ)が巡幸する。大垣は水門川(すいもんがわ)舟運の拠点で、中山道と東海道をつなぐ美濃路の宿場町、大垣藩の城下町として栄え、西濃一円からの参詣者で賑わった。1790年に藩主が奈良の広瀬・龍田神を、1947年に氏子が島根の出雲・美保神を勧請している。

 巡礼案内 ● 巡ってみたい！百観音 西国三十三観音霊場❸

＊西国三十三観音霊場についてはp.145を参照してください。
＊『西国三十三所観音霊場記図会』(1803)から、巡る順番、霊場名（所在地：本尊）を抽出しました。

（続き）
◆17　六波羅蜜寺（山城国洛東：十一面観世音立像）◆18　六角堂頂法寺（都：六臂如意輪観世音坐像）◆19　革堂行願寺（都：千手観世音立像）◆20　善峰寺（山城国西山：千手観世音立像）◆21　穴穂寺／菩提寺（丹波国桑田郡：聖観世音立像）◆22　惣持寺（摂津国嶋下郡：千手観世音立像）◆23　勝尾寺（摂津国豊島郡：千手観世音立像）◆24　紫雲山中山寺（摂津国河辺郡：十一面観世音立像）◆25　御嶽山新清水寺（播磨国賀東郡：十一面観世音坐像）

☞ p.169に続く

22 静岡県

富士山本宮浅間大社

寺社信仰の特色

　静岡県は日本の中心ともいうべき地で、全国各地に普及した浅間（富士）・秋葉・三島の3つの信仰拠点が鎮座している。

　浅間信仰は富士宮市にある駿河一宮の富士山本宮浅間大社が総本社とされる。日本一の山である富士山を祀る社で、市内の村山浅間神社と山宮浅間神社、裾野市の須山浅間神社、小山町の冨士浅間神社（須走浅間神社）、静岡市の美保松原などとともに、世界遺産『富士山─信仰の対象と芸術の源泉』に登録された。美保松原の御穂神社は駿河三宮、駿河二宮は一宮と三宮の間に鎮座する由比の豊積神社（豊積浅間社）とされている。

　富士山を望む場所で日本一と名高いのが静岡市の国名勝「日本平」で、南腹には日本で最初の東照宮として権現様（徳川家康）信仰の拠点となっている久能山東照宮が鎮座する。

　家康手接ぎの臥龍梅がある静岡市の巨鼇山清見寺は、国名勝の庭園でも有名だが、明恵が栄西から譲り受けた茶を植えた地と伝え、静岡茶発祥の地としても知られる。ただし、静岡茶の祖は静岡市葵区栃沢出身の聖一国師（円爾／弁円）とも伝える。円爾は葵区足久保に茶（本山茶）を植え、葵区蕨野に医王山回春院を開いて喫茶を奨めたという。

　秋葉信仰は浜松市の秋葉山本宮秋葉神社や総本山秋葉山秋葉寺、袋井市の秋葉総本殿万松山可睡斎が主な拠点となっている。秋葉山と可睡斎の間には遠江一宮の小國神社が鎮座している。

　三島信仰の拠点は、三島市に鎮座する伊豆一宮の三嶋大社である。摂社の若宮神社は三島神が鎮座する以前の元ツ神（地主神）と伝え、三嶋大社の別宮といわれる浅間神社とともに、伊豆二宮とされた。

　熱海市の伊豆山神社は伊豆神社や走湯神社の総本社で、麓に走湯が湧き出づることから走湯大権現とも称された。鎌倉幕府から箱根権現とともに二所権現、関八州総鎮護と崇められた古社である。

主な寺社信仰

寺野観音堂（てらのかんのんどう）
浜松市北区引佐町渋川（いなさちょうしぶかわ）。直笛山宝蔵寺と号する。真言宗。1575年、三河から伊藤刑部祐雄が当地に入植して寺を興し、5人の息子を各地に配して芝切りをさせ、寺野を拓いたと伝える。今も子孫一族は初代の木像を前に祭祀を続けている。1月3日には〈遠江のひょんどりとおくない〉†の一つ、〈寺野の三日堂ひょんどり〉‡が営まれる。ヒヨンドリは火踊りの転とされ、修正会（しゅしょうえ）（オクナイ／オコナイ）に付随して行われる松明（たいまつ）の行事である。当日は、まず境内の伽藍（がらん）様を祭り、次いで本堂へ松明を入れ、本尊を開扉して次々と舞を奉納する。最後は鬼の舞（鬼踊り）で、赤・青・黒の3鬼が松明の火を打ち消す。引佐町川名の福満寺薬師堂（八日堂）でも1月4日の夜にヒヨンドリがあり、それに先立って川上の六所神社で〈遠江のシシウチ行事〉‡（猪追いの儀）も営まれる。

恵比寿神社（えびすじんじゃ）
湖西市新居町浜名（こさいしあらいちょうはまな）。大倉戸（おおくらど）に鎮座。八重事代主命（やえことしろぬしのみこと）と天照皇大御神（あまてらすすめおおみかみ）を祀る。例祭は10月。浜名川の河口（浜名湖の出口）の「帯（おび）の湊（みなと）」があった当地へ1461年に遷座したと伝える。釣魚の霊験が顕著とされ、大倉戸・松山・橋本で地引き網が大漁のときはオブリと称して魚を献上する慣習があった。2月と12月の8日には〈新居のこと八日行事〉‡が今も営まれる。浜名湖88-64臨済宗方広寺派松林山東新寺のオッ様が社で読経した後、青葉が茂る椿の枝を結んでつくったバンド舟に2体の厄病神の藁人形のデックラボーを乗せ、子どもたちが鉦（かね）を打ち鳴らして「大倉戸のチャンチャコチャン」などと囃しながら区内を引き回し、各戸に立つ笹竹のオンビを取り集め、それで人形を叩きながら区境へと送り出す。

矢奈比売神社（やなひめじんじゃ）
磐田市見付（いわたしみつけ）。相殿に祀る菅原道真が信仰を集め、見付天神と親しまれる。大祭は〈見付天神裸祭（はだかまつり）〉†として有名である。旧暦8月2日の元天神参拝に始まり、夜には先供が町内を清めて榊（さかき）を道筋に立てる（御斯葉下ろし）。旧暦8月5日は海岸で命ノ魚（みょうのうお）（鱧）（はら）を放ち（放生会（ほうじょうえ））、氏子が一斉に浜垢離（はまごり）を取る。旧暦8月9日夜は御池（みいけ）の祓いで、境内を大麻や塩湯で清めに清める。旧暦8月10日に例祭を執行、夜には練りが拝殿に入り（堂入り）激しく揉み合う（鬼踊り）。

東海地方　165

いよいよ神輿の渡御となると、町内の明かりはすべて消され、漆黒の闇の中を総社の淡海國玉神社へ渡る。翌日、神輿は町内を巡って還御する。大祭は昔は娘を生贄に捧げる行事であったと伝え、信州駒ヶ根光前寺の猛犬悉平太郎が狒々を退治して悪弊を止めたという。裏の市営つつじ公園の奥には太郎を祀る霊犬神社がある。

蓮華寺　森町大門。本宮山の南麓に建ち、本尊は阿弥陀如来で、八形山と号する。遠江33-10、遠州33-01。行基が不動尊像を安置して開いた法相宗の東海本山に始まり、慈覚大師が七堂伽藍三十六坊を整え天台宗にしたと伝える。北西の宮川沿いで並宮に熊野三神を祀る遠江一宮小國神社の別当寺を勤めた。すでに1168年には同社に天台如法経が埋納されている。戦国時代には一帯の鋳物師を統括して大量の銭や鐘・鰐口などを鋳造し、森に経済的繁栄をもたらした。北東の太田川と瀬入川の合流地で宗像三神を祀る天宮神社の神宮寺は当寺の末寺で、小國神社の十二段舞楽と〈天宮神社の十二段舞楽〉‡は当寺から伝承されたといわれ、赤／青／動／静など二社一体の相補関係が見受けられる。飯田の〈山名神社天王祭舞楽〉‡とともに〈遠江森町の舞楽〉†の指定を受けている。

龍尾神社　掛川市下西郷。素盞嗚尊・櫛稲田姫尊・八柱御子神を祀る。掛川城の守護神で、龍尾山牛頭天王や掛川天王と崇められた。山内一豊は掛川から土佐へ移る際、高知城へ分霊を勧請し、掛川神社とした。例祭は10月で、もとは旧6月に実施していた天王祭が、神仏分離によって旧9月の産土神の祭へと変更させられたものと考えられる。市中の神明宮や利神社など7社41町の合同で行われ、掛川祭として盛大に賑わう。西町の奴道中、瓦町の〈獅子舞かんからまち〉、仁藤の大獅子は特に有名で三大余興とよばれる。かんからまちは優雅な三匹獅子舞で、丑・辰・未・戌年に神輿が渡御する大祭のときしか披露されない。獅子頭が重さ200kgで全長が25mの大獅子が町内を練り歩くなど、獅子祭の印象が強い。

大江八幡宮　牧之原市大江。誉田別尊（応神天皇）・大雀命（仁徳天皇）・玉依姫命を祀る。江戸時代は小牧八幡宮とよばれ、相良荘の総産土神であった。9月（昔は旧暦8日15日）の秋祭りには〈大江八幡神社の御船行事〉†が行われる。船若（若衆）が菱垣廻船（弁才船／千石船）と樽廻船の模型を担ぎ出し、神幸行列を先導しながら御船歌に

合わせて練り歩き、船首と船尾を交互に持ち上げては荒波の航海を威勢よく表す。各家では門口に海砂を円錐型に盛り、塩と本俵を載せ、御船が通る直前に道に撒く。柱起こしや帆上げの儀礼もあり、最後は牛ノ舌餅が氏子に配られる。この行事は18世紀前半に相良湊の廻船問屋が始めたと伝え、同様の御船行事が、牧之原市波津(はづさわ)の飯津佐和乃神社で9月に、同細江の神明神社で10月に、同勝俣の鹿島神社で11月に、それぞれ行われている。

大井八幡宮(おおいはちまんぐう)　焼津市藤守(やいづふじもり)。品陀和気命(ほむだわけのみこと)を祀る。大井川の豊かな水の恵みに感謝するとともに、豊作を祈願して水霊を祀ったのが始まりで、985年に神殿を建立して川除守護神を奉斎、治水を祈願して農民が田遊びを奉納したと伝える。これが3月17日の祈年祭に行われている〈藤守の田遊び〉†の始まりであるという。1573年に現在の形式が確立し、1960年までは旧暦1月17日や2月17日に行われたという。氏子の未婚男性が、鍬入・田植・間田楽・稲刈など1年の稲作を模擬的に演じる25番の舞と、番外の天狗(てんぐ)と鯛釣(たいつり)を奉納する。2番の振取(ふっとり)は祭神の御獅子(牛)を迎える最も重要な役で、宮籠りの統卒者が演じている。なお、田遊びに先立ち、3月15日には新婚の男性を清める水祝(みずいわい)をし、3月16日には鏡餅と牛舌餅をつくって御食い継ぎをし、当日午後には神人饗宴の外祭(げさい)の儀や豊凶を占う的射(まとい)の儀を行う。

東雲寺(とううんじ)　静岡市葵区有東木(あおとうぎ)。曹洞宗。本尊は大日如来。仏谷山と号し、裏手には墓地が広がる。安倍川の上流、清流に恵まれた山間に建ち、日本の山葵(わさび)栽培発祥の地として知られる。地区の盆行事は8月で、迎え火は七夕の7日から焚き始める。14日には朝に墓参りをして松明しを焚いて祖霊を迎える。昼には寺で施餓鬼(せがき)があり、夜には境内で〈有東木の盆踊〉†が行われる。伴奏は太鼓のみで、コキリコやササラといった古い楽器を打ち鳴らしながら男踊や女踊を繰り広げる、古風な盆踊である。最後は村境へ行き、長刀踊(なぎなたおどり)をして踊納める。踊は15日夜にも行われる。16日は朝に送り盆をして盆棚を川に納め、昼に寺の子安観音に御丸(団子)を供え、住職の大般若経に合わせて大数珠(おおじゅず)を回す百万遍を営む。川を下った平野地区の臨済宗少林院にも同様の盆踊が伝承されている。

北野天神宮(きたのてんじんぐう)　静岡市清水区由比北田(ゆいきただ)。駿河上野城址に建ち、菅原道真(みちざね)を祀る。身延街道の芭蕉(ばしょう)天神道に面し、北上すれば菅

原天神社や芭蕉天神宮を経て駿河一宮へと至り、南下すれば日蓮宗の経塚山妙栄寺を経て東海道・駿河湾へと至る。7月中頃の北田夏祭りには、初日に〈由比北田の天王船流し〉‡が行われる。これは境内にある津島社の祭りで、昔は旧暦6月15日に営まれた。大麦の藁（わら）でつくった全長4mの帆掛け船に、愛知県津島市の津島神社から受けた神札を舳（へさき）に掲げ、区内を練り歩いて各戸を御幣（ごへい）で御祓いし、家族の氏名と生年月日を書いた紙製の御姿（おすがた）（人形（ひとがた））を集めて船に納め、最後は浜に出て穢れを祓って回った御幣と火を点けた松明（たいまつ）を船に差し立て、沖へと送り出す。翌日の夜には奉納踊り大会があり、老若男女が夜遅くまで踊りを繰り広げる。大人の踊る曲は24曲もある。

照江寺（しょうこうじ）　沼津市江浦（えのうら）。臨済宗妙心寺派。本尊は聖観音。大日山と号する。1597年、武田家の家臣であった江浦七人衆と涼室薫公（りょうしつくんこう）（岡田相善）が当地に一寺を創建し、周天禮公（しゅうてんれいこう）を開山に迎えたのに始まる。翌年、周天は伊豆修善寺より弘法大師作と伝える大日如来像を迎えた。大日像は秘仏で33年ごとの開帳であったが、江浦湾に出入りする人々の信仰を集めてきた。江浦を含む静浦一帯は駿河湾最奥部にあって鮪（まぐろ）や鰹（かつお）の建切網漁や鰹節の製造が盛んであった。沼津市歴史民俗資料館では船霊様（ふなだません）などの信仰民具を含めた〈沼津内浦・静浦及び周辺地域の漁撈用具（ぎょろう）〉†2,539点を保存展示している。江浦の正月は寺の南にある住吉神社の裸参りで始まる。元日未明に海で身を清めた若者が六根清浄の掛け声も勇ましく地区の寺社祠堂を巡拝する。翌日は若者組卒業の〈水祝儀〉が行われる。

下多賀神社（しもたがじんじゃ）　熱海市下多賀（あたみ）。宮川の河口に鎮座。昔は中村大明神と称したが、1679年に松尾大明神、1873年に現称とした。近江多賀大社と同じ伊弉諾尊（いざなぎのみこと）・伊弉冉尊（いざなみのみこと）を祀る。境内には梛（なぎ）・ホルト・楠（くす）の神木があり、疱瘡社は稲背稲命（いなせいねのみこと）を祀る。晩秋から初冬の神社下の浜には、海から吹く冷たい風雨に乗って稲叢様（いなぶらさん）が来るといわれ、これに覆い被さられると死骸も残らないという。1月2日の水浴びせは〈伊豆・駿河の水祝い〉‡の一つで、数え15歳で元服を迎え宿若衆に仲間入りした男子が社前で踊り唄いながら、前年に所帯をもって一戸前となった男性に、熊笹で浄めた海水を振り掛けて祝う。例大祭は10月中旬で、若衆が〈東伊豆地方の鹿島踊〉‡を境内と御旅所で勇壮に奉納する。当社の鹿島踊は茨城県の鹿島神宮が発祥で、当地から江戸へ城壁の石を積み出した縁で受け

来宮神社（きのみや）

南伊豆町手石。伊豆半島の南端、風待ち湊の小さな入り江の守り神。入り江の先にある国天然記念物「手石の弥陀ノ岩屋」で知られた土地で、そこでは洞窟の中に金色に阿弥陀三尊が出現するといわれ、伊豆七不思議の一つに数えられている。創祀は不明で、熱海市の来宮神社や河津町の杉桙別命（河津来宮）神社から分霊を勧請した可能性もある。伊豆地方の来宮は多くが木の神（五十猛命など）を祀るので、裏山の木々を祀るものかもしれない。例祭は旧暦8月14日で、宵宮と本祭の夜に〈小稲の虎舞〉‡が奉納される。浜辺に「虎山」とよぶ舞台を仮設し、藤蔓で編んだ布状の虎の縫い包みに2人が入って素足で舞う。近松門左衛門の『国性爺合戦』の千里ヶ竹の段の一場面を舞いにしたと伝え、和藤内（鄭成功）が激しい格闘の末に虎を生け捕りにして舞が終了する。

 巡礼案内 ● 巡ってみたい！百観音 西国三十三観音霊場❹

＊西国三十三観音霊場についてはp145を参照してください。
＊『西国三十三所観音霊場記図会』（1803）から、巡る順番、霊場名（所在地：本尊）を抽出しました。

（続き）
◆26　法華寺／一乗寺（播磨国賀西郡：千手観世音立像）◆27　書写山円教寺（播磨国飾西郡：如意輪観世音坐像）◆28　世野山成相寺（丹後国与謝郡：聖観世音観世立像）◆29　松尾寺（若狭国鴻浦：馬頭観世音坐像）◆30　竹生嶋／本業寺（近江国浅井郡：千手観世音立像）◆31　長命寺（近江国蒲生下郡：聖観世音立像）◆32　観音寺（近江国神﨑郡石場寺村：千手観世音立像）◆33　華厳寺（美濃国谷汲山：十一面観世音立像）

☞ p.175に続く

23 愛知県

熱田神宮

寺社信仰の特色

　古くは年魚市とよばれた愛知県は、西の尾張国と東の三河国から成る。尾張一宮は真清田神社とも、大神社ともいわれ、ともに一宮市に鎮座する。南接する稲沢市には尾張の国府と国分寺が置かれていた。

　真清田神社の例祭は4月3日の桃花祭で、古態を伝える車楽が門前に飾る。また、7月には日本三大七夕祭の一つ一宮七夕まつりを行っている。

　尾張二宮は犬山市の本宮山西麓に鎮座する大縣神社とされる。社の北東にある尾張富士には本宮山に背比べで負けたとする伝説があり、尾張富士の西麓に鎮座する大宮浅間神社では山頂に石を運び上げる奇祭「石上祭」を営んでいる。

　尾張三宮は名古屋市の熱田神宮とされる。初詣には県内寺社随一の230万人が参拝し、日本有数の大宮と崇められている。

　名古屋市には日本三大観音に数えられる尾張33-01大須観音（真福寺）もある。10月の名古屋まつりでは、郷土が生んだ織田信長・豊臣秀吉・徳川家康の三英傑が鎧武者など600名を従えて、門前町を練り歩きフィナーレを飾る。

　三河一宮は豊川市の砥鹿神社とされる。豊川は三河の国府と国分寺が置かれた三河の中心で、日本三大稲荷および曹洞宗三大祈禱所に数えられる豊川稲荷が全国から参拝者を集めている。

　三河二宮は知立市の知立神社、三宮は豊田市の猿投神社とされる。猿投神社は西三河地方一の大社で、10月の例祭には〈猿投の棒の手〉や飾り馬が奉納され、初詣にはトヨタ自動車の社員らが参拝に訪れる。

　上記の砥鹿神社と豊田市の津島神社、南知多町の日間賀神社には揉鑽法による発火法が、熱田神宮には轆轤を使った舞鑽法による発火法が、それぞれ伝承されており、〈尾張・三河の火鑽習俗〉‡と総称されている。

主な寺社信仰

針綱神社（はりつな）
犬山市犬山。国宝犬山城に鎮座。尾張氏の祖・尾治針名根連命（おわりはりなねむらじのみこと）を祀る。濃尾の総鎮守。尾張五社の一つ。もとは犬山の峰に鎮座していたが、1537年の築城で白山平（はくさんびら）へ、1606年に名栗町（なぐりちょう）へ、1882年に現在地へ遷された。犬山の産土神で、昔は白山妙理権現と崇められた。4月には奉納絢爛で名高い〈犬山祭の車山行事〉†があり、氏子の13町が絢爛（からくり）人形を乗せた3層4輪形式の「犬山型」車山を出し、3町が練り物を出す。1635年に氏子が神輿の渡御（とぎょ）に際して練り物を出したのに始まり、1641年には馬の塔を車山に変えて人形絢爛を奉納したのが犬山祭の原型という。高さ8mもの車山は「どんでん館」で常設展示されており、社頭の犬山市文化史料館（城とまちミュージアム）では犬山の文化を知ることができる。また、別館のからくり展示館では絢爛人形の動きがみられる。

白山社（はくさんしゃ）
一ノ宮市浅野。水法の氏神で、菊理姫命（くくりひめのみこと）を祀る。1月に大峰山行者講、7月に白山参拝旅行と天王祭、10月に千所祭・例祭・お神送りを営む。八朔（旧暦8月1日）に行われる〈水法の芝馬祭（しばうままつり）〉‡は、1281年の蒙古（もうこ）襲来の際、当地から出征した神々と軍馬が大活躍したことを祝して始まったという。年番（ねんばん）は一ノ鳥居脇の芝草畑を始め、付近に自生している芝草（チガヤ、ツバナグサ、トダシバなど）を刈り集め、木曽川に自生している藤蔓で胴を縛り、高麗（こうらい）（玉蜀黍（とうもろこし））・唐辛子・鬼灯・茄子などを細工して飾り付けて芝馬をつくり、御幣（ごへい）を立てる。神社で塩祓いをした男児は、芝馬を曳いて社を右回りに1周した後、村内の各家を古くから決まった道順に従って巡る。最後は災厄を託して芝馬を村はずれの川に流す。

長母寺（ちょうぼじ）
名古屋市東区。尾張33-28。1179年に山田重忠（やまだしげただ）が創建した天台宗亀鐘山桃尾寺（むじゅうどうぎょう）に始まり、1263年に無住道暁（一円）が入って臨済宗霊鷲山長母寺（りょうじゅせん）に改めたと伝える。無住は当寺で仏教説話集『沙石集（させきしゅう）』を著し、極楽を証する「檜の芽（ひのき）」の奇瑞を残して入定したという。開山堂には国重文の木造無住和尚坐像が安置され、堂前には伊藤萬蔵が寄進した石製花入れが建つ。昔は堂の北に耀（あかね）や霜焼（しもやけ）を防ぐという「足洗い池」があった。無住は法華経の説教として『正應年中萬歳楽（しょうおうねんちゅうまんざいらく）』も著

したが、これは〈尾張万歳〉†の起源となっている。室町時代には長母寺領の知多半島に伝わり、江戸時代には「なかなか万歳」と称する福倉持倉や、回国先の名産を祝福する入込などの娯楽的な演目を加え、烏帽子に扇子の太夫と大黒頭巾に鼓の才蔵が農閑期の出稼ぎに盛んに回国した。

熱田神宮　名古屋市熱田区。熱田台地の南端に鎮座。熱田大神を祀る。日本武尊が火上山(名古屋市緑区)に残した三種の神器の一つ草薙剣を、妃の宮簀媛が伊勢湾に突出した岬に奉安したのが始まりという。全国熱田神社の総本社。日本三蓬莱の一つ。6月5日の熱田祭をはじめ年間約60の祭を執行する。5月8～13日の花ノ撓は、西楽所に田所・畠所の模型を飾り、人々がその出来を各自で判断して作柄を占う卯月八日の豊年祭で、愛知県で広く花ノ塔や花堂として行われており、〈尾張・三河の花のとう〉‡と総称されている。昔はその約1か月後の端午に、標具とよばれる札や御幣を立てた馬を奉納する馬ノ塔があり、愛知県内でも広く行われたが、現在は〈愛知のオマント〉‡として長久手市などに残るのみである。

津島神社　津島市神明町。新羅国から対馬国に渡った建速須佐之男命(素盞烏尊)の和魂が光臨したのを祀ったのが始まりという。津嶋牛頭天王と称された。全国に約3,000ある天王社の総本社で、日本総社と称する。7月下旬の〈尾張津島天王祭の車楽舟行事〉†は日本三大川祭と賞される。提灯祭ともよばれる宵祭は、5艘の巻藁舟が天王川に出る。舟上の屋台には、山型に365(閏年は366)個の提灯を飾り、中央に真柱を立てて12(閏年は13)個の提灯を掲げる。翌日の朝祭は車楽祭とよばれ、屋台に能人形を乗せて小袖や花を飾り付ける。日没後深夜に至ると天王川に神葭を流して疫神退散を願う。隣の蟹江町の冨吉建速神社八劔社で行われる〈須成祭の車楽船行事と神葭流し〉†も天王祭で、華やかな車楽船の出る行事と、1年の穢れを葭に託して川に流す行事から成る。

神前神社　半田市亀崎町。衣浦西岸に鎮座。洲ノ崎に上陸した神武天皇を祀ったのに始まり、それを記念するのが10月23日頃に行う例祭の桟掛祭であるという。亀崎の氏神で、子どもの神様として人気を集めており、七五三の時期は大いに賑わう。また、6月1～8日の虫封祭(井戸のぞき)では、乳幼児が疳の虫を封じる御祓いを受けて「虫封」

の朱印を額に押され、親に抱えられて拝殿裏の「神の井」を覗き込む。古くは神嵜天神や亀崎神明とよばれた。江戸時代は江戸へ醸造品（酒・酢・たまり・味醂など）を運ぶ廻船の停泊地として栄え、5月3日・4日の〈亀崎潮干祭の山車行事〉†では、精緻な彫刻や華麗な刺繡幕で装飾された豪奢な宮形が豪快に海浜へと曳き下ろされる。5輌の山車は町内も曳き回おされ、尾張三社（熱田・津島・真清田社を祀る）や秋葉社で絡繰人形の技芸を披露する。

平勝寺

豊田市綾渡町。曹洞宗。聖徳太子の開創と伝え、天台密教の檀独山大悲密院として栄えたが、後醍醐天皇の皇子が戦勝祈願した縁で鳳凰山平勝寺に改めたという。1159年作の木造観音菩薩坐像は国重文で、17年ごとに開帳される。参道の百体観音は2013年に3つの旧参道から移されたもので、1865年7月に桑田和を起点に坂東観音、1866年7月に中之御所から秩父観音、同年8月に安実京から西国観音の各像が安置された。8月に行われる〈綾渡の夜念仏と盆踊〉†は、昔は旧暦7月1〜17日に若連中が新仏の家々を回って行っていたが、青年の減少などで現在は8月10日と8月15日に境内のみで行われている。夜念仏は道音頭から始まり、山門下の石仏前で辻回向、山門で門開き、観音堂で観音回向、神明社で神回向、本堂で仏回向をする。続く盆踊りは足拍子だけで踊る素朴な踊りである。

知立神社

知立市西町。日本武尊が建国祖神4柱を祀ったのが始まりという。神紋は青海波で、碧海郡の祖神・青海首命を相殿に祀っている。池鯉鮒大明神、三河二宮と崇められた。空海が当社に三七（21）日間参籠して、衆生利益の祈願を込めて神木で自像3体を刻んだのが三河三弘法の始まりと伝え、毎月旧暦21日の三弘法縁日には、当社も巡拝者で賑わった。また、円仁は神宮寺を創建し、併せて2層の塔を建立したと伝え、1509年に再建された多宝塔（国重文）が現存する。江戸時代には東海道の宿場町として栄え、蝮除け・長虫除けの神と崇められ、東海道三社の一つに数えられた。隔年5月2日・3日の本祭りには〈知立の山車文楽とからくり〉†が行われ、山車の下層で人形浄瑠璃、上層で絡繰人形芝居を奉納する珍しい形態をとる。間祭の年には煌びやかな花車が奉納される。

鳥羽神明社　西尾市鳥羽町。西迫に鎮座。天照大御神を祀る。大同（806〜810）年間の創建と伝えるが、社の南西に隣接していた神宮寺の跡からは7世紀後半の作とみられる素弁蓮華文軒丸瓦が出土しているので、創祀はさらに遡る可能性がある。神宮寺は戦国時代に焼亡し、焼け残った阿弥陀堂の本尊であったと伝える1467年作の阿弥陀如来坐像も、字川坂の通因寺（真宗大谷派）の客仏となっている。正月行事の〈鳥羽の火祭り〉†（鳥羽大篝火）は旧暦1月7日に斎行されていたが、1970年以降2月第2日曜に実施されている。高さ7m・径3mほどの大松明（スズミ）に火を点け、西の福地と東の乾地の奉仕人（ネコ）が燃え盛る炎の中に飛び込み、松明から神木と十二縄を取り出し、神前に供える速さを競う。人々は、その勝敗や松明の燃え具合で作柄や吉凶を占う。天下の奇祭と名高い。

八百富神社　蒲郡市竹島町。「海の眺めは蒲郡」と歌われた勝地に市杵島姫命を祀る。三河守の藤原俊成が西国30竹生島より弁財天を勧請して創建したという。俊成は蒲郡開発の祖で、境内の千歳神社に祀られている。日本七弁天の一つ竹島弁天として知られ、1735年には伯家（白川）神道から八百富神の号を得た。竹島を覆う社叢は国の天然記念物である。なお、1956年に『竹島研究』を著した郷土史家の岸間清閑（芳松）は、灯火具の収集家としても知られ、コレクションのうち310点が〈秉燭コレクション〉†として蒲郡市博物館で収蔵・展示されている。秉燭はヒンソクやヘイショクともよばれ、行灯の内部に置く油皿の一種で、鉢状容器の中心に灯心を立てる突起を設け、油がこぼれにくく火のもちが良いため、ランプや電灯が普及するまで街行灯で盛んに使われた。

鳳来寺　新城市門谷。国名勝の鳳来寺山に建つ。真言宗五智教団の本山で、煙巌山と号する。利修仙人が自刻の薬師像を祀って開いたと伝え、峯薬師と崇められた。徳川家康は当山の申し子と伝え、孫の家光が建立した仁王門と東照宮は国重文となっている。明治維新で著しく窮乏したが、京都法輪寺の服部賢成が復興させた。正月には本堂前で〈三河の田楽〉†の一つ鳳来寺田楽が奉納されるが、これは本堂下に埋められた青・赤・黒の3鬼の首を供養するためという。一方、お盆には周辺各地で念仏踊（大念仏）の〈鳳来町のほうか〉‡が行われている。また、東栄町小林の諏訪神社には当山から寄進されたと伝えるユーモラスな黄色い鬼の

面が残り、11月の〈花祭（はなまつり）〉†では鳳来寺鬼として、山割鬼（山見鬼／山鬼）や茂吉鬼（槌鬼／朝鬼）などの諸鬼とともに舞を奉納している。

安久美神戸神明社（あくみかんべしんめいしゃ）

豊橋市八町通（とよはしはっちょうどおり）。吉田城（今橋城）跡の南東に天照皇大神を祀り、豊橋神明様と親しまれる。承平天慶の乱（平将門の乱と藤原純友の乱）の鎮圧を伊勢神宮の御蔭と喜んだ朱雀（すざく）天皇が、940年に三河国渥美郡の飽海荘（あつみあくみ）を神宮へ寄進、神戸（かんべ）（神領地）となった当地に伊勢神宮祭主・大中臣頼基（おおなかとみのよりもと）の庶流が来訪し、当社を創建したと伝える。昔は大晦日（おおみそか）の年越しに行われていた〈豊橋神明社の鬼祭〉†は、1966年に建国記念の日が定められたのを機に、1968年から同日を本祭とするようになった。ユーモラスな赤鬼と天狗のからかいなど、建国神話を取り入れた田楽（でんがく）が奉納され、開運飴まき・厄除飴まきや子鬼社参、御的の神事などが営まれる。2月の繁栄祈念に対して、10月には神恩に感謝を捧げる秋祭があり、神楽・絵行燈（えあんどん）・鬼祭おんど・豊栄舞（とよさかまい）などが奉納されている。

巡礼案内 ● 百観音 坂東三十三観音霊場ってなに？

坂東三十三観音霊場とは、百観音の一つで（p139参照）、現在の神奈川県から埼玉県・東京都・群馬県・栃木県・茨城県・千葉県へと巡る33か所の観音霊場です。西国の三十三観音霊場にならって13世紀頃に開創されたと考えられています。本書では、『三十三所坂東観音霊場記』（1771年刊）に記された33か所から、巡る順番、霊場名、所在地、本尊（観音）名を抽出しました。この順番通りに巡ると道程は必ずしも効率的ではなく、なぜこの順とされたのかは謎のままです。

☞ p.181に続く

24 三重県

伊勢神宮

寺社信仰の特色

　三重県伊勢市には日本随一の聖地、伊勢神宮がある。天皇家の氏神で、日本総鎮守とされ、全国の天照大神（神明／天祖／皇大）信仰の総本宮となっている。20年ごとに殿社を造り替える式年遷宮では、〈伊勢の『お木曳き』行事〉‡や〈伊勢の『白石持ち』行事〉‡が伝承されている。

　伊勢信仰は〈伊勢大神楽〉†などによって全国に広められ、今も山本源太夫らが桑名市の増田神社などに奉納を続けている。

　伊勢神宮と両参りの信仰を集めたのが同市、朝熊山の金剛證寺で、日本三大虚空蔵菩薩の第1位とされ、岳参りの民俗でも参詣を集める。

　津市の恵日山観音寺も、伊勢神宮天照大神本地仏の国府阿弥陀如来を祀ったことで、伊勢神宮と両参りの信仰を集めた。本尊の津観音は日本三大観音にも数えられている。

　伊勢神宮は年間1,000万人を超える参拝者を集めるが、県内でそれに次ぐのは伊勢市の二見興玉神社とされる。境内にある夫婦岩の間から昇る日の大神を礼拝する人々は今も絶えない。

　県内には伊勢・伊賀・志摩の3国の一宮も鎮座している。

　伊勢一宮は鈴鹿市の都波岐神社または椿大神社で、猿田彦信仰の総本社とされている。二宮は桑名市の多度大社で、伊勢神宮との両参りの信仰を集め、北伊勢大神宮とも称された。

　伊賀一宮は伊賀市の敢国神社で、伊賀国内唯一の式内大社である。二宮の小宮神社と三宮の波多岐神社も同市にある。

　志摩一宮は志摩市の伊雑宮および鳥羽市の伊射波神社とされる。伊雑宮は皇大神宮の別宮で、日本三大御田植祭の〈磯部の御神田〉†を伝える。伊射波神社は志摩国海上守護の志摩大明神と崇められた。両市は漁業が盛んで、志摩市には〈志摩半島の生産用具及び関連資料〉‡が、鳥羽市には〈伊勢湾・志摩半島・熊野灘の漁撈用具〉†が伝わる。

176

主な寺社信仰

猪名部神社

東員町北大社。饒速日命の6世の孫で員弁の祖となった伊香我色男命を主神とし、春澄善縄卿を併せ祀る。善縄は猪名部造が本姓で、祖父の員弁財麿は伊勢国員弁郡の少領（郡司の第2位）であった。参議式部大輔従二位に昇り、文学博士となり、『続日本後紀』を編纂するなど活躍、現在は学問の神として崇められている。創祀は不明だが、873年9月9日に善縄の長女が氏神の猪名部神社に稲を奉納したと『日本三代実録』に記されている。猪名部氏は摂津国の猪名川に根源をもつ豪族と伝え、奈良の法隆寺・石山寺・興福寺などの建立に携わり、東大寺の創建に際しては猪名部百世が大工（棟梁）を務めている。4月の大社祭には〈猪名部神社 上げ馬神事〉が行われ、騎馬が坂を一気に駆け上がり、稲作の吉凶を占う。

春日神社

桑名市本町。桑名藩の城下町、東海道の宿場町、伊勢参宮の出発地として栄えた桑名の中心部に鎮座。桑名の総鎮守。桑名神社（三崎大明神）と中臣神社（春日大明神）の両社内社から成り、桑名宗社と称する。桑名神社は桑名を拓いた桑名首の祖神である天津彦根命と天久々斯比乃神の親子神を祀る。中臣神社は伊勢国造の遠祖とされる天日別命を祀り、1289年に山上から桑名神社境内に遷され、1296年に奈良の春日大社から春日四柱神を勧請合祀した。8月の〈桑名石取祭の祭車行事〉†は、30数台の祭車が鉦や太鼓を激しく打ち鳴らし囃すため、日本一喧しい祭といわれる。祭車を曳くのは町内の人ではなく、周辺農村部の人々である。川原祓した町屋川で採取した清らかな石を奉納する祭で、祭が終わると献石俵から石を取り出して拝殿前に撒き、祭地を浄める。

鳥出神社

四日市市富田。富田6郷の総氏神で、日本武尊と事代主神を祀る。昔は飛鳥明神を祀り、飛鳥社と称された。当地は白鳥と化した日本武尊が飛び出た地ゆえ鳥出とよばれたという。富田は伊勢神宮の御厨の一つで、本殿の造営は伊勢神宮の式年遷宮に際して古宮の用材を拝領して行われた。8月14日・15日の例祭には〈鳥出神社の鯨船行事〉†が営まれる。北勢地方に分布する陸上模擬捕鯨行事の代表格で、鯨を発見して荒海を追い、銛を打って鯨を突き仕留めるまでの一連の捕鯨

近畿地方

の様子を豪快に演じ、大漁や富貴を祈願する。鯨船は5輪のコマ（車輪）が付いた全長約9mの山車で、豪華な彫刻や幕で飾られ、その燦美は観る人を唖然とさせる。北島組の神社丸、中島組の神徳丸、南島組の感応丸、古川町の権現丸の4隻が曳き出され、羽刺や櫓漕の男児が乗り込み、張子の鯨を追う。

如来寺

鈴鹿市三日市。真宗高田派。隣接する太子寺とともに真宗高田派の本山兼帯所（本山法主が住職を兼帯する直轄寺院）であった。下野高田専修派の善光寺勧進聖の念仏道場は、善光寺阿弥陀如来堂と四天王寺聖徳太子堂を並列させるのが古態である。津市にある真宗高田派本山の専修寺よりも古い創建で、伊勢国真宗発祥の地と伝える。1310年7月4日、浄土真宗開祖親鸞上人の高弟で専修寺3世の顕智上人は、当地で説法中、村はずれの一ツ橋を最後に行方不明となった。村人は念仏を唱えながら雨の中を夜を徹して捜したがついに見つからなかったという。寺では上人の等身大の木造坐像（伝鎌倉時代作）を祀り、命日の8月4日には当時のままに蓑笠を身に付け、提灯を手に念仏を唱えながら町内を巡る〈オンナイ念仏会〉を続けている。オンナイとは御身無いの転訛ともいわれる。

仲山神社

津市美杉町下之川。八手俣川の中流域北岸に鎮座。金山彦命を祀り、大己貴命と天兒屋根命を配祀、熊野久須比命ほか14神を合祀する。昔は金生大明神と崇められた。本殿は1333年の上棟で、美杉町多気に本拠を置く北畠氏の祈願所であったと伝える。例祭は10月13日であるが、2月11日の〈牛蒡祭〉が盛大に営まれている。地区で集めた牛蒡を調理し、山椒味噌や唐辛子味噌で和え、朴葉に包んで神に供える。この供物は精力強壮薬とされ、神事後は参拝者に振る舞われる。巨大な男女の性器を木と藁で象った神輿が繰り出すことからヘノコ祭とも称される。昔は旧暦1月15日が本祭であった。当日は4本の矢を放つ御弓神事（的射）や、鯔を古式作法で調理する俎板行事（九切祭／小笠原流包丁式）も行われる。

神麻続機殿神社

松阪市井口中町。櫛田川下流東岸に鎮座。倭姫命が長田郷に機殿を立てて麻績社と号したのが始まりと伝え、後に流田郷の服村を経て井手郷の現在地へ1079年に遷されたという。伊勢神宮の神御衣祭に供える荒妙（麻布）を調進する八尋殿の

鎮守として天八坂彦命を祀る。麻績氏が祭祀した。下流にあって服部氏が和妙（絹布）を調進する神服織機殿神社に対して上機殿や上館様とも称される。両機殿では今も5月と10月に〈御衣奉織行事〉が営まれている。こうした機織りの伝統が〈松阪木綿の紡織習俗〉‡を生み出したと考えられている。伊勢商人の中核をなす松阪商人は、上質で縦縞が特徴的な松阪木綿を扱うことで豪商となった。三井財閥の礎を築いた三井高利が生まれ育ったのも松阪である。伊勢商人は近江商人の後裔で、江戸に伊勢屋を無数に開いた。

高向大社

伊勢市御薗町高向。旧高向郷の中心に鎮座。上社とよばれ、昔は七所大明神や八王子社とも称された。1908年に神村（鏑）社と山神社を合祀。現在は素戔嗚命・奥津嶋姫命・湍津嶋姫命・大己貴命・下照姫命・八大龍王・市杵島姫命・大山祇神を祀る。例祭は2月11日で、社の分霊を自宅に祀る禱屋によって〈御頭神事〉†が伝承されている。御頭は獅子頭の尊称で、大社の頭は雄26歳、神村社のは雌23歳という。氏子宅を戸ごとに祓っては布久目物（金一封）を受けて災厄を一身に引き受け、最後に刀で切られて氏子の身代わりに死ぬ（切り祓い）。御頭は1038年に本瀧定行が鯛祭田の柳で刻んだもので、1182年頃の悪疫蔓延に際して正法寺の木相（宇須野神社の杉の脂から化生）に神が乗り移り、御頭を出して村中祓いの舞を踊り回ったところ止んだのが始まりと伝える。

菅原神社

伊賀市上野東町。12世紀後半、上野山に真言宗平楽寺が創建された際、伽藍神として農耕神祇に発祥する神々を祀ったのが始まりと伝える。1611年に藤堂高虎が上野城の改修を始めると当地へ遷座され、城郭の鎮守、城下町の氏神とされた。1672年には俳諧で身を立てると決めた松尾芭蕉が処女作『貝おほひ』を奉納して文運を祈っている。現在は旧上野町域の産土神、文学の祖神、牛馬の守護神と崇められている。10月23〜25日の秋祭には〈上野天神祭のダンジリ行事〉†が営まれる。23日・24日は宵宮祭で、9基の絢爛豪華な楼車に紅提灯の火が点り、人々が宵宮詣をする。25日の本祭には神輿の渡御があり、五大力明王を表す大御幣、100体を超す鬼の行列、各町の印と楼車が供奉し、町内を巡行する。10月に市内では〈勝手神社の神事踊〉‡も行われる。

極楽寺

名張市赤目町一ノ井。赤目四十八滝の入口に建つ。昔は寺領広大で、前面一帯の山林は不動山、田地は松明田とよばれた。

西境山大徳院と号す。真言宗豊山派。伊賀88-50、三重88-49、伊賀33-02。本尊は不動明王。12世紀末頃、若狭の南無観長者と協力して東大寺の二月堂を再興した道観が開基したと伝える。道観は当地の長者で、護持仏の不動明王像と、二月堂の本尊と同じ十一面観音像を寺山に祀り、堂宇を創建したという。道観は二月堂の再興に併せて修二会（御水取り）に使う松明の調進を始めたとも伝え、道観の没後は遺言により一ノ井の住民たちが引き継いだという。現在は住職や松明講の人々によって、1月から3月にかけて〈一ノ井の松明調進行事〉が続けられており、2月11日に松明20束を境内で拵え、3月10日に道観塚へと練行し、3月12日に東大寺に奉納している。

安乗神社

志摩市阿児町安乗。的矢湾の入口をなす安乗崎（灯明崎）の的場山（八幡山）に鎮座。16世紀に三浦新介（国府内膳正）が当地に畔乗城を築いた際に八幡神を祀ったのが始まりと思われる。1592年、志摩国主の九鬼嘉隆が文禄の役に水軍を出した際、安乗沖で凪となり船が停止したため、当社に参拝して戦勝祈願したところ順風が起こり、彼の地で武功を立てた。その御礼参りの際に地名を安乗に改めたと伝える。1906年に5男3女を祀る大潮社（八皇子社）などを合祀し、1908年に伊弉諾命・伊弉冉命を祀る安乗神社（産土宮／御霊宮）を合祀して現称とした。9月15日の例祭には神賑として境内の船底形舞台で〈安乗の人形芝居〉†（安乗文楽）が奉納される。3人遣いの素朴な人形芝居で、1月2日には新年の大漁祈願と海上安全の式三番（千歳・翁・三番叟）を舞わせる。

真巌寺

尾鷲市九木町。曹洞宗。織田信長に従い鉄甲船で毛利水軍600隻を撃破して怖れられた九鬼水軍発祥の地に建つ。九鬼氏祖の藤原（九鬼）隆信が創建した薬師寺に始まると伝え、本尊の木造薬師如来坐像の膝裏には1329年の墨書銘が残る。嫡子の隆治は城内に天満天神を祀り、九木神社を創祀したという。1633年頃に真巌元達が入寺し、1644年の再建で延命庵と林泉庵を併合し現称に改めた。1月3日には境内で賀儀取が古式作法で四立弓を射る鰤祭（九木神社の本祭）が行われるが、これは12月31日晩のヒョウケンギョウの火焚祭に始まる予祝行事の一つで、雲丹供養のニラクラ祭や炭泥での相撲とともに〈尾鷲九木浦の正月行事〉‡と総称されている。昔は旧暦12月30日〜1月8日に行われており、

本尊に対するオコナイの行事であったと考えられている。行事の原型は元達がつくったと伝える。

地蔵寺 尾鷲市梶賀町。曹洞宗。延命山と号す。由緒不詳ながらも、1773年に大雄住職が伊勢津釜屋町の藤原種茂に鋳造させた銅鐘が残る。梶賀浦の信仰を集め、毎年小正月には曽根や古江から伴僧を招いて法要を営んできた。現在は成人の日にハラソ祭として大般若経を転読し、鯨供養と大漁祈願の浦祈禱を行っている。浦人は船尾に大漁旗や吹流しを飾ったハラソ船で伴僧を送ると、赤い襦袢に着替え、顔を白く塗って口紅で化粧し、梶賀・曽根・古江・賀田の総鎮守である飛鳥神社に鯨突きを奉納する。ハラソ、ハラソの掛声で八丁櫓を操り、羽刺が舳先から銛を投じるのである。梶賀では鯨石・竜宮島・氏神様・空神様・竈神様などにも奉納する。突きの動作や漕法に鯨漁の古式を伝承し、今も各地に残る〈北勢・熊野の鯨船行事〉‡で実際に海へ出るのは梶賀のみである。

巡礼案内 ● 巡ってみたい！百観音 坂東三十三観音霊場❶

* 坂東三十三観音霊場については p.175 を参照してください。
* 『三十三所坂東観音霊場記』(1771) から、巡る順番、霊場名（所在地：本尊〈観音〉名）を抽出しました。

◆1 大蔵山杉本寺／二階堂観音院（相模国鎌倉郡大蔵が谷：十一面）◆2 海前山岩殿寺（相模国三浦郡久野谷郷：十一面）◆3 祇園山安養院田代堂（相模国鎌倉郡名越郷：千手）◆4 海光山慈照院長谷寺（相模国鎌倉郡：十一面）◆5 飯泉山勝福寺（相模国足柄下郡千代：十一面）◆6 飯上山長谷寺／飯山寺（相模国愛甲郡飯山：十一面）◆7 金目山光明寺（相模国大住郡金井郷：聖）◆8 妙法山星谷寺（相模国愛甲郡座間郷：聖）

☞ p.187に続く

25 滋賀県

比叡山延暦寺

寺社信仰の特色

　滋賀県は琵琶湖（淡海）の恵みで発展し、昔は近江（淡海）国とよばれ、667年には大津宮が、742年には紫香楽宮が置かれた要地である。大津宮跡には天智天皇を祀る近江神宮が1940年に創祀されている。

　近江は宗教的な要地でもあり、最澄が大津市に開いた天台宗総本山の比叡山延暦寺は、円仁・円珍・良源・源信・良忍・法然・栄西・道元・親鸞・日蓮など数多の名僧を輩出し、日本の仏教文化を大きく発展させた。今も十二年籠山行や千日回峰行の厳しい修行が続けられ、日本三大霊場の一つで、ユネスコの世界文化遺産ともなっている。

　日本全国の日枝／山王／日吉社の総本社である日吉大社も大津市にあり、古く日枝山と称された比叡山の神を祀る。最澄は延暦寺創建の際、日枝山の神を守護神と崇め、中国の天台山に倣って山王権現と称したという。同じ大津市坂本には天台真盛宗の総本山である西教寺もある。

　日本三名鐘の一つ三井の晩鐘で知られる西国14園城寺も比叡山麓にある。天台寺門宗の総本山、本山派修験道の根本道場と崇められ、円珍が感得した黄不動は日本三不動の筆頭として名高い。

　比叡山の北に連なる比良山の神は比良明神とされ、高島市の白鬚神社に祀られた。同社は白髭／白鬚／白鬍社の総本社とされている。

　現在、県内で最も多くの参拝を集めるのは多賀町の多賀大社とされる。全国の多賀社の総本社で、伊勢神宮との両参りの信仰も集めた。

　近江一宮は大津市の建部大社である。近江三宮の多賀大社、同二宮の日吉大社に比べて知名度は低いが、その鎮座地は国府と第2次国分寺（瀬田廃寺）が所在した近江の要衝である。

　県北では日本三大山車祭の一つ〈長浜曳山祭の曳山行事〉†で有名な長浜市の長浜八幡宮が参拝を集めている。曳山の上では日本三大子供歌舞伎の一つ〈長浜曳山狂言〉‡も披露される。

主な寺社信仰

丹生神社　長浜市余呉町上丹生。高時川（丹生川）の東岸に鎮座。一帯は丹朱や陶土を産したと伝え、下流には下社とよばれる丹生神社がある。昔、丹生真人が当地を領した際、丹保野山に神籬を設けて山土と川水を奉じ、天津神を勧請したのが始まりで、後に現在地へ社殿を創建したと伝える。東岳山中林寺が神宮寺で、丹生大明神天神白山両宮を祀り、丹生荘の総社と崇められた。今は丹生津比売命と弥津波能売命を祀っている。例祭は4月3日で、昔は〈上丹生の曳山茶碗祭〉が4月2日・3日に営まれたが、人寄りの都合で5月4日に変更された。祭は陶工の末遠春長が茶碗を奉納したのが始まりという。歌舞伎の場面を再現した陶器の人形飾りが高さ10mに組み上げられ、揺れながら絶妙に直立する様が観衆を驚かせる。

飯開神社　長浜市湖北町延勝寺。館の跡地に鎮座。土塁に囲まれた方形の曲輪が3つ連なる縄張りが残る。宇賀魂神を祀る。昔は琵琶湖中のオコノ州に鎮座していたが、992年の大洪水で社が流出、州も消滅し、神体は当地の浜に漂着したのを、夢告で現在地に奉斎したと伝える。都宇郷（朝日の郷）の総社と崇められ、1405年銘の神輿（国重文）が残る。小谷城主浅井家3代の崇敬篤く、長政は1570年に大刀と躑躅胴鼓を寄進した。例祭は4月6日で、1月3日には三節句の一つとして御管行事を営む。2月12日には高さ2m、重さ30kgもの巨大な注連縄飾りをつくって奉納するオコナイが行われる。飾りはエビ縄とよばれ、手刈りした長い稲穂を編んでつくり、約30kgの鏡餅とともに当屋から社参して奉納し、五穀豊穣を祈る。8月15日に行われていた〈延勝寺の太鼓踊り〉も戦前はオコナイに奉納されていた。

興聖寺　高島市朽木岩瀬。安曇川中流西岸に建つ。曹洞宗。高巌山と号す。1240年、近江守護の佐々木信綱が道元の勧めで対岸の指月谷に創建し、道元が住する伏見深草の興聖寺から名を得たという。永く永平寺の直末で曹洞宗第3の古道場と称された。信綱の曾孫が称した朽木氏の菩提所でもある。1729年に現在地へ移転した。国名勝の旧秀隣寺庭園がある。朽木は木地師の里として知られ、安曇川と麻生川の合流する朽木野尻には〈朽木の木地屋用具と製品〉を展示する朽木資料館がある。

麻生川上流の木地山は昔は轆轤村とよばれていた。愛知郡蛭谷村(滋賀県東近江市蛭谷町)から木地師らが移住し、当地の良質な橡や山毛欅を材として、轆轤を用いて成型し、丸物とよばれる木地物(木製の椀・丸膳・盆・銚子・鉢など)を生産した。岩瀬には漆職人の塗師が住んでいた。

天孫神社

大津市京町。古くより琵琶湖水運の拠点として発展し、近世には東海道の宿場町として大いに繁栄した近江大津の総鎮守。桓武天皇が近江大津宮行幸の際、湖南鎮護の神として創祀したと伝える。海南神や四宮大明神と崇められ、近江四宮とも称された。現在は彦火々出見命・大名牟遅命・国常立命・帯中津日子命の4神を祀っている。1586年、豊臣秀吉の命で浅野長政が大津城を築くと、城下町の鎮護神・産土神として町衆より崇敬された。10月の例祭には旧町内が〈大津祭の曳山行事〉†を営む。昔は狸踊のみであったのが、1622年に腹鼓を打つ狸の絡繰を舁屋台に載せ、1635年に地車を付して曳屋台とし、1638年に京都祇園祭の山鉾を参考に3輪車の曳山をつくって巡行したという。今は13基の曳山が市街を巡行し、所望と称して絡繰人形の操りや粽撒きを行っている。

岡神社

米原市間田。伊吹山の南西麓に鎮座。皇産霊大神を祀り、大原郷18村の氏神と崇められた。姉川に出雲井の堰を築いて当地を拓いた出雲国人が、原野を見渡せる岡山に大梵天皇神を祀ったのが始まりという。後に廃れたが、1248年、大原郷を領した佐々木(大原)重綱が復興したと伝える。出雲井は重綱の命で出雲善兵衛が築いたともいう。弥高寺の松林坊が別当寺を勤め、朝日村の観音寺の僧が祭祀を司った。弥高寺と観音寺は長尾寺・太平寺とともに伊吹山四大護国寺と称された。当地はたびたび渇水に悩まされ、昔は干ばつの際、朝日の八幡神社とともに雨乞い踊が奉納されていたが、今は伝統文化保存のため毎年10月に〈朝日豊年太鼓踊〉‡として八幡神社でのみ行われている。褄折笠に襦袢と緋籠手、縞の軽衫袴を着した踊り子が、胸の太鼓を打ちながら美しく踊る。

日吉神社

甲良町北落。犬上川流域の左岸扇状地に鎮座。北落の氏神で、大山咋神(日吉山王権現)と宇多天皇(近江源氏佐々木氏祖)を祀る。例祭は4月15日と10月15日。おはな堂と称する末社が境内にあり、8月21日夜には〈おはな踊〉‡が奉納される。薄紅の造花を

付けた長さ2mの竹籤16本と「雨乞御礼」の幟を立てた母衣を背中に着け、太鼓を胸に抱えたカンコ打ちの若者が華麗に舞い、その周りでは、浴衣に襷をして花笠を被った子どもと、白襦袢を着て菅笠を被った大人が踊る。子どもは竹筒の中に小豆を入れた綾竹を振りながら踊る。昔は日照りが続くと東近江市君ヶ畑町の鈴ヶ岳・御池岳に登って八大竜王に雨乞いの願掛けをし、降雨を貰うと御礼の踊を奉納した。戦争と1946年の犬上ダム完成で踊は途絶えたが、1959年に青年団が御花（波奈）様への奉納踊として復活させた。

宝満寺 愛荘町愛知川。中山道の愛知川宿に建ち、負別山と号す。本尊は阿弥陀如来。真宗大谷派で、豊満氏が住職を務める。知徳が開創した大国寺が始まりと伝え、後に大国荘の豊満大社（御旗様）の別当寺となり豊満寺と称したが、1212年に親鸞が逗留した際に住職が帰依して改宗し、1372年に現称に改めたという。郡内屈指の大寺で、1752年から続く蓮如上人御影講中の行事では上洛（帰路）の定宿となっており、5月7日の晩には中山道に面した家々が提灯を点す。寺宝の〈紙本著色熊野観心十界曼荼羅図〉1幅は、もと町内にあった仙峯山善法寺（石部神社神宮寺）の什物で、当地で蚊帳太物商を営んでいた塚本貞治郎が1937年に当寺に寄贈したものである。8月14～16日の盆には釈迦涅槃図とともに公開されている。

中野神社 東近江市東中野町。最澄が八日市に赤神山成願寺（太郎坊宮）を創建した際、守護神として滋賀郡坂本村の大比叡神社から二宮十禅師を勧請して祀ったのが始まりという。山王十禅師大権現と称され、中野村の地主神と崇められた。1468年には十輪山南福寺が開基され、別当寺の役割を果たした。1868年に現称とし、主祭神に大山咋神、配祀神に白山比売命と事代主神を祀った。例祭は4月4日。社宝として1882年の大凧揚の様子を描いた額が伝わっている。縦横とも長さ11間（畳242枚分の大きさ）の大凧は重さ1tを超えていたと推定されている。中野・芝原・金屋の3地区では18世紀から男児の初節供を祝って凧が揚げられていたが、19世紀には〈近江八日市の大凧揚げ習俗〉‡が始まったとされる。市内には世界各地の凧を展示する世界凧博物館東近江大凧会館もある。

金剛定寺（こんごうちょうじ）

日野町中山。天台宗。龍護西中山（りゅうごさいちゅうさん）と号す。本尊は十一面観音。近江33-25。聖徳太子創建本朝四十八箇精舎（そうけんほんちょうしじゅうはっかしょうじ）の一つと伝える。東大寺の実忠（または明一）が鑑真請来の仏舎利を納めて東大寺別院となし、二月堂の修二会（しゅにえ）（御水取）をうつして四月堂で修四会を始め、大法城を築いたという。空海も請雨経を修した時の仏舎利を納めたと伝え、両仏舎利を寺内の龍池（じょうぎょう）に浮かべると雨が降るという。後に東蔵坊（とうぞうぼう）了春（りょうしゅん）（または浄行（じょうぎょう））が紀伊国熊野三所権現を勧請（かんじょう）したのが、隣接する熊野神社である。同社では東谷と西谷の宮座（みやざ）が9月1日に、中山で古くから栽培されてきた里芋の一種、唐ノ芋（とう）の長さを競う〈近江中山の芋競べ祭り〉†が行われている。若者が孟宗竹（もうそうちく）に飾った芋を担いで両谷の境にある野神山（のがみやま）へと登り、野神神社に芋を奉納し、根元から葉先までの長さを競う奇祭である。

御上神社（みかみじんじゃ）

野洲市三上（やすみかみ）。近江富士こと三上山の西麓に鎮座。日本鍛冶（かじ）の祖神である天之御影命（あめのみかげのみこと）を祀る。野洲郡は古くは安国の中心で、安国造の一族が祭祀したと考えられ、山麓からは銅鐸（どうたく）が24個も出土している。後に藤原不比等（ふひと）が遥拝所であった榧木原（かやのきはら）（現在地）に社殿を造営したと伝え、藤原秀郷（ひでさと）（俵藤太（たわらとうた））は当山の大百足を退治して龍神一族を助けたという。名神大社で、近江三宮と崇められた。14世紀頃の建立（じょうぎょう）とされる本殿は、神社・寺院・殿舎の様式を混合させたような独特の構造で、国宝に指定されている。例祭は5月14日で、10月14日には秋季古例祭として〈三上のずいき祭〉†が営まれる。3つの宮座が種芋から2年がかりで栽培した晩生（ばんせい）里芋の葉柄（芋茎（ずいき））で5基の神輿をつくって奉納し、併せて芝原式として子ども相撲を奉納するもので、古くは若宮殿相撲御神事と称された。

油日神社（あぶらひじんじゃ）

甲賀市甲賀町油日（こうか）。杣川（そまがわ）の上流、油日岳の西麓に鎮座。油日大神を祀る。岳の頂には大神の荒魂と罔象女神（みつはのめのかみ）を祀る岳神社（かいやま）があり、往古は通山大明神や正一位油日大明神と称され、無双の勝軍神と崇められた。甲賀武士53家の総氏神で、中世には甲賀の総社とされ、15〜16世紀に建てられた本殿や拝殿は国重文である。9月11日には岳籠り（だけごもり）があり、氏子らが油日岳に登り、舞錐（まいぎり）で神火を熾（おこ）して籠る。9月13日には大宮籠り（万燈講（まんとうこう））があり、油を注いだ土器約1,000枚に神火を点（とも）し、拝殿周囲に並べる。例祭は5月1日で、5年ごとに古式祭として

奴振りが加わる。昔は干天時に雨乞い祈願の〈油日の太鼓踊〉‡も奉納された。甲賀地方は良材の産地で、既に8世紀には官営の杣山が置かれ、日本林業発祥の地とも称される。市内には〈近江甲賀の前挽鋸製造用具及び製品〉†も伝承されている。

老杉神社

草津市下笠町。琵琶湖の南東岸を走る浜街道沿いに鎮座。南西には下笠城があった。素盞嗚命・櫛稲田姫命・八王子命を祀る。往古は下笠天王、正一位牛頭大明神と崇められ、1869年に現称とした。素盞嗚命が出雲国から諸国を巡り経て、下笠に広がる森の大杉に降臨し、それを東西一郡の守護神として祀ったのが始まりと伝える。1452年に下笠美濃守高賀が建立した本殿は国重文となっている。2月10〜15日にエトエト祭と称するオコナイがあり、8宮座が輪番で、蛇縄や御供・銀葉・メスシなどからなる豪華な古式神饌を奉納する。5月3日の例祭には〈草津のサンヤレ踊り〉‡が奉納される。16〜17世紀に全国的に流行した風流囃物を、市内の矢倉や志那とともに今に伝えるもので、鼓を先頭に大小太鼓・鉦・ササラ・笛・音頭の一行が、境内各社に稚児踊や大宮踊を奉納する。

巡礼案内 ● 巡ってみたい！百観音 坂東三十三観音霊場❷

＊坂東三十三観音霊場についてはp175を参照してください。
＊『三十三所坂東観音霊場記』(1771)から、巡る順番、霊場名〔所在地：本尊〈観音〉名〕を抽出しました。

(続き)
◆9 都史山／都幾山慈光寺（武蔵国比企郡平郷：千手）◆10 岩殿山正法寺（武蔵国比企郡岩殿：千手）◆11 岩殿山安楽寺（武蔵国横見郡吉見郷：聖）◆12 華林山慈恩寺（武蔵国埼玉郡太田荘岩槻：千手）◆13 金竜山浅草寺（武蔵国豊洲県江郷／江戸：聖）◆14 瑞応山弘明寺（武蔵国久良岐郡但久郷：十一面）◆15 白岩山長谷寺（上野国群馬郡高崎領：十一面）◆16 五徳山水沢寺（上野国群馬郡：聖）◆17 出流山満願寺千手院（下野国都賀郡：千手）

☞ p.193に続く

26 京都府

伏見稲荷大社

寺社信仰の特色

　京都府には長く都が置かれたことから、寺社信仰でも日本の中心となっている。世界遺産「古都京都の文化財」は京都市の賀茂別雷神社（上賀茂神社）・賀茂御祖神社（下鴨神社）・教王護国寺（東寺）・清水寺・比叡山延暦寺・醍醐寺・仁和寺・高山寺・西芳寺（苔寺）・天龍寺・鹿苑寺（金閣寺）・慈照寺（銀閣寺）・龍安寺・西本願寺（本願寺）・二条城、宇治市の平等院・宇治上神社から成り、いずれも篤い信仰を今に伝える。

　なかでも賀茂神社と総称される上賀茂・下鴨の両社は、賀茂の厳神と畏れられ、王城鎮護の神、山城一宮と崇められた。全国の賀茂／加茂神社の総本社でもある。上賀茂神社の葵祭は祇園祭・時代祭とともに京都三大祭とされ、上賀茂には〈やすらい花〉†の民俗が伝承されている。

　祇園祭は京都市の八坂神社の例祭で、日本三大祭でもあり、〈京都祇園祭の山鉾行事〉†はユネスコの無形文化遺産にもなっている。祇園精舎の牛頭天王を八坂郷に祀ったのが始まりと伝え、1868年以前は感神院と称された。全国の八坂神社や須賀神社の総本社となっている。

　時代祭は平安遷都の10月22日を祝う祭で、1895年に平安遷都1,100年を記念して創建された京都市の平安神宮が行っている。その主祭神は平安遷都を断行した桓武天皇である。

　日本で最も盛んな信仰といわれる稲荷信仰の総本社も京都にある。京都市の伏見稲荷大社がそれで、京都府で最も多くの初詣客を集めている。伏見稲荷の土でつくられた伏見人形は日本各地の土人形・郷土玩具の原型ともなった。〈京都の郷土人形コレクション〉‡には伏見人形の他、御所人形や賀茂人形も含まれている。

　丹波一宮は亀岡市の出雲大神宮、丹後一宮は宮津市の籠神社、同二宮は京丹後市の大宮売神社とされ、いずれも名神大社である。出雲大神宮は元出雲、籠神社は元伊勢とも称されている。

主な寺社信仰

穴文殊
（あなもんじゅ）
京丹後市丹後町袖志。本尊は石造文殊菩薩立像で、高さ10mの海食崖に形成された奥底知れぬ海食洞の上に安置されている。昔は真言宗清涼山九品寺であったが、今は袖志にある曹洞宗壽雲山万福寺の境外仏堂となっており、8月24日・25日に文殊大祭典（施餓鬼）を営む。本尊は1609年に経ヶ岬の海心洞から遷したと伝えるが、初め天竺から経ヶ岬へ渡り、後に当穴に垂迹し、さらに九世戸へ移ったともいう。九世戸の文殊とは、宮津市の天橋立にある日本三文殊の一つ、切戸文殊（智恩寺）であることから、元切戸文殊とも称する。袖志は丹後半島の北端にあり、経巻を立て並べたような奇岩怪石の断岸絶壁をなす経ヶ岬は近畿地方の最北端となっている。耕地には恵まれず、漁業や千枚田での農業を営んできた。〈丹後の漁撈習俗〉‡の一つ、海女の潜水漁法も営まれていた。

大宮神社
（おおみや）
京丹後市弥栄町野中。丹後半島中部山岳地帯の野間谷各村の総鎮守。大宮売命を祀り、大年神と御子聖神を配祀する。棟札から1332年創建で、1694年再建とわかる。祭礼は昔は9月8日・9日、今は10月第2土日曜日に営まれ、野中地区が〈野中の田楽〉‡を、大谷地区が獅子神楽、田中と中津の両地区が太刀振りを奉納する。田楽は古態を崩さずに伝承する稀有な存在で、5人の子どもが、ビンザサラを手に持つ飛び開き・ハグクミ・ササラ踊（オリワゲ）、ビンザサラを膝前に置く手踊り、扇を持つ扇の舞（ユリ舞）の5形式を舞う。野中は野間谷の中心で、旧野間村の役場などが置かれた。野間村の南隣の世屋村では〈丹後の藤布紡織習俗〉‡が盛んであった。〈丹後の紡織用具及び製品〉†が、〈丹後半島の漁撈用具〉‡などとともに、宮津市の丹後郷土資料館に展示されている。

松尾寺
（まつのおでら）
舞鶴市松尾。真言宗醍醐派。京都府と福井県の境をなす青葉山（若狭富士）の中腹に建つ。唐僧の威光上人が当地に至り青葉山の双峰を眺めたところ、霊験高い唐の馬耳山を想起、登拝すると松の大樹の下に馬頭観音を感得、草庵を結んだのが始まりと伝える。本尊は馬頭観音坐像で、西国29となっている。修験道場として栄え、寺坊65を数えたという。1119年には鳥羽天皇が参詣して寺領4千石を与え、銀杏

の木を手植したという。国宝の絹本著色普賢延命像は鳥羽上皇の寵妃、美福門院(藤原得子)の持念仏と伝えられている。5月8日には仏誕会(花祭)があり、本堂では〈松尾寺の仏舞〉†が披露される。釈迦・大日・阿弥陀の3如来の仏面を被った6人の舞人が、篳篥や龍笛の演奏に舞うもので、古代にインドから伝来した舞楽の演目「菩薩」を今に伝えると考えられている。

高倉神社(たかくら)

綾部市高倉町。1181年、後白河天皇第2皇子の以仁王(高倉天皇の兄)を高倉天一大明神として祀ったのが始まりと伝える。王は1180年に平氏追討の令旨を発したが、逆に平氏に攻められ宇治で敗戦、南都へ落ち延びる途中で流れ矢に当たり没したと伝えるが、実は丹波へ逃れ、吉美郷里(綾部市里町)へ落ち延びて没したという。腹痛に御蔭があるとして、7月土用の丑祭には多くの参詣がある。例祭は10月で、里町にある里宮へと神輿行列が巡行し、本社と里宮で〈ヒヤソ踊〉が奉納される。吉美郷6町各4人のササラと、有岡町の太鼓・笛各1人が行う素朴な田楽踊で、以仁王を癒やすため村人が始めたという。里町には市立資料館もあり、日東精工の専務であった守田種夫氏が収集し、年代・用途別に整理して寄贈した〈丹波焼コレクション〉†150点を収蔵している。

大原神社(おおはら)

福知山市三和町大原。綾部街道の宿場町として栄えた町垣内の産土神。伊弉冉尊・天照大神・月弓尊を祀り、安産・養蚕・五穀豊穣・交通安全の神と崇められる。南丹市美山町樫原の大原神社を元宮としており、初め樫原に鎮座し、後に金色の鮭に導かれ、黄色の牛に乗り、当地へ遷座したと伝える。天一位大原大明神と称された。当社への参詣は大原志とよばれ、春祭に参って境内の小石を猫と称して持ち帰り、蚕棚に置いて鼠害を防ぎ、秋祭に返納した。川合川の対岸の町はずれには〈大原の産屋〉があり、古い出産の民俗を今に伝えている。土間の砂は子安砂とよばれ、安産の御守として授けられる。この砂を枕の下に敷いて寝ると安産するといわれ、無事出産したら御礼参りをして返納する。

稗田野神社(ひえだの)

亀岡市稗田野町佐伯。保食命・大山祇命・野椎命を祀る。当地を拓いた人々が本殿裏の塚に食べ物と野山の神を祀ったのが始まりと伝え、後に丹波国司の大神朝臣狛麻呂が塚前に社殿を造営して国土安泰と五穀豊穣を祈り、佐伯郷の産土神としたという。8月14日には御霊・河阿・若宮の3神社とともに灯籠祭を営む。盂蘭盆

行事と習合した五穀豊穣神事の夏祭で、稲作を表す人形を乗せた5基の役灯籠（神灯籠）と、移動式舞台の台灯籠が祭礼行列に加わり、御霊神社と佐伯灯籠資料で串人形浄瑠璃の〈佐伯灯籠〉†が奉納される。亀岡（亀山）は丹波国分寺が置かれるなど古くから栄え、西国21穴太寺や大本の本部があることでも知られるが、1970年頃までは寒天の製造でも有名で、亀岡城址近くの文化資料館には往時を伝える〈亀岡の寒天製造用具〉‡が伝承されている。

多治神社
南丹市日吉町田原。田原川から少し西に入った場所に鎮座。大山咋神と天太玉命を祀る。田原郷の惣鎮守。天智天皇第3皇子の志貴皇子（田原天皇）が創建したという。1302年の棟札に多沼大明神とあることから、式内社の多沼神社に比定される。田原の地名は多沼→多治→多治→田原→田原と転じたのであろうか。本殿前には樹高約16mの多羅葉（葉書の木）2本がある。5月3日には拝殿で〈田原の御田〉†が行われ、作太郎と作次郎が稲作の過程を演じる。1302年の開始と伝え、笑いを誘う即興を交えながら軽妙に筋を進める姿は狂言の原初形態とみられる。10月の大祭には〈田原のカッコスリ〉‡が奉納される。鞨鼓を着けた4人の稚児を中心に、鼓や締太鼓の演奏者、サンヤレ、踊り手などが歌に合わせて踊る。1414年の開始と伝え、当時流行した風流踊を伝承している。

三宅八幡神社
京都市左京区上高野。小野妹子が所領の愛宕郡小野郷に鎮座する伊太多神社の境内に宇佐八幡宮を勧請したのが始まりと伝える。妹子は遣隋使として渡海する際、宇佐八幡に祈願して危難を逃れたという。後に南朝の忠臣、児島（三宅）高徳が当地へ移住、崇敬したことから三宅八幡宮とよばれたとされる。俗に虫八幡と称され、子どもの疳の虫封じの神として広範囲から多数の参詣を集めるが、昔は田の虫除けの神であったのが、いつしか子の虫除けの神になったともいわれる。上高野の近辺では京都市中の子を里子として預かり育てる保育業が盛んであった。子どもの無事成長を祈願する大型の絵馬が盛んに奉納され、〈三宅八幡神社奉納子育て祈願絵馬〉†124点が今も大切に残されている。画題は81点が参詣図となっており、なかには638名の参詣行列図もある。

壬生寺

京都市中京区壬生。律宗大本山。心浄光院宝憧三昧寺と号し、壬生地蔵と親しまれる。園城寺の快賢僧都が創建した地蔵院が始まりで、1259年に平政平が再興し、間もなく円覚十万上人導御が中興したという。13世紀頃作の地蔵菩薩半跏像が本尊であったが、1962年の放火で焼失し、現在は律宗総本山の唐招提寺から迎えた地蔵菩薩立像を本尊としている。鎌倉時代の十一面観音像は現存し、中院の本尊で洛陽33-28となっている。2月節分の厄除大法会などに国重文の大念仏堂で演じられる〈壬生狂言〉†は、融通念仏（大念仏）を中興した導御が1300年に始めたとされ、右京区清涼寺の〈嵯峨大念仏狂言〉†、上京区引接寺の〈千本ゑんま堂大念仏狂言〉とともに京の三大念仏狂言と称される。8月9日の精霊迎え火には〈京都の六斎念仏〉†の一つ壬生六斎念仏踊が奉納される。

光福寺

京都市南区久世。医王山と号す。洛西33-19。本尊は蔵王権現で、蔵王堂と親しまれる。桂川の西岸に建ち、一帯は蔵王の森と称され、京の七森に数えられた。天台密教僧の浄蔵貴所が村上天皇の勅願で平安京の裏鬼門に開基したと伝える。浄蔵が金峰山での行を終えて都へ戻る時、蔵王権現が現れ都の衆生を守ると告げて木像と化した。桂川へ至ると奇瑞があり、当地に一晩で梛が生えた。これを弁財天と医王善逝（薬師如来）の影向と感得し、堂宇を創建して蔵王権現像を安置したという。今も礼拝は弁天堂→薬師堂→子守勝手社→蔵王堂の順が守られている。長く天台宗三鈷寺末であったが、近代に四宗兼学から西山浄土宗へと改めた。8月31日の八朔祭法楽会には〈京都の六斎念仏〉†の一つ久世六斎念仏踊が奉納される。豊富な太鼓曲と秀逸な技術で見応えがある。

茶宗明神社

宇治田原町湯屋谷。1592年、永谷家の一族が隣の立川の糠塚から当地へ移り、湯山社として天照大神と豊受大神を祀ったのが始まりとされる。後に大神宮神社と改称し、1954年に永谷宗円（1681〜1778）を茶宗明神として合祀した。宗円は1738年に〈宇治茶手もみ製茶技術〉を中核とする青製煎茶法（宇治茶製法）を発明し、緑茶を飛躍的に普及させたことから、煎茶の始祖と崇められる。宗円は湿田の排水工事にも功績があったので、地元では干田大明神と崇められた。4月に春の大祭、10月に秋の大祭があり、多くの茶業者が宗円の徳を讃えている。宗円の10代後に永谷嘉男がいる。嘉男は茶業の再建を目指して

1952年に江戸風味お茶づけ海苔を発売、大ヒットとなり、翌年に永谷園を創設した。

涌出宮（わきでのみや） 木津川市山城町平尾。和伎座天乃夫岐売神社、和伎神社とも称す。伊勢国渡会郡五十鈴川の畔、舟ヶ原から天乃夫岐売命（天照大神）を勧請したのが始まりで、その際、一夜にして鎮守の森が涌き出したと伝える。後に田凝姫命・市杵嶋姫命・湍津姫命を伊勢から勧請して併祀したという。降雨の神と崇められ、山城国の祈雨11社に数えられた。祭祀の大部分は8つの宮座が行い、〈涌出宮の宮座行事〉†と称される。2月14～17日の居籠祭は与力座・古川座・歩射座・尾崎座が行う。深夜の森マワシや野塚神事の際は、氏子は家に籠り、音を立てないので、音無しの祭とよばれる。神の来臨と饗応を軸とした厳粛かつ古風な祭をよく残している。3月21日は女座の祭で大座・中村座・岡之座の女衆が担い、9月30日のアエの相撲と10月16日・17日の百味御食（秋祭）は同3座と殿屋座が担う。

 巡礼案内 ● 巡ってみたい！百観音 坂東三十三観音霊場❸

＊坂東三十三観音霊場についてはp.175を参照してください。
＊『三十三所坂東観音霊場記』(1771)から、巡る順番、霊場名（所在地：本尊〈観音〉名）を抽出しました。

(続き)
◆18　補陀落山／二荒山中禅寺（下野国都賀郡日光山：千手）　◆19　天開山大谷寺（下野国河内郡荒針郷：千手）　◆20　独股山西明寺（下野国芳賀郡益子邨：十一面）　◆21　八溝山日輪寺（常陸国久慈郡八溝：十一面）　◆22　妙福山明音院佐竹寺（常陸国久慈郡天神林邨：十一面）　◆23　佐白山正福寺（常陸国茨城郡笠間城内：千手）　◆24　雨引山楽法密寺（常陸国真壁郡：延命）　◆25　大御堂／中禅寺知足院／護持院（常陸国筑波郡筑波山：千手）　◆26　南明山清滝寺（常陸国筑波郡小野村：聖）

☞ p.199に続く

27 大阪府

今宮戎神社

寺社信仰の特色

　大阪府には摂津・河内・和泉の3か国（五畿七道の3畿）の一宮が鎮座している。最も古い開創は東大阪市にある河内一宮の枚岡神社と伝え、神武天皇の侍臣が創祀したという。その神は河内二宮とされる八尾市の恩智神社から遷されたとの伝承もある。両社はともに名神大社である。
　堺市にある和泉一宮の大鳥神社は白鳥と化して伊勢国を飛び去った日本武尊を祀ったと伝え、全国のオオトリ（大鳥／鷲）信仰の総本社とされる。名神大社で、和泉五社の筆頭である。二宮は泉大津市の泉穴師神社、三宮は和泉市の聖神社、四宮は岸和田市の積川神社、五宮は泉佐野市の日根神社とされる。
　日本武尊の第2子は仲哀天皇で、その后は神功皇后とされる。皇后は住吉大神の神託で応神天皇（八幡大神）を身籠ったまま三韓征伐を成し遂げ、津国（摂津国）の大津に住吉大神を祀ったという。これが大阪市にある摂津一宮の住吉大社とされる。全国に2,000余社ある住吉神社の総本社で、大阪府で最も多くの初詣客を集める。神社建築史上最古の様式の一つ、住吉造で建てられた本殿4棟は国宝。6月14日の〈住吉の御田植〉†は日本最大規模の御田植祭である。摂津一宮は神功皇后が淀川河口に創祀した大阪市の坐摩神社ともされ、ともに名神大社となっている。
　大阪は昔から日本一の商都と称され、今も商業が盛んであり、商売繁盛の神様と崇められる大阪市の今宮戎神社（えべっさん）が1月9〜11日に開催する十日戎には、例年100万人もの参拝者がある。
　大阪は創意工夫の都でもあり、インスタントラーメンや回転寿司など、数多くの物事の発祥地となっている。寺社信仰でも交通安全祈禱の発祥は大阪で、1954年に寝屋川市の成田山大阪別院明王院が自動車法楽所を開設したことに始まる。寺は1934年に関西唯一の成田山別院として創建され、1979年には近畿36不動28となっている。

主な寺社信仰

能勢妙見(のせみょうけん)
能勢町野間中。妙見山(為楽山)の山頂に建つ、同町地黄にある日蓮宗無漏山真如寺の境外仏堂。北極星信仰の聖地。1608年、能勢頼次と日乾(身延山久遠寺21世)が行基開基の大空寺址に妙見大菩薩(鎮宅霊符神)を祀ったのが始まりと伝える。大祭は5月15日。9月に行われる八朔祭では、家運隆昌や事業繁栄の祈禱、八朔田之実御守の授与、和太鼓や南京玉簾の奉納がある。最大の山場は浄瑠璃人形が参詣者に餅を撒く開運餅撒きで、本殿(開運殿)前を埋め尽くす人々が投じられた餅を得ようと一斉に手を伸ばす。能勢町は語りと三味線の素浄瑠璃である〈能勢の浄瑠璃〉‡で知られ、オヤジ制度とよばれる独特の家元制を200年間も継承してきたことから、町民のほぼ全員の身内や知り合いが浄瑠璃に関わっているという全国でもきわめて珍しい特色をもつ町である。

観音寺(かんのんじ)
豊中市寺内。岸龍山と号する。行基が観音像を刻んで開基し、多田満仲が守本尊として崇拝したと伝える。大字石蓮寺にあった千軒寺(金寺)の坊舎であったともいわれる。伝来の鉄製灯籠は徳川家康が大坂夏の陣中で具足からつくり、戦勝祈願に奉納した草摺の灯籠であるという。僧一山が再興して臨済宗妙心寺末となるも1792年の一山没後は法灯が絶え、1873年に廃寺となったが、地元自治会や墓地委員会が今も保護管理を続けている。寺の北西部には服部緑地が開発され、1956年には日本初の野外博物館として日本民家集落博物館が開館、岐阜県白川村の〈民家(白川の合掌造)〉†や宮崎県椎葉村の国重文・旧椎葉家住宅、大阪府能勢町の同・旧泉家住宅など民家11棟を移設している。

佐井寺(さいでら)
吹田市佐井寺。高野山真言宗。碕井山と号する。摂津33-29、摂津88-44。道昭の草創で、行基が栴檀香木の十一面観音を掘り出し、伽藍を築いて本尊としたという。山田寺と称し、後に兵火で焼失したが、1647年に楽順が再興した。境内には佐井の清水が引かれており、眼病の霊験で知られた。境内の薬師堂は、元は裏の伊射奈岐神社にあったと伝え、土用丑日には疫神や邪霊を胡瓜に封じ込めて病気平癒を願う胡瓜加持が行われている。寺の北側には千里山とよばれた小丘があり、その奥には千里丘陵が広がっている。千里丘陵では1970年に日本万国博覧会が

開かれ、その跡地には1977年に国立民族学博物館が開館、世界の諸民族から蒐集(しゅうしゅう)した資料の他、〈おしらさまコレクション〉†や〈背負運搬具コレクション〉†など国内の民俗資料も豊富に収蔵展示している。

大阪天満宮(おおさかてんまんぐう)

大阪市北区天神橋(てんじんばし)。摂津国中島に菅原道真公を祀る。公は大宰府へ向かう際、当地の大将軍社に参ったが、公の没後、社前に突然7本の松が生え、梢(こずえ)が夜ごと霊光を放った。村上天皇は公の奇瑞として公の神霊を祀ったのが当宮の始まりと伝える。例祭は7月25日で、大坂の天神祭(てんじんまつり)と親しまれ、京都の祇園祭(ぎおんまつり)、江戸の神田祭(かんだまつり)とともに日本三大祭と称された。祭の中心は船渡御で、御迎船(おむかえぶね)・どんどこ船・奉拝船などが神霊をのせた御鳳輦奉安船(ごほうれん)に供奉し、水の都大阪を代表する都市祭礼となっている。船渡御に先立つ陸渡御では3,000人が行列する。祭の期間、境内には〈天神祭御迎船人形〉が飾られる。天神祭では昔、御旅所(おたびしょ)周辺の各町が船に等身大の風流人形を乗せて大川を上り、船渡御を迎えて御旅所まで先導していた。人形が必ず赤を纏(まと)うのは疱瘡(ほうそう)を祓うためという。

生根神社(いくねじんじゃ)

大阪市西成(にしなり)区玉出西(たまでにし)。少彦名命(すくなひこなのみこと)・蛭児命(ひるこのみこと)・菅原道真公を祀る。勝間村の産土神(うぶすながみ)として、住吉区の住吉大社の摂社であった生根神社(奥の天神)から、少彦名命の分霊を勧請して字玉出に祀ったのが始まりと伝える。当地では創祀以前に、大津波で勝間浦に流れ着いた西宮(にしのみや)の恵美寿(えびす)神社の神体を祀っていたが、後に返還して蛭児命(有喜恵美寿)の分霊を勧請(かんじょう)した。1868年には黒田筑前守の大坂屋敷に祀られていた筑紫天満宮(上の天神)を合祀している。大祭は7月25日で、宵宮には枕太鼓や魔除獅子とともに〈玉出のだいがく〉が巡行する。ダイガク(台額/台舁/台楽)(とうがく)とは、台の上に17mの心棒を立て、唐傘状の髭籠(ひげこ)や、日本全国六十六州を表す66個の鈴、78張の提灯(ちょうちん)を飾り付けた巨大な櫓(やぐら)である。

四天王寺(してんのうじ)

大阪市天王寺区四天王寺。593年に難波(なにわ)の荒陵(あらはか)につくられた日本仏法の最初の官寺。敬田(きょうでん)・悲田(ひでん)・施薬(せやく)・療病(りょうびょう)の四箇院(いん)の制を構えたという。587年の物部守屋との戦いでみずから四天王像を刻み祈って勝利した聖徳太子の誓願で創建。難波は大陸文化の窓口であり、物部尾輿(もののべおこし)と中臣鎌子(なかとみのかまこ)が日本に初めて公伝した仏像を捨てた場所であり、国生み神話の背景(八十島祭(やそしままつり)の場)であった。寺の建つ上町台(うえまちだい)の南端は

当時は岬であり、外国使節船が入港して最初に見る場所であった。1946年、天台宗から独立して和宗を創立、総本山となった。当寺は春日大社・宮内庁式部職楽部とともに王朝時代の雅楽を伝承し、三方楽所と総称されている。4月22日の太子会には、六時堂の前の石舞台の上で〈聖霊会の舞楽〉†が舞われ、絢爛豪華な絵巻を彷彿とさせる古式豊かな法会が太子の霊を慰める。

杭全神社（くまた）

大阪市平野区平野宮町。杭全荘を領した坂上当道（征夷大将軍坂上田村麿の孫）が平野郷の地主神、祇園牛頭天王（素盞嗚尊）を第1本殿に祀ったのが始まりで、後に第3本殿の熊野證誠大権現（伊弉諾尊）を祀り、1321年に第2本殿の熊野三所権現（伊弉冊尊・速玉男尊・事解男尊）を祀って平野郷の惣社にしたという。證誠権現の像は役小角の作と伝える。連歌所を日本で唯一残しており、今も平野法楽連歌会を毎月催している。例祭は10月17日。4月13日には〈杭全神社の御田植〉‡があり、拝殿の床を稲田に見立て、田起こしから田植えまでを演じて、豊作を予祝する。稲の神とされる人形が登場し、仮面を着けたシテが進行の中心となるのが珍しい。7月11〜14日には大阪市内最大規模の地車祭、平野地車祭（平野郷夏祭）を催し、旧平野郷の9町内を地車が勇壮に曳行される。

御殿山神社（ごてんやま）

枚方市渚本町。西に淀川を見下ろす御殿山に鎮座。19世紀前半、渚元町の真言宗観音寺境内にあった粟倉神社の御旅所に八幡大神を勧請し、西粟倉神社と称したのが始まりという。粟倉神社は1616年に創建された八幡宮で、小倉村と渚村の産土神であったが、以後は西粟倉神社が渚村の産土神となった。観音寺は惟喬親王が別荘にした渚院の跡に建てられた寺であったが、明治維新で廃され、西粟倉神社は1870年に当地へ遷座された。遷座式は長い行列を組んだ盛大なもので、きわめて賑々しく行われた。当時を様子を描いた縦76×横176.5cmもの大型奉納額〈御殿山神社遷宮絵馬〉が今も残されている。現在は本社に品陀和気命（応神天皇）を祀り、境内に末社の稲荷神社と貴船神社がある。例祭は10月19日で、4月15日に春祭（桜祭）、6月と12月の末日に大祓式を営む。

恩智神社（おんぢ）

八尾市恩智中町。河内国総鎮守として手力雄神を祀ったのが始まりで、後に藤原氏が常陸国香取神宮より祖神の天

児屋根命の分霊を勧請して再建したという。奈良の春日大社の祭神は当社から東大阪市の河内一宮枚岡神社を経て祀られたと伝え、元春日と称する。後に大御食津彦命・大御食津姫命を第一殿、春日辺大明神（天川神社）を第二殿、春日大明神（天児屋根命）を第三殿に祀る。名神大社。河内二宮。14世紀に恩智左近満一が城を築く際、天王森（現頓宮）から当地へ遷座したという。兎と竜を神使とする。例祭は11月26日（昔は霜月卯辰日）で、25日に宵宮、24日に〈恩智神社卯辰祭供饌行事〉が行われる。供饌行事は御供所神事ともよばれ、代々世襲の御供所の社家13家（御供所講）が、神に供える餅2種類と団子3種類を新穀でつくり、人形供饌を調整する。

浄谷寺 富田林市富田林町。寺内町の西端に建つ。融通念仏宗。半偈山三仏院と号す。河内33-19。1286年、隣の毛人谷村に済戒真證が開き、1574年に当地へ移転したと伝える。二尊堂には1311年の石造地蔵菩薩立像が安置されている。薬師堂に安置されている薬師如来乾漆座像は、若い男女の恋文を漆で貼り重ねてつくられたと伝え、恋文薬師と親しまれ、毎月6の日の縁日には夜店が並んで賑わう。昔は煙草屋薬師とも称された。本堂には、西国三十三観音霊場を33周巡礼した行者の集団、富田林組の御背板5基が完全な形で残されている。同市の嬉組4基、太子町竹内街道資料館の葉室組4基、大阪市住吉区西之坊の住吉組4基（大阪歴史博物館寄託）とともに〈西国巡礼三十三度行者関係者資料〉と総称されている。境内には1738年に三十三度行者の満願を供養した宝篋印塔も建つ。

桜井神社 堺市南区片蔵。妙見川の南岸に鎮座。百済から当地へ移住した桜井朝臣の一族が祖先の武内宿禰命を祀ったのが始まりで、後に八幡宮を合祀したと伝える。桜井氏は須恵器の技術をもたらし、一帯は須恵器の一大生産地となった。上神郷総鎮守。式内社。13世紀頃、国宝の拝殿が建立された。神仏分離以前は上神谷八幡宮と親しまれ、亀遊山神宮寺が管理していた。1910年、鉢ヶ峯村の法道寺に隣接していた国神社（五所権現）を合祀して、12世紀の神像や1412年の石燈籠を移した。10月の例祭には〈上神谷のこおどり〉‡が奉納されるが、これも鉢ヶ峯寺の若衆が中世より国神社に奉納してきた神事舞踊である。鉢ヶ峯では旧暦8月27日の祭や秋祭に雨乞いや雨礼で演じたという。鬼神が背負

うヒメコとよぶ数十本の紙花を挿した竹籠や、踊り歌などに古風を伝えている。

円光寺（えんこうじ） 貝塚市東。浄土真宗本願寺派。宝林山と号す。16世紀に伊賀国の朝島三之丞が当地へ至り、禅宗に帰依して恵空と名乗って寺を開き、1717年に浄土真宗へ改めたと伝える。本尊の木造阿弥陀如来立像は、西本願寺御抱え仏師の渡辺康雲の作で、本願寺第14世寂如上人から下されたという。昔は京都の福泉寺の末寺であった。境内には貝塚でつくられた柏槇の品種、貝塚伊吹の巨木がある。8月14～16日には境内で〈貝塚の東盆踊り〉が踊られる。この踊は18世紀に報恩講（浄土真宗の開祖親鸞の命日に行われる法要）で始められた念仏踊が起源とされる。伴奏には太鼓・鉦を用いず、三味線・尺八・横笛・胡弓・大正琴を用いる。ゆったりとした3拍子の音頭で、哀調を帯びた独特の節回しを取る。踊手は浴衣姿の他、いろいろな仮装をする。昔は最終日は夜通し踊り明かしたという。

 巡礼案内 ● 巡ってみたい！百観音 坂東三十三観音霊場❹

＊坂東三十三観音霊場についてはp.175を参照してください。
＊『三十三所坂東観音霊場記』（1771）から、巡る順番、霊場名（所在地：本尊〈観音〉名）を抽出しました。

（続き）
◆27 飯沼山円福寺（下総国海上郡銚子浦：十一面）◆28 滑河山竜正院（下総国香取郡：十一面）◆29 海上山観音院千葉寺（下総国葛飾郡千葉郷：十一面）◆30 平野山高蔵寺（上総国望陀郡高倉：聖）◆31 大悲山楠光院／法東院笠森寺（上総国埴生郡：十一面）◆32 音羽山清水寺（上総国夷隅郡鴨根村：千手）◆33 補陀洛山那呉寺（安房国長狭郡：千手）

☞ p.205に続く

28 兵庫県

生田神社

寺社信仰の特色

　『古事記』によると日本発祥の地は淡路島である。淡路一宮は淡路市の伊弉諾神宮で、日本を生んだ伊弉諾尊と伊弉冉尊を祀っている。淡路は日本の聖なる中心であった。二宮は南あわじ市の大和大国魂神社で、俗なる中心であった大和の神を勧請している。両社は名神大社であった。三宮は伊勢の神を勧請したという淡路市の伊勢久留麻神社とされる。

　江戸時代に全国各地を巡業して浄瑠璃文化を普及させた〈淡路人形浄瑠璃〉†は、16世紀に西宮市の西宮神社に仕えていた百太夫という傀儡師が淡路に来て人形操りを教えたのが始まりという。西宮神社は全国のエビス様の総本社とされ、福男選びで有名な年頭の十日戎には毎年100万人を超す参拝者がある。同社は12世紀には西宮市にある名神大社、広田神社の摂社であった。

　広田神社は県内で唯一、国家の一大事に奉幣される二十二社に数えられた。創建は神功皇后によるとされ、同様の開創伝承が神戸市の生田神社と長田神社にもある。3社とも摂津国鎮座の名神大社である。生田神社は今も篤く信仰され、県内最多の初詣客を集めている。

　県北は旧但馬国で、豊岡市の出石神社と朝来市の粟鹿神社が但馬一宮とされている。粟鹿神社は二宮ともされる。三宮は養父市の養父神社とされ、以上3社に豊岡市の絹巻神社と小田井縣神社を合わせた5社を但馬五社と称し、正月に詣ると大変御利益があるとして多くの人々が巡拝する。養父市の水谷神社も但馬三宮といわれ、〈養父のネッティ相撲〉‡を伝承している。

　県央から南西部は旧播磨国で、牛頭天王総本宮の広峯神社などが鎮座する姫路や、忠臣蔵を伝える大石神社の建つ赤穂など、南部が今は栄えているが、播磨一宮は宍粟市の伊和神社、二宮は多可町の荒田神社、三宮は加西市の住吉神社とされ、いずれも内陸部に鎮座している。

主な寺社信仰

八幡神社（はちまん）
新温泉町久谷。蓮台山の西麓に鎮座。境内は原生林の趣きで、参道が美しい。榊や藪椿が群生し、須田椎は樹齢300年以上、犬四手は県下一の巨木といわれる。品陀和気命を祀り、児屋根命と表筒男命を配祀。山城国の石清水八幡宮より分霊を勧請したのが始まりで、1414年までは蓮台山上にあったと伝える。久斗庄一宮で、勝楽寺が別当であった。境内には薬師堂が残る。例祭は9月15日で、〈久谷ざんざか踊り〉（風流太鼓踊）が行道型で奉納される。6月5日には社頭で〈但馬久谷の菖蒲綱引き〉†が行われ、蓬や菖蒲の生草と稲藁でつくった長さ40m・太さ30cmほどの綱を子ども組と大人組が7度引き合う。日本海沿岸に濃密に分布する五月節供の綱引行事である。麒麟獅子も日本海沿岸に分布し、町内でも浜坂の宇都野神社などに〈但馬の麒麟獅子舞〉‡が伝承されている。

荒御霊神社（あらみたま）
養父市葛畑。字村中の山の斜面に鎮座。素盞嗚尊を祀る。昔は隣接する香美町の荒御霊神社と同様に三宝荒神を祀っていたという。1554年の開創とされ、1869年に荒神社から現称に改めた。境内にある〈葛畑の舞台（芝居堂）〉†は17世紀末頃の創建で、1892年に改修して本格的な農村歌舞伎舞台にしたという。1870年結成の葛畑座は1934年に途絶えたが、1964年や2003年に復活公演を実施し、演劇資料館で衣装や道具を展示している。葛畑は古代の山陰道にあり、古くから開けていた。隣には真言宗の般若院福正寺があったが、今は庚申堂のみが残る。木造青面金剛像および童子・夜叉神像が安置され、年に6～7回やって来る庚申の日には庚申待ちをし、村人が集まって七色菓子を供えて庚申を祀り、灯明を消さないようにして四方山話をしながら一夜を徹夜して過ごす。

二宮神社（にのみや）
養父市大屋町大杉。大杉城址の東麓に鎮座。1656年に瓜原の田中から移ったと伝え、月読命を祀る。大屋地区には加保に一宮神社、筏に三宮神社が鎮座している。霊代（神体）は1827年の再造で、奥山の榧の木でつくったという。豪華な彫刻の本殿は柏原の中井権次橘正貞が1828年に制作した。末社として秋葉大神、四社の宮（青面金剛・簑ノ神・稲荷大明神・加持屋大明神）、山の神、愛宕大神がある。

近畿地方

8月16日の大祭には〈大杉のざんざこ踊〉‡が奉納される。太鼓踊の一種で鬼踊ともいう。1649年に庄屋が伊勢参宮をし、帰途に奈良の春日大社へ参詣した際に習得し、氏子繁栄のために踊ったのが始まりと伝える。当社の上段には但馬33-26真言宗大杉山大福寺があり、十一面観音を祀る観音堂では8月9日に数珠引きが行われ、妙見大菩薩を祀る妙見堂では10月1日に祭を営む。

石龕寺（せきがんじ）

丹波市山南町岩屋。聖徳太子が毘沙門天王を祀って開創したと伝える。修験道場として栄え、14〜15世紀には山伏が熊野先達として活動していた記録が熊野本宮に残る。境内で市杵島比売命を祀る焼尾神社は寺の鎮守として1241年に弁才天を創祀したものである。山門の金剛力士（仁王）像は国重文で、1242年に肥後法橋定慶が制作した。参道は隣の金屋地区からも延びており、山道の左手に接して室町時代後期築造と推定される〈金屋の十三塚〉†が今も残る。割石を積んだ13基の塚が南北一列に築かれており、足利尊氏が京から当寺へ逃れた際、身代わりに討たれた13人の家臣を弔ったものとの伝説がある。1579年、明智光秀の攻撃で全山焼失したが、後に復興した。聖観音は氷上郡33-13となっている。11月の紅葉祭は護摩供養や武者行列もあり、大勢の参拝客で賑わう。

波々伯部神社（ほうかべ）

篠山市宮ノ前。牛頭天王（のち素戔嗚尊）を祀り、丹波の祇園様と親しまれる。当地は太古用の波波迦（上溝桜）を供した部族の居住地で、1098年に田地を京都の祇園観慶寺感神院（のち八坂神社）に寄進したことを機に分霊を勧請したものと考えられている。あるいは播磨国の広峯神社から分霊を祇園社へと遷座する途中、休憩地に一社を設けたともいう。8月第1土日曜日（昔は旧暦6月14日）の例祭には〈波々伯部神社のおやま行事〉‡があり、山車（ダンジリヤマ）が原則毎年奉納され、大会謡の後の大歳森への神幸に供をする。また、原則として3年ごと（2001年以前は辰年と戌年）に胡瓜山が奉納され、謡曲に合わせてデコノボウ12体を操る〈波々伯部神社の祭礼操り人形〉の劇が行われる。

大避神社（おおさけ）

赤穂市坂越。宝珠山の南麓に鎮座。聖徳太子の没後、秦河勝は蘇我氏の迫害から当地へ逃れ、千種川下流域を拓いて没したのを、領民が大避（大酒／大荒）大神として祀ったのが始まりという。坂越湾に浮かぶ生島は河勝が漂着した場所と伝え、河勝の墓が営ま

れ、禁足地となっている。10月の例祭は瀬戸内海三大船祭りの一つ〈坂越の船祭〉†と称され、天幕や幟、五色の吹き流しで飾った優雅華麗な大規模和船団が生島へと海上を渡御する。昔は河勝が漂着したとされる旧暦9月12日に営まれた。坂越港は古くから瀬戸内往来の要地とされ、17世紀からは廻船業の拠点として栄えた。18世紀に北前船が台頭した後も、赤穂の塩を運ぶ拠点として19世紀まで繁栄を誇った。社奥に建つ真言宗妙見寺は当社の神宮寺で、妙見大菩薩を祀り、廻船業者らから篤く信仰されていた。

射楯兵主神社 姫路市総社本町。昔は500mほど北の梛本に鎮座していたが、1581年、世界遺産「姫路城」の改修に際して当地へ遷ったという。本殿の中央は空殿で、東殿に射楯大神、西殿に兵主大神を祀っている。もとは射楯神は因達（姫路市新在家本町）に、兵主神は水尾山（姫路市山野井町）に鎮座していたと伝える。1181年に播磨国内174神を合祀して播磨国総社（府中社）と称した。11月15日の例大祭（姫路祭）は総社の祭で、この時だけ中央殿に神籬を設けて九所御霊神を祀る。また、〈播磨総社一ツ山・三ツ山神事〉‡として、61年目ごとに五色山という人工の置き山一つをつくる丁卯祭を、21年目ごとに五色山・二色山・小袖山の三つをつくる臨時祭を営んでいる。山は高さ18m、径10mで、頂に神々を迎える山上殿を設ける。〈播磨総社「三ツ山」ひな型〉†が神門に展示されている。

東光寺 加西市上万願寺町。有明山遍照院と号し、薬師如来を祀る。天台宗比叡山延暦寺の末寺で、法道仙人が開いた満願寺が始まりと伝える。1538年に焼失し、2年後に南ノ坊を再興して現称とした。西隣の有明山万願寺金剛院は北ノ坊を再興したもので、1688年に高野山から恵隆上人を招いて真言宗となった。当寺は若一王子権現（熊野権現）の宮寺として親しまれてきた。同社は現在、若一神社として市杵島姫命・大山祇命・御祖命を祀っている。当寺は無住であるが、毎年1月8日には地元住民の手によって〈東光寺の鬼会〉†が営まれている。修正会結願の初夜勤行が済むと、42歳の厄年の男が徳太郎と徳次郎の役となり木鍬を持って田遊を演じる。次に19歳の厄年の男が大きな鬼の面を被って赤鬼と青鬼に扮し、松明や大鉾を振り回しながら堂内を巡り、1年の災厄を払う。

近畿地方 203

住吉神社

加東市上鴨川。創建は不詳だが、賀茂郡の式内社、住吉神社に比定されている。大阪府の住吉大社が所蔵する国重文『住吉大社神代記』によると、同社は9世紀頃に播磨国賀茂郡内に約10万町の杣山を有していたとされ、当社はその一つの拠点として分霊勧請創祀されたのではないかと推測される。当地は播磨国が置かれる以前にあった針間鴨国の中心部と考えられ、隣の平木集落には法道仙人が開いたと伝える西国25の天台宗御嶽山清水寺がある。境内は本殿・割拝殿・長床・舞殿が前庭を挟んで配されており、古い神社の形式を留めている。1493年に建てられた本殿は檜皮葺・三間社流造で国重文となっている。10月第1土曜日に行われる〈上鴨川住吉神社神事舞〉†は宮座制の下に伝承されてきた神事芸能で、中世の田楽や能舞の遺風をよく伝えるものとして貴重である。

車大歳神社

神戸市須磨区。足利尊氏を助けた矢拾地蔵で知られた臨済宗慶雲寺の南に鎮座。昔は西よりの大道（大堂）にあったとも、1397年に摂津国八部郡丹生郷より遷座したとも伝える。古くから車地区の鎮守で、大歳御祖神を祀っている。10月16日の例祭には本社・末社・狛犬など境内13か所に、高野豆腐の上に人参・大根・干椎茸・五万米を載せて金赤色の水引で括ったものを供える。1月15日のトンドの前夜には〈車大歳神社の翁舞〉†が奉納される。この翁舞は呪術性が強く、地元では御面式とよばれ、神体として祀られる面を使って五穀豊穣や天下泰平を祈願している。古態をよく伝承しており、13〜14世紀の翁舞に登場していた露払いの稚児が登場し、15世紀以降の能楽の翁（式三番）には登場しなくなったが、14世紀の猿楽の翁には登場していた父尉を含んでいる。

弓弦羽神社

神戸市東灘区御影郡家。神功皇后が三韓征伐の帰途、忍熊王の挙兵に際して弓矢甲冑を当地に納め、熊野大神に戦勝祈願したのが始まりと伝える。以来、背後にそびえる山は武庫山や弓弦羽岳とよばれ、後に六甲山と記されたという。根本熊野三所大神として内社に新宮の速玉男神、左社に本宮の事解男神、右社に那智の伊弉冊神を祀った。例祭は10月で、5月に地車祭がある。御影郷は灘の生一本として全国に名を馳せる日本酒の名産地、灘五郷の中心であるため、氏子には酒造関係者が多く、元日には菊正宗・白鶴・剣菱の樽酒が3,000人に

振る舞われる。菊正宗では伝統的な〈兵庫県の酒造習俗〉‡を後世に伝えるべく、1960年に酒造記念館を開館し、〈灘の酒造用具〉†などを展示している。

亀岡八幡神社（かめおかはちまん）

南あわじ市阿万上町（あまかみまち）。淡路島南部の中心地、山城国石清水（いわしみず）八幡宮の荘園であった阿万郷に鎮座。郷内11村の産神・氏神・総鎮守と崇められた。最初は海岸近くに祀られたが、大波で海中に没したため、1232年、阿万城（郷殿）の阿万兼友（かねとも）が、亀岡山の麓、古来阿万に鎮座していた松浦高良社（まつうらこうら）の坐す今の地に社殿を造営し、松浦高良大明神を鎮守にしたと伝える。社頭の淡路88-11神宮寺が別当で、隣の同12万勝寺が社僧であった。1952年には島の新しい作物の成功を祈って日本で唯一無二の玉葱（たまねぎ）神社が境内に創建されている。4月の春祭には15台の布団壇尻（ふとんだんじり）が浜ノ宮へ巡幸し壇尻唄を奉納する。9月の秋祭には〈阿万の風流大踊小踊（ふりゅうおおおどりこおどり）〉†が拝殿で奉納される。昔は雨乞いをして願いが叶った時に願解き（がんほど）きとして踊られたもので、多額の費用を要したため百石踊（ひゃっこくおどり）とも称された。

 巡礼案内 ● 百観音 秩父三十四観音霊場ってなに？

秩父三十四観音霊場とは、百観音の一つで（p139参照）、埼玉県の秩父地方に15世紀頃に開かれたと考えられる33か所の観音霊場がもとで、16世紀に1か所が追加されて34か所となり、西国巡礼・坂東巡礼と合わせて百観音として巡礼されました。百観音巡礼を最初に修したのは長野県佐久地方の人々ではなかったかと思われます。佐久は一遍が踊念仏を始めた場所でもあります。本書では、午年開帳の1954年頃に刊行された『秩父札所観音霊場納経帖』に記された34か所から、巡る順番、霊場名、所在地、本尊名を抽出しました。

☞ p.217に続く

29 奈良県

金峯山寺

寺社信仰の特色

　奈良県は日本の寺社文化発祥の地といっても過言ではない。3～9世紀頃には文化や政治の中心地であり、膨大な数の神社仏閣が創建された。現在、200件近くの建物や仏像が国宝に指定されている。

　その奈良でもとりわけ発祥の地とされるのが桜井市の三輪山である。山麓には日本最古級の前方後円墳である箸墓古墳や、崇神天皇・景行天皇の陵とされる古墳がある。山全体を大物主大神（三輪明神）が鎮まる神体として祀る大神神社は大和一宮で、記紀にも記載があり、拝殿をもたない古神道の祭祀形態から、日本最古の神社と称される。

　日本で初めて寺が建てられたのも三輪山に近い飛鳥と考えられている。『日本書紀』によれば552年の仏教公伝で献上された仏像は、蘇我稲目が向原の家を浄捨した寺に安置されたという。明日香村の向原寺がその伝統を今に受け継ぐ。日本最古の本格的寺院とされる飛鳥寺も同村にあり、蘇我馬子が593年に塔を建てた法興寺の後身と伝え、飛鳥大仏が現存する。法興寺の後身としては奈良市の元興寺もあり、篤い信仰を受け継いで〈元興寺庶民信仰資料〉†などを伝承している。

　607年創建と伝える斑鳩町の法隆寺も古く、638年創建の法起寺とともに、世界遺産「法隆寺地域の仏教建造物」に登録されている。

　710年に平城京が開かれた奈良市にある興福寺・春日大社・薬師寺・元興寺・東大寺・唐招提寺は世界遺産「古都奈良の文化財」に登録されている。興福寺は669年創建の山階寺が前身とされ、710年に現在地へ移転したという。これに付随して春日大社が768年に創建された。同社には〈春日若宮おん祭の神事芸能〉†が伝承されている。薬師寺と元興寺は718年の移転と伝える。東大寺は733年創建の金鐘寺が前身で、742年に大和国の国分寺に充てられたという。唐招提寺は759年に創建された。

　日本初代天皇の神武天皇を祀る橿原市の橿原神宮は1890年の創建。

主な寺社信仰

奈良豆比古神社

奈良市奈良阪町。京都府との境をなす平城山の東端に鎮座。当地は志貴皇子（天智天皇第7皇子、施基親王、春日宮天皇、光仁天皇の父）が療養した春日離宮跡と伝え、樟の巨樹が自生している。中殿に平城津彦を祀り、左殿に志貴皇子、右殿に春日王（施基親王の第2皇子、矢田原太子）を祀る。春日様、矢幡様、明神様などと親しまれ、20年ごとの御造替が氏子によって戦中も欠かさず行われてきている。10月8日夜、秋の例祭の宵宮には、町内の翁講が〈奈良豆比古神社の翁舞〉†を奉納する。この翁舞は3人の翁の立ち合いによる特異な形態で、能楽の源流であると考えられている。春日王の子に浄人王があり、散楽俳優を好んで猿楽を発展させ、弓削首夙人の名と位を与えられ、当社の神主を勤めたという。当社は歌舞・音曲・芸能の司神としても崇められてきた。

法華寺

奈良市法華寺町。光明皇后が父（藤原不比等）から受け継いだ自身の宮を745年に寺としたのが始まりで、後に大和国の国分尼寺（法華滅罪之寺）に充てられ、日本の総国分尼寺になったとされる、尼門跡の寺である。760年には境内に阿弥陀浄土院を創建し、翌年、光明皇太后の一周忌を営んだ。13世紀に叡尊が復興して以来、真言律宗の道場であったが、1999年に独立して光明宗を開いた。本尊は国宝の木造十一面観音立像で、光明皇后が蓮池を歩く姿を写したとの言い伝えがある。17世紀に高慶尼が住して寺観を整えた。その時につくられた庭園は国名勝となっている。境内には蒸気導入方式の入浴施設〈法華寺のカラブロ〉†が残されている。昔は6月7日の光明皇后命日などに湯施行が行われていた。

白山神社

平群町福貴。平群から大阪府八尾市神立へと至る十三街道（業平道）の入口に鎮座。慈尊山福貴寺（富貴寺）の鎮守社として白山大明神を祀ったのが始まりと伝える。福貴寺は法隆寺夢殿を再建した伝燈大師道詮律師の創建で、最盛期には60坊を数えたという。寺は明治時代に廃されたが、境内には三明院弥勒堂が残り、近隣の大和北部88-44融通念仏宗地蔵寺ももとは塔頭であったという。後に森垣内の小森神社と栗坪垣内の三十八社神（子守神社）を合祀し、今は伊弉諾尊・

伊弉冉尊を祀っている。十三街道の大和国と河内国との境には〈生駒十三峠の十三塚〉†が残る。稜線上に13個の塚が南北に列状をなし、列中央が最高所で、高さ3m、径6mの王塚（親塚）が築かれている。王塚は五十鈴媛命の御陵で、雨乞いや治病に霊験があるが、触れると祟りがあると伝える。

八柱神社

奈良市上深川町。字堂ノ坂に鎮座。高御産日神・神産日神・生産日神・足産日神・大宮売産神・玉積産日神・事代主神・御食津神の8神を祀り、昔は八王子社と称された。18年ごとに本殿を造り替える。西隣の東寺真言宗元薬寺は昔の神宮寺で薬師如来を祀り、真言宗東大寺戒壇院末であった。2月の春祭は拝殿での例祭に続いて、元薬寺で柳のオコナイが修される。半夏生の翌日に営まれたゲーでは宮座講（氏神講）の人々が社に御飯を供えた後に、寺で光明真言などを唱える。10月12日（昔は旧暦9月9日）の秋祭の宵宮には、宮座入りをした数え17歳の青年たちがユネスコ無形文化遺産〈題目立〉†を演じる。能の源流をなす民俗芸能で、語り物が舞台化した初期の形を伝えると考えられる。厳島・大仏供養・石橋山の3番を伝承。関連資料は境内の上深川歴史民俗資料館にある。

杵築神社

田原本町今里。寺川の右岸に鎮座。社殿の裏は溜池となっている。境内には市杵嶋神社と、融通念仏宗通法山正福寺がある。昔は牛頭天王社と称した。今は須佐之男命と天児屋根命を祀っている。1909年に春日神社を合祀。6月第1日曜日には、東隣の鍵地区の八坂神社とともに、〈大和の野神行事〉‡の一つ、蛇巻が行われる。端午の節供の行事で、昔は旧暦5月5日に行われた。麦藁で全長18mの蛇（竜）をつくり、中学生（昔は数え15〜17歳）の男子が頭を担ぎ、当屋・十人衆・子ども会が胴体を担いで各戸を訪れ祝福する。広い道に出ると暴れて蛇体に人を巻き込む。社に戻ると榎の大木に頭を上にして巻き付けて昇り竜とし、根元の八大竜王祠に馬の絵馬や川柳でつくった小型の農具を供える。蛇巻は鍵のほうが先に行い、鍵では蛇を稲藁でつくり、頭を下に巻き付けて降り竜とする。

市杵島神社

桜井市大西。大和川（初瀬川）の西岸に鎮座。市杵島姫命を祀る。例祭は10月21日。1810年に字西越社の八幡神社と三本松の大神神社を合祀。境内には愛宕・稲荷・御綱の各神社と、

一段高い所に御綱堂がある。御綱神社は社殿がなく、自然石のみで、須勢理姫命を祀る。2月11日（昔は旧暦1月10日）の〈江包・大西の御綱〉†の神事では、御綱堂から長さ100m、重さ560kgの女綱（稲田姫）が出て、区内を巡りながら北隣の江包地区の字カンジョにある素盞嗚神社へと向かう。途中の田圃では綱の尾で土俵をつくり、水を撒いて泥田にし、相撲を取る。大和川を渡って素盞嗚神社に着くと、綱先の舟（女陰）形の中央を開いて穴をつくる。この輪に、江包の春日神社から出た男綱の先端を挿し込み、巻綱で締め括ると、鳥居の正面に吊り上げ、入舟式を行う。勧請掛の民俗の一例である。

當麻寺

葛城市當麻。二上山の東麓に建ち、高野山真言宗の中之院や浄土宗の奥院が維持管理にあたっている。転法輪印の阿弥陀如来を中心とする37尊などを描き、『観無量寿経』を図示した当麻曼陀羅（阿弥陀浄土変相図／観経変相図）を本尊とする。7世紀末頃、当麻国見が当麻氏の墓域に国宝・塑造弥勒仏坐像（金堂本尊）を奉安して創建したと推定される。後に中将姫が入り、国宝・綴織当麻曼陀羅図（根本曼荼羅）を織り上げ、29歳の3月14日に生身の阿弥陀如来に迎えられ、西方極楽浄土へ往生したと伝える。5月14日の〈当麻寺二十五菩薩来迎会〉‡（聖衆来迎練供養会式）は西日差す国宝の本堂（曼陀羅堂・極楽堂）から観音・勢至などの菩薩が来迎橋を渡り、娑婆堂へ姫を迎えに行く行事で、当麻出身で『往生要集』を著した恵心僧都源信が1005年に始めたという。

吉祥草寺

御所市茅原。葛城山の東麓に建ち、修験道開祖の役行者の生誕地と伝える。本山修験宗。行者が開いた寺とされ、開山堂には行者がみずから刻んだという32歳の像や、母公（白専女）の像が安置されている。鎮守の熊野権現社の前には産湯の井戸があり、行者降誕の際に香精童子が灌浴した大峯の瀑水が滴って井戸になったと伝える。往時は東西4km・南北5kmの境内に49院を擁して隆盛を極めたが、1349年の兵火でことごとく灰燼に帰したという。現存本堂は1396年の再建で、不動明王を中心とする五大尊を安置している。毎年元旦から修正会を執行し、結願を迎える1月14日晩には、近畿地方無双の火祭、〈茅原のとんど〉‡（左義長）が盛大に営まれ、高さ6m・径3mの大松明2基を恵方から燃やして一年の豊凶を占う。この火をいただいて帰り、翌朝に小豆粥を炊いて食べる風習がある。

人麿神社（ひとまろ）

橿原市地黄町。万葉歌人で三十六歌仙の柿本人麻呂を祀る。葛城市柿本の柿本神社から分祀したと伝え、人丸大明神社や柿本人丸神社とも称された。当地では漢方の薬草である佐保姫（地黄）が盛んにつくられていた。桜池（地黄池）の畔には若宮社と称する小祠があり、玉津島明神（衣通姫尊）が祀られている。昔はその西隣に観音堂があり、武蔵国浅草寺の本尊があったという。5月4日に行われる〈地黄のススツケ行事（ノグッツァン）〉では、境内で子どもたちが煤や墨を付けられて真っ黒になる元気な姿がみられたが、墨付けは2011年から中止されている。この行事は野神（農神）様とよばれる祭で、墨付けの後、子どもたちは当屋の家に籠り、翌未明、牛馬や鍬鋤を描いた板、鰤の尾頭、蛇巻を持ち、集落を抜けた北側の森へ行き、神木の野神様に奉納して豊作を祈願する。

龍穴神社（りゅうけつ）

宇陀市室生区室生。女人高野室生寺の奥、室生川沿いに鎮座。善女龍王（高龗神）を祀る。本殿は春日大社の若宮旧社殿を移したという。上流には龍神が住むという妙吉祥龍穴があり、そこが奥宮となっている。仙人橋付近の沙羅吉祥龍穴、室生寺金堂奥の持宝吉祥龍穴とともに三龍穴とよばれ、川上にある天の岩戸や室生寺御影堂付近の護摩の岩屋などの六岩屋とともに九穴と称される。善女竜王が飛来した竜王の池などの三池、善女竜王が教化された悪竜の渕などの五渕は八海と称された。例祭は10月で、室生寺からの御渡に〈室生の獅子神楽〉が加わる。獅子舞は雌雄一対の2頭で、室生寺の天神社で鈴の舞の触りを、当社で鈴の舞、魔除け、剣の祓い、荒獅子を舞う。1859年に室生寺で火事があり、消火した若者への礼に寺が獅子頭を贈ったのが舞の始まりという。

念仏寺（ねんぶつじ）

五條市大津町。12世紀後半に東大寺領豊井庄の一部として登場する坂合部郷12か村の郷寺と伝え、代々別当を務めてきた坂合部氏の祖先が13世紀頃に氏寺として創建したという。高野山真言宗に属するが、現在は無住となっている。境内には阿弥陀如来を祀る本堂があるだけで、この堂は陀々堂とよばれている。1月14日には修正会の結願行事として〈陀々堂の鬼はしり〉[+]が行われる。これは15世紀に東大寺の修二会に倣って始めた達陀の行法であるという。午後に大般若経600巻の転読や阿弥陀さんの肩叩きがあり、夜に松明に火を点しての鬼走りが

ある。鬼は阿弥陀様の使いの羅漢様といわれ、赤鬼面をつけ斧を持った父鬼、青鬼面をつけ捻木を持った母鬼、赤鬼面をつけ槌を持った子鬼が、燃え盛る松明を振りかざして堂内を豪快に走り回り、住民の災厄を祓う。

玉置神社 十津川村玉置川。大峰山脈の南端、玉置山の9合目に鎮座。熊野本宮証誠殿から吉野川の柳ノ宿に至る熊野・大峰修験道の行場、大峯七十五靡の第10番となっている。早玉神を祀ったのが始まりと伝えるが、山頂近くに露頭する玉石を神体として崇めたのが始まりとも考えられている。熊野三山の奥院と称され、玉置三所権現と崇められた。昔は将軍地蔵菩薩・千手観音・毘沙門天を祀ったが、今は国常立尊・伊弉諾尊・伊弉冊尊を祀っている。例祭は10月24日。玉置山北麓の小原や武蔵に伝承されている〈十津川の大踊〉†は、風流踊の流れを汲む盆踊で、玉置山へ巡礼に訪れた僧侶や信者が伝えたともいわれている。十津川は全面積の96%が山林原野で、特色ある生活が営まれてきた。それを伝える〈十津川郷の山村生産用具〉† 3,174点が小原の収蔵庫に保管されている。

天神社 五條市大塔町阪本。阪本と小代の氏神で、猿谷ダムの建設で集落とともに現在地に移転した。伊邪那岐命と伊邪那美命を祀り、昔は天神神社と称された。末社に大神・山神・春日・金比羅・稲荷・瘡の6神社がある。例祭の4月29日と盆の8月15日には境内の踊り堂で風流踊の一つ〈阪本踊〉‡が奉納される。櫓太鼓を取り囲む輪踊りで、最初に政吉踊があり、続いて大文字屋、なんちきどっこい、豊年踊、天誅踊、やくし、はりやとせ、などが繰り広げられる。政吉踊は村人の身代わりで刑死した中村政吉の霊を弔うために始まったと伝え、調子には物悲しさが漂い、扇を閉じて拝む仕草もある。昔は命日に因んで10月27日と4月27日に墓前でも踊られていた。大塔町篠原の天神社でも昔は盆に〈篠原踊〉‡が奉納されていた。

30 和歌山県

高野山金剛峰寺

寺社信仰の特色

　和歌山県には熊野信仰の総本社がある。田辺市の熊野本宮大社、新宮市の熊野速玉大社（熊野新宮）、那智勝浦町の熊野那智大社がそれで、熊野三山と総称される。もともとは独自の信仰を有していたが、10世紀後半に相互に祭神を合祀して熊野三山の信仰を確立し、全国から「蟻の熊野詣」とよばれる参詣を集めた。熊野の神木は梛で、三山には巨木が多いが、特に速玉大社の梛は日本最大で、国の天然記念物に指定されている。

　那智大社の例祭は〈那智の扇祭り〉†（那智の火祭り）として知られ、日本三大火祭に数えられ、そこで奉納される〈那智の田楽〉†はユネスコの無形文化遺産に登録されている。隣接する那智山青岸渡寺も国名勝那智大滝への信仰を基盤に成立した。西国三十三観音巡礼の打ち始め札所であり、西国02紀三井寺・同03粉河寺とともに紀州三大霊場と称されている。

　県内には空海が開いて入定した高野山もある。日本総菩提所や真言宗総本山と崇められ、日本三大霊場の一つとして大勢の巡礼者を集めている。高野山金剛峯寺は高野山真言宗の総本山でもある。岩出市の根来寺は高野山から大伝法院などを移して創建され、日本三大名塔に数えられる多宝塔があり、現在は新義真言宗の総本山となっている。

　なお、熊野三山や高野山への巡礼の道々は、2004年に登録された世界遺産「紀伊山地の霊場と参詣道」の中核となっている。

　県内で最も多くの初詣客を集めるのは和歌山市の日前国懸神社である。紀伊一宮とされ、同一境内に日前神宮と国懸神宮の２社がある。同市の伊太祁曽神社も紀伊一宮とされ、木の神である五十猛命を祀り、古くは木国とよばれたともいう紀伊国を代表する社である。かつらぎ町の丹生都比売神社も紀伊一宮とされ、3社はいずれも名神大社であった。

　和歌山市の加太にある淡嶋神社はアワシマ（淡島／粟島／淡嶋）信仰の総本社とされ、針供養や人形供養、雛流しの民俗でも有名である。

主な寺社信仰

山路王子神社(やまじおうじ)

海南市下津町市坪。岳山の北麓に鎮座。山路王子・応神天皇・天照皇大神を祀る。岳山(明神の森)の山頂に鎮座する島姫神社は境外社となっている。古くは一壺(市坪)王子と称され、10世紀以降、皇族が熊野三山へ参詣する途上で拝した熊野九十九王子の一つであった。境内には瑠璃光山安養寺があったが、明治維新で廃され、今は鐘堂が残るのみである。10月第2日曜日の例祭には神事の後に〈山路王子神社の獅子舞〉と〈山路王子神社の奉納花相撲(泣き相撲)〉が営まれる。獅子舞は7人立ちで、2人の鬼役が獅子をあやして舞う。花相撲は氏子男児が裸に赤い褌を締めて土俵に上り、無病息災を願って取り組むもので、多くの赤子が元気一杯に泣き声を響かせるのが大人たちの歓声をよぶ。土俵の土を背中に付けることで丈夫に育つと言い伝えられている。

西熊野神社(にしくまの)

和歌山市西。福飯ヶ峯の南東麓に鎮座。熊野速玉男命・与母都事解男命・伊弉册命の3神を祀る。雄略天皇9年に新羅で戦死した紀岡前来目連が岡崎を領して城山に居住していた時に鎮守の神として熊野の3神を勧請したのが始まりという。熊野十二社権現と崇められた。十二社とは天神7代と地神5代の神であるという。例祭は10月8日に営まれる。8月14日には境内で納涼おさらい会があり、盆踊として〈団七踊〉が披露される。団七踊は岡崎地区一円の鎮守の杜や境内で行われる口説踊で、18世紀頃に岡崎の郷士が江戸で白石女敵討の歌舞伎を観て感動し、その物語を謡と踊に仕組み、以来連綿と受け継がれているという。薙刀を持つ姉の宮城野と、鎖鎌を持つ妹の信夫が13年の修行の末、刀を持つ悪代官の志賀団七を討ち取り、父与太郎の仇討を遂げる様を輪になって踊る。

王子神社(おうじ)

紀の川市東野。南海道(大和街道)の高野辻に鎮座。春日造りの社殿に天忍穂耳命を祀る。古くは熊野権現の若王子を祀り、若一王子権現社と称し、粉河寺領東村の鎮守で、隣接する天台宗王子山小松院(北松院)が宮寺であった。若一王子は丹生明神とともに西国03天台宗粉河寺の鎮守であった。例祭は10月17日で、2月11日には名附神事を行っている。名附とは旧暦1月11日に般若蔵とよばれる

近畿地方

土蔵から、長帳・神株帳・名附帳などとよばれる巻物を取り出して、前年に宮講へ加入した人の名を記入する民俗で、1478年以降の〈名つけ帳・黒箱〉†が現在も伝承されている。長帳は今では長さ80mを超えている。黒箱は村中第一の宝とされ、260通を超える王子神社文書が保管されていた。紀ノ川流域では村の重要文書を黒塗りの木箱に保管して次世代へと継承する民俗が盛んである。

遍照寺 かつらぎ町花園梁瀬。有田川上流北岸に建つ。高野山真言宗。42歳の空海が厄除けに地蔵菩薩と不動明王を刻んで庵に安置したのが始まりと伝え、その際、飢饉で苦しむ村人に不蒔菜を教えて救ったことから不蒔菜山と号したという。南紀からの高野山参詣道が集まる花園は高野山座主済高の仕丁久曽丸が開いたと伝え、高野山諸堂社への供花（樒）を奉献してきた。〈花園の仏の舞〉‡は高野山参詣の勧進で始められたとされ、法華経の提婆達多品が説く女人成仏を60年ごとに演じてきた。隔年の旧暦1月8日頃には大日堂で〈花園の御田舞〉†が奉納される。日本各地の御田舞（田遊び）はほとんどが田植で終わるが、田刈や籾摺など収穫までの全過程を演じる。大晦日夜に対岸の下花園神社（丹生高野四所明神）で行われる〈たい松押し〉は田舞の鬼定め祝を兼ねている。

岩倉神社 有田川町粟生。高野山参詣道沿い、有田川と四村川の合流地に鎮座。社頭には高さ48mの巌がそびえる。岩倉山に金幣を勧進し、聖武天皇大明神を祀ったのが始まりという。後に空海が大日如来を刻んで安置し、丹生・高野の両宮と摩利支天を勧請して岩倉大明神と称したという。真言宗光明山医王院東福寺が別当であったが廃寺となり、国重文の薬師堂のみが浄土宗光明山地福院吉祥寺の隣に残る。薬師堂は1437年に岩橋内匡が建立し、町内の浄土宗聖聚来迎山歓喜寺から薬師如来・大日如来・観音菩薩・不動明王・毘沙門天の各仏像（すべて国重文）を勧請安置したという。薬師堂には〈粟生のおも講と堂徒式〉†が伝承されており、毎年旧暦1月8日に草分けの主株13戸が岩倉大明神・大日如来・薬師如来・観音菩薩を祀り、数え年3歳児の村入を祝って三三九度の盃を交わす。

雨錫寺 有田川町杉野原。宝雨山慈雲院と号す。高野山真言宗。高野山に発する有田川沿い、字中村番の段丘上に建ち、杉野原の菩提所となっている。本尊は木造不動明王座像で1369年銘がある。国重文

の阿弥陀堂は1514年の再建とされ、平安時代の阿弥陀如来座像と、1713年に正賢房らが勧請した西国三十三所観音像を安置する。正賢房は当寺の弟子で、1698〜1705年に西国巡礼を33度終え、1712年には日本廻国六十六部も行じ終えている。隔年の2月11日には阿弥陀堂内陣を舞殿として〈杉野原の御田舞〉†が奉納される。柴燈の周りで男たちが勇壮に行う裸苗押しを皮切りに、春田起こしから籾摺りまでの米作の全生産過程を数時間にわたって狂言風に模倣し、その年の豊年満作を祈願する。昔は旧暦1月6日に昼夜2回修したが、現在は昼の1回のみで、初午会式（大投餅）を兼ねている。

広八幡神社

広川町上中野。『稲むらの火』のなかで避難先となった高台の麓に鎮座。祭神は河内国の誉田八幡宮または由良町の衣奈八幡神社から勧請されたという。1413年までは町内前田の津木八幡神社の地にあったと伝え、同社は本山（本座）八幡とも称されている。勧修寺末の仙光寺明王院が社僧を勤め、境内には多くの仏堂があったが、神仏分離で漸次取り払われ、国重文の鐘楼は上中野の法蔵寺へ、西門は町内広の安楽寺へ、1951年には多宝塔が原爆犠牲者供養のため広島市の三滝寺へと移された。国重文の本殿・拝殿・楼門は現存する。例祭は10月1日で、古雅な〈広八幡の田楽〉‡（しっぱら踊り）が舞殿で、東海道五十三次を表すという〈乙田の獅子舞〉が天神社（国重文）の前で、それぞれ奉納される。

小竹八幡神社

御坊市薗。神功皇后が忍熊王の討伐に際して宮を置いた小竹（芝怒）に応神天皇を祀ったのが始まりと伝え、1kmほど北に旧跡の元宮と祝塚がある。1585年に戦火で焼失したが、1678年に紀州藩祖徳川頼宣の薗御殿跡（現在地）に再建されたという。神殿が東を向くのは神占によると伝える。旧御坊町唯一の神社で、2万人もの氏子を擁する大社である。10月5日の例祭は県央部最大の祭で御坊祭と親しまれ、「人を見たけりゃ御坊祭」と称される賑わいをみせる。放生会の流れを汲む奴祭で、奴踊や獅子舞、四ツ太鼓などの神賑行事が奉納される。老若男女7、80人が別院堂前と御旅所で踊る〈戯瓢踊〉‡は鉢叩きの遺風とみられ、その呼称はケボン（毛坊主）の転と瓢を叩く音ともいわれる。〈御坊下組の雀踊〉は京舞の派生で、奴装束の男たちが雀の姿を表しながら踊る。

大潟神社

田辺市新庄町。名喜里地区奥の山頂に鎮座。本殿に天照大御神ほか16神を祀り、境内に大土神社と馬目神社を祀る。昔は山麓の熊野街道大辺路に面して若一王子社と称した。1868年に現称とし、1877年に村内5社を、1909年に近隣8社を合祀、1941年に皇紀2600年を記念して現在地に遷座した。例祭は10月25日であったが、1941年に11月10日、1984年に11月3日とされた。巫女の里神楽や湯立神事があり、前日には獅子舞が戸ごとに地下舞わしをして回り、花笠と子ども神輿の先導で御宮へ御渡をし、幣の舞を奉納する。7月14日には〈名喜里祇園祭の夜見世〉‡が行われる。各家が動物や世相に取材した出し物を野菜や草花で趣向を凝らして製作し、軒先や玄関先に飾って披露するもので、近郊から多くの見物人が訪れて賑わう。茗荷でつくった甘烏賊や茄子でつくった鯨などが目を楽しませる。

吉祥庵

田辺市本宮町大瀬。臨済宗。高倉山馬頭観音と親しまれる。現在は無住で、同町下湯川の淵龍寺が法要を司る。四村川沿いの旧国道から山中へ分け入った平という集落にあり、三体月観月の地に建つ。昔から旧暦11月23日には熊野権現が3体の月に乗って熊野本宮大社大斎原の一位樫の梢に舞い降りるのが見えると伝える。1929年に県道が通る以前は70戸あった平も1975年には0戸となった。壇ノ浦で敗れ逃れた平清武の一族が皆根川上流の大谷に住み着き、愛馬の霊を弔うために馬頭観音を祀り、大瀬の守護神としたのが始まりという。大祭は1月18日の初観音で投餅もある。境内には三峰神社の祠などがあり、平家一門の冥福を祈るために奉納されたという8月14日の〈大瀬の太鼓踊〉‡も、昔は境内で行われた。

古座神社

串本町古座。古座川の河口に鎮座。古座は漁業の町で、昔は沿岸捕鯨で栄え、紀州藩の鯨方役所が置かれた。若宮八幡宮と称されたが、1915年に河内島の河内神社（素盞嗚尊）を、1920年に西向浦の住吉神社・若宮龍王社・衣美須社を合祀して現称とした。例祭は旧暦8月15日に近い日曜日で、角力・獅子舞・天狗舞などが奉納される。夏の例祭は7月24〜26日（昔は旧暦6月初丑日）で、〈古座の御舟祭〉‡とよばれ、〈河内祭の御舟行事〉†が営まれる。漁家（沖の人）の青年（勇進会）が鯨舟を象った御舟に河内大明神の神額を載せ、河内会（勇進会退会者有志）が御船唄を歌うなか、川を3kmほど遡上した所の川中

にある河内島へと遷し、島を右回りに3周する。島は全体が神体とされ、河内様(こおったま)と崇められる。漁家以外(陸(おか)の人)の青年(青年会)は区内の家々を回り獅子舞を奉納する。

熊野速玉大社(くまの はやたま)

新宮市新宮(しんぐう)。木材の集積地としても栄えた熊野(新宮)川河口に鎮座。神倉山(かんのくらやま)のゴトビキ岩から遷座したという。第一殿(結宮(むすびのみや))に熊野夫須美大神(くまのふすみのおおかみ)(千手観音/伊邪那美神(いざなみのかみ))を、第二殿に熊野速玉大神(薬師如来/伊邪那岐神(いざなぎのかみ))を祀る。日本第一大霊験所、根本熊野権現と崇められ、熊野三山や熊野水軍を統括する熊野別当は新宮に置かれた。祭礼は〈新宮の速玉祭(はやたまさい)・御燈祭(おとうまつ)り〉†が知られる。速玉祭は大祭で、10月15日に神が馬に乗って蓬莱山の阿須賀神社や杉ノ仮宮へ渡御し、翌日の御船祭では一ツモノとよぶ人形を載せた馬に先導されて渡御し、神幸船に遷された神が御船島を3周する。御燈祭は2月6日で、神倉山で熾(おこ)された神火が、白尽くめの衣装で白尽くめの食事をとった男たちの松明(たいまつ)に分かたれ、あたり一面火の海となり、やがて一斉に山から駆け降りて火の滝をみせる。

 巡礼案内 ● 巡ってみたい！百観音 秩父三十四観音霊場❶

＊秩父三十四観音霊場についてはp205を参照ください。
＊『秩父札所觀音霊場納経帖』(1954頃)から、巡る順番、霊場名(所在地：本尊名)を抽出しました。

◆1 誦經山妙音寺(高篠村栃谷：正觀世音) ◆2 大棚山眞福寺(高篠村大棚：聖圓通大士/聖觀音) ◆3 岩本山常泉寺(高篠村山田：厄除正大悲/聖觀音) ◆4 高谷山金昌寺(高篠村山田：大悲/十一面觀音) ◆5 小川山長興寺(横瀬村下郷：大悲/準泥觀音) ◆6 向陽山卜雲寺(横瀬村刈込：聖圓通/聖觀音) ◆7 青苔山法長寺(横瀬村刈込：十一面觀世音) ◆8 清泰山西善寺(横瀬村根古屋：十一面大悲) ◆9 明星山明智寺(横瀬村中郷：如意輪觀音) ◆10 萬松山大慈寺(横瀬村日向：子安正觀世音) ◆11 南石山常樂寺(秩父市坂氷：拾壹面大士) ◆12 佛道山野坂寺(秩父市野坂：白華/子安觀音)

☞ p.223に続く

31 鳥取県

三徳山三佛寺

寺社信仰の特色

　鳥取県は西の伯耆国と東の因幡国から成る。因幡は白兎で知られ、鳥取市の白兎海岸が伝説の舞台という。白兎神社には兎が傷を洗ったという御身洗池や、体を乾かしたという身干山もある。

　因幡一宮は同市の国府町に鎮座する宇倍神社という。県内唯一の名神大社として昔から信仰を集め、今も県内で初詣が最も多い。4月の例大祭には〈宇倍神社獅子舞〉が奉納され、〈宇倍神社御幸祭祭具〉を用いた大名行列もある。町内には初盆供養の〈因幡の傘踊〉も伝承されている。

　若桜町には伯耆大山・三徳山と並ぶ鳥取県三大山岳霊場の一つ、不動院岩屋堂がある。自然の岩窟に建つ舞台造の建物は国重文で、日本三大投入堂の一つにも数えられている。また、本尊の黒皮不動明王は日本三大不動の一つという。

　伯耆一宮は湯梨浜町の倭文神社である。倉吉市にある三宮も倭文神社であり、ともに日本古来の文様で布を織った倭文氏が祖神の建葉槌命を祀ったものと思われる。一宮には1103年に経塚が営まれ、伯耆一宮経塚出土品は国宝に指定されている。

　伯耆二宮は倉吉市の波波伎神社とも、大山町の大神山神社ともいわれている。前者は伯耆の古称ハハキに由来し、伯耆国造が国土神を祭祀したものと考えられている。後者は鳥取県を代表する霊山、伯耆大山を祀った社である。

　大神山神社は大山の北西麓に建ち、後に米子市に冬宮（本社）が設けられ、奥宮（夏宮）とよばれるようになった。奥宮は、1875年以前は大山寺であり、智明権現（本地は地蔵菩薩）を祀り、西日本における天台宗および修験道の一大拠点であった。

　修験道は三朝町の三徳山三仏寺でも盛んであり、役行者が岩窟に投げ入れてつくったと伝える投入堂（蔵王殿）は国宝に指定されている。

主な寺社信仰

金峯神社(きんぷ)
岩美町牧谷。金峯山に鎮座。大和国吉野から蔵王権現を勧請したのが始まりで、往時は32坊を擁したと伝える。紀伊国から伯耆国大山に入った熊野修験が三徳山を経て伝播し、荒金の行者山や、鳥越の牛ヶ峰と共に当地へ定着したと考えられている。豊臣秀吉の因幡攻めで一山焼亡したが、1713年に鳥取の淳光院(現天台宗大雲院)が別当の竹生山竜王寺とともに再建した。明治維新で現称に改め、祭神を勾大兄神(安閑天皇)・天水分神・国水分神に変えた。牧谷の北端は国名勝・浦富海岸の東端で、俗に海耶馬と称される羽尾鼻があり、竜神洞・蔵王島・逢来島・帝釈岩などの景観が広がる。牧谷地区には秀吉軍が伝えたという盆踊〈牧谷のはねそ踊〉が今も伝承されている。隣の大羽尾地区には旧暦の五月節供に〈因幡の菖蒲綱引き〉†が伝承されていた。

越路神社(こえじ)
鳥取市越路。八坂山の東麓に鎮座。邑美郡から八上郡へと越える道が走る越路(恋路)の氏神。京都の八坂神社から牛頭天王(須佐之男神)を勧請したのが始まりと伝え、八王子権現と崇められた。1868年に龍神(瀬織津比売神)を合祀し、1874年に現称とする。越路は大路川が流れるものの、昔から水が十分ではなく、稲作はほぼ天水に頼っていた。干ばつになると村人は当社に雨乞いの願を掛け、願が叶うと御神籤により踊・相撲・釜立・御参りのいずれかを奉納したという。そのなかの踊が実施されたのは、記録が残る1756〜1909年にわずか10回であり、1956年に再現したのが〈越路の雨乞踊〉‡である。忍婦・鎌倉・穣田など10章の歌詞を伝える踊は、鳥取市河原町片山の霊石山最勝寺に逃れた源範頼の内室が伝えたとされ、当地には内室の墓と伝える五輪塔が残る。

売沼神社(めぬま)
鳥取市河原町曳田。嶽古墳の北に川を挟んで鎮座。出雲国の大国主神(大穴牟遅神)と結ばれたと『古事記』が伝える八上比売(八上姫)を祀り、古墳は姫の墓と伝える。因幡の白兎は姫の使いであったともいわれ、川下には大国主が恋文を書いたという倭文、縁を通じた路という円通寺、贈り物の布袋を捨てたという布袋と袋河原の地名が残る。式内社の八上郡売沼神社に比定され、西日天王とも称された。1868年に原山の熊野神社や引野山の諏訪神社を合祀。例祭は10月で、麒

中国地方 219

麟獅子舞が氏子回りをし、当社と正法寺(真言宗御室派)では本舞を奉納する。なお、円通寺には石切歌の岩力(念力)節に合わせて三吉木偶を操る〈円通寺人形芝居〉‡が伝承されており、保存会は伝承館で大黒舞などを上演、地元小学校にデコクラブをつくって指導にあたっている。

東井神社

用瀬町用瀬。三角山の西麓、千代川と佐治川の合流地に鎮座。千代川は旧暦3月3日の〈用瀬のひな送り〉で有名。山城国紀伊郡八坂神社から素盞鳴尊を勧請創祀したと伝え、長く妙見大明神と称されたが、1868年に近隣6社を合祀して現名に改め、1872年には鳥取藩校尚徳館の賀露神社から社殿を購入して本殿とした。三角山は修験道場で滝社に峰錫権現を祀っていたが、明治維新で当社摂社の三角山神社とされた。御幸行列が出る4月24日の大祭は1937年で途絶えたが、行列に出ていた〈因幡の麒麟獅子舞〉‡は今も5月3日の例祭に伝承されている。麒麟獅子は1650年の因幡東照宮創建時に始まったと伝え、用瀬地区には麒麟獅子が多いが、隣の佐治地区にはなく、代わりに神楽獅子が出る。佐治は板笠の製造が有名で、〈佐治の板笠製作用具及び製品〉‡が資料館に残る。

大和佐美命神社

鳥取市上砂見。字縄手に鎮座。昔は八上郡との境になる背後の山中にあったと伝える。上砂見と中砂見字大湯棚の氏神。創立は不詳ながらも式内社で、『三代実録』865年6月条に従五位下の記録がある。江戸時代は旗指(旗差)大明神と称したが、1868年に谷平の谷前神社(素盞鳴命)と小畑の山神社(大山祇命)を合祀して復称した。10月の例祭には〈大和佐美命神社の獅子舞〉‡が奉納される。午前中に上砂見の雌獅子と大湯棚の雄獅子が境内で麒麟獅子の本舞を奉納し、午後は各地区で門舞(氏子回り)を行う。上砂見には麒麟獅子頭より古い神楽獅子頭が残ることから、もともとは神楽獅子であったのが、後に麒麟獅子へ移り変わったと考えられる。19世紀前半に大湯棚の牛尾安次郎夫妻が鳥取で因幡東照宮の権現堂流を習って当地に伝授したといわれる。

奥谷神社

鳥取市気高町酒津。字奥谷の舌状台地先端の高台に鎮座。谷を挟んで西に突き出た台地先端の高台には因幡33-30の曹洞宗琴松山東昌寺が建ち、キリシタン灯籠とマリア地蔵が祀られている。当社はもと荒神宮と称し、1868年に現称に変えて素盞鳴命を祭神と

した。例祭は4月20日。1872年に亀宮神を合祀し、後に清水谷のエビス様（事代主命）を合祀した。亀宮は、1741年に松本澄猶が娘の輝姫と勝見温泉に来た折、酒津浦で1匹の大亀を得たのを祝して神楽を奏し、亀を海に放ったが、やがて姫が亀の加護を得たことから、報謝のため浦辺に社殿を建てて祀った宮であった。酒津の浜は小正月に〈酒津のトンドウ〉†が行われることで有名である。浜で垢離取り（冷水で身を濯ぐ）をした子どもたちが家々へ赴き、玄関先で「祓い給え清め給え」と潮水の付いた海藻を振り回す儀礼が興味深い。

三朝神社

三朝町三朝。世界屈指のラドン温泉である三朝温泉に鎮座。三朝地区の氏神で、手水鉢には温泉が満たされている。三朝温泉は、平治の乱で敗れた源義朝の家来、大久保左馬之祐が主家再興の祈願で三徳山三仏寺へ詣った折、年老いた白狼を助けたところ、夢に妙見菩薩が現れて在り処を教えられたと伝える。その場所は当社の東にある株湯であるという。左馬之祐は当社を深く崇めたと伝え、大久保大明神や大久保様と称された。明治の神仏分離で仏教色を一掃し、湯村神社と改称、大己貴命を祭神とした。1877年に外谷の荒神様（牛頭天王）を境内に祀り、1921年に砂原の氏神を合祀して現称とした。砂原神社は昔は妙見山正八幡宮と称していた。例祭は10月17日。三朝では5月3日・4日に花湯祭があり、5月4日には長さ150m、重さ4tの綱を引き合う〈三朝のジンショ〉†が行われる。

倉吉八幡宮

倉吉市八幡町。四十二丸城跡の南に鎮座。昔は小鴨川の向こうに鎮座し、生田の産土神で、久米八幡や生田神社と称したが、1889年に当地へ遷り、現称に改めたという。1913年には当地の谷田神社を合祀し、以後、誉田別命・仲哀天皇・神功皇后・武内宿禰と素戔嗚命・宇迦之御魂命を祀っている。例大祭は10月15日で、4月15日には春祭を営む。旧暦1月15日には管粥神事も行われている。12月8日は吹子祭で、鉄工鍛冶や鋳物業者が集う。倉吉は千歯扱きの製造で知られ、最盛期には全国の約8割を生産し、また鋳物の町でもあった。倉吉歴史民俗資料館は往時を伝える〈倉吉の千歯扱き及び関連資料〉‡と〈倉吉の鋳物師（斎江家）用具及び製品〉†を展示している。倉吉には鳥取二十世紀梨記念館もあり、先人の苦労を物語る〈鳥取の二十世紀梨栽培用具〉‡も伝承している。

天神垣神社(あめのかみがきじんじゃ)

米子市淀江町福岡。古墳の上に鎮座。上淀地区の氏神で、少彦名命や大国主命など5柱を祀る。昔は手間天神や天満宮と親しまれた。近隣にはともに国史跡である弥生時代の妻木晩田遺跡と7世紀の上淀廃寺跡がある。境内に安置されている国重文の石馬は1.5mもの大きさで、昔は隣の国史跡・向山古墳群の一つ石馬谷古墳の上にあり、石馬大明神と崇められたという。石馬は九州での出土例はあるが、本州では当地のみである。9月第1日曜日には〈上淀の八朔綱引き〉‡が行われる。八朔の綱引きは当社の伝承が日本唯一の例となっている。藁で口縄様という長さ50mの大蛇をつくると、境内にある荒神様の神木を3周させ、頭を灯篭の上に置く。胴体は地区の中心へ運び、上手と下手に分かれて引き合って豊凶を占う。綱引きが終わると、胴体は村境に安置される。

日御碕神社(ひのみさきじんじゃ)

境港市渡町。出雲大社の祖神様と崇められる日御碕神社(島根県出雲市)から15世紀に分霊を勧請創祀したと伝える。もとは上社と下社に分祀されていたが、1713年に現在地へ合祀されたという。1853年の社殿再建では門脇重綾が日御碕信仰の古伝に則り、北向きから西向きに変え、拝殿・通殿・幣殿・本殿に整え、本殿の千木を内削にしたとされ、弓浜地方を代表する建築となっている。例祭は11月で、1月にはトンドもある。境内にある樹齢500年の公孫樹には藁の蛇が巻き付けられている。三寳大荒神龍巻と称され、毎年12月に地区の荒神講が藁で長さ約25mの竜の胴体をつくり、木の下から7回半巻き付け、胴体の一番下に頭を取り付けて、豊作に感謝している。〈出雲・伯耆の荒神祭〉‡の典型例で、他所では禱祭や申し上げ祭、荒神講竜巻神事とも称される。

江尾神社(えびじんじゃ)

江府町江尾。中世には江美城の城下町として、近世には日野街道の宿場町として栄えた江尾の上ノ段に鎮座。細原(小原)荘の総鎮守。天照国照彦天火明櫛玉饒速日命など15柱を祀る。当地を拓いた進氏が大和国の石上神宮から天之磐船を模した神輿に分霊を奉安遷座して磐船神社を建てたのが始まりと伝える。後に厩戸豊聡耳命を祀り王子権現と親しまれたが、1868年に江尾社と改称、1873年に現称とした。1915年、現在地へ移り、近隣の城上・上段・山口・久連・代・鷺・諏訪の7神社を合祀。8月17日の宵には社前で〈江尾のこだいぢ踊〉

が奉納される。これは日野路最大の夏祭、江尾十七夜の中心行事で、新保広大寺節の口説を真似て歌い踊る。久連山に「十七夜」の火文字を描く山焼きもある。

福岡神社

伯耆町福岡。紀伊国の若一王子権現が大蛸に乗って熊野浦を渡り、吉備国を経て当地へ鎮座したと伝え、蛸様や蛸大明神と親しまれる。1868年に倉稲魂命を合祀して上代社と改め、1872年に上代神社とし、1916年に近隣3社を合祀して現称とした。速玉男命など8柱を祀る。境内には狐の像が無数にあり、崩御所とよばれる墳丘もある。10月の〈福岡神社神事〉は、山の栗樹から75枚の柎を採る柎取祭に始まり、崩御祭、御饌献上祭、大注連神事と続き、日本三大奇祭の一つに数えられる蛸舞式となる。蛸舞では、藁でつくった蛸を捧げ持つ男を、褌一丁の氏子12人が神楽囃子に合わせて8回突き上げて舞わせた後、丸梁に抱きついた蛸役（願主）を足役の8人が一気に8回転させるのを何度も繰り返す。

 巡礼案内 ● 巡ってみたい！百観音 秩父三十四観音霊場❷

＊秩父三十四観音霊場についてはp.205を参照ください。
＊『秩父札所観音霊場納経帖』（1954頃）から、巡る順番、霊場名（所在地：本尊名）を抽出しました。

（続き）
◆13 旗下山慈眼寺（秩父市東町：正大悲） ◆14 長岳山今宮坊（秩父市今宮：聖観世音） ◆15 母巣山少林寺（秩父市番場：十一面観世音） ◆16 無量山西光寺（秩父市中村：千手尊／千手観音） ◆17 実正山定林寺（秩父市櫻木：十一面観世音） ◆18 白道山神門寺（秩父市宮地：正圓通大士） ◆19 飛淵山龍石寺（秩父市大宮：千手圓通）

☞ p.229に続く

32 島根県

出雲大社

寺社信仰の特色

年に一度、日本中の神々が集うという出雲大社は日本一大社と崇められる。出雲市八雲山の麓に国宝の本殿が建ち、日本の国造りを完成させて天津神に譲った大国主大神を祀る。出雲一宮で、1871年までは杵築大社と称し、〈出雲の火鑽習俗〉‡を伝承する。同市には須佐之男命の本宮とされる須佐神社や、一畑薬師の総本山である臨済宗妙心寺派一畑寺、日本三大船神事のホーランエンヤを伝える城山稲荷神社もある。

松江市の熊野大社も出雲一宮とされ、出雲大社と同じ神階を有し、「出雲の両大社」と称された。出雲二宮で出雲国三大社とされた佐太神社も同市に鎮座し、ユネスコ無形文化遺産の〈佐陀神能〉†を伝承している。

石見国は日本最大の銀山を擁した歴史で知られ、大田市の羅漢寺にある五百羅漢などが世界遺産「石見銀山遺跡とその文化的景観」に指定されている。石見一宮は大田市の物部神社、二宮は江津市の多鳩神社、三宮は浜田市の大祭天石門彦神社または美郷町の天津神社という。津和野町の太皷谷稲成神社は伏見稲荷からの勧請で、日本五大稲荷の一つと崇められ、遠方からも多くの参拝を集めている。

島根半島の北方約50kmの日本海上に浮かぶ隠岐諸島には隠岐国が置かれた。隠岐は流刑地でもあり、隠岐国分寺は後醍醐天皇の行在所跡とされる。後鳥羽上皇を慰めるために始めたと伝える〈隠岐の牛突きの習俗〉‡は、隣の隠岐モーモードームで伝承されている。寺では〈隠岐国分寺蓮華会舞〉†を伝承し、弘法大師の命日の4月21日に披露している。

隠岐の島町郡にある水若酢神社は、名神大社で隠岐一宮とされ、隣の隠岐郷土館では〈隠岐島後の生産用具〉†を展示している。

同じく名神大社で隠岐一宮とされる由良比女神社は、西ノ島の浦郷に鎮座する。浦郷地区は美田地区とともに〈隠岐の田楽と庭の舞〉†および〈隠岐西ノ島のシャーラブネ〉‡を伝承している。

主な寺社信仰

美保神社
松江市美保関町美保関。三穂津姫命と事代主神とを祀るが、昔は御穂須須美命を祀ったと考えられる。関の明神様と崇められた。三穂津姫は大国主神（出雲大社の主祭神）の后で、事代主は大国主神の子である。江戸時代は「大社だけでは片詣り」と謡われ、出雲大社との両詣りが盛んであった。また事代主はエビス、大国主はダイコクとされ、両社併せて「出雲のエビス・ダイコク」とも称された。12月3日の〈諸手船〉†の神事は大国主が事代主に国譲りを相談するため船を出した故事を、4月7日の〈蒼柴垣神事〉‡は事代主が国譲りを進言して海に身を隠した故事を表すという。祭神は鳴物を好むとされ、〈美保神社奉納鳴物〉†にみられるように、太鼓や三味線、風琴などの楽器が数多く奉納されてきた。船庫には赤貝や蝦を採るための刳舟、〈そりこ〉†もある。

大土地荒神社
出雲市大社町杵築西。出雲大社の門前町として、また日本海水運の集散地として栄えた杵築地区に鎮座。隣には酒蔵と米蔵を利用した手錢記念館が建つ。杵築（出雲）大社領6か村の大土地村・中村の氏神で、須佐之男命を祀る。例祭は10月下旬で、〈大土地神楽〉†が奉納される。昔は旧暦9月16日が祭日であった。当日は、境内に舞座とよばれる舞台が社殿を向いて仮設され、夕方から翌日未明まで舞が続く。18世紀末頃から神職ではなく氏子が神楽を舞ってきたのが特徴で、衣裳も腰に枕を背負った上に着けるといった独特な容姿となっている。全体の構成は出雲神楽の形式に則っており、仮面をつけない神事（儀式）的な舞の七座と、仮面をつける演劇（娯楽）的な舞の神能からなる。七座で神を降ろし、八千矛や荒神（国譲り）など神話や能に基づく神能を演じる。

金屋子神社
安来市広瀬町西比田。金山彦命・金山姫命を祀り、全国1,200社の金屋子神社の総本社とされる。播磨国志相郡岩鍋（兵庫県宍粟市千種町岩野辺）に天降った金屋子神が、白鷺に乗って当地の桂の木に降臨したのを祀ったのが始まりという。鉄づくりの神として全国各地の製鉄所に分祀され、雲南市の〈菅谷たたら山内〉†にも桂の木とともに勧請された。春秋の大祭には全国から大勢の鉄工関係業者が参列し、社頭には金屋子神話民俗館が建つ。出雲地方は昔、踏鞴

中国地方

製鉄が盛んであり、安来市安来町の和鋼博物館には往時の〈たたら製鉄用具〉‡が収蔵展示されている。また、隣の東比田では農耕や狩猟の他に砂鉄採取も行っており、〈東比田の山村生産用具〉†が安来市広瀬町に保存されている。なお、比田の氏神は、製鉄が盛んであった吉備国の祖神とされている。

加茂神社 雲南市木次町湯村。素盞嗚尊の八岐大蛇退治で有名な斐伊川の上流、槻屋地区の氏神で別雷命を祀る。西隣の本郷地区には八岐大蛇の棲み処であったと伝える天が淵がある。11月10日の例祭には近郷唯一の古代神楽である〈槻の屋神楽〉‡が拝殿にて奉納される。出雲流神楽のうち、出雲流神楽の源とされる佐陀神能の形式をよく伝えているうえに、三宝荒神・大歳・亥日祭の舞や、舞座を飾る天蓋・千道・百道・切飾に修験神楽の要素を多分に残していることから、出雲神楽の原初形態を知る重要な手がかりとされる。特に亥日祭は他にない珍しい演目で、律令官制の宮内省で供の水や粥を司った主水司が釜を設けて米を注ぎ入れる所作をすると、杵を持った鬼が鼓を臼にして餅搗の所作をする。

由来八幡宮 飯南町頓原。誉田別皇命・足中彦皇命・気長足姫皇命を祀り、隋神門には龍のような相貌の狛犬も鎮座する。源頼朝の命で出雲守護の佐々木義清（出雲源氏の祖）が飯南町迫に創祀した石清水八幡宮の別宮、大田別宮と伝え、出雲八社八幡の第4社とされる。後に当地の多倍神社へと遷されたという。旧社地は神幸所で、大田八幡宮の祠がある。1986年、島根県神社庁の特別神社に指定された。10月1日〜11月8日には〈由来八幡宮の頭屋祭行事〉が営まれ、11月7日の古伝祭には薫入祭や囃子の奉納がある。1日がかりで町を巡幸した囃子が夕方に境内で最後の打ち上げをする中、拝殿では姫に扮した神職が米の収穫から餅づくりまでを舞う姫乃飯神事が行われる。飯南町は名だたる豪雪地帯で、頓原の民俗資料館には〈奥飯石および周辺地域の積雪期用具〉†が収蔵展示されている。

五十猛神社 大田市五十猛町湊。五十猛駅の東にある宮山に鎮座。五十猛命・大屋津姫神・抓津姫神の兄妹神を祀り、沖長足姫神・誉田別命・武内宿禰を配祀、国分寺霹靂神社の別雷神・玉依姫命を合祀する。兄妹神は素盞嗚尊の子神で、父神とともに新羅か

ら埴舟に乗って帰国した折、磯竹村大浦（五十猛町大浦）の灘にある神島に上陸、大浦の神別れ坂で親子は別れ、父神は大浦港の韓神新羅神社に、子神は当地に鎮座したと伝える。なお、大屋津姫命と抓津姫命の姉妹神はそれぞれ機織と造林を指導し、姉神は後に大田市大屋町大屋の大屋姫命神社に鎮まったともいう。小正月には境内にセンボク（神木／千木）さんとよばれる長さ20mほどの根付の青竹を立て、これを心柱に仮屋を組んで歳徳祭を営むが、同様の行事は大浦でも行われており、〈五十猛のグロ〉†と称される。

大元神社（おおもとじんじゃ）

江津市桜江町江尾。糸谷川が八戸川に合流する地に大元神を祀る。集落を挟んだ向かいには石見33-12曹洞宗大亀山福応寺が建つ。石見地方は大元神を祀る社が多いが、この神は神木に巻きつく龍蛇の姿で、多くは藪や森に祀られ、荒神とともに村の守護神や村の開拓の祖と崇められ、明治維新後は国常立尊に改められたという。当社では6年に一度、式年祭があり、〈大元神楽〉†（〈大元舞〉‡）が奉納される。大元神楽は大元神を勧請して舞う採物神楽で、邑智郡を中心に分布し、祭儀的な舞と演劇的な神能に大別され、天蓋引が特色である。昔は神職役が舞ったが、明治時代の神職演舞禁止令により、神能は氏子が舞うようになったという。江尾では弥治右衛門という独自の演目を保持しているが、これは糸谷の弥治右衛門神社に祀られる勝負師の晒首に由来する。

八幡宮（はちまんぐう）

浜田市金城町波佐。常磐山に鎮座し、応神天皇・大国主命・大物主命を祀る。裏山はウラジロガシとアシオスギの巨木に、ヤブツバキの古木が森を形成し、中には的山が築かれている。集落南奥の大井谷に宇佐八幡神を勧請したのが始まりで、後に宇治川の先陣争いで名を馳せた佐々木高綱が波佐一本松城の河野氏を破り、当地へ八幡神を遷して社殿を建立、佐々木祖霊神を合祀したのが創建という。後に尼子経久が再建したと伝え、北隣の永昌寺には経久の墓がある。10月10日の例祭は馬場に並ぶ幟と花傘が見事で、千本傘や波佐祭と親しまれ、前夜から夜明けに神楽が奉納される。神楽殿には大型の絵馬額が16面も残る。波佐は山里で樵や紙漉が盛んであった。今も金城民俗資料館には〈波佐の山村生産用具〉†が、エクス和紙の館には紙漉がそれぞれ伝承されている。

萬福寺（まんぷくじ）

益田市東町。時宗。益田川北岸に建ち、清瀧山と号す。1374年に七尾城主の益田兼見が中洲浦から安福寺を当地へ移

し、現称に改め菩提寺にしたと伝える。庭園は隣町の医光寺の庭園とともに雪舟の作と伝え、国史跡に指定されている。川の対岸には兼見が寺の鎮守として創建した益田天満宮がある。現在11月3日に行われる七尾祭の目玉となっている行列は、同社が1883年頃に山口県の防府天満宮から移入した大行司小行司の練が発展したものである。行列は七尾城下を出発し、グラントワ（島根県芸術文化センター）の中庭まで練り歩き、奴踊・田植囃子・手踊などを披露する。グラントワでは民俗芸能の伝承にも力を入れており、定期的に〈益田の糸あやつり人形〉‡を公演している。この民俗は1887年頃に山本三吉が伝えたもので、日本で唯一古態の操法を留めている。

弥栄神社

津和野町後田。津和野川北岸の下元原に鎮座。1428年に津和野城主の吉見氏が京都祇園社の分霊を太皷谷山に勧請創祀し、1437年に吉見弘信が当地へ遷して城の鬼門を守る社にしたと伝える。長く滝本祇園社と崇められたが、1867年に現称とした。現在は須佐之男命のほか大己貴命など多くの神を祀る。6月30日には輪潜り神事があり、津和野ではこの日から浴衣を着る風習がある。例祭は7月で、20日の神幸祭と27日の還幸祭には〈津和野弥栄神社の鷺舞〉†が演じられる。これは15世紀頃に大内氏が京の祇園会で演じられていた鷺舞を山口の祇園会に移したのを、1542年に吉見正頼が当社祭礼に移したのが始まりで、後に中絶したため、1644年に藩主の亀井茲政が京から移したものである。古い芸態を伝承し続けていることから、1956年には京の祇園会に逆移入された。

大山神社

隠岐の島町布施。国名勝の浄土ケ浦で有名な布施の中心から1kmほど入った南谷に鎮座。当社には社殿がなく、山全体が神社とされている。鳥居を潜って参道を進むと、高さ50m・樹齢800年という杉の巨木がそびえており、これが神体とされている。南谷をさらに奥へ進むと隠岐の島の最高峰、大満寺山に至る。山頂にそびえる高さ30m・樹齢800年の乳房杉も岩倉神社の神体とされている。同山は布施山、大満山、摩尼山とも称され、隠岐国鎮護の神霊が坐す山と崇められた。布施山明神・熊野三社権現・真鎮山王権現などが山中に祀られていたという。当社では隔年4月に〈布施の山祭り〉‡が営まれ、神木に蔓（猿梨）を7周半巻き付ける（帯締）。昔は旧2月初丑日に法印山伏が祭を営んで

いたという。

焼火神社（たくひ）

西ノ島町美田。西ノ島の最高峰、焼火山8合目の岩窟に鎮座。大日霎貴尊を祀る。明治初年の神仏分離以前は、離火社や焚火社と称して焼火大権現（隠岐権現）を祀り、地蔵菩薩を本尊とする焼火山雲上寺が別当を務めた。隠岐に流された後鳥羽上皇は空海作の薬師如来像を納めたという。昔、大晦日に海上から3つの火が上がり、山の窟に飛び込んだのが始まりと伝え、今も大晦日には龍灯祭を営む。山では昔から神仏に捧げる灯明として篝火を焚き、海上を航行する船をも導いたことから、北前船などから航海安全の守護神と崇められた。船乗りは水難除けに山上から銭守を受けて身に着けたという。波荒い隠岐の海では漁撈や輸送に木造和船の〈トモド〉†が使用されたが、現存するのは当社が保存する1艘のみである。例祭は7月23日で〈隠岐島前神楽〉が奉納される。

 巡礼案内 ● 巡ってみたい！百観音 秩父三十四観音霊場❸

＊秩父三十四観音霊場についてはp.205を参照ください。
＊『秩父札所觀音霊場納経帖』（1954頃）から、巡る順番、霊場名（所在地：本尊名）を抽出しました。

（続き）
◆20 岩之上堂（尾田蒔村寺尾：聖観世音）◆21 要光山觀音寺（尾田蒔村寺尾：正觀世音）◆22 西陽山永福寺（尾田蒔村寺尾：聖觀音）◆23 松風山音樂寺（尾田蒔村寺尾：小鹿坂大悲／聖観音）◆24 光智山法泉寺（秩父市別所：聖觀世音）◆25 岩谷山久昌寺（久那村栗原：正圓通）◆26 萬松山圓融寺（影森村田野澤：聖観世音）

☞ p.235に続く

33 岡山県

吉備津神社

寺社信仰の特色

　岡山県は古く吉備国とよばれ、製塩や交易で栄えた大国であった。岡山市北区の造山古墳は大阪の3大皇陵に次ぐ全国4位の大きさである。後に備前・備中・美作の3国となり、旧3国各一宮の奇瑞である「備前の田植」「備中の釜鳴」「美作の夜桜」は岡山三大不思議といわれた。

　備前一宮は岡山市北区の吉備津彦神社で、一夜にして稲苗が現出する怪事が知られた。もとは岡山市東区の安仁神社が名神大社の由緒をもち、備前一宮であったが、藤原純友に与して二宮になったと伝える。

　備中一宮は岡山市北区の吉備津神社で、吉備国の総鎮守・総氏神と崇められ、本殿と拝殿は国宝である。祭神は桃太郎のモデルといわれ、退治した鬼の首を埋めた上に据えた釜の音で占うのが鳴釜神事という。

　美作一宮は津山市の中山神社で、昔は一夜で開く桜があったという。吉備中山の鏡岩の神を分霊創祀したとも思われるが、猿神を祀ったとも伝える。娘を生贄にした猿神は退治され、奥宮に鎮められたといい、祈願者は供えられている布猿を借りて帰り、願が叶うと倍返ししている。

　美作の後山は県内最高峰で、倉敷市児島に展開した五流修験も行場とするなど修験道の中心として栄え、西大峯山とも称された。五流修験は紀州熊野三山を遷したとする社寺群を拠点に信仰が盛んであった。倉敷市林の修験道総本山五流尊瀧院と日本第一熊野十二社権現宮、同市児島由加の由加山蓮台寺と由加神社本宮などが伝統を受け継いでいる。蓮台寺の瑜伽大権現は讃岐の金毘羅大権現と両参りで信仰を集めた。

　現在、最も多くの参拝者を集めるのは岡山市北区の日蓮宗妙教寺といわれる。一般に最上（高松）稲荷と称され、日本三大稲荷の一つに数えられる。日蓮（法華）宗は14世紀に大覚が活躍して以降、「備前法華」と称されるほど盛んとなったが、岡山藩主池田光政は日蓮宗の不授不施派を徹底的に弾圧し、多くの寺社を廃絶した。

主な寺社信仰

八幡(はちまん)神社　津山市田熊(たのくま)。下分(しもぶん)地区にある小高い山の上に鎮座。津山市大吉の広戸神社奥に発する広戸川の下流にあたり、流域に広がる水田地帯が収束する場所に位置する。811年の創建で、1664年に森長継(もりながつぐ)が本殿を再建したという。誉田別尊(ほむたわけのみこと)・足仲彦命(たらしなかつひこのみこと)・武内宿禰命(たけのうちのすくねのみこと)を祀る。11月の秋祭には神輿・獅子舞・天狗・河童・天傘・太鼓が揃って登場し、50人の担ぎ手が400kgの神輿を担いで30度近い急勾配の参道を駆け上がる姿は圧巻である。境内には〈田熊の舞台〉†がある。本格的な歌舞伎舞台で、特殊な木車装置を有する皿廻し式の回り舞台(盆の上面を足で踏み廻すので「足回し」とよばれる)の他、太夫座、二重台など各種の機構を備えている。拝殿を利用して舞台下手と渡り廊下で結ぶ花道や、舞台後方の開口部が背後の自然景観を借景として取り入れるなどの工夫もみられる。

布施(ふせ)神社　鏡野町富西谷(かがみのちょうとみにしだに)。白河山の宮住に鎮座したのが始まりで、御幸の折に水無谷から流されて三塚の壇の麓(ふもと)に漂着、15世紀に当地へ遷座したと伝える。神は漂着のときに柚子(ゆず)の木の刺で失明したので、以後、当地では柚子の木を植えないという。富(登美)荘の総鎮守で、高野山聖無動院末の長善寺(美作88-67)が別当を務めた。東本殿に素盞嗚尊(すさのおのみこと)、西本殿に奇稲田姫命(くしなだひめのみこと)を祀る。随神門には美作地方特有の門人(門の客人)2体が立つ。5月5日の〈布施神社のお田植祭〉‡では締め括りに「殿様と福太郎」があり、福太郎が滑稽な所作をして周囲は大笑いするが、殿様が笑うと不作になると伝え、殿様は決して笑わない。例祭は10月で神幸がある。祭は複数の頭屋(とうや)が1年交替で当屋主となって行い、4月3日の注連立祭(しめたてまつり)で分霊を当屋主宅へ遷し、12月5日の霜月祭で還して頭屋渡しの儀となる。

両山寺(りょうさんじ)　美咲町両山寺(みさきちょうりょうさんじ)。東の弥山(みせん)と西の城山(しろやま)から成る二上山(ふたかみさん)の南麓に建ち、二上山蓮華院と号す。高野山真言宗。美作88-24。本尊は聖観音。泰澄(たいちょう)が開山し、後に空海が寺を創建、以後、天台宗と真言宗の道場として栄えたという。1565年に尼子氏と毛利氏の争いで焼亡し、1688年に津山藩主の森長成(もりながなり)が再興した。8月14日の護法祭(ごほうさい)は修験系の行事で、昔は久米南町(くめなんちょう)の佛教寺(ぶっきょうじ)や建部町(たけべちょう)の豊楽寺(ぶらくじ)など久米郡(くめぐん)を中心に修さ

れた〈美作の護法祭〉‡の一つである。二上神社（八頭大明神）の護法善神社から迎えた神を護法実（ゴーサマ）に祈り憑けると、神懸りした護法実は深夜の境内を疾駆跳躍する（御法楽／御遊び）。参詣者を高い所まで追いかけるのは善神の使いである烏が憑いた烏護法であるからといい、久米南町の清水寺の護法実は犬護法なので堂の床下まで追うという。

福田神社

真庭市蒜山中福田。旭川の上流域、山中（蒜山高原山麓の村々）の中心に鎮座。隣の上福田には〈郷原漆器の製作用具〉‡を展示する川上歴史民俗資料館がある。大己貴命・素盞嗚尊・稲田姫命を祀り、1909年に摂社10社を合祀して若日女命など13柱を配祀した。古文書には「布施郷の大宮」や「大宮大明神」とあり、大宮様や大森（大守）大明神と崇められ、山名師義は兜を、植木秀長は鉾を、森長継は本殿を奉納したと伝える。8月15、17日の夜に境内で奉納される盆踊りは〈大宮踊〉†とよばれ、大灯籠を囲んで人々が輪になって踊り、終盤にはテンコ（天孤か）が男女和合の所作などを躍る。昔は男女の交情も盛んだったという。カワコ（河童）から手洗鉢を守るため通夜した際に踊ったのが始めと伝え、近くの福王寺の伝では豪姫（宇喜多秀家の正室）が振付を教えたという。

牛窓神社

瀬戸内市牛窓町牛窓。中世には瀬戸内屈指の水運基地として栄えた牛窓の総鎮守。古くは地域の開祖霊や土地神を祀り、牛窓明神と称されたが、11世紀に教円大徳が豊前国宇佐八幡宮から神功皇后・應神天皇・武内宿禰命・比賣大神を勧請し、牛窓八幡宮と崇められるようになったという。中世には山城国男山（石清水）八幡宮領であった。摂社として本町に五香宮、紺浦に疫（素盞嗚男）神社、綾浦に御霊社などがある。10月の秋季例祭には、疫神社で唐子踊、御霊社で太刀踊がそれぞれ奉納され、牛窓と邑久に伝承される〈唐子踊と太刀踊〉‡の代表格となっている。唐子踊は朝鮮風の色鮮やかな服装をした2人の少年が意味不明の囃子に合わせて対舞する。太刀踊は男役で太刀を持った少年2人と、女装して薙刀を持った少年2人が青年たちの唄に合わせて踊る。

西大寺

岡山市東区。古くから備前の要港として栄えた金岡郷に建ち、金陵山観音院と号す。周防国玖珂庄の皆足媛が当地に千手観音像を安置し、後に大和国長谷寺で夢告を得た安隆上人が堂宇を建立して開いたと伝え、報恩大師が開基したともいわれる。安隆が児島の槌戸ノ浦で

仙人（竜神）から戴いた犀の角を鎮めたことから、当初は犀戴寺と称したという。皆足媛の位牌は、讃岐国金毘羅大権現の本地仏とともに、一山鎮守の牛玉所大権現（本地五大明王）を祀る牛玉所殿に安置されている。年頭の修正会の結願に行われる〈西大寺の会陽〉†は裸祭として知られ、数千人もの男衆が宝木を激しく奪い合うことから、日本三大奇祭・日本三大裸祭の一つに数えられる。かつて〈岡山県の会陽の習俗〉‡は100か所以上の地域で行われていたが、現在は十数例が残るにすぎない。

吉備津彦神社（きびつひこ） 岡山市北区一宮。備前一宮。備前国と備中国の境にある吉備中山の東北東麓に鎮座。夏至の日の出が鳥居から祭文殿の鏡へと差すことから「朝日の宮」とも称される。吉備中山の西北西麓に建つ備中一宮吉備津神社とともに、大吉備津彦命を主祭神に祀る。命は崇神天皇の代に四道将軍の一人として西道（山陽道）に派遣されて吉備国を平定した吉備津彦といわれ、その屋敷跡に社殿が創建されたのが当社の起源と考えられている。例祭は10月で、流鏑馬神事を伴う。8月2日・3日の〈吉備津彦神社の御田植祭〉‡は、昔は旧暦6月27日・28日に行われていた。初日は御斗代祭で、夜中に3束の苗を御羽車に載せて神池へ運び、竹筒に挿す。翌日は御幡神事で、十数本の大旗行列が神池を1周する。門前では観衆が旗に襲い掛かり、先端の扇を奪い取る。田に挿すと害虫を防ぐという。

鴻八幡宮（こうはちまんぐう） 倉敷市児島下の町。甲山の麓に鎮座する鴻ノ郷（上の町・下の町・田の口・唐琴）の総氏神。豊前宇佐八幡宮より勧請したと伝え、古くは八幡明神と称された。現在は誉田別尊・足仲彦天皇命・息長帯姫命・仲姫命・玉依姫命の5柱を祀る。『吉備温故秘録』によると、昔、当社に大蛇が棲み、宮山に群棲する鵲ノ鳥が人々を襲撃して参拝が絶えたとき、神力で大蛇と鵲ノ鳥が殺し合う奇瑞があり、以後、鴻ノ宮と崇められたという。10月の例祭には、18台の山車と1台の千歳楽（太鼓台）が〈鴻八幡宮祭りばやし（しゃぎり）〉を演奏しながら、表参道の急坂を威勢よく駆け上がる。囃子はダンギレ・信楽（兵庫）・祇園・オヤジ（上がりは）・神楽・下がりはオヒャリコの7曲を伝承している。

大元八幡神社（おおもとはちまん） 高梁市成羽町成羽。1584年の『成羽八幡旧記』によると、1533年、備中攻略を目指す三村修理太夫家親が成羽の鶴首城へ進出、居館（お茶屋／成羽城）を築くとともに、生国

の信濃国狭江から正八幡宮を勧請して居館の西側に社殿を造営し、成羽荘6か村の大氏神にしたのが始まりと伝える。当社の南には家親の菩提寺で備中33-11の曹洞宗泰康山源樹寺が建つ。以来、歴代城主の崇敬篤く、江戸時代には成羽藩領の鎮守と崇められ、1667年の松鷹図や1838年の算額など数多くの古絵馬がきわめて良い保存状態で伝えられている。10月の秋祭には神幸や〈備中神楽〉†の奉納がある。備中神楽は五行神楽を中心とした修験山伏色の強い荒神神楽がもとで、神殿神楽とも称される。19世紀に成羽町下日名の御前神社の神主であった国学者の西林国橋が演劇性の濃い神楽に改変した。

大浦神社（おおうらじんじゃ） 浅口市寄島町。昔、神功皇后が寄島（三郎島）に寄航して天神地祇を祀ったのが始まりで、後に安倍晴明が寄島の南海中に出現した三郎島（三つ山）に応神天皇・仲哀天皇・神功皇后の3神を祀り氏神にしたと伝える。1559年、細川通董が青佐山城に入り、城の鬼門であった現在地に遷座、神幸に40頭の神馬を参列させたのが10月の競馬神事の始まりという。社の北西にある大池の土手には1614年に競馬神事宰領となった小野幸七の石碑が建つ。碑の隣には尾焼の池ん堂とよばれる四ツ堂が建つ。〈備中の辻堂の習俗〉‡によるもので、昔は盆月に茶堂の行事があり、部落の者3〜4軒が組になって御接待をしたが、他人を押し退けて我先に受けるのが良いとされる、一風変わった風習があったという。

開龍寺（かいりゅうじ） 笠岡市白石島。弘法山と号す。本尊は聖観音。弘法大師空海が唐から帰朝の折、島へ立ち寄り、巨岩の下で三七日の修行をし、みずからの姿を杖先に刻んだ1寸8分の身代わりの像を安置したのが始まりという。そこが現在、寺の奥の院となっている大師堂で、神島八十八ヶ所の遍路が結願の御礼参りに訪れる奥之院根本道場ともなっている。後に源平水島合戦（1183年）の死者を供養する慈眼寺と死者を祀る永護神社が建立され、死者の霊を慰める〈白石踊〉†が始められたという。この盆踊は複数の型の踊が同じ輪の中で混在するという他に類をみない特色を伝承している。1625年、備後福山藩初代藩主の水野勝成により藩の祈願所となる。江戸時代は祈願寺で、島民の菩提寺は神島の日光寺であった。国名勝・白石島の各所には当寺を中心に島八十八ヶ所も創設されている。

倉嶋神社

新見市千屋。岡山県の北西端、高梁川の最上流部、代城の氏神。千屋は中世には京都の東寺を荘園領主とする新見荘の一部であった。大氏神は新見市西方の江原八幡神社で、大祭は西方・井・坂本・千屋・高瀬・釜・三坂の7か村が輪番であたった。西方は世界記憶遺産で国宝の『東寺百合文書』にある「たまかき書状」で有名な女性たまがきの出身地でもある。旧暦9月19日の秋祭には〈千屋代城のとうや行事〉‡が営まれていた。これは5つの名（中世以来の古い家筋）に分かれた世襲の宮株16戸が中心となって行うトウヤ（頭屋／当屋）行事で、世襲制である座頭を中心に維持されていた。代城は旧焼畑地帯で、里芋・大豆・大根などの畑作物が主たる神饌として供えられ、かつそれが直会に用いられた。隣の神郷高瀬には亀尾神社と氷室神社で宮座が今も伝承されている。

 巡礼案内 ● 巡ってみたい！百観音 秩父三十四観音霊場❹

＊秩父三十四観音霊場についてはp205を参照ください。
＊『秩父札所観音霊場納経帖』（1954頃）から、巡る順番、霊場名（所在地：本尊名）を抽出しました。

（続き）
◆27　龍河山大淵寺（影森村上影森：聖大悲）◆28　石龍山橋立堂（影森村上影森：馬頭觀世音）◆29　笹戸山長泉院（荒川村上田野：聖観世音）◆30　瑞龍山寶雲寺（白川村白久：如意輪観音）◆31　鷲窟山觀音院（三田川村飯田：聖観世音）◆32　般若山法性寺（長若村般若柿久保：般若大悲／聖観音）◆33　延命山菊水寺（吉田町櫻井：正観世音）◆34　日澤山水潜寺（日野澤村下日野澤：千手観世音）

34 広島県

厳島神社（宮島）

寺社信仰の特色

　広島県を代表する寺社の筆頭は、廿日市市にある日本三景の一つ「安芸の宮島」こと厳島に鎮座する世界遺産「厳島神社」と思われる。島全体が信仰の対象で、最高峰の弥山には三鬼大権現が祀られた。全国各地にある厳島神社の総本社であり、安芸一宮、名神大社でもある。近世には厳島詣で七浦巡り（御島廻り）が盛んで「安芸の宮島廻れば七里、浦は七浦七胡子」と唄われ、厳島弁天は日本三大弁天と崇められた。末社の四宮神社には八朔の行事〈宮島のタノモサン〉‡が伝承されている。

　廿日市市で阿岐国造の飽速玉男命を祀る速谷神社も名神大社で、安芸総鎮守と称されており、厳島神社を凌ぐ社格を有したと伝える。安芸国分寺は、県内最大の三ッ城古墳とともに東広島市の西条に位置する。

　備後一宮は福山市にある吉備津神社または素盞嗚神社といわれる。前者は一宮さん、後者は天王さんと親しまれる。福山市には備後国分寺と備後安国寺もある。

　備後二宮は、備後一宮の吉備津神社から祭神を勧請した福山市の二宮神社とも、庄原市の吉備津神社とも、中国地方最大級の古墳群の麓に鎮座する三次市の知波夜比古神社ともいわれる。

　県内で最も寺社が多いのは尾道と思われる。尾道浦は瀬戸内最大級の港町であった。本堂と多宝塔が国宝の浄土寺には、吉和町の〈太鼓おどり〉の民俗も伝わる。隣の海龍寺の裏には石鎚山のウツシがあり、鎖場も再現されている。同じく港で栄えた福山市の鞆浦も寺社が多い。

　現在、県内で最も多くの参拝者を集めるのは広島城（鯉城）に建つ護国神社（広島市中区）といわれ、鯉に因んだ広島のプロ野球球団カープは毎年必勝祈願で参拝する。1868年、二葉の里（東区）に広島藩士高間省三らを祀った水草霊社が始まりで、1956年に当地へ遷座した。人間悪の象徴である世界遺産「原爆ドーム」にもほど近い。

主な寺社信仰

一松院（いっしょういん）　福山市横尾町。高野山真言宗。大悲山と号す。本尊は石造聖観音立像である。昔は盈進高校が建つ峠山（横尾山）の北麓にあり、尼僧が住していたが、都市計画で当地へ移され、今は無住となっている。峠山を巡る八十八ヶ所の1番と88番の札所であり、境内には1804年建立の回国供養塔など石造物が多く残る。旧地の字はミチガシラ（道頭）で、府中・東城・井原など北のほうから福山城下へ入る道の合流点として賑わった。そこに休み堂として建立された四ツ堂（辻堂）が当寺の前身で、築山堂とよばれていた。現在も備後地方南部を中心に現存する〈安芸・備後の辻堂の習俗〉‡の一つと思われる。備後福山藩初代の水野勝成は流浪時代の経験から、旅人の憩の亭として吹き放し堂を領内に数多くつくらせたと伝え、社交・親睦・信仰・接待の場としても利用された。

本荘神社（ほんじょうじんじゃ）　福山市松永町。1759年、松永村の庄屋らが本庄重政を村の開祖と崇め、重政の菩提寺である臨済宗妙心寺派吸江山承天寺の境内にその霊を祀って社殿を創建したのが始まりで、以来毎年4月15日に例祭を営んだという。1831年に重政の邸宅跡地である現在地に遷座した。重政は1667年、松永湾を干拓して広大な入浜式塩田を築き上げ、「松寿永年」にちなみ「松永」と命名した人物である。以来、松永塩田は瀬戸内海を代表する製塩地として栄えた。1878年、塩を煮詰める薪を材料としてつくられたのが松永下駄で、安価な大衆の下駄として人気を集め、1955年頃には日本一の生産量を誇った。下駄産業百年を記念して設立された日本はきもの博物館は〈はきものコレクション〉†2,266点の収蔵で知られ、2015年には松永はきもの資料館となり、郷土玩具も展示している。

鶴岡八幡神社（つるおかはちまんじんじゃ）　神石高原町下豊松。11世紀、豊松地方が渡辺綱（源頼光の家来）の領地であった頃、領民らが領主の武運長久と領内の繁栄を祈って、源氏の氏神である相模国鶴岡八幡宮の分霊を勧請して創建したと伝える。当初は米見山に奉斎したが、間もなく現在地である和部山に遷座したという。近郷8か庄の総鎮守と崇められ、10月の秋祭には〈神事─渡り拍子・宮座・御湯立神事・やぶさめ神事〉とともに、郷内の神々を迎えて舞殿で行われる神殿行事として〈八ヶ社神楽〉が営まれてきた。神楽は備中神楽（吉備神楽）を将来し、宮中神楽と伊勢

神楽の一部を取り入れたもので、神職が8か社で舞い継いできたものである。渡り拍子は太鼓踊りと神輿供奉から成る。豊松は大仙供養田植や登拝講でも知られ、〈豊松の信仰用具〉†が社近くの文化財収蔵庫で保管されている。

井永八幡神社（いながはちまん）

府中市上下町井永。1325年、井永郷の六兵衛が甲奴郡総鎮守大宮八幡宮（三次市甲奴町本郷）の廃祀に際して木幣1本を持ち帰って奉斎したのが始まりと伝え、龍頭山八幡宮と崇められた。大宮八幡宮は石清水八幡宮別宮御調八幡宮（三原市八幡町宮内）を勧請して創祀されたが、宮座の席次を巡る争いで刃傷沙汰となり、殿内は血で染まり、殺到した16郷の氏子らが神器を奪い合って各郷に持ち帰ったという。例大祭は11月で、4年ごとに式年荒神舞がある。9月の豊穣祭には〈弓神楽〉‡の奉納があり、揺輪（伏せた半切桶）の上に置いた弓の弦を打ち竹で叩きながら古調の祭文を唱える。弓祈禱や家神楽ともよばれ、手草祭文で穢れを祓い、土公祭文で土公神を鎮め、五穀豊穣や家内安全を祈る。

大仙神社（だいせん）

庄原市東城町塩原。多飯が辻山の山頂近くに鎮座。伯耆国の大山より牛馬守護の信仰を集める智明大権現（本地は地蔵菩薩）を勧請したもので、伯耆大山寺の直轄御免拝所として近郷の大山信仰の中心となり、塩原大仙と崇められてきた。登拝口には伯耆大山寺末の別当大仙寺の後身である曹洞宗多飯山医王寺が建ち、牛供養の地蔵石仏もみられる。毎年春秋には大仙祭が盛大に営まれ、それとは別に不慮の死に遭った牛馬の霊を慰める〈塩原の大山供養田植〉†も随時行われた。現在はほぼ3年に一度、5月末に麓の石神社前で、神職の大祓と僧侶の回向による神仏混淆の牛馬供養とともに、田植踊り、牛による田の代掻き、早乙女による太鼓田植が営まれ、翌日に供養札が当社に納められている（御札納め）。なお、塩原では〈比婆荒神神楽〉†の奉納も行われている。

照林坊（しょうりんぼう）

三次市三次町。浄土真宗本願寺派。明鏡山と号す。江の川に馬洗川・西城川が合流する旧市街の南端に建つ。江の川は中国地方最大の河川で「中国太郎」と親しまれ、〈三次鵜飼の民俗技術〉が伝承されており、〈江の川流域の漁撈用具〉†が国史跡「浄楽寺・七ツ塚古墳群」に建つ県立歴史民俗資料館で展示されている。1642年、三次藩初代浅野長治の命で現在地へ移建された。開基の明光上人は叡山に学び鎌倉最宝寺

の住となるが、親鸞に師事して西国布教を任され、備後国沼隈郡で寂した。子孫は御調郡や高田郡で布教し、備後や安芸に末寺231か寺を擁し「西の本山」と称された。16世紀には親鸞真影と証如寿像の安置、石山本願寺御坊同様の本堂建築が許可され、祖師報恩講を本山同様に行った。盆に色彩豊かな紙灯籠を供えるのは安芸門徒独自の民俗である。

久井稲生神社 三原市久井町江木。亀甲山に鎮座。山城国伏見より伊奈利大明神の分霊を日本で初めて勧請したのが始まりと伝え、稲荷様と親しまれたが、明治初年に「稲生」と替字した。当地は伏見稲荷本社の神田であった。2月には県内唯一の裸祭があり、陰陽(赤白)2本の御福木を男衆が奪い合う。7月には境内の八重垣神社の祭に〈稲生神社ぎおん祭のおどり〉が奉納される。10月の例祭では、1598年の『稲荷御当之覺』の記録とほぼ同じ形で伝承される、〈久井稲生神社の御当〉‡が行われる。見子の当（社家社人の座）に続いて東座（領家の座）と西座（地頭の座）があり、献饌された大鯛が古式で捌かれる。社頭では昔、伯耆国大仙市、豊後国浜ノ市と並ぶ日本三大牛市の一つが立ったが、今は歴史民俗資料館が建ち〈久井町の節句どろ人形〉などを展示している。

大須賀神社 三原市新倉。沼田川の河口北岸に鎮座。安芸国の東端で、備後国との境にあり、社前には辻堂と公民館が建つ。15世紀に死んだ牛の霊を祀ったのが始まりと伝え、牛神社と親しまれる。たびたび洪水を起こした沼田川の河口改良工事に伴い、1933年に当地へ移された。本殿は岩を積んで築いた洞窟造りとなっている。境内の小堂に62番宝寿寺とあるのは三原新四国の札所であろうか。例祭は8月16日で、雨乞いと虫送りを兼ねて沼田・小坂・八ツ頭（明神・田野浦）・宗郷の市内4団体が〈ちんこんかん〉の踊りを奉納する。小坂・荻路・沼田下の3村が牛馬の安全を祈って幟1本と踊りを奉納したのが始まりとされる。沼田では社前での奉納後、北の高地にある瘡神社まで鉦を叩いて歩き、各家の前で踊る。

阿刀明神社 広島市安佐南区沼田町阿戸。殿山に鎮座。巨樹が繁る社叢に囲まれ、山御所とも称される。阿刀氏の氏神と伝え、可美真手命や天照大神を祀る。1837年に弁財天（宗像三女神）とともに八幡宮に合祀され、現在地に社殿が新築され、神域に杉や高野槙が植えられたという。1871年、現称に改めた。10月の例祭には〈阿刀神楽〉‡が奉

納される。中国地方一帯に伝承される出雲神楽の流れを汲み、12の演目で構成される十二神祇系の神楽となっている。所務（所望）分け（五行の舞）はいわゆる五郎王子神楽（五行神楽）で、柔術のような舞は周防国から移った宇高宗助の演出によるという。納めの舞は将軍（死に入り）で、舞人が激しく舞った末に失神状態になり、太夫の祈禱によって甦る。昔は天蓋に吊るした米袋を射ると同時に神憑りし、託宣も行われたという。

壬生神社　北広島町壬生。津久羅山（高峰城跡）の麓に鎮座。毛利元就が八幡神を勧請して創建した壬生新宮社が始まりと伝える。6月第1日曜日にはユネスコ無形文化遺産〈壬生の花田植〉†があり、田の神サンバイを迎え、稲作の無事と豊作を祈願する。当日は太鼓踊（豊年踊）の〈本地の花笠踊〉‡も披露される。壬生の花田植（囃し田）は西日本最大の規模を誇り、壬生と川東の田楽団が花牛（飾り牛）による代掻きや早乙女の田植を伝承している。大きな振りで太鼓を打ち鳴らす囃し方が、時折桴を投げ上げて隣に渡す技は壮観である。川東には花田植の楽器や服装品を集大成した〈川東のはやし田用具〉†が伝承され、芸北民俗芸能保存伝承館では花田植・花笠踊の資料とともに〈芸北の染織用具および草木染めコレクション〉†を展示している。8月には万燈祭がある。

原田八幡神社　安芸高田市高宮町原田。石見国阿須那の高橋氏が築いた高橋城跡の東麓に鎮座。例祭は9月で、高田神楽の奉納がある。これは八調子の勇壮で変化に富んだ神楽で、阿須那系の石見神楽が伝わったものと考えられている。5月には〈はやし田〉‡（大田植）があり、サンバイ様（田の神）を田に迎え、田踊や田植を行う。田植歌の種類が豊富で旋律がゆるやかで美しいのは、原田が腰まで泥に浸るような深田地帯であったことに由来する。中世の『大山寺縁起絵巻』などに残る田植を伝承する貴重な民俗として、北広島町の〈新庄のはやし田〉‡とともに〈安芸のはやし田〉†と称される。社の北隣には榎の大木がそびえ、樹下には荒神の小祠がある。高橋城跡の西にある猪掛（宍戸）城跡から掘り出された石像を原田往還の中ほどに安置して榎を植えたと伝えられている。

湯之山神社　広島市佐伯区湯来町和田。県内唯一の国民保健温泉地に指定される湯の山温泉に鎮座。当地では昔から鉱泉の湧出があり、温泉大明神や湯之山大明神と親しまれてきた。1748年に湧

出が盛んとなり、江戸七賢人で広島藩主の浅野吉長が入湯、1750年には本殿・拝殿・湯坪を建立し、鉄燈籠一対を奉納した。以来、藩指定の湯治場となって栄え、最盛期には領内外から月に3,000人の入湯があったという。霊験の湯として知られ、湯治で快癒した人々の奉納した松葉杖や琵琶が拝殿に奉納されている。今も霊泉水を汲んで「お幸泉」を入れる人が絶えない。拝殿の下には〈湯ノ山明神旧湯治場〉†が今も残り、湯屋の板壁には入湯者の墨書の数々が残されている。岩崖を掘り窪めた素朴な湯坪で、女湯の跡も確認されている。現在、崖下に共同浴場が新設されている。

 巡礼案内 ● 四国八十八ヶ所霊場ってなに？

四国八十八ヶ所霊場とは、真言宗を開いた弘法大師空海が、生まれ育った四国地方に開いた霊場と伝わっています。天台系の霊場も含まれていることから、その原型は修験道の霊場を結ぶ道ではなかったかと考えられています。この88か所の寺社への巡礼は四国遍路と親しまれ、17世紀には多くの人々が巡礼するようになり、各霊場の土を持ち帰ったり本尊の分霊を勧請したりして開創した「新四国」や「四国写」と称される霊場が全国各地に現存します。本書では、多くの人々に使用された『四國徧禮道指南増補大成』（1767年刊）に記された88か所から、巡る順番、霊場名（所在地：本尊）を抽出しました。

☞ p.247に続く

35 山口県

防府天満宮

寺社信仰の特色

　山口県の寺社信仰は大陸に近い豊浦(とようら)や北浦(きたうら)で逸早く展開したと思われる。下関市(しものせき)の住吉神社(すみよし)は神功皇后(じんぐうこうごう)の創祀を伝え、県内唯一の名神大社で長門(ながと)一宮、日本三大住吉の一つでもあることから、相当古い由緒がうかがえる。長門二宮の忌宮神社(いみのみや)も、同三宮とされる杜屋神社(もりや)・龍王神社(りゅうおう)・亀山八幡宮(かめやま)も、長門国分寺跡も下関にある。北浦では萩市大井と長門市西深川(はぎ)で白鳳時代の寺や仏塔の存在が確認されている。

　ただし、内海の周防灘(すおうなだ)に面した地域でも、周防一宮の玉祖神社(たまのおや)（防府市(ほうふ)）が三種の神器の八尺瓊勾玉(やさかにのまがたま)をつくった玉祖命(たまのおやのみこと)の墓所と伝えることから、下関住吉神社より古く鎮座したとも思われる。〈玉祖神社の占手相撲(うらてずもう)〉‡は神功皇后の創始という。社前を流れる佐波川(さばがわ)を遡れば周防二宮の出雲神社(いづも)があり、出雲族の進出も想像される。なお、防府には日本三大天神の一つ防府天満宮もあり、現在は県内最多の参拝者数を誇っている。

　周防灘は大陸と都を結ぶ要路であることから、福岡・下関・大阪の日本三大住吉や、太宰府・防府・北野の日本三大天神の結び付きが生じたと思われるが、宇部市(うべ)の琴崎八幡宮(ことざき)と周南市(しゅうなん)の遠石八幡宮(といし)も、筥崎(はこざき)・宇佐(うさ)・石清水(いわしみず)の日本三大八幡宮を結ぶ線上ゆえに祀られたと思われる。

　内陸部の山口が「西の京」と称される栄華をみせるのは14世紀の大内弘世(おおうち)(ひろよ)からで、国宝五重塔の瑠璃光寺(るりこうじ)や雪舟庭(せっしゅうてい)の常栄寺(じょうえいじ)、周防五社、今伊勢(いまい)の山口大神宮(やまぐちだいじんぐう)、今八幡宮(いま)、日本初のキリスト教教会の大道寺(だいどうじ)、〈鷺の舞(さぎ)〉の八坂神社(やさか)などは、大内文化を象徴する寺社である。

　印象深いのは悲劇の人物に寄せる想いである。わずか6歳で壇ノ浦(だんのうら)に沈んだ安徳天皇(あんとく)を祀る下関市の赤間神宮(あかまじんぐう)、武断派家臣の謀反(むほん)で自害した大内義隆(よしたか)を弔う山口市の龍福寺(りゅうふくじ)、安政の大獄(あんせい)(たいごく)で斬殺された維新の指導者吉田松陰(しょういん)を祀る萩市の松陰神社、白滝山麓で暗殺された勤王憂国の公家中山忠光(ただみつ)を祀る下関市の中山神社などは、その代表格であろう。

主な寺社信仰

薬師堂
周防大島町久賀八幡上。薬師寺や石風呂堂とも称する。周防大島88-52。本尊は鎌倉時代作の木造薬師如来坐像であったが2003年に盗まれ、現在は住民が再建した像の前で毎月12日に法会を、4月と11月の12日には大法要を御接待を営んでいる。17世紀に33観音石仏が寄進され、うち2体が「嫁いらず（樋の尻）観音」「ぼけ封じ観音」と崇められる。堂の手前には〈久賀の石風呂〉†がある。東大寺を再建した重源上人が周防での木材調達に際して1186年に築造したと伝える石積式蒸風呂で、戦前まで蒸気浴による湯治が続けられていた。また、堂の向かいには生涯学習のむら・歴史民俗資料館があり、宮本常一の指導で収集された、石工、鍛冶屋、船大工、桶・樽屋、傘・提灯屋、機屋、紺屋、醤油屋、瓦屋に関する〈久賀の諸職用具〉†2,707点などを保存展示している。

新宮神社
岩国市周東町祖生。中村に鎮座。周防灘に注ぐ島田川の中流域にあり、三女神を祀る。1226年に安芸国の市杵嶋明神を勧請したのが始まりと伝える。8月15日（1947年までは8月16日）に行われる〈周防祖生の柱松行事〉†は、隣接する山田では8月19日、落合では8月23日に行われ、「祖生の三本松」ともよばれている。1734年、疫病の蔓延で牛馬が多数死んだため、その慰霊と除災のために旧暦7月18～20日に始めたという。松明の打上は盆踊と花火の後にある。灯明に見立てた高さ約20mの柱松の頂上に、萩の小枝と桐の葉で編んだ鉢（笠）を置き、その上に挿した御幣（長旗）を目掛けて松明を投げ上げ点火を競う。見事点火すれば仕掛花火が炸裂し、轟音とともに夜空を焦がす。最後に迎え火と称して全員が松明を高く投げ、太鼓がシャギリとよばれる調子の撥捌きで囃して締め括る。

東神明宮
柳井市阿月。1644年、浦就昌が阿月領主になった際、天照皇大神宮を祀ったのが始まりと伝える。同時に豊受大神宮も祀り（西神明宮）、両宮創祀に始めたのが2月11日（昔は旧暦1月15日）に行われる〈阿月の神明祭〉†という。浦氏の祖が1592年の朝鮮出兵に際して伊勢神宮に祈願して大勝した軍神祭を受け継ぎ、左義長（宮中の悪魔祓い）に由来するトンドと神明信仰が習合した祭事であるという。神木（松に竹を縛った芯棒）に椎の枝でつくった餅柴や神宮大麻を貼り付

けた扇餅、梅の枝、諸葉、裏白、新笹、五色の吹流しなど飾り立てた、高さ20mの大鉾を海辺に立て、初婚男子を海に放つ水祝いをし、神明踊りや長持ジョウゲを奉納し、夜に鉾を燃やして海側に倒す。鉾の飾りは家に飾ると護符となり、紙で蟹を模した飾りは耳の病気を治すと言い伝えられている。

龍文寺 周南市長穂。曹洞宗。1429年、富田若山城主の陶盛政が陶氏代々の菩提寺として開基。勧請開山は竹居正猷禅師で、創建開山は竹居の弟子の在山和尚である。在山が寺の適地を探していた時、鹿王が現れて玉を献上したことから鹿玉山と号したという。また、在山は当地の大沼に棲む龍から土地を譲られて寺を建て、龍門寺と名付けたとも伝える。龍文寺と改めたのは在山を継いだ3世の器之禅師と伝え、毘沙門天から粳米の長穂を与えられて寺を中興したという。5世の為宗仲心は永平寺を復興した功績を称えられ、山陽・山陰・西海の3道を統べる寺として鎮西吉祥山の号を受け「西の永平寺」とよばれた。1557年に陶氏は滅亡したが、その追善供養のため毎年旧暦7月7日に営まれたのが〈長穂念仏踊〉であるという。敬語という祝詞を唱える古式ゆかしい雨乞い踊りである。

阿弥陀寺 防府市牟礼。華厳宗。華宮山と号する。1187年、東大寺再建のため良材を求めて周防国に入った大勧進の重源上人が開山した東大寺周防別所（東大寺別院）と伝える。境内にある〈阿弥陀寺の湯屋 附 旧鉄湯釜 旧鉄湯舟残欠〉†は、施浴（浴場念仏）を行う施設で、1197年鋳造の国宝「鉄宝塔（水晶五輪塔共）」の銘に「釜一口闊六尺 鉄鋳一千斤」とあることから、重源が施湯のためにつくった「長日温室」の後身とみられる。この鉄釜はいわゆる五右衛門風呂（長州風呂）の祖形と考えられている。現在は、桁行11間・梁間3間の平屋内に釜場と洗い場と脱衣室があり、釜で沸かした湯を湯舟に汲み取り、花崗岩敷きの洗い場で湯舟から取った湯を体にかけて浴びる「取り湯」の民俗が伝承されている。7月14日の開山忌の施浴など、現在も石風呂は焚き続けられている。

野田神社 山口市天花。1873年、毛利元就（仰徳大明神）を祀る豊榮神社の別殿に、長州藩最後の藩主毛利敬親（忠正）を祀って忠正神社と称したのが始まりで、翌年に現称に改めた。1886年、現在地に遷座。その遷座上棟式に、長州藩狂言方の春日（佐々木）庄作（1816

〜97）を招いたところ、庄作は山口市道場門前の本圀寺（日蓮法華宗門西国弘通最初之道場）に住むようになり、当社の能舞台での能会を中心として山口で活躍し始め、多くの門弟を育成して〈鷺流狂言〉‡を山口に広めた。境内には明治維新70周年記念に毛利家が寄進した全国屈指の野外能楽堂があり、能や狂言の伝統を今に伝えている。鷺流は近世には大蔵流・和泉流とともに狂言三流と称されたが、明治維新で中央から姿を消した。1954年、石川弥一が『能狂言考説』を出版したことが機縁で保存会が結成された。

黄帝社（こうていしゃ）　萩市須佐。国名勝・須佐湾の北にそびえる高山（神山）の8合目に建つ曹洞宗宝泉寺（瑞林寺）の鎮守社。狗留尊仏黄帝小社ともよばれ、船霊や弁天様または中国古代の伝説的皇帝である黄帝を祀った。狛犬の台座は船形で2基とも西を向く。須佐港と江崎港の間にあって日本海に突出した高山は、昔から航海の目印で、須佐之男命が新羅往来の際に海路を望んだ地と伝え、沖を行く船は帆を下げて敬拝した。造船・航海の守り神として海上関係者から信仰され、日本海側各地の船頭や船主が海上安全祈願や遭難無事報謝に絵馬を奉納した。〈須佐宝泉寺・黄帝社奉納船絵馬〉†49点が萩博物館に保管されている。高山の南には弘法大師が開いたと伝える熊野八相権現社があった。また、東にそびえる峰は行者様とよばれ、熊野権現を祀る行者堂や高良権現の祠が残っている。

南原寺（なんばらじ）　美祢市伊佐町堀越南原。真言宗。長門33-17、ぼけ封じ33観音23、山口県18不動07。伊佐大峰山の南に対峙する、長門三山・長門四峰の一つ桜山の中腹に建つ。神功皇后が光明岩で難を払う祈願をし、後に聖徳太子が46か寺の一つを当地に建立して難払寺と名付けたのが始まりという。やがて荒廃したが、叡福寺の仏眼上人や元慶寺の厳久らを連れた花山法皇が中興したと伝える。山頂部には花山法皇御陵と伝わる積石遺構があり、中世の古墓11基と経塚4基が発掘された。日吉山王権現を鎮守とする修験道場として栄え、山麓の伊佐売薬でも知られた。美祢市歴史民俗資料館は〈伊佐の売薬用具及び売薬関係史料〉を保管展示している。1760年に永賀阿闍梨が造立した鳴る地蔵は長門国七不思議の一つ。

薬師堂（やくしどう）　宇部市芦河内。芦河内集落のほぼ中央、往来が多かった旧道の辻に建ち、昔は村人が親睦を深めたり、旅人を接待するなど

の〈周防・長門の辻堂の習俗〉‡が盛んにみられた。1394年、堂ヶ原（宇部市東吉部大畑〜岡山附近）から飛来した薬師如来と阿弥陀如来の像を、一宇を建立して安置したのが始まりという。現在の堂は1690年の再建と思われ、茅葺・寄棟造・正面3面吹放しで、県内の辻堂の中でも最も古式で秀麗である。現在、堂内には室町時代の阿弥陀如来・薬師如来・毘沙門天の立像、江戸時代の地蔵・十王・奪衣婆坐像や十二神将立像など計33躯が安置されている。戦前は前庭で雨乞い・盆供養・虫送りなどの行事が営まれ、なもうで踊（念仏踊）が奉納された。こうした祭礼の道具一式も堂内に保管されている。堂前の広場には杉の古木と地蔵や板碑が並ぶ。

赤崎神社

長門市東深川。深川・仙崎の総氏神である飯山八幡宮の境外摂社。1211年の創建と伝え、現在は三女神・保食神・天熊人神を祀る。五穀の祖神、牛馬の守護神、北長門鎮護の神として北浦一帯から崇敬されたという。例大祭は9月10日（昔は旧暦8月10日）で、楽踊と湯本南条踊の風流芸と、地芝居に付随していた三番叟から成る〈赤崎神社奉納芸能〉‡が上演奉納される。1596年、牛馬の疫病が流行し、深川村で380頭余もの牛馬が疫死したとき、平癒立願成就の報謝として楽踊を奉納したのが始まりという。楽踊と南条踊は擂鉢状の野外劇場である〈赤崎神社楽桟敷〉†で演舞される。踊りや芝居を見る階段状の高桟敷と、夜の芝居を見る平桟敷があり、昔は由緒に基づいて先祖代々の所有者が高桟敷約130戸・平桟敷約70戸と決まっており、所有者以外は利用が禁じられていた。

向岸寺

長門市通。海雲山般若院と号する。1401年、禅宗の西福寺として開創。1538年、忠誉英林が再興して浄土宗となる。当地では古くから捕鯨が行われていたが、1673年から苧網（青苧の縄で編んだ網）が導入されて捕獲量が劇的に増加した。1679年、清月庵（観音堂）に隠居した讃誉春随住職は、殺された鯨の菩提を弔う回向法要を始め、1692年には漁師（鯨組）から鯨の胎児を貰い受けて埋葬し、墓（国史跡「青海島鯨墓」）と鯨位牌を建立、殺された母子の鯨に人間と同じように戒名をつけて鯨鯢過去帳に記録し始めた。今も続く鯨鯢魚鱗群の霊を弔う気持ちを、詩人の金子みすゞは「鯨法会」や「大漁」で綴った。1993年、くじら資料館が鯨墓の近くに開館し、〈長門の捕鯨用具〉†など捕鯨の資料を保存・展示している。

蓋井八幡宮 (ふたおいはちまんぐう)

下関市蓋井島(ふたおいじま)。集落を見下ろす丘の中腹に鎮座。神功(じんぐう)皇后と皇后が下関で産んだ応神(おうじん)天皇を祀る。1395年、岩戸に祀る氏神住吉荒魂大神を遥拝する地に社殿を建立したのが始まりという。例大祭は10月23日。麓(ふもと)には蓋井の泉(真名井)があり、その水は氏神や長門一宮の住吉神に供える神水(まかな)とされ、神功皇后が蓋で覆い、一般の取水を許さなかったという。泉の上には水ノ明神を祀る若宮社が建てられ、8月15日には雨乞いの祈禱が行われた。丘の麓には4つの〈蓋井島「山ノ神(やま)」の森〉†が分布し、禁足地となっている。地元では山ともよび、辰(たつ)年と戌(いぬ)年の11月に〈蓋井島「山の神」神事〉‡を営む。山を作り物(数多くの人形など)で飾り、山の神を当元に迎え、3日2夜の賄いを盛大に行い、再び山へ送り、倒木や枯木で組んだ円錐の前に75組の膳と箸と餅を供えて鎮める。

巡礼案内 ● 巡ってみたい! 四国八十八ヶ所霊場❶

＊四国八十八ヶ所霊場についてはp241を参照してください。
＊『四國徧禮道指南増補大成』(1767)から、巡る順番、霊場名(所在地:本尊)を抽出しました。

阿波国
◆1 竺和山一乗院霊山寺(板野郡板東村:釈迦坐像) ◆2 日照山極楽寺(板野郡檜村:阿弥陀坐像) ◆3 亀光山釈迦院金泉寺(板野郡大寺村:釈迦坐像) ◆4 黒岩山遍照院大日寺/黒谷寺(板野郡黒谷村:大日坐像) ◆5 無盡山荘厳院地蔵寺(板野郡矢武村:地蔵坐像) ◆6 温泉山安楽寺/瑞運寺(板野郡引野村:薬師坐像) ◆7 十楽寺(板野郡高尾村:阿弥陀坐像) ◆8 普明山真光院熊谷寺(阿波郡土成村:千手千眼観音立像) ◆9 白蛇山法輪寺(阿波郡土成村:釈迦坐像) ◆10 得度山灌頂院切幡寺(阿波郡切幡村:千手観音坐像)

☞ p.253に続く

36 徳島県

四国23 薬王寺

寺社信仰の特色

徳島県は昔、阿波国とよばれ、古くは北の粟国と南の長国に分かれていたとされる。粟国の中心は石井町の中王子神社付近と思われ、同社には阿波国造墓碑が残る。長国は那賀川が中心とされ、上流域には阿南市の四国21太龍寺や勝浦町の四国20鶴林寺がある。

阿波国の中心は名神大社の忌部神社が鎮座した付近であろうが、その場所は不明である。麻植郡忌部郷とされる吉野川市の忌部山古墳の北麓あたりが有力で、忌部神社も鎮座している。忌部神は麻殖神で、梶で白和幣をつくったともされ、県北で盛んだった麻や太布とも符合する。

阿波一宮とされる鳴門市の大麻比古神社も阿波を開拓した麻の神を祀り、名神大社である。今も徳島県総鎮守と崇められ、県内最多の初詣客を集める。南には四国01霊山寺もあり、徳島の顔となっている。

ただし、古代の阿波一宮は鮎喰川上流に鎮座する神山町の上一宮大粟神社とされ、参拝不便なため下流の国府近くに分祠されたのが徳島市一宮町の一宮神社という。阿波国府は旧国府町の四国16観音寺一帯と推定され、同寺境内には阿波国総社宮もある。旧国府町には四国15阿波国分寺もあり、同じく阿波一宮の論社である八倉比売神社もある。

鮎喰川を遡り、川井峠を越えると徳島県を象徴する剣山（太郎笈）の表口に至る。剣山は西日本第2峰で、昔は立石山とよばれたが、安徳天皇が平家再興を願って天叢雲剣を納めて以来、剣山と称されたという。修験道場として栄え、剣山大権現と崇められたが、修験道廃止令で衰亡し、山津波で多くの行場も失われた。大剣神社の別当であった美馬市の利剣山龍光寺や劒山金剛院藤之池本坊が往時の痕跡を留めている。

日本最大の盆踊と名高い阿波踊は、徳島藩祖の蜂須賀家政が徳島城の完成祝いに奨励したと伝え、開幕に先立って家政の菩提寺である徳島市の臨済宗妙心寺派興源寺で毎年奉納踊を披露して成功を祈っている。

主な寺社信仰

千光寺（せんこうじ）
藍住町徳命（あいずみちょうとくめい）。日本三大暴れ川の一つ四国三郎（吉野川）の下流域、徳命城の跡地に建つ。本尊は愛染明王（あいぜんみょうおう）。高野山真言宗。阿波33-05。戦国時代に三好（みよし）氏の庇護を受け、梅之寺と称された。境内には初代徳島藩主蜂須賀至鎮（はちすかよししげ）がこよなく愛したという臥竜梅（がりゅうばい）がある。現在の臥竜梅は2代目だが、見事な八重梅を咲かせている。吉野川流域では藍の生産が盛んで、19世紀初頭には徳島の藍玉年産額は15万〜20万俵に上り、全国の市場をほぼ独占、阿波は大いに栄えた。藍作農家は豪壮な屋敷を競って建築し、「京の着倒れ、大坂の食い倒れ、阿波の建て倒れ」と揶揄された。1904年頃から人工藍（合成インディゴ）の輸入が盛んになると藍産業は衰退の一途を辿ったが、町内では藍染の生産が今も続けられ、1996年には〈阿波藍栽培加工用具〉†を展示する藍の館が徳命に開館した。

宇佐八幡神社（うさはちまんじんじゃ）
鳴門市撫養町黒崎（なるとしむやちょうくろさき）。金光山（きんこうざん）の東麓に鎮座。1599年、阿波藩主蜂須賀家政の招きで播磨国荒井浜の馬居七郎兵衛（いえまさ）が当地に移り塩田を開いた際、西方にあった八幡祠を当地に奉遷して壮大な社殿を建立、同時に豊前国（ぶぜんのくに）宇佐八幡宮の分霊を奉迎して合祀（ごうし）し、社号を宇佐八幡神社と改め、黒崎・斎田（さいた）の氏神にしたと伝える。例祭は10月15日で、精進入り（10月13日）の夜には〈宇佐八幡神社のお御供（ごく）〉が行われる。神が女性だけの願いを聞く女性のための祭と伝え、着飾った女性たちが鏡餅や蒸餅の供物を飯盆（はんぼん）に入れ、頭上に載せて献上する。黒崎は広い砂州と潮汐干満の大差を利用した入浜塩田の製塩で栄え、緒方常雄（お）ら鳴門塩業組合が収集した〈鳴門の製塩用具〉†が徳島県立博物館で収蔵展示されている。

城王神社（じょうおうじんじゃ）
阿波市市場町日開谷（いちばちょうひがいだに）。阿讃山脈に属する城王山（阿波富士）の山頂、龍王池（新田池）の近くに鎮座。足利尊氏に追われて当山の日開谷城で息絶えたと伝える新田義宗（にったよしむね）と脇屋義治（わきやよしはる）を祀る。麓の岩野集落では彼らの遺品を中腹の宝庫で保管しているという。当山は雨乞いの聖地で、1943年までは旧暦7月12日夜にジョウレイ踊が当社で奉納されていた。旧阿波郡は県下でも特に干ばつ被害が大きかった地域で、日照りの年には雨乞踊（神踊）が盛んに行われた。龍王池はどんな日照りにも涸（か）れたことがないといわれ、池の水を汲み出して空にするとたちまち雨

が降って田畑を潤したという。阿讃山脈南側では昔、阿波和三盆糖の生産が盛んであった。市内には今も和三盆をつくり続ける製糖所が残る。往時を伝える〈阿波の和三盆製造用具〉†は松茂町の三木文庫に展示されている。

天満神社
三好市西祖谷山村善徳。集落の山の頂に鎮座。菅原道真を祀る。例祭は旧暦6月25日で、豊作と無病息災を祈願して〈西祖谷の神代踊〉†が奉納される。道真が讃岐守在任中に干ばつで苦しむ領民を救うため里謡120種を歌舞させて雨乞したのが始まりという。山伏の法螺貝を合図に始まる風流踊は古い形態を伝えており、曲は12種類、踊太鼓の打ち方も12種類（12シバヤ）、踊振り（扇の使い方）も12種類である。1922年以前は笠踊や太鼓踊とよばれていた。祖谷は平家落人の里といわれ、善徳にある〈祖谷の蔓橋〉†は追手から逃れるためにつくったと伝える。白口蔓（猿梨）を材料に長さ45m・重さ5tの橋を3年ごとに架け替える〈蔓橋の製作工程〉‡は、架橋史上特筆すべきものである。善徳にある琵琶の滝では、落人が都を偲んで琵琶を奏で、徒然を慰め合っていたと伝える。

金丸八幡神社
東みよし町中庄。金丸山の北麓、三加茂駅前に鎮座。応神天皇・神功皇后・武内大臣・大己貴命を祀る。境内を囲むように並ぶ立石は古代の磐境で、皇護石ともよばれ、387個が現存するという。古くは建石神社と称したが、1660年に金丸山の八幡神を合祀して改称したと考えられている。例大祭は10月15日で、前夜には篝火を焚く前庭で〈金丸八幡神社の宵宮の神事〉が執行される。まず降神の神事があり、自然石を木枠で囲い五色の短冊で飾ったオンジャクという神体を拝殿前に吊り下げ、綱で操作して前後に大きく振幅させる。勢いが頂点に達したところで綱を離すと、オンジャクは唸りを上げて神殿へと飛び込んでいく。次いで若者6人が盤固大王の物語を神楽舞として奉納。剣の舞、四王子の舞、乙子の五郎の舞、榮場のお開きの順に演じて五穀豊穣を祈願する。

国分寺
徳島市国府町矢野。薬王山金色院と号す。四国15。四国12～17は隣接し、昔から5か所参りが盛んである。行基菩薩が薬師如来像を刻んで祀ったのが始まりで、全国に国分寺を創建した聖武天皇が釈迦如来像と大般若経を納めたと伝え、本堂には聖武天皇と光明皇后の位牌が祀られている。当初は法相宗であったが、弘法大師巡教の折

に真言宗へ転じ、1741年に徳島藩主蜂須賀家の命で阿波郡奉行の速水角五郎が復興、吼山養師和尚を迎えて以来、曹洞宗であるという。境内には大師堂のほか、烏瑟沙摩明王堂や、伽・秋葉・白山大権現堂があり、高さ4mもの巨岩を配した国名勝の庭園は桃山時代の作庭といわれる。旧国府町には〈阿波人形師（天狗屋）の製作用具及び製品〉†を蔵する天狗久資料館や、〈阿波木偶の門付け用具〉‡を蔵する芝原生活文化研究所もある。

曽我氏神社 石井町石井。字城ノ内に鎮座。木花咲耶姫命・彦火火出見命・曽我氏大明神を祀る。昔は曽我氏大権現と崇められ、隣の浄土寺が別当を務めた。今は3組の当家が年番で奉仕している。1464年に鬼王団三郎が当地へ至り、城ノ内木留に祠を建てて主の曽我十郎五郎の霊と箱根権現を祀ったのが始まりと伝えるが、649年に無念の死を遂げた蘇我石川麻呂の部民（宗我部氏など）が阿波国へ流され、その子孫が当地に至り蘇我氏の氏神を祀ったとも推測されている。後に城ノ内山下（古曽氏谷）を経て1625年7月21日に当地へ宮床を定め、11月21日に竣工遷座したと伝え、以来、7月21日に夏祭、11月21日に冬祭（大飯盛式）を営んできたという。今も7月21日には〈曽我氏神社神踊〉‡が行われ、当家・神前・踊場・浄土寺の4か所で、住吉踊が起源という踊を奉納し、氏子繁栄を祈っている。

重楽寺 吉野川市美郷。真言宗御室派。滝見山と号す。宮倉地区の山寺で、山出川を挟んで対する山肌には「高開の石積み」（大神地区）が遠望できる。本尊は平安末期の聖観音像で、江戸初期の不動明王・毘沙門天像を脇仏とする。山内には福神を祀る小堂が6つ点在し、本堂脇仏の毘沙門天と併せて七福神巡りが楽しめる。紅葉の名所で知られ、見事な釣鐘桜もある。1624年、長宗我部元親により焼かれた10か寺を清恩人が併合して開いたと伝える。山出川の畔にある「谷の四足堂」は当寺が管理し、盆には檀家とともに読経を上げ、〈阿波の辻堂の習俗〉‡を伝承している。昔は夏祭や秋祭も行われ、廻り踊（輪踊）も奉納したという。四足堂とあるが4本柱の小堂ではなく、3間四方の立派な堂で、氏堂とよばれている。堂前には石仏や五輪塔があり、1363年の板碑もある。

五王神社 徳島市八多町八屋。水波能売神・埴山比咩神・草野比咩神・豊受姫神・久々能智神を祀り、「産地神」と崇められる。

昔は金龍寺が別当で、五王大権現や聖権現と崇められた。鬱蒼と生い茂る鎮守の森の中には〈犬飼の舞台〉†（犬飼農村舞台）が建ち、11月3日の秋祭には『傾城阿波鳴門』順礼歌の段などの〈阿波人形浄瑠璃〉†が太夫の語りに合わせて上演される。舞台は1873年の建築で、舟底楽屋の構造をもつ他、背面に奥千畳場という別棟を組み込むことで、精巧な襖絡繰段返し千畳敷の機構を備えており、132枚の襖で42種類もの景色・文様・花を一瞬で表現することができる。昔は地芝居（農村歌舞伎）も上演されたが、戦後はテレビが娯楽の主役となり、1961年を最後に上演は途絶えた。1973年、地元民が人形浄瑠璃と襖絡繰を復活させて現在に至っている。

坂州八幡神社

那賀町坂州。坂州木頭川が大きく蛇行して出来た広瀬に鎮座。品陀和気命・足仲彦命・息長帯姫命を祀る。境内には阿波系平舞台式人形舞台の〈坂州の舞台〉†がある。1791年の上棟で、1898年に改築された。長尺の部帳で拡張する舞台と、舞台と客席が同時に見える太夫座が特徴で、両妻の柱筋にはオトシコミという特殊な工法を用いている。11月の秋祭の宵宮には、この舞台で3つの余興が行われる。最初は木沢芸能振興会の恵比寿舞で、次は若連が千畳敷を披露する。千畳敷は〈阿波の襖カラクリの習俗〉‡の一つで、30枚ほどの襖を7種類に使い分け、襖の引き分けや回転をみせながら、千畳敷の大広間を完成させる仕掛けである。最後は鳴門座が〈阿波の人形芝居〉‡を上演する。隣の木沢歴史民俗資料館では人形頭の他、山村の民具などを展示している。

八幡神社

那賀町木頭和無田。大森山の南麓に鎮座。高さ20mを超す大杉が入口左右にそびえ、門杉と親しまれる。木頭は雨が多く、良質の木頭杉で知られ、那賀川では一本乗りの搬出が行われた。1月1日の初講に続き、1月2日には弓で矢を射て悪魔を退治する矢開があり、この矢を貰い受けて山作のシメ（かかし）にすると良いという。8月14日の夏祭には五ツ拍子と千鳥の木頭踊（盆踊）が奉納され、花火大会や出店もある。11月1日の秋祭（例大祭）には太刀踊が奉納される。廃邑となった中内郷の中内神社を1974年に合祀した際に受け継いだもので、今では子ども会が伝承している。和無田では〈阿波の太布紡織習俗〉‡も伝承しており、木綿普及以前に衣服とした楮や梶の樹皮から織る栲を、日本で唯一伝承している。

八坂神社(やさかじんじゃ)

海陽町久保。県最南端の宍喰に鎮座。宍喰はもと脚咋とよばれ、海部の祖である鷲住王が拓いたと伝える。王を氏神として創祀し、後に素戔嗚尊を氏神としたといい、現在は健速須佐之男命・稲田姫命・八柱御子神を祀っている。本殿の左右には地神宮と大歳神社が建つ。昔は祇園社とよばれ、1718年に正一位祇園牛頭天王と称し、1870年に現称に改めたという。京都の八坂神社、福山の沼名前神社とともに日本三大祇園と称する。7月16日・17日には〈宍喰八坂神社の祇園祭〉‡が営まれ、宵宮には夜店が出て賑わい、奉納花火500発もある。本祭には、郷分(村方)が大山と小山の2基の山鉾を出し、浜分(漁師方)が関船1艘と神輿の担ぎ手を、宍喰浦西分(町方)が金幣組・山仕事仲間組・鍛冶屋仲間組・商人組のそれぞれの壇尻4台を出し、祇園通りを勇壮華麗に練り歩く。

 巡礼案内 ● 巡ってみたい！ 四国八十八ヶ所霊場❷

* 四国八十八ヶ所霊場についてはp241を参照してください。
* 『四國徧禮道指南増補大成』(1767)から、巡る順番、霊場名(所在地:本尊)を抽出しました。

阿波国(続き)
◆11 金剛山藤井寺(麻植郡麻植村:薬師坐像) ◆12 摩廬山性寿院焼山寺(名西郡左右内村:虚空蔵坐像) ◆13 一宮寺／大栗山花蔵院大日寺(名東郡一宮村:十一面観音立像) ◆14 盛寿山常楽寺／矢野延命(名東郡延命村:弥勒坐像) ◆15 法養山金色院国分寺(名東郡矢野村:薬師坐像) ◆16 光耀山千手院観音寺(名東郡観音寺村:千手観音坐像) ◆17 井土寺／瑠璃山明照寺真福院(名東郡国府村:薬師坐像)

☞ p.259に続く

37 香川県

金刀比羅宮

寺社信仰の特色

　香川県は古く讃岐の忌部と阿波の忌部が麻を植えて開拓したと伝え、観音寺市の粟井神社が讃岐最古の社ともいわれる。同社は名神大社で、讃岐忌部の祖、天太玉命を祀り、刈田大明神とも称した。

　讃岐の名神大社は他に2社あり、坂出市の城山神社は讃岐国府の近くで讃岐国造祖の神櫛別命を祀り、高松市の田村神社は四国80讃岐国分寺の近くにあり、讃岐一宮とされ、旧四国81でもあった。なお、讃岐二宮は三豊市の大水上神社、三宮はさぬき市の多和神社とされる。

　日本に密教を伝え、真言宗や高野山を開いた弘法大師空海は讃岐の出身である。善通寺市にある四国75善通寺の近くで産まれ、四国地方に88か所の霊場（四国遍路）を開いたと伝える。

　空海の甥と伝える智証大師円珍も讃岐の出身で、同市の四国76金倉寺で産まれ、天台密教を大成、比叡山延暦寺の座主に上り、天台密教の修験道である本山派の祖とされた。

　真言密教の修験道である当山派の祖とされる理源大師聖宝も、一説に讃岐の出身で、丸亀市の正覚院で誕生したと伝える。

　このように讃岐は、密教や修験道における重大な聖地であるため、四国遍路の札所も狭い国土に23か所と、最も濃厚に分布している。さぬき市の大窪寺は四国88で、四国遍路を締め括る重大な札所となっており、特別に結願札所ともよばれている。また、東かがわ市にある與田寺は、四国八十八ヶ所の総奥の院とも称されている。

　江戸時代になると讃岐は全国から押し寄せる金毘羅参りで大いに賑わった。金毘羅大権現と崇められ、象頭山松尾寺が別当を務めた。「金毘羅船々追風に帆かけて修羅シュシュシュ」と謡われた当時を伝える〈金毘羅庶民信仰資料〉†は、全国各地のコンピラ様の総本宮で、今も県内最多の参拝客を集める、琴平町の金刀比羅宮が大切に守り継いでいる。

主な寺社信仰

白鳥神社（しろとり）

東かがわ市松原。旧白鳥村の氏神。日本武尊の霊が化した白鳥が当地に舞い降りて死んだため、息子の武鼓王が陵を築いたのが始まりで、1664年に高松藩初代藩主松平頼重が再興したという。10月6〜8日の大祭に奉納される〈白鳥の虎頭の舞〉‡は、再興時に京都から導入されたと伝える。和唐内（鄭成功）と虎の格闘を勇壮に描くもので、近松門左衛門作の歌舞伎『国性爺合戦』を取り入れて現在の姿にしたという。白鳥村は当社の門前町として栄え、1891年からは手袋の製造が盛んとなり、現在は日本一の生産高を誇る。市内には〈東かがわの手袋製作用具及び製品〉‡を展示する香川のてぶくろ資料館もある。手袋製造は白鳥千光寺の副住職であった両児舜礼が1888年に大阪で始め、舜礼の没後は従弟が継承して松原の教蓮寺境内に積善商会を立て、製造を続けた。

志度寺（しどじ）

さぬき市志度。四国86。志度湾に面し、謡曲「海人（海士）」の舞台として知られる。凡薗子尼が浦に漂着した霊木で十一面観音像を刻み、精舎を建てて安置したのが始まりで、後に藤原不比等が妻の墓を築き、息子の房前が行基とともに訪れて1,000基の石塔を建立、法華八講を修して母の菩提を弔い、堂宇を整備したと伝える。境内には「海女の墓五輪塔群」が今も残り、海女の命日には本尊を開帳して大法会を営み、十六度市も立つ。志度は門前町として栄え、江戸時代には高松藩の米蔵や砂糖会所が置かれた。讃岐は18世紀後半から砂糖黍の栽培や白下糖の製造を始めたが、1808年に和三盆糖の製造に成功すると一躍全国的に有名となった。現在、貴重な〈讃岐及び周辺地域の砂糖製造用具と砂糖しめ小屋・釜屋〉†が高松市の四国民家博物館に残されている。

八栗寺（やくりじ）

高松市牟礼町牟礼。四国85。五剣山の8合目に建つ。弘法大師空海が当山で求聞持法を修したところ、5振の剣が天下り、蔵王権現が出現したため、剣を埋めたのが始まりという。山頂からは8国が見渡せたので八国寺と号したが、大師の植えた8個の焼栗が芽吹いた奇瑞から現称に改めたと伝える。本尊は聖観音で、不動・愛染の2明王を従える。木食以空上人縁の聖天を祀ることから八栗の聖天さんと親しまれ、奥ノ院には日本五大天狗にあげられる中将坊大権現を祀っている。

五剣山は庵治と牟礼の境に位置し、良質の花崗岩、庵治石を産することでも知られ、麓には〈牟礼・庵治の石工用具〉†を収蔵展示する石の民俗資料館がある。19世紀前半、屋島神社の造営で和泉から来た石工により栄えた庵治と牟礼には、庵礼三十三観音霊場や庵礼二十四輩霊場も開かれている。

三宮神社

高松市六条町。四国の大動脈・国道11号線の北に鎮座。応神天皇・建御雷神・天火明命を祀る。旧六条村の氏神で鹿島神社と称したが、1944年、軍用飛行場の設置に伴い、旧上林村の氏神の拝師神社と旧下林村の氏神の岩田神社が合祀され、1948年に現称とした。社章は氏子から募集した結果、桜花を鳥居3つで囲った紋とした。3つの宮が合わさったため、境内には狛犬や灯籠が多くある。六条は隣の下田井にある八幡宮の氏子であったが、いつの頃からか当社を創建して分かれた。下田井八幡宮はもともとは六条にあり、1599年に夢告により下田井に遷されたという。旧跡は古宮神社（貢八幡神社）として今も社殿が残る。六条には讃岐うどんの文化を支えた〈讃岐六条の水車及び関連用具〉‡も残る。讃岐平野に典型的な、製粉・精米から製麺までを行う胸掛け形式の動力用水車で、高松藩菩提寺の法然寺が素麺を献上するため小麦の製粉に用いた御用水車という。

興願寺

高松市亀水町。紅峰山薬師院と号す。四国81白峯寺の白峰、四国82根香寺の青峰、亀水の黒峰・黄峰とともに五色台を構成する紅峰の麓に建つ。空海が紅峰上に開いたが、16世紀に長宗我部軍に焼かれ、本尊は鰆の浜、虎の石あたりに捨てられたと伝える。後に漁夫が浜で光る仏像を見つけ、堂を建てて安置したが、18世紀末に暴風雨で倒壊、蔵芸大禅師が現在地に復興したという。以来、薬師如来と聖徳太子を祀り、薬師庵や亀水庵と親しまれたが、1946年に真宗興正派に属して本尊を阿弥陀如来に変え、現称に改めた。現在も薬師講を毎月営むほか、春秋の永代経、4月の花まつり、7月の夏まいり、12月の報恩講など、多彩な行事を催している。亀水は漁港の町で、大小3,000の島々を抱える瀬戸内海で多彩な漁撈を営んできた。1973年には瀬戸内海歴史民俗資料館が開かれ、〈瀬戸内海及び周辺地域の漁撈用具〉†〈瀬戸内海の船図及び船大工用具〉†〈西日本の背負運搬具コレクション〉†など、充実した民俗資料を所蔵・展示している。

滝宮天満宮

綾川町滝宮。886～890年に讃岐守として赴任した菅原道真が住したと伝える有岡屋形の跡に鎮座。県内で最も有名な学問の神様で、毎年大勢の参拝者が訪れる。昔、隣にあった龍燈院綾川寺の空澄上人が、道真の没後に霊を祀ったのが始まりという。4月24日の鷽替え祭では、鷽を受けた人々が境内で「替えましょ、替えましょ」と鷽を交換する。献麺式（饂飩祭）や菜種の餅投げ、豊栄の舞の奉納もある。8月25日の午後には、午前の滝宮神社に続いて〈滝宮の念仏踊〉†があり、南無阿弥陀仏と唱えながら大団扇を振って跳ねるように踊る。道真が888年の大干ばつに際して城山で7日間の断食祈雨をした結果、3日間雨が降り続き、村人が歓喜踊躍したのが始まりで、後に道真の霊を慰めるために念仏を唱えるようになり、法然上人が振付を新しくして現在の形になったと伝える。

福家神社

まんのう町勝浦。海抜500mを超える山里の下福家に鎮座。高さ30m近い社叢は県下随一の衝羽根樫の樹林である。神櫛王臣下の後裔、福家長者が社を建て、王を氏神に祀ったのが始まりという。王は景行天皇の皇子で、勅命により瀬戸内海の悪魚を退治して讃岐に留まり、讃岐国造の祖となったと伝える。里人は皇子権現と崇め、旧暦9月9日に祭祀を営んだ。現在は10月に例祭を営み、獅子舞など奉納している。下福家では〈讃岐の茶堂の習俗〉‡も伝承している。旧阿波街道沿いの四つ足堂で春彼岸と盆に地蔵を供養し、当番が握り飯や菓子を参拝者に接待する。2004年には屋根も葺き替えた。本尊は大川山の神事場にあった石地蔵で、祀ってからは相撲取り坊主という妖怪が出なくなったという。昔は茶釜が掛かり、四国遍路や金毘羅参り、借耕牛の人々が大勢休んでいた。

加茂神社

まんのう町佐文。昔、頻繁に雨乞いが行われた竜王山の北麓に鎮座。金刀比羅宮のある象頭山からは南麓にあたる。加茂大明神（加茂御祖神と加茂別雷神）を祀ったのが始まりと伝え、1907年に崖神社（竜王）・妙見社・飯木神社を合祀し、現在は別雷神を中心に闇淤加美神・高淤加美神・武甕雷神・経津主神を祀る。香川県は6年ごとに干ばつに陥るといわれるほど水に苦しんできた所で、溜池が全国一多い17,000か所も築かれた。821年に空海が満濃池を修築したことは広く知られている。佐文は雨の少ない県内でも特に水に恵まれない土地であ

ったことから、干ばつには祈雨踊として氏子総出で〈綾子踊〉†を社頭に奉納してきた。都から来た巫女が伝えたとされる踊は、芸態に江戸初期の歌舞伎踊がうかがわれる。昔は臨時で行われたが、今は隔年で8月末頃に奉納されている。

金倉寺

善通寺市金蔵寺町。天台寺門宗別格本山。四国76。智証大師円珍の生誕地として有名。円珍の祖父和気道善が開創したと伝え、鶏足山と号す。明治期に乃木希典将軍が寓居した縁で、将軍の命日である9月13日に乃木祭を営んできたが、1989年の智証大師一千百年御遠忌を機に円珍・乃木まつりとして、9月第1土曜日に万灯会先祖供養、翌日に採燈大護摩供を実施している。2011年からは万灯会に合わせて大般若経典潜り（御般若様）も実施。600巻ある大般若経の下を潜って1年間の無病息災を願うもので、昔は講中ごとに各家へと大般若経を運んで行っていた。土曜日夜には〈シカシカ踊り〉の奉納もある。近隣農村部の盆踊りで、ゆっくりとした島踊りと「一合蒔いた」に続いて激しく軽快な舞を披露する。

三宝荒神宮

三豊市詫間町生里。荘内七浦の一つで浦島太郎の生誕地と伝える生里浦に鎮座。大浜浦にある船越八幡神社の境外摂社となっている。年頭の弓射行事、〈生里のモモテ〉†（百々手祭）で知られ、社殿は射場のような形となっており、殿内の小さな石祠には荒神山や地神山が祀られている。百々手祭は頭屋を中心に営まれ、旧暦1月8日頃に代表を決めて着手する。旧暦1月23日には頭屋と厄年の男衆が地区内の神正院へ二十三夜参りをし、護摩祈祷を受ける。同院は明見神社の真南に建ち、七宝山神宮寺と号し、本尊の虚空蔵菩薩は讃岐国一代守本尊霊場の2番となっている。旧暦2月1日頃には小笠原古流と伝える弓射が行われる。神前への飾り矢の奉納に続き、神の的（神の矢千筋／千本通し）、厄払いの的、頭屋の三度弓（大的破り）、鬼の的の順に、夕方まで弓射が続けられる。

萩原寺

観音寺市大野原町。巨鼇山地蔵院と号す。空海が千手観音と地蔵の2体の菩薩像を刻み、前者は四国66巨鼇山千手院雲辺寺に安置して本尊とし、後者は当地に安置して当寺を開いたという。四国別格16。一願不動を祀って温座護摩を伝承し、四国36不動28ともなっている。境内には約2,500株の萩があって萩寺と親しまれ、県内屈指の萩の

名所となっている。赤白の可憐な花が咲き誇る9月には盛大な萩祭があり、御詠歌奉詠・野点茶会・骨董市・テニス大会などが催される。県西部では同じ頃に八朔（旧暦8月1日）の祭を盛大に営んできた。〈讃岐の馬節供〉‡とよばれ、立派な団子馬を飾って男児の健やかな成長を願う。団子馬は米粉の団子で肉付けした馬形で、1頭の値段は米1斗物で6万円ほどである。祝宴後に切り分けて客人・近所・親戚らに配る。ほのかな甘みで美味しい。

巡礼案内 ● 巡ってみたい！ 四国八十八ヶ所霊場❸

* 四国八十八ヶ所霊場については p241 を参照してください。
* 『四國徧禮道指南増補大成』（1767）から、巡る順番、霊場名（所在地：本尊）を抽出しました。

阿波国（続き）
◆18 母養山恩山寺（勝浦郡田野村：薬師坐像）◆19 橋池山地蔵院立江寺（那賀郡立江村：地蔵坐像）◆20 霊鷲山宝珠院鶴林寺（那賀郡棚野村：地蔵立像）◆21 舎心山常住院大龍寺（那賀郡若杉村：虚空蔵坐像）◆22 白水山醫王院平等寺（那賀郡新野村：薬師坐像）◆23 醫王山無量寿院薬王寺（海部郡日和佐村：薬師坐像）

☞ p.265に続く

38 愛媛県

石鎚神社

寺社信仰の特色

愛媛県は昔、伊予や愛比売とよばれていた。現在、愛比売命を祀る伊予市の伊予神社と松前町の伊予神社はともに名神大社伊予神社の論社である。主祭神は前者が弥邑神(月夜見尊)、後者が伊予国を治めた彦狭島命(伊予皇子)である。弥邑神は御谷山の夕日の面に祀られ、朝日の面には天照大神が鎮座、山頂には大山積神が天御中主神を祀ったという。

大山積神は伊予一宮の大山祇神社の主祭神である。同社は瀬戸内海に浮かぶ国名勝の大三島(大島／三島)に鎮座し、日本総鎮守や三島大明神と崇められてきた。全国1万社余りの大山積神を祀る総本社であり、昔は四国55でもあった。神体山の安神山には石鎚神社の祠があり、鎖場も設けられている。祠は西日本の最高峰である石鎚山を向く。

石鎚山は日本七霊山の一つで、山頂の弥山には石鎚神社の頂上社が鎮座する。山岳修験の霊場となり、金剛蔵王権現や子持権現が祀られた。山中には石鎚神社成就社や奥前神寺、四国60横峰寺、四国36不動23極楽寺、山麓には石鎚神社本社や四国64前神寺などが建つ。

松山市の宝厳寺は捨聖と崇められた一遍房智真の生誕地とされる。一遍は河野氏の一族で、久万高原町の四国45岩屋寺や長野県の善光寺で修行し、和歌山県の熊野本宮で時宗を開き、全国を遊行して人々に踊念仏を勧めた。一遍以前にも伊予は別当大師光定という偉人を輩出している。光定は京都府の比叡山延暦寺を30年以上も護持したことから「天台宗を開いたのは最澄、天台宗を築いたのは光定」と称された。松山市の仏性寺は光定が両親の菩提追善のために開いたと伝える。

功臣ゆえに斬殺された山家清兵衛公頼も偉人で、宇和島市の和霊神社に祀られている。裏手の駄場では突き合い(闘牛)が行われ〈南予地方の牛の角突き習俗〉‡が伝承されていた。例祭(和霊大祭)には闘牛大会も行われ、走り込みや鬼面獣身の牛鬼の山車が見所となっている。

主な寺社信仰

薦田神社（こもだ）　四国中央市土居町畑野。東禅寺城（東禅寺館）の址に建ち、中尾（畑野）城主であった薦田備中守儀定を祀る。境内には城主の墓も残る。中尾城が詰めの城であったのに対し、東禅寺城は平時に城主が住した里の城であった。儀定は一族の渋柿城主薦田義清とともに土居町を両分して領したが、長曽我部氏の軍門に降り、1585年、豊臣秀吉の四国征伐の命を受けた小早川隆景によって滅ぼされた。盆の8月16日に境内で奉納される〈畑野の薦田踊り〉は儀定の霊を慰めるために城下の里人が始めたと伝えられる。巨石に寄り添って育った桜の大木を中心にして、揃いの法被を着た男児が締め太鼓と鉦を鳴らして囃しながら輪踊りし、その外側では男衆が輪になって全12曲を歌いながら舞う。当社での奉納に先立ち、地区内の阿弥陀堂の境内でも6曲の初めの一首ずつが踊られる。

伊曽乃神社（いその）　西条市中野甲。景行天皇の皇子である武国凝別命が当地開拓の際に天照大神荒魂を祀り、後に子孫の御村別が祖を併祀したのが始まりという。名神大社で礒野神と崇められた。鳥居の脇には石鎚山の神が投げたと伝える石が残り、宝物館には日本三大古系図の一つ与州新居系図がある。例大祭は10月で、石岡・飯積・嘉母の3社とともに〈西条まつりの屋台行事〉を営む。ダンジリ（屋台）が総計121台も奉納されることから、日本最大の祭礼とも称される。西条の1年はこの祭で始まるといわれ、市内では10月から始まるカレンダーが販売されている。社の南側に建つ保国寺には1430年頃の築造と推定される庭園がある。多くの伊予青石を配した見事なもので、国名勝に指定されている。昔は保国寺の塔院24所の第1位であった金光院が当社の別当と神宮寺を兼帯していた。

黒滝神社（くろたき）　西条市丹原町田滝。黒滝山の山中に鎮座し、麓に遥拝所がある。三河国の猟師で弓の名人であった神介（神助）四郎左衛門が十二社大権現を祀ったのが始まりと伝え、本殿の隣には神介を祀る前盛塚がある。神介は権現谷で1匹の大猿を見つけ、矢を射つが1本も当たらず、ついに猿は12枚の神鏡に化したという。黒滝権現は石鎚権現の妹だが、石を投げ合って以来仲が悪く、田滝の人が石鎚山に登ると鎖

から振り落とされるとも伝える。田滝は井戸を掘っても水が出ない土地で、昔は水不足が深刻であった。干ばつになると里人は当社で雨乞いをし、数人の男が交替で雨が降るまで日夜踊り続けた。ある年の雨乞いで神前の簾が上下に動いたかと思うと急に大雨が降り出したことから〈お簾踊り〉と称されたという。優雅な扇子踊りで、踊りの休憩時の早口言葉が珍しい。

加茂神社
今治市菊間町浜。菊間の氏神で、京都の上賀茂・下賀茂・貴布祢・松尾の4社の祭神を祀る。菊万庄は1090年頃に上賀茂神社の荘園となっており、その頃に京の神々を勧請したのが始まりと考えられている。10月の例大祭には、走り馬や走り込みとよばれる、勇壮にして華麗な〈お供馬の行事〉がある。美しく着飾った少年の乗子と、鞍や装飾具をつけて正装した神馬が、人馬一体となって参道馬場を一気に駆け抜ける。馬はその後、牛面の牛鬼や提婆（猿田彦）、末社の神輿などとともに、御旅所まで神輿渡御の供をする。白装束の輿丁の掛け声は伊勢音頭である。神賑わしに出る獅子舞は、人の上に人が乗り立って舞う、継ぎ獅子である。当社では3人で継ぐ舞が出るが、今治市の波方玉生八幡神社などに伝承される〈今治及び越智地方の獅子舞〉では超絶の五継ぎも出る。

船越和気比売神社
松山市泊町。4月20日・21日の島四国巡りで有名な興居島の中央に鎮座。伊予皇子（越智氏・河野氏の祖）の妻、和気姫を島の氏神・守護神として祀る。姫の第3子の小千御子が、母の居る島として母居島とよんだのが島名の由来と伝える。昔は船越宮と称され、1054年に船越八幡宮、1870年に現称に改めたという。旧社地は北方にある集会所の脇で、そこには和気姫の墓と伝わる塚がある。例祭は10月で、漕伝馬3艘、踊り伝馬、神輿伝馬とが1組になって海上渡御し、踊り伝馬では〈興居島の船踊〉‡が黙劇で演じられる。船踊は忽那七島に本拠を置く伊予（河野）水軍が凱旋した際、浜に出迎えた島民の歓迎に応えて船上で戦闘の様子を身振り手振りで伝えたのが始まりと伝え、近年では伊予水軍凱旋踊や大坂落城、曽我兄弟富士の巻狩などが演題となっている。

徳正寺
松山市福見川町。現在は阿弥陀堂のみが残り、地元では下ノ庵とも称される。毎年盆の十五夜には供養会（祈禱）があり、古風な念仏踊である〈福見川の提婆踊り〉（庭入り）が行われる。踊の後

で参列者に下げ渡す御御供を戴くと夏病みしないという。最後はバンバ音頭や木山音頭で盆踊をする。村最大の行事で、この日は昔から不思議に雨が降らないという。1585年、一帯を治めていた得能通友の奥之城（松山市宿野町）が落城、この様子を村人が見に行って以来、村では悪病の流行や作物の被害が相次ぎ、祟りと考えた村人は、通友らを弔う念仏踊を始めたという。城址では今も通友一族を乗せた首無し馬が走るといい、日浦地区では奥之城守七人大将の霊を慰める川施餓鬼を盆に営んでいる。

大宝寺

久万高原町菅生。四国44で四国遍路の中札所と称される。

大宝元年、安芸国の狩人明神右京・隼人の兄弟が十一面観音を祀ったのが始まりと伝える。昔は天台宗で、今は真言宗である。1874年までは四国45岩屋寺を奥の院としていた。境内の陵権現は後白河天皇の妹を、掘出観音堂は1934年に予言で牛頭天王堂脇から出土した観音像8体を祀るという。大宝口にある久万美術館は1989年開館で、山草園内に茶堂を設けている。〈伊予の茶堂の習俗〉‡を受け継ぐもので、2015年からは地元のアート夜話の会が茶や饅頭の接待を始めた。茶堂は吹き抜けの簡素な小堂で、南予から土佐北西部の山間集落には今も多く残り、住民の親睦や信仰、旅人の安息の場となっている。1973年にできた東温市南方の茶堂公園も茶堂の精神を受け継ぎ、秋には芋炊き会場として賑わう。

瀧姫神社

松前町浜。松前港に突き出た天保山に龍王社・厄除社とともに鎮座。お瀧姫様を祀る。瀧姫は京の公卿の妹で、伊予流刑で当地に至り、生きるために魚の行商を始めたという。姫の没後、松前の婦女子は姫を祀り、姫と同じ格好で魚を行商したと伝え、これが魚売婦さんの始まりと信じられている。昔は大干ばつになると、三嶋宮（東温市野田・牛渕）の宮司が松前に来て御面雨乞いを行った。最終日には「御本城御用」の赤絹の幟を先頭に、御面と浜で汲んだ潮水を奉持した行列に魚売婦さんが加わり、「雨をたもれ滝宮どん」と唱えながら約30km先の雨滝三嶋宮（東温市河之内）へ行き、御面映の行事を営んだ。松前港は関西随一の良港と称され、男は漁業、女は行商に励んで繁栄した。近代には珍味発祥の地となり、現在も日本一の小魚珍味加工生産量を誇っている。

高昌寺

内子町城廻。国の重要伝統的建造物群保存地区「八日市護国」の最上部に建ち、護国山と号す。曹洞宗。新四国曼荼羅霊場50番。周防国泰雲寺の覚隠永本門下の大功円忠が1441年に創建した浄

久寺（常久寺）に始まり、当地に曽根城を築いた曽称左衛門督高昌の帰依を受け、1556年に高昌の菩提寺となり現称に改めたと伝える。18世の慈舟台漸が始めた3月15日の涅槃祭は、稚児行列や餅撒があって賑わう。20世の吟峰卓籠は1769年に選仏堂（雲堂）を創建した。下手には国重文の上芳我家住宅があり、木蝋（櫨蝋）の生産施設が往時のまま残され、木蝋資料館には〈内子及び周辺地域の製蝋用具〉†が展示されている。芳我家は国内最大規模の製蝋業者で、21世紀初頭に伊予式箱晒蝋の輸出で巨万の富を築いたが、パラフィンと電灯の普及により大正時代に製蝋から撤退した。

三崎八幡神社

伊方町三崎。日本一細長い半島である佐田岬半島（三崎半島）の最先端、三崎15ヶ浦の総氏神（大氏神）で、半島最高峰の伽藍山と向かい合わせに鎮座する。宇佐から石清水へと八幡神が勧請された翌年に当地に分祀されたと伝え、正八幡宮と称された。10月の例祭には四ツ太鼓と牛鬼の合戦の他、五ツ鹿、相撲甚句、唐（荒）獅子、浦安の舞も出る。旧三崎町では8月に亡霊やモーロウとよばれる盆行事が各地で行われる。鉦や太鼓に合わせて念仏を唱えながら円を描いて歩き、最後は新仏を供養して海へと送り出す。伽藍山北麓の松地区ではモウナといい、着物の裾辺りに鮑の殻を付けた等身大の女の人形をグルグル回し、新仏の数だけ激しく揺さぶり、翌日に焼く。これらは旧瀬戸町の御精霊船とともに〈佐田岬半島の初盆行事〉‡と総称されている。

三滝神社

西予市城川町窪野。山中に八十八滝・九十九渕を有する三滝（御岳）城址に鎮座。城の守護に吉野山から蔵王権現を勧請して創祀したと伝える。1588年、最後の城主となった西園寺十五将の一人、北ノ川殿こと紀式部卿親安を合祀、豊親山蔵王大権現と称された。1909年、窪野の30社を合祀して現称とした。4月には親安を偲んで〈窪野の八つ鹿踊〉‡が奉納される。西隣の遊子谷では秋祭に七鹿踊が伝承されている。その踊は泉川と上川の集落が出していた。上川では年に十数回も御講を催したが、戦争の激化で1941年に簡素化、戦後は過疎化で1959年に年1回へ統合、早朝から住民総出で神仏を巡拝し、座り念仏や御詠歌を唱和し、お伊勢踊りを行うことで、〈城川遊子谷の神仏講の習俗〉‡を伝承している。

八幡神社(はちまん)

宇和島市伊吹町(うわじまし いぶきちょう)。宇佐八幡より分霊を勧請して創祀し、板島郷(いたじま)総鎮守の氏神として崇められたという。境内には樹齢800年と推定される伊吹の巨木があり、国の天然記念物に指定されている。伊予守であった源義経が1182年に植樹させたと伝え、町名の由来ともなっている。伊達(だて)氏入部後は伊達家の祈願所(きがんじょ)となり、1704年には宇和郡総鎮守とされた。例祭は10月16日で、神輿、四ツ太鼓、走り込み、牛鬼など南予の伝統的な秋祭が催される。6月30日の夏越大祓(なごしおおはらえ)(夏祭・輪抜け)には〈伊予神楽〉†の奉納もある。当社には1305年銘の神楽面や、当社神主の渡辺豊前守源応曹が1738年に編纂した神楽台本『伊予神楽舞歌並次第目録』が残されている。神楽は全35番で、いずれも斎戒沐浴(さいかいもくよく)した神職が奏上(そうじょう)する厳粛なものである。男神子(おかんこ)神楽ともいい、昔は四国神楽とよばれていた。

巡礼案内 ● 巡ってみたい！ 四国八十八ヶ所霊場❹

＊四国八十八ヶ所霊場についてはp.241を参照してください。
＊『四國徧禮道指南増補大成』(1767)から、巡る順番、霊場名(所在地：本尊)を抽出しました。

土佐国（続き）
◆24 東寺／室戸山明星院最御崎寺（安喜郡下三津村：虚空蔵立像）◆25 津寺／宝珠山真言院津照寺（安喜郡室津浦：地蔵坐像）◆26 西寺／龍頭山光明院金剛頂寺（安喜郡元村：医王善逝大師坐像）◆27 竹林山神峯寺（安喜郡唐浜村：十一面観音坐像）◆28 法界山高照院大日寺（香我美郡大谷村：大日坐像）◆29 国分寺（長岡郡国分村：千手観音立像）◆30 一の宮百々山神宮寺（長岡郡一宮村：阿弥陀坐像）◆31 五臺山金色院竹林寺（長岡郡五台山村：五髻文殊坐像）

☞ p.271に続く

39 高知県

四国31 竹林寺

寺社信仰の特色

　高知県は坂本龍馬や岩崎弥太郎、板垣退助、浜口雄幸、中江兆民など、日本を代表する知恵者を輩出した土地であり、寺社信仰の面でも知恵を尊重する気風が漲っている。県内で最も参拝者が多いのは高知市の潮江天満宮とされるが、ここは学問の神様として受験生の参拝が多い。
　四国31竹林寺も、県外からの遍路だけでなく地元住民の参拝も集めるが、五台山と号するように「三人寄れば文殊の知恵」で知られる文殊菩薩の聖地であり、京都府の切戸文殊、奈良県の安倍文殊とともに、日本三文殊の一つに数えられている。
　また、高岡郡津野荘からは「五山文学の双璧」と称される義堂周信と絶海中津が出ている。
　土佐一宮は高知市一宮にある土佐神社で、味鋤高彦根神と一言主神を祀り、四国30善楽寺が別当であった。大祭の志那祢様は、中土佐町の御神穀様、仁淀川町の秋葉様、四万十市の一條公様、いの町の大国様などとともに、土佐三大祭に数えられている。
　土佐二宮は日高村の小村神社といわれ、小村大天神として国常立命を祀るが、剣（大刀）や大日如来の信仰もみられる。高知市の朝倉神社（天津羽々神）も、土佐神社の后宮とされたことから、二宮とされた。
　1960年代までは山間部では林業や〈土佐の焼畑習俗〉‡が盛んであり、それに付随して盆の太鼓踊りやイザナギ流御祈禱などの〈土佐の神楽〉†が各地の寺社で奉納されてきた。
　高岡・幡多郡の山間部では〈土佐の茶堂の習俗〉‡も村々でみられた。人々は沿道に吹き抜けの簡素な小堂を建て、弘法大師や地蔵の像を祀り、親睦や祭祀の場として、また、旅商人や遍路に接待する場として利用してきた。こうした民俗は、四国遍路の信仰を支える一助になっていたと考えられる。

主な寺社信仰

御田八幡宮（おんだはちまんぐう）
室戸市吉良川町。吉良川の総鎮守。八幡山無量寿院が別当を務め、阿弥陀堂などがあったが、明治期に廃された。吉良川は古くから薪や材木の集積地として栄え、鎌倉時代の京都石清水八幡宮文書にも木材産地として記されている。隔年5月3日には日本三大奇祭にも数えられる〈吉良川の御田祭〉†がある。古風な田遊びの要素が濃厚で、赤子の人形を奪い合う「酒絞り」の演目があることから、子授かりの祭りとしても広く知られている。10月15日の例祭には〈吉良川御田八幡宮神祭のお舟・花台行事〉‡があり、海岸の浜宮に向けて、傍士地区が出す船形山車1基を先頭に、提灯や花で飾りつけた花台4基を若衆が引いて町を練り歩く。夜には境内で、高さ10m・重さ1tもある花台を、提灯を灯したまま高速回転させるチョウサイ舞があり、見事な光の乱舞をみせる。

恵比寿神社（えびすじんじゃ）
室戸市元。四国26の竜頭山光明院金剛頂寺の南麓にある。高知県各地の漁港と同様、海の神様としてエビスを祀っている。鰹漁の夏枯れの時期にあたる旧暦6月10日には竜宮祭があり、漁業に携わる者が多勢集まり、朝4時半には〈シットロト踊〉‡の踊り始めが行われる。当日は20人ほどの乗子（船乗り漁師）が、投網笠に五色の紙垂を幾重にも貼り、難を去る意の猿の縫い包みを付けた花笠を被り、鯛や鰹を描いた浴衣を着て、魚の供養と漁招き（豊漁祈願）を兼ねて、浮津や室津にある漁業に縁のある神社や寺堂、船主の家々など30か所ほどを巡り、17時頃まで踊りを奉納し続ける。奈良師の地蔵堂の庵主が旅の乞食僧から伝授され、浮津下町の恵比寿堂と四国25津照寺山麓の琴平神社で踊ったのが始まりという。もとから奈良師にかけての海岸は海亀の産卵地として有名。

伊都多神社（いつたじんじゃ）
南国市前浜。伊豆那姫命を祀る。砂丘の高台に鎮座し南海地震の避難場所に指定されている。室町時代に田村氏が幡多郡高知山の伊豆多大明神（伊豆田神社）を勧請したと伝える。昔は脚気に御利益があるとして土佐一円から来拝された。11月には神祭（大祭）があり、御穀祭や御羽毛竹立、神幸祭など一連の行事が営まれる。地元の男衆が白装束にピンクの襷と水色の帯を巻き、花笠をつけ、白塗

りの化粧で女装し、神輿を担いだり太鼓を叩きながら界隈を練り歩き、氏子全戸を回る。前浜では伊都多橋の袂などで6月に〈南国市後川流域のエンコウ祭〉‡が行われる。子どもたちが菖蒲小屋をつくり、胡瓜などを供えて猿猴（水に棲むとされる妖怪）を祀り、水難防止を祈願する。南国市稲生にある河泊神社でも旧6月にエンコウ祭りが行われている。

若一王子宮　香南市香我美町徳王子。村上永源上人が紀州熊野から十一面観音の厨子を背負ってきて安置祭祀したのが始まりと伝える。大忍庄の総鎮守で、熊野新宮や徳王子権現とよばれた。今は天照大神と池田親王を祭神とし、相殿に速玉男神・伊邪那美命・事解男神を祀る。11月8日の大祭には神輿が4か所の旅所を回り、それぞれ神事・獅子舞・餅投げをする。神輿の下を潜り抜けると無病息災の御利益があるという。旧暦の1月1日・5月5日・9月9日には〈烏喰の行事〉‡がある。昼に搗いた御膳上げ餅を深夜に本殿の屋根に供え、朝までに烏が餅を食べたか否かで作物の豊凶を占う。食べていれば祈願成就で豊作になるという。行事に参加する総代らには「潮垢離取り」や「お籠り」が課され、餅の準備が済んだ後には宮内外に祀られている小社を拝んで回る「小宮参り」も行う。

定福寺　大豊町粟生。粟生山歓喜院と号する。真言宗智山派。新四国曼荼羅霊場61番。本尊は阿弥陀如来で、境内に熊野神社がある。西側には豊永城があった。宝物館では珍しい「笑い地蔵」などが拝観できる。境内の豊永郷民俗資料館では〈土佐豊永郷及び周辺地域の山村生産用具〉†2,595点を収蔵公開し、吉野川上流域の楮の皮剥ぎや柚の古態を今に伝えている。「土佐打刃物発祥の地」とよばれる香美市土佐山田町に近いことから、斧や鎌などの鍛造品の収集は量質ともに優れている。境内には万葉植物園と蓮池もあり、夏には大賀蓮が大輪の花を咲かせ、蓮祭りも催される。2002年まではユースホステルも経営し、宿泊者は五大修行を体験することができた。3kmほど南にある龍王の滝が行場で、その先の梶ヶ森（加持ヶ峰）が奥ノ院で、七仏霊場巡りが行われている。

白髪神社　いの町長沢。猿田彦命と白髪大明神ほか2神を祀るという。昔は八社神内大明神と称したといい、町内に数社ある八所川内神社と同様の信仰があったと思われる。11月15日に奉納される〈本川神楽〉‡は土佐唯一の夜神楽で、1523年頃に中野川に落着した高橋氏

が伊勢山田から岩戸神楽を伝え、無病息災・悪魔退散の祈祷として奉納したのが始まりとされる。平素は農業に従事する神楽太夫とよばれる人々が、11月中旬から12月上旬の神祭の期間に本川郷内の各社を回って神楽を演じ、古風を保って伝承してきた。中野川には高橋氏を祭る桟敷石神社(さじきいし)があり、大森の八幡宮では11月14日に神楽が奉納されている。いの町立本川新郷土館では、神楽の面や古文書を展示して本川神楽を地域一帯の中世山岳文化とともに紹介するほか、林業の民具などを収集・保存・展示している。

八代八幡宮(やしろはちまんぐう)

いの町枝川(えだがわ)。鎮守の杜(もり)が生い茂る小さな丘の上に鎮座する。参道の入口には、頂(いただき)に八幡神の神使である鳩(はと)をのせた注連柱(しめばしら)が立つ。参道を横切る川には神橋が架かる。境内には本殿・拝殿のほか、西宮神社や〈八代の舞台〉†がある。この舞台は昔は神楽殿であったが、江戸時代後期に全国的に歌舞伎が流行した際、「氏神様は芝居が好き」として歌舞伎が奉納され、以来、氏子の若い衆により毎年歌舞伎が演じられるようになったという。今も11月5日の祭礼日(ホンジツ)と、その前日のシンガク(試楽か)には地元青年団らが農村歌舞伎を奉納し、白浪五人男(しらなみごにんおとこ)などを演じている。現在の舞台は明治初期の再建と推定され、皿廻し式廻り舞台、二重台(コウザ)、太夫座、花道、スッポンなどの多様な機構を有し、中道という他に類例をみない独特な機構もみられる。

池川神社(いけがわじんじゃ)

仁淀川町土居乙(によどがわちょうどいおつ)。池川郷の総氏神で、池川を一望できる高台に大己貴神(おおなむちのかみ)を祀る。高賀茂神(たかかものかみ)(土佐一宮の祭神)も併祀(へいし)。平家の落人、安部肥前守宗春(おちうど)らが寄合の地に移住し、1194年に当社を創建したという。この安部氏が代々神職を勤めている。11月23日に奉納される〈池川神楽〉‡は社家の安部氏が中心となって伝承してきた。1593年の『神代神楽記』では土佐最古の神楽とされ、土佐三大神楽の一つに数えられ、〈土佐の神楽〉†の一つでもある。雅楽の冠(かぶ)り物である鳥兜(とりかぶと)を着用するなど衣装が華麗で、和卓舞や薙刀舞(なぎなた)のアクロバティックな舞振りは優雅である。また、児勤舞(こきん)(マンゴヂイ)は土佐神楽唯一の特異な舞である。最後は五神が五色の旗を立てて問答する王神立神儀となっている。

三嶋神社(みしまじんじゃ)

津野町北川高野(つのちょうきたがわたかの)。津野山郷高野の氏神。津野氏の始祖と伝える藤原経高(つねたか)が伊予国から土佐国に入った際に勧請した

伊予三嶋神を祭神として1681年に創建したという。11月16日の大祭は御神祭と親しまれ、神に奉納する簡単な手振りの「お伊勢踊り」や、絢爛豪華な戦国武将を偲ばせる「花取り踊り」、牛鬼などの練り、オナバレ（神幸行列練り歩き）などとともに、〈土佐の神楽〉†の一つ〈津野山神楽〉‡の奉納がある。この神楽は経高が京から伝えたといわれ、舞い納めに8時間を要する古式神楽である。当社の他、檮原町川西路の三嶋神社などでも奉納されている。境内には日本に唯一現存する鍋蓋上廻し式の舞台である〈高野の舞台〉†があり、4年に一度、農村歌舞伎が演じられ、娯楽や親交の場となっている。近くには中平善之進風神塚や御茶堂も建っている。

須賀神社　須崎市大谷。大谷・野見地区の産土神。境内の楠は四国最大級の巨木で、幹の洞内に祀られた楠神様は病弱な子を強くしてくれるとして祈願者が多い。もと牛頭天王と称したが、1868年に現称とし、建速須佐之男命を祀った。土佐七雄の津野氏が勧請したと伝える。1707年の大津波で神体は社殿もろとも海に流れたが、野見湾内の赤崎に夜ごと燈明があったことから神体が発見され、現在地に遷座再建されたという。以来、毎年10月18日の大祭には赤崎の浜から砂を取ってきて奉納するという。大祭には孔雀・山鳥・雉などの尾羽根を飾った花取り踊りも奉納される。旧暦1月14日の晩には〈野見のシオバカリ〉‡があり、宮司が参加者の祓いをする。飾り付けた根付き竹で域内を地搗き（地祓い）して回り、深夜の干潮（夜潮）に蛭子崎の海中に立てて年を占う行事である。

妙本寺　宿毛市山奈町芳奈。寿量山と号す。日蓮宗。施餓鬼会や御会式、信行の会などを営む。1398年頃に松寿院日上上人が開山したという。寺宝として最近まで蛇動丸という刀があったが、今はない。この刀は讃岐国藤目城の合戦で没した細川弥四郎のものである。弥四郎の父は長宗我部元親の勇将、十市（細川）備後守宗桃で、寺の北にあった鶴が城（吉奈城）の主であった。寺のそばにある「おひめさま」とよばれる祠は、宗桃の孫娘を祀るといわれる。城の西麓には鶏神社があり、参道の脇、宇宮の下には〈浜田の泊屋〉†がある。泊屋は矢倉や若者宿ともよばれ、戦国時代に城の見張り場所として建てられたのが起源と考えられている。大正時代には幡多地方に280か所もあったが、現在は芳奈の4か所を残すだけとなった。床下には若衆たちが担ぎ上げた力石が今も残る。

天満宮 (てんまんぐう)

四万十市磯ノ川(しまんと いそのかわ)。字萩岡山(はぎおかやま)に鎮座。菅原道真を祀る。秋祭りは旧暦9月26日に営まれ、境内では〈磯ノ川太刀踊(たちおどり)〉が奉納される。演目は9通りあるが、3〜7番のスクイ、サタオドリ、イタダキ、エガヤシ、テッポウダメ以外は演目呼称が不明である。踊り子は、派手な衣装に化粧をした幼児の太鼓打ちを中心に、輪になって踊る。太刀踊り(花取踊り)は高知を代表する民俗芸能で、幡多(はた)地方では鳥毛の冠り物や武者袴は着けず、浴衣や平常着の着流しで踊るのが特色である。手足の動きがそのまま見えることから、跳躍的印象が深い。香川や徳島から伝播したと考えられ、もとは盆の芸能であったのが、高知の平野部に至って秋の祭礼芸能に変化し、勇壮な太刀さばきを各地でみせるようになっている。

 巡礼案内 ● 巡ってみたい! 四国八十八ヶ所霊場❺

＊四国八十八ヶ所霊場については p.241 を参照してください。
＊『四國徧禮道指南増補大成』(1767)から、巡る順番、霊場名(所在地:本尊)を抽出しました。

土佐国(続き)
◆32 八葉山求聞持院禅師峯寺(長岡郡十市村:十一面立像) ◆33 高福寺／保寿山今雪渓寺(吾川郡長浜村:薬師坐像) ◆34 本尾山朱雀院種間寺(吾川郡秋山村:薬師坐像) ◆35 醫王山鏡智院清瀧寺(高岡郡高岡町:薬師坐像) ◆36 獨股山伊舎那院青龍寺(高岡郡竜村:不動坐像)
◆37 五社〈別当は岩本寺〉(高岡郡仁井田宮内村:阿弥陀坐像) ◆38 蹉跎山補陀洛院金剛福寺(幡多郡伊佐村:千手千眼大悲坐像) ◆39 寺山赤亀山延光寺(幡多郡中村:薬師坐像)

☞ p.277に続く

40 福岡県

太宰府天満宮

寺社信仰の特色

　福岡県は大陸への窓口であることから、新しい文化が逸早く入る一方、常に軍事的侵攻の脅威に曝され、それが寺社信仰の在り方を大きく規定している。神功皇后が登場する縁起が多いのは、その象徴である。
　神功皇后の朝鮮出兵を導いたのは、筑前一宮とされる福岡市の住吉神社の神とされ、日本三住吉の中でも日本最初住吉として崇められている。
　同じく筑前一宮とされる福岡市の筥崎宮は、皇后が応神天皇（八幡神）を出産した際に胞衣を筥に納めて御崎に埋めたのが機縁とされ、日本三大八幡の一つとして崇められる。正月の玉セセリは日本三大裸祭、入口の門は日本三大楼門にも数えられる。
　今は日本三大天神の太宰府天満宮で有名な太宰府市も、より古くは外交と防衛を担った「遠の朝廷」大宰府の置かれた地で、四王寺山一帯には大野城が築かれた。大宰府の隣に建てられた日本三戒壇の一つ観世音寺には防人たちへの精神的支援という意味もあっただろう。後には最澄や空海ら遣唐使の心の支えともなった。また、大宰府の鬼門にあたる竈門山（宝満山）は国家鎮護の道場として栄え、今も宝満宮竈門神社がその伝統を受け継いでいる。
　県内には修験道場が数多くあり、筑後一宮とされる久留米市の高良大社も、日本四十八天狗の高良山筑後坊の行場と伝えている。
　なかでも添田町の英彦山は、日本三大修験霊場にもあげられる日本有数の修験道場であり、豊前市の求菩提山など豊前六峰の筆頭であった。
　新しい文化という意味では、福岡市の櫛田神社が象徴的な存在で、昔は日宋貿易の精神的な支柱であり、今は5月の博多どんたく、7月の〈博多祇園山笠行事〉†、10月の博多おくんち（日本三大くんち）など、流行と活気の拠点となっている。とりわけ山笠の信仰は、苅田町の〈苅田山笠〉や、みやこ町の〈生立八幡神社山笠〉などに展開している。

主な寺社信仰

飛幡八幡宮（とびはたはちまんぐう）

北九州市戸畑区浅生。宮田山（北九州市八幡東区枝光）の八幡神を戸畑の汐井崎に勧請したのが始まりで、1579年に鳥旗に社殿を造営遷座したと伝え、戸畑八幡と親しまれた。1920年に当地へ移り、1995年に現称へ改め、現在は八幡大神を中心に名護屋大神（道祖大神）と須賀大神を左右に祀っている。1803年に始まったという7月の祇園祭では〈戸畑祇園大山笠行事〉†が営まれる。博多祇園山笠・小倉祇園太鼓と並ぶ福岡県夏の三大祭りと賞され、絢爛豪華な大山笠の流れ曳きに小若山笠や子ども山笠が供奉する。当社で祓いを受けた4基の大山笠は御汐井汲みを行い、勇壮な囃子にのって市中を練り回る。大山笠は、昼は台上に12本の幟を立てた幟山笠であるが、夜は提灯山笠に変じる。高さ10mの12段に提灯309個を飾った重さ2.5tの山笠を80人の男たちが担ぎ回る。

宗像大社（むなかた）

宗像市。田島の辺津宮、玄界灘に浮かぶ大島の中津宮と沖之島の沖津宮の3社の総称で、境内は国史跡に指定され、特に沖津宮は島全体が神体で、その祭祀遺跡から出土した品は国宝に指定されている。3社を結ぶ海上の道は朝鮮半島へと連なり、大陸文化の玄関口として古代より軍事外交上の重要な拠点となってきた。現在は交通安全の神として毎年180万人が参拝に訪れる。玄海灘は世界有数の漁場でもあり、宗像市の神湊や鐘崎で使われた〈玄界灘の漁撈用具及び船大工用具〉‡は、日本の多様な伝統漁法に関する用具をほぼ網羅している。大祭では大漁旗を掲げた船団が海上を神幸し、漁師たちが海上安全と豊漁を祈願する。なお、長く当社の摂社であった福津市の宮地嶽神社も年間200万人以上を集める人気を誇り、日本一の鈴・太鼓・注連縄が人々を迎えている。

志賀海神社（しかうみ）

福岡市東区。国宝の金印（印文「漢委奴國王」）が出土したことで知られる志賀島に鎮座。『先代旧事本紀』によると阿曇連らが少童三神を筑紫斯香神として斎祀していたという。現在は綿津見三神を祀り、全国の海神社の総本社とされている。年頭には若者が一人前の射手衆になる通過儀礼でもある歩射祭があり、春秋の山誉祭では志賀三山（勝山・衣笠山・御笠山）を誉めた後に鹿を射る所作がある。境内の鹿角堂には鹿の角が1万本以上も納められている。流鏑馬の

奉納がある10月の例大祭は国土祭(くにちさい)とよばれ、昔は旧暦9月9日に行われた。国土祭の前日には隔年に御神幸祭(ごしんこうさい)が執行され、夜間に3基の神輿が頓宮(とんぐう)(御仮屋)に下り、古代の芸能を今に伝える〈志賀海神社神幸祭の芸能〉‡が奉納される。竜の舞は獅子舞、八乙女(やおとめ)の舞は巫女(みこ)舞、羯鼓(かっこ)の舞は磯良(いそら)の舞である。

春日神社(かすがじんじゃ)

春日市春日。奴国王墓で有名な春日市の中心部に鎮座。樟(すのき)の巨木が荘厳な杜をなし、裏山には千両の叢林(そうりん)がある。768年、大宰大弐(だざいだいに)(大宰府の次官)に就任した藤原田麻呂(たまろ)が氏神の春日大明神を大和国より勧請(かんじょう)して創祀(そうし)したと伝える。1242年には社殿の裏に春日山大光寺(だいこうじ)が開かれたというが、江戸時代中期に廃寺となり、薬師堂のみが残っている。大光寺は1241年に円爾弁円(えんにべんねん)が博多で開いた承天寺の末であった。成人の日の前夜には、前年に結婚した新郎新婦を地域の年齢組織が祝福する水祝い、〈春日の婿押(むこお)し〉†が営まれる。鳥居前に積み上げた左義長(ぎちょう)に火が点されると、宿の行事や樽(たる)せりなどが繰り広げられ、春日川の九郎(くろう)天神社(黒男大明神(くろどんだいみょうじん))の前で御汐井(おしおい)(清(きよ)めの真砂(まさご))を取った後に婿揉みが行われる。最後に若水を花婿に浴びせ掛け、左義長(さぎちょう)の火を囲んで手打ちとなる。

恵蘇八幡宮(えそはちまんぐう)

朝倉(あさくら)市山田(やまだ)。応神(おうじん)天皇・斉明(さいめい)天皇・天智(てんち)天皇を祀る。斉明天皇が朝倉に橘広庭宮(たちばなのひろにわのみや)を置いた661年、天上から白旗が下り「八幡大神」の文字が浮かび出た奇瑞(きずい)から創祀されたと伝える。斉明天皇は当地で没し、息子の中大兄皇子(なかのおおえのおうじ)(後の天智天皇)は当社境内で葬儀を営んだという。10月に営まれる神幸祭は、〈筑前朝倉の宮座(みやざ)行事〉‡で知られる朝倉市黒川高木(くろがわたかぎ)神社(大行事社(だいぎょうじしゃ))の宮座祭(みやざまつり)と同様、収穫を感謝するオクンチの祭である。社前には筑後川が流れ、その辺に水神社(すいじんじゃ)があり、中大兄皇子(なかのおおえのおうじ)が名月に母を悼んだと伝える月見石(つきみいし)がある。6月には水神社で山田堰通水式(せきつうすいしき)が行われ、社の下にある水門が開き、国史跡「堀川用水及び朝倉揚水車(ようすいしゃ)」が稼働を開始、〈筑前・筑後の水車習俗〉‡がみられるようになる。そのうちの菱野(ひしの)の水車は日本で唯一実働する三連水車である。

水天宮(すいてんぐう)

久留米市瀬下町(せのしたまち)。全国の水天宮の総本宮で、日本三大暴れ川の一つ筑後川(筑紫次郎)の辺に鎮座し、水難除けや安産の神と崇められる。平時子(たいらときこ)(平清盛の正室、二位尼(にいのあま))や平徳子(たいらのとくこ)(高倉天皇の中宮、建礼門院(けんれいもんいん))に仕えた按察使局伊勢(あぜちのつぼねいせ)が、壇ノ浦の戦いの後、当地

へ落ち延び、安徳天皇と平家一門の霊を祀ったのが始まりで、往古は尼御前社とよばれたという。民話によると筑後川には二位尼（尼御前）という河童が棲み、支流の巨瀬川には夫の巨瀬入道という河童がいて、年に一度会う時には大洪水を起こすという。流域では氾濫時の避難用に天井や軒下に小舟を吊るす民俗があり、1916年に市内の小学校へ備え付けられた〈合川のあげ舟〉は、1953年の大水害で実際に使われ、全児童を無事帰宅させている。

玉垂宮

久留米市大善寺町宮本。筑後一宮高良大社の元宮とされ、同じく玉垂命・八幡大神・住吉大神の３柱を祀っている。玉垂命は高良大菩薩とも称され、藤大臣や武内宿禰であるともいわれている。一説には、肥前国水上の桜桃沈輪を討伐して筑紫を平定した藤大臣が当地に宮を設けて没したのを、後に三池長者師直が供養のために法相宗の安泰和尚を招いて御廟院の高法寺（大善寺）を開いて祀ったのが始まりという。盛時には三潴庄の鎮守として衆徒45坊を擁したと伝えるが、戦国時代に衰退し、明治の神仏分離で寺は廃されてしまった。今も残る阿弥陀堂は鬼堂ともよばれ、大晦日から正月七日にかけて修行される〈大善寺玉垂宮の鬼夜〉†の中核をなしている。全長13m・重さ1.2tの大松明６本が新年の闇夜を照らすこの祭は、日本三大火祭りの一つに数えられている。

福島八幡宮

八女市本町。1661年、福島の庄屋国武理右衛門尉らが町の氏神として、近くの土橋八幡宮から分霊を勧請したのが始まりで、1671〜81年に福島の松延四郎兵衛が本殿や拝殿を建立寄進した。９月の放生会に奉納される〈八女福島の燈籠人形〉†は、熊本県山鹿から燈籠を貰い受けて奉納したのが発端で、1744年には人形の燈籠が奉納され、1772年には四郎兵衛の子孫で大坂豊竹座の筆頭浄瑠璃作者であった松延甚左衛門（福松藤助、橘雪庵貫嵐）が絡繰技術を導入して始まったと伝える。今も境内に２階建て３層構造の屋台（舞台）が組み立てられ、独特の奏法による絡繰人形芝居が奉納され続けている。釘や鎹を使用しない金銀箔漆塗りの屋台は、福島仏壇の製造技術を生み出したといわれている。八女伝統工芸館の隣の民俗資料館では、原寸大で複製した屋台を展示している。

大江天満神社

みやま市瀬高町大江。菅原道真（天満大神）を祀り、拝殿額には「大宰府神社」とある。『筑後国神名帳』

九州・沖縄地方　275

山門郡にみえる「大江神」とされ、古くは近隣に大きな江（工事で造成した溝川）があり、その川神を祀ったと考えられる。981年に道真の曾孫輔正が大宰大弐となり、道真の託宣を受けて九州各地の荘園に道真を祀った際に天満宮へ改められたと推測されるが、瀬高町大江有富の天満神社（1933年に若宮神社と改称）から分霊を勧請したとの説もある。1月20日に舞堂で演じられる〈幸若舞〉†は日本芸能の原点といわれ、15世紀から流行し、能とともに戦国武将に愛され一世を風靡したが、現在は当社にしか伝承されていない。『八島』『高館』など42番を伝え、2008年には「人間五十年、化天の内を比ぶれば、夢幻の如く也」で有名な『敦盛』を復元演舞した。

和布刈神社

北九州市門司区。九州最北端、本州と九州を結ぶ交通上・軍事上の要衝であった門司関に建つ。社前の早鞆ノ瀬戸は、関門海峡で最も幅が狭く、潮の流れが極めて速い。速門とよばれた航海の難所であり、平家が滅びた壇之浦は対岸に位置する。朝鮮出兵から凱旋した神功皇后が安曇磯良の魂を祀ったのが始まりと伝え、海峡の守護神、隼人明神と崇められた。旧暦1月1日の〈和布刈行事〉は、昔は「見ると目が潰れる」と懼れられた秘祭であったが、戦後は拝観されるようになった。潮が引く午前3時頃、神職3人が松明・手桶・鎌を持って海へ行き和布を刈り採る。対岸には長門一宮住吉神社の和布刈祭の篝火がみえる。万物に先駆けて芽を出す和布を神前に供え、豊漁や海上安全を祈願する。

白山多賀神社

苅田町山口。東大寺の僧慧空が白山権現の祠を創祀し、これを上宮として不知山等覚寺が創建されるも焼失、涅槃上人が中興し、さらに谷之坊覚心が修験の法を始めたことで法相から天台に転じたと伝える。14世紀後半、堯賢の代が最盛期で300の子院を抱えたという。明治の廃仏毀釈までは普智山等覚寺として本地阿弥陀如来を祀り、内尾薬師や千仏鍾乳洞を宿とする峰入を修行、英彦山などとともに豊前六峰の一つに数えられた修験道の拠点であった。現在は伊邪那岐命・伊邪那美命・豊玉姫命を祭神とし、手前に山王権現の社が建つ。4月に行われる〈等覚寺の松会〉†は天下泰平や五穀成就を祈る修験の行で、修験者のみで営んだ古の厳密さを受け継いで、今も修験者の末裔が伝承している。最後は花笠を被った施主が松柱へ登り、大幣を一気に切り落とす。

八幡古表神社
（はちまんこひょう）

吉富町小犬丸（よしとみまちこいぬまる）。福岡・大分の県境である山国川（やまくにがわ）の西に建つ。吹出浜（ふきいではま）で神託を受けた玉手翁（たまてのおきな）が皇后石（こうごいし）（鬼の臼（うす））の下に社を建てて息長帯比売命（おきながたらしひめのみこと）（神功皇后（じんぐうこうごう））を本殿に、西脇殿に住吉大神（すみよしのおおかみ）を祀ったのが始まりで、後に広津崎の別宮から古表大明神（ひろつさき）を東脇殿（四十柱宮（よそはしらぐう））に遷し祀ったという。古表大明神は宇佐神宮が大隅・日向の隼人の霊を慰めるために執行した豊国大放生会（ほうじょうえ）に出仕した神々で、〈傀儡子（くぐつ）〉†47体を神像としている。現在も4年に一度、8月の放生会に〈八幡古表神社の傀儡子の舞と相撲〉†が奉納されている。傀儡子は操り人形の原初形で、日本の人形戯の源流とされる。傀儡子人形は神像型（しんぞう）と相撲型に大別され、それぞれ〈細男舞（くわしおのまい）・神相撲（かみずもう）〉‡を演じる。神相撲では、息長帯比売（たらしひめのみこと）の神像とされる鎌倉時代作の木造女神騎牛像（もくぞうめがみきぎゅうぞう）（国重文）も公開される。

巡礼案内 ● 巡ってみたい！ 四国八十八ヶ所霊場❻

＊四国八十八ヶ所霊場についてはp241を参照してください。
＊『四國徧禮道指南増補大成』（1767）から、巡る順番、霊場名（所在地〈括弧内は推定〉：本尊）を抽出しました。

伊予国（続き）
◆40 平城山薬師院観自在寺（宇和郡平城村：薬師立像） ◆41 稲荷（宇和郡戸雁村：地蔵坐像） ◆42 一顆山毘盧舎那院佛木寺（宇和郡則村：大日坐像） ◆43 源光山円手院明石寺（宇和郡明石村：千手観音坐像） ◆44 菅生山大宝寺大覚院（浮穴郡菅生村：十一面観音立像） ◆45 海岸山岩谷寺（浮穴郡〈七鳥村〉：石仏不動明王坐像） ◆46 醫王山養殊院浄瑠璃寺（浮穴郡浄瑠璃村：薬師坐像）

☞ p.283に続く

九州・沖縄地方

41 佐賀県

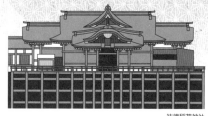
祐徳稲荷神社

寺社信仰の特色

　佐賀県の寺社信仰の一つの中心は吉野ヶ里遺跡などが広がる背振山の南麓で、とりわけ佐賀平野を潤す嘉瀬川（佐嘉川）の上流であったと思われる。川上峡の出口、佐賀市大和町川上に鎮座するのが淀姫様で、肥前一宮の與止日女神社（河上神社）の主祭神となっている。流域の豊饒を司る女神とされ、境内には金精様と崇められる雄大な男根型の石棒も残る。1kmほど下った所には惣座の地名が残り、その南には肥前国庁や肥前国分寺・国分尼寺の跡地が広がっている。

　さらに南へ下ると佐賀市街で、佐賀城跡に隣接する佐嘉神社は佐賀藩主10代鍋島直正と11代鍋島直大を、松原神社は鍋島家始祖鍋島直茂（日峯様）を祀り、初詣には多くの参拝者を集めてカノン砲を放つ。

　なお、肥前一宮は背振山の南東麓、みやき町の千栗（知利久）八幡宮とも伝える。宇佐八幡宮五所別宮の一で、肥前国総廟と崇められた。

　肥前二宮は不詳、三宮は小城市の天山に鎮座する天山神社とされ、岩蔵と晴気に下宮がある。

　現在、県内で最も多くの参拝者を集めるのは鹿島市の祐徳稲荷神社とされる。日本三大稲荷の一つで、総漆塗り極彩色の華麗な建築物が立ち並ぶことから「鎮西日光」とも称される。1705年に断食入定した萬子媛（祐徳院）の霊験で古くから信仰を集めた。

　以上はいずれも旧佐賀藩領の社寺である。旧唐津藩領では唐津市の加部島（姫神島）に鎮座する田島神社が古くから海上守護の女神と崇められ、肥前唯一の名神大社とされている。浦島・羽衣とともに日本三大伝説に数えられる佐用姫伝説の舞台でもある。

　旧対馬藩領では基山町の基肄城跡南麓に鎮座する荒穂神社が式内社で古く、1912年には荒穂神の導きで木原松太郎が基山中腹に中山不動尊を祀り、中山身語正宗を立教している。

主な寺社信仰

唐津神社　唐津市南城内。三韓征伐で航海の加護を得た神功皇后が報謝として松浦の浜に宝鏡を懸けて住吉三神を祀ったのが始まりで、後に領主の神田宗次が海浜で得た筐に入っていた宝鏡を社殿を建てて祀ったと伝える。唐津市鏡にある松浦総鎮守鏡神社にも神功皇后が鏡を祀ったとの伝承が残る。1602年、初代唐津藩主の寺沢志摩守広高が唐津城を築く際、現在地に社殿を新築したという。昔は唐津大明神と崇められ、今は一ノ宮に住吉三神、二ノ宮に神田宗次、相殿に水波能女神を祀っている。11月に行われる〈唐津くんちの曳山行事〉†は日本を代表する祭礼行事の一つで、一閑張りによる豪華な作り物の風流が引き回される。1819年、伊勢参宮の帰途に京都祇園祭を見て感動した刀町の石崎嘉兵衛が現存する赤獅子頭をつくって奉納、曳山行事の先鞭をつけたという。

呼子三神社　唐津市呼子町呼子。呼子の中心にある高台に鎮座。豊前英彦山より彦山三所大権現を勧請したのが始まりで、阿弥陀如来・釈迦如来・千手観音を祀り、呼子三所権現や呼子山妙泉坊と崇められた。現在は天忍穂耳尊・伊弉諾尊・伊奘冉尊を祀る。本殿の裏には山岳信仰の名残として二つの大きな岩が祀られており、裂け目があるほうは陰石、屹立するほうは陽石とよばれている。境内には五神社と八坂神社もある。6月に行われる〈呼子の大綱引き〉†は鳥居の前を境に長さ400m、重さ2tの綱を引いて先方（浜組）と浦方（岡組）が勝敗を決する。端午の節供の菖蒲綱の典型例で、雌締に雄締を通してつないだ4本の綱の結び目（御処）を菖蒲・藁束・莚で包み、長さ5m、高さ1mの山として、采配（ジャ）を揮う若衆頭を乗せる。隣の大綱引会館では綱や半被を展示している。

神原八幡宮　伊万里市二里町大里乙。欽明天皇の代、当地に「誉田の八幡丸」の霊が出現したため、神功皇后が天神地祇を祀ったと伝える地に、八幡大神を中心として右に天神七代、左に地祇五代を創祀し、後に傍らの丘に仲哀天皇と神功皇后を別宮に祀り「年の宮」と称したと伝える。12月の初卯日前夜に行われる〈神原八幡宮の取り追う祭〉‡は、南北朝時代に菊池千本槍で知られた菊池武重が足利尊氏に敗れて当宮の宮司となり、南朝の再起を図るため火中訓練をしたのが始まり

九州・沖縄地方　279

と伝える。地区の男衆が攻守に分かれ、新米を握った833個の御供様を入れた竹籠を守る側が、奪おうとする攻め手に松明の火の粉を浴びせる勇壮な祭で、境内は火の海となる。1864年の旧暦8月1日、当宮に落雷があり、同日に誕生して名を受けた藤山雷太は、藤山コンツェルンの創立者となった。

八幡神社

多久市東多久町別府。1528年、水ヶ江城主の龍造寺家兼が揚武の神として宇佐八幡の分霊を別府荒平山の頂（八幡平）に勧請して創祀し、1567年に龍造寺長信（初代多久領主安順の父）が羽佐間四反田へ遷座したという。昔は多久領三所宗廟の一つとして流鏑馬や浮立が盛んだったと伝え、今も別府一区の人々が10月の供日に白い鬼の面や男面・女面をつけて面浮立の演舞を奉納している。1881年に唐津街道を挟んで木下酒造の向かいの現在地へ遷座した。木下酒造は1868年に多久領の大庄屋であった木下平兵衛が創業し、1965年頃まで暖地醸造を続けた。同地の大平庵酒蔵資料館には、木下家が20年余を費やして収集した〈肥前佐賀の酒造用具〉†2,334点が保存されている。社頭には日本電気工学の祖である志田林三郎の生誕地もある。9月に例祭と戦没者慰霊祭を営む。

熊野神社

佐賀市蓮池町見島。有明海の干拓地に鎮座。1639年に蓮池城に入り蓮池藩の初代藩主となった鍋島直澄が、夏になると井戸水に海水が混入して城下町に疫病が絶えなかったことから、参勤交代の折に紀伊国の熊野権現を勧請し、鎮守として祀ったのが始まりと伝える。以後、疫病が途絶えたことから、より一層の権現の加勢を祈念して始められたのが、2月に行われる〈見島のカセドリ〉†であるという。白装束に蓑と笠を付けて神使の加勢鳥（雌雄番の鶏）に扮した青年2人が、先を細かく割った長さ約2mの青竹を持ち、拝殿に走り込んで床に激しく竹を打ち鳴らし、拝殿での神事を終えると区内の家々を順番に訪れては竹を床に打って悪霊を祓い、家内安全や五穀豊穣を祈願する。昔は旧暦1月14日の夜に行われた小正月行事で、若者は加勢鳥を務めて一人前と認められた。

四阿屋神社

鳥栖市牛原町。国史跡「勝尾城筑紫氏遺跡」の城山の入口、楠や椎の茂る杜に鎮座する。昔、日本武尊が熊襲征伐の折、父の行宮があった狭山郷に四阿屋を建てた故事に由来して、里

人が尾張国の熱田神宮から日本武尊の分霊を勧請し、産土神として創祀したと伝える。『類聚符宣抄』の920年にみえる東屋明神と推定され、勝尾城主筑紫広門の起請文には東屋六所権現とある。江戸時代には養父郡の惣社となり、鳥居には高良山座主寂源の書で四阿屋宮と掲げられた。後に住吉明神、志賀明神、大山祇尊（山神社）、豊受大神（田代神社）を併祀。旧暦2月15日の神幸式には郡内の村々が風流舞や羽熊行列を奉納したが、現在は4月に〈牛原の獅子舞〉があるのみで、鉦浮立は4月に宿町の船底神社で、〈四阿屋神社の御田舞〉‡は10月に蔵上町の老松神社で奉納されている。

昌元寺

鳥栖市田代上町。天台宗。九州49薬師48。鐘楼門を潜ると手入れの行き届いた境内が広がり、本堂裏手には心落ち着く庭園や写経道場がある。茶室の道心庵は日本天台宗祖最澄の謹言「有道心人名為国宝」に基づく命名であろう。光林山と号し、本尊は阿弥陀如来。対馬藩田代領の中心地に建ち、藩主の位牌所であった。以前は田代発祥の地である田代昌町（昌元寺町）にあったと伝える。田代は対馬藩の代官所と長崎街道の宿場が置かれて繁栄し、多くの商店や旅籠が軒を連ねた。特に薬業が発達し、〈田代の売薬習俗〉‡は「内服薬は越中さん、外用薬は田代売薬」と称されるほど人気を集め、1847年には「サロンパス」で有名な久光製薬が創業、1995年には中冨記念くすり博物館が開館している。

志賀神社

佐賀市川副町早津江津。有明海沿岸地方の総守護神として筑前志賀海神社から分霊したのが始まりという。有明海は干満差が激しく、干潟漁を含む特殊な〈有明海漁撈習俗〉‡が伝統的な〈有明海漁撈用具〉†（佐賀県立博物館蔵）によって営まれてきた。境内には有明海航行の神と崇められる沖ノ島の御髪大明神の石祠もある。1658年、佐賀藩2代藩主鍋島光茂が社殿を整備。1865年には佐賀藩10代藩主鍋島直正が当社に大願成就を祈願した日本初の国産実用蒸気船が竣工した。東隣にある三重津海軍所跡は日本海軍発祥の地となり世界遺産に登録され、日本赤十字社を創設した佐野常民の記念館もある。現在は黒髪山の大蛇を退治した源為朝や、干拓神の応神天皇、太宰府天満宮から分霊した菅原道真なども配祀され、境内には公に尽くした氏子を祀る祖霊社が建つ。

白鬚神社

佐賀市久保泉町川久保。5〜6世紀に花納丸古墳や関行丸古墳が築かれた里に鎮座。古代に近江国から移住して当

地を拓いた19家が近江吹下（打下か）から白鬚大明神の分霊を勧請して祀ったのが始まりという。現在は猿田彦命を祭神としている。草分けの19家は代々「〜丸」という姓を称することから「丸持ち」の家とよばれ、彼らが旧暦9月19日に宮座を組んで先祖祭と併せて営む神社の例祭は「丸祭」とよばれた。現社地は中宮（籠り堂）で、昔は北の鈴隈山に上宮、宝月寺付近に下宮があり、下宮の石鳥居から道行をして、人家幣や日月餅などの供物を各19個用意して70の御膳に乗せて供えたという。丸祭は1958年に途絶えたが、〈白鬚神社の田楽〉†（十二田楽）は今も伝承されており、10月18日・19日に女装して花笠を被った稚児らがツキサシやサザレスクイなど6曲を華麗に舞う。

磐井八幡神社

武雄市朝日町中野。1577年、武雄領主20代の龍造寺（後藤）家信が塚崎（武雄）城に入る際、佐賀の龍造寺八幡宮から分霊を勧請奉祀したのが始まりという。大きな独立丘をなす当地は13世紀に後藤氏の館があった地で、6世紀に筑紫君磐井が砦を築いた地とも伝える。中野の氏神として、6月30日に通夜（大祓）、田植え後に田祈禱、7月15日に夏祭、9月彼岸中日に彼岸籠り、11月30日に神待通夜（宮籠り）が行われる。彼岸籠りに奉納される荒踊は、市内の東川登町袴野字土手にある正一位神社に奉納される荒踊、西川登町神六高瀬にある松尾神社に奉納される〈高瀬の荒踊〉‡とともに〈武雄の荒踊〉†と総称される。荒踊は16世紀に足軽が戦勝祝いに披露した即興の踊が始まりとされ、宇土手と高瀬は力強く素朴で武道の型を思わせるが、当社の踊には優美さもある。

竹崎観音

太良町大浦。九州西国22。多良岳東麓に浮かぶ竹崎島に建つ。行基が自刻の千手観音像を安置して開き、平安時代に京都の仁和寺末になったと伝える。行基七観音の一つ。沖合が三角波の生じやすい難所であることから航海守護の信仰を集め、また海上交通の要衝であったことから有馬氏や龍造寺氏が寺前に城塞を築いた。境内には14世紀前半頃作の近江様式三重塔や1525年作の六地蔵が残る。1月の円座祭、2月の星祭、4月の甘茶祭、5月の流れ灌頂、8月の胡瓜封じ、9月の蟹供養など民俗の宝庫でもある。なかでも年頭の〈竹崎観世音寺修正会鬼祭〉†は、中世以前の面影を留める〈竹崎鬼祭の童子舞〉や、裸の若衆による古風な鬼追いなど、追儺の古式を伝える。地元では観音堂の箱

の中の鬼と夜灯鼻沖の鬼が会うと島が転覆するので、これを阻止する祭という。

天子神社

鹿島市音成。顕宗天皇元年、有明海に突き出た岬の丘に創祀されたと伝える。往古は日出岡神社と称され、近隣7浦の鎮守社として祭には七浦郷中が通夜参籠奉仕する大社であった。後に日向国高千穂から瓊々杵尊を分祀して主祭神にしたという。1873年に村社となり、付近の無格社を合祀して大山祇命、武甕槌命、経津主命、菅原道真の4柱を祭神に追加した。9月の供日（秋祭）には鬼（掛打）が踊る〈音成の面浮立〉‡が奉納される。面浮立は佐賀県を代表する民俗芸能で、その最も古風を伝えるのが当社である。北九州には皮浮立や行列浮立などさまざまな浮立が広く分布するが、南隣の太良町には演劇的な浮立の〈川原狂言〉‡が伝わり、9月の供日に太良嶽（多良岳）神社で奉納されている。

巡礼案内 ● 巡ってみたい！ 四国八十八ヶ所霊場 ❼

＊四国八十八ヶ所霊場については p241 を参照してください。
＊『四國徧禮道指南増補大成』（1767）から、巡る順番、霊場名（所在地：本尊）を抽出しました。

伊予国（続き）
◆47　熊谷山妙見院八坂寺（浮穴郡八坂村：阿弥陀坐像）　◆48　清涼山安養院西林寺（浮穴郡高井村：十一面観音立像）　◆49　西林山三蔵院浄土寺（久米郡鷹子村：釈迦坐像）　◆50　東山瑠璃光院繁多寺（温泉郡畑寺村：薬師立像）　◆51　熊野山石手寺（温泉郡石手村：薬師坐像）　◆52　瀧雲山護持院太山寺（和気郡大山寺村：十一面観音立像）　◆53　須賀山正智院円明寺（和気郡和気浜村：弥陀立像）

☞ p.289 に続く

九州・沖縄地方

42 長崎県

諏訪神社（長崎くんち）

寺社信仰の特色

　長崎県は朝鮮・中国・欧州との交通の要衝であり、寺社信仰も外国との緊張を昔から反映してきた。県内には式内社が54社も存在したが、うち29社は対馬、24社は壱岐、1社が平戸で、すべて島嶼部に鎮座した。

　大陸への最前線である対馬には、名神大社の和多都美神社や住吉神社など海神が多く祀られ、峰町木坂の海神神社は対馬一宮とされ、豊玉町仁位の和多都美神社とともに名神大社に比定され、巫女舞の〈命婦の舞〉‡を伝承している。美津島町の梅林寺は、538年に日本へ仏教を伝えた百済の使節が設けた仮堂に始まると伝え、日本最古の寺と称される。

　壱岐にも対馬と同じく6社の名神大社が鎮座し、そのうちの天手長男神社とされる芦辺町の興（印鑰）神社と郷ノ浦の天手長男神社（若宮）は、ともに壱岐一宮ともされてきた。

　肥前国の寺社信仰は佐賀県側で盛んであるが、肥国（火国）の命名は長崎県の雲仙岳（高来峰）と熊本県の阿蘇山によると思われる。国特別名勝「温泉岳」としても有名な島原半島の雲仙岳は、普賢岳など三峰五岳から成り、満明寺と四面宮を中心とする修験道場として栄えた。

　16世紀後半、県内にはキリスト教が普及し、寺社の多くが解体され、その木材や石材は天主堂（教会堂）やセミナリオの建立に充てられ、神仏像はほとんどが焼却された。

　17世紀に入るとキリスト教は弾圧され、寺社信仰は寺請制度の展開とともに再び普及した。後に黄檗宗の拠点となる長崎三福寺も、唐人（華僑）の寺請で創建されたものである。今も続く長崎の正月恒例行事「七高山巡り」も寺社信仰の復活を背景に創出されたものであろう。

　一方、キリスト教徒は弾圧から逃れるべく潜伏し、独特の〈長崎「かくれキリシタン」習俗〉‡を発展させ、聖母子像などを納戸神として、中国製慈母観音像などを聖母マリアとして祀ったのである。

主な寺社信仰

海神神社(かいじん)　対馬市峰町木坂(きさか)。伊豆山(いづやま)の麓、伊豆原(いづはら)に鎮座。名神大社和多都美神社の論社で、初め上県(かみあがた)の佐護(さご)に出現し、伊奈崎(いなさき)へ移り、清水を得るため当地へ移ったと伝える。その後、神功皇后(じんぐう)が三韓征伐の帰途に、新羅を鎮めた証として八旒（流）の旗を納め、八幡神(はちまんしん)を祀ったという。上津八幡宮や八幡本宮(かみつはちまんぐう)と称され、対馬一宮と崇められた。神体は8世紀に新羅でつくられた銅造如来立像（国重文）とみられている。1870年に和多都美神社と改称、翌年に祭神を豊玉姫命(とよたまひめのみこと)に変え現称とした。境内には天道神(てんどうしん)を祀る摂社(せっしゃ)があり、旧暦6月初午日には〈木坂・青海のヤクマ〉‡での参拝がある。祭主の当前(とうまえ)らが参拝する間、木坂は御前浜、青木は下ノ浜で円錐形(えんすいけい)に石を積み、ヤクマの塔を築いて子どもの無事成長を祈る。昔、当地は麦が主食で、麦の収穫に感謝して、麦の甘酒や団子を塔に供えた。

多久頭魂神社(たくづたま)　対馬市厳原町豆酘(いづはらまちつつ)。北東にそびえる竜良山(たてらやま)（天道山(てんどうさん)）の遥拝所(ようはいじょ)で、豆酘寺観音堂が前身といわれ、山中の天童法師塔(てんどうほうしとう)とともに恐(おそ)ろし所(ところ)と称される。当初は多久都神を祀ったとされ、現在は天照大神(あまてらすおおみかみ)など5柱を祀る。昔は若い男女が着飾って大人入りする対馬六観音参りで賑わった。境内には寺田(てらだ)とよばれる水田があり、稲の原生種である赤米(あかごめ)が栽培され、〈豆酘の赤米行事〉‡の核となっている。秋に収穫された米は俵に詰められ、旧暦10月17日に頭主宅(とうしゅ)に祀られ、翌日、村中が当社へ参拝して例大祭を営む。赤米神事は本来は境内にある名神大社高御魂神社(たかみたま)の祭であった。豆酘では新年を迎えると旧暦1月3日に雷神社(いかづち)（嶽之大明神(たけ)）でサンゾーロー祭を営み、〈対島の亀卜習俗(きぼく)〉‡を行う。亀卜は亀の甲羅の罅(ひび)で吉凶を占う古代の秘儀で、現在日本では当地にしか伝承されていない。

聖母宮(しょうもぐう)　壱岐市勝本町勝本浦(かつもとちょうかつもとうら)。文永の役で元の軍が上陸した馬場先(ぶんえい)(えき)(げん)(ばばさき)に鎮座し、本殿は朝鮮半島を向く。壱岐七社の一つで、壱岐郡を管領した名神大社中津神社(さんかんせい)の後身と考えられている。神功皇后が三韓征伐の行宮(あんぐう)を建て、異敵の首十万余を埋めた上に御殿を築いたのが始まりと伝え、異国降伏の守護神、香椎大明神、聖母大菩薩、風本宮(かざもとぐう)、壱岐二宮と崇められ、現在は皇后（息長足姫尊(おきながたらしひめのみこと)）・仲哀天皇(ちゅうあい)（足仲彦尊(たらしなかつひこのみこと)）と住

九州・沖縄地方　285

吉大神などを祀っている。境内には皇后の馬が蹄跡を残したという馬蹄石もある。10月の大祭（風本祭）は市内最大の祭で、神輿が船で対岸の御仮堂へ渡り、14日に本浦と正村の2艘の御幸舟が還幸を迎える際に舟グロ競争をする。〈壱岐の船競漕行事〉‡の典型として有名で、赤の一ノ舟が勝てば来年は大漁で浦繁盛、白の二ノ舟が勝てば豊作で里繁盛と占う。

白沙八幡神社

壱岐市石田町筒城仲触。大神内山に鎮座。拝殿の中央に見える韓櫃石は地中から出ており、建替時に除こうとしたが、石から血が流れてきたので止めたという。社叢は長く禁足地であったため、かつて壱岐を覆っていた古代の照葉樹林がよく残されている。玉依姫命を祀った筒城宮が始まりと伝え、式内社の海神社に比定される。後に豊前国宇佐神宮から八幡神を勧請したといわれ、社殿は宇佐の方角を向いている。筒城庄は昔、宇佐弥勒寺領であった。住吉神社や聖母宮とともに壱岐七社に数えられ、七社巡りと称する島内外からの参拝者が今も多い。旧藩時代は例祭に直参（国主の名代の参詣）があった。例祭は11月15日で、神幸の後に〈壱岐神楽〉†の奉納がある。壱岐神楽は〈平戸神楽〉†のもととなった古い神楽で、娯楽芸能的な側面が少なく、神祭の色彩が強い。

亀岡神社

平戸市岩の上町。1880年、平戸城跡に鎮座。霊椿山・七郎・八幡・乙宮の4社を合祀し、平戸の産土神とされた。平戸藩主松浦氏の祖である源久や、三韓征伐で十城別王（志々伎神）に従って活躍した七郎氏広と鴨一隼の兄弟らを祀る。明治百年記念に平戸藩主松浦静山（『甲子夜話』の著者）の娘で明治天皇の祖母となった中山愛子の石像を境内に建立した。例大祭の平戸くんちは10月で、大大神楽、ジャ踊り、獅子舞などが奉納される。大大神楽は壱岐の惣神主が伝え、橘三喜（『諸国一宮巡詣記』の著者）が改訂増補して基礎を固めた〈平戸神楽〉†全24番である。8月18日には、平戸9地区の〈平戸のジャンガラ〉†を締め括る戸石川地区の自安和楽が当社を出発し、鉦をジャン、腰鼓をグラワと鳴らしながら、「穂長、穂実出て」の掛け声とともに区内約100か所を巡る。

吉田大明神

佐世保市吉井町上吉田。国名勝「平戸領地方八㮣勝（平戸八景）」の一つ「石橋」で有名な御橋観音のある牧ノ岳と、佐々川を挟んで対峙する五蔵岳の北西麓、通称「水の元」とよばれる

水源地に鎮座。社叢は県天然記念物で、いろは紅葉の巨木が4本も揃っている。地区の氏神として崇められ、12月10日には拝殿で1年の収穫を感謝する霜月祭（おかんまつり）が営まれ、神事の後、その年の祭当番（施主）の家を宿として「お蔵入れ」が行われる。手杵や粢を包んだ莚に縄を取り付け、男女に分かれて引き合う綱引きで、土間側から引く男組は居間側から引く女組に必ず負けなくてはならない。同市江迎町中尾で10月28日に行われる「きねかけ祭」などとともに〈北松浦の収穫儀礼〉‡とよばれている。

白浜神社

五島市向町。崎山の港近くで田心姫命外2柱を祀り、小正月の奇祭〈下崎山のヘトマト行事〉†で知られる。ヘトマトは境内での奉納相撲を前座とし、旗持による閻魔御幣の道行きから始まる。御幣は町内の曹洞宗大通寺（五島88-37）から下され、山内家が世襲で奉持する。御幣が白浜海岸の辻に置かれた大草履の先に立てられると、着飾った新嫁2人が酒樽に乗って羽根突きを行う。続いて顔に竈黒を塗った男衆が登場し、海岸で藁の大玉を奪い合う玉蹴りを行い、路上で豊作と大漁を占う綱引きを三度行う。最後に長さ3m、重さ350kgの大草履を担ぎ、山の神を祀る山城神社へと巡行するが、道中次々と娘を捕えては草鞋に乗せて胴上げを行う。当地には複数の行事を一度に行う風があり、2月の春祭でも初宮参り・七五三・厄払い・還暦・米寿の宮参りが一度に行われる。

玖嶋稲荷神社

大村市玖島。大村藩玖島城跡、大村神社の境内に鎮座。1480年、大村純伊が大村を奪還した際、領内の守護神として伏見稲荷の分霊を創祀したと伝える。純伊の帰城を祝って領民が創作したのが、モロ蓋を利用した郷土料理の大村寿司と、〈大村の郡三踊（寿古踊・沖田踊・黒丸踊）〉†であるという。三踊は以後8年目ごとに城内で披露されたと伝え、現在も玖島城跡に建つホールにておおむら秋まつりの際に各踊が輪番で出演している。大村神社は1805年、藩主の大村純昌が祖先の藤原純友を御霊宮大明神として池田山に祀ったのが始まりで、1870年に常盤神社と改称し、1884年に当地へ遷座して現称に改めたという。1908年、当社も三城城跡から当地へと遷された。境内には名桜中の名桜と称され、国天然記念物にも指定された貴種オオムラザクラもある。

諏訪神社

長崎市上西山町。長崎の総鎮守・産土神で、県内最多の参拝者を集め、鎮西大社と称される。風頭山の西麓に諏訪神を創祀し、キリスト教徒によって破壊されたのを、唐津の修験者金重院こと青木賢清が住吉神社と森崎神社を合祀して1625年に円山へ再興したという。1651年、現在地へ遷座した。境内には珍しい狛犬がいろいろあり、止め事成就狛犬は足に紙縒りを巻いて、河伯狛犬は頭の皿に水を掛けて祈るという。10月の例祭には〈長崎くんちの奉納踊〉‡がある。7日に本社から御旅所へ3基の神輿渡御があり、9日に還幸となる。この間、本社・御旅所・伊勢宮・八坂神社などで、〈竜踊〉‡・鯨の潮吹き・川船・コッコデショ（太鼓山）など、神賑いの風流が上演される。同市伊良林の若宮稲荷神社に伝わる〈竹ン芸〉‡も19世紀前半から例祭に奉納されていた。

熊野神社

長崎市野母町。野母港近くの小山の頂に伊邪那美命を祀る。参道入り口には塞神神社がある。昔、紀伊国熊野の漁師夫婦が当地へ漂着し、命が助かったのは熊野権現の御蔭として祠を建てて祀ったのが始まりという。夫は熊野へ帰ってしまうが、妻は当地に残って無人の野を拓き、村を築いたので、後に村人が村の母の功績を伝えるため村を「野母」と名付け、霊を慰めるために〈野母の盆踊〉‡を始めたという。現在も盆踊は野母浦祭として8月13日に、龍神・恵比須神社を祀る海上の浦祭りとともに営まれ、当社のほか、真宗大谷派無量山海蔵寺などに、鉾舞・モッセー・中老・トノギャンの踊を催馬楽の歌にのせて奉納する。旧暦9月16日・17日には権現山で伊邪那岐命を祀る日山神社とともに例祭を営む。

慶巖寺

諫早市城見町。浄土宗。本尊は阿弥陀如来。常楽山九品院と号す。本明川沿いの断崖上に建ち、参道の崖面には三十三観音磨崖仏がある。16世紀末に筑前博多西方寺住の済蓮社九誉上人礫道が同市原口町泉野に開いた常楽寺が始まりで、1605年に2代諫早領主直孝の室、松壽院浩誉慶巖大姉の願いで当地へ移し、領主の霊屋（廟所）を設け現称に改めたと伝える。江戸芝増上寺で、肥前国浄土宗僧侶養成道場として多くの人材を輩出、「六段の調べ」を創作した城秀（八橋検校）は当住4代の玄恕に師事したという。境内には諫江88-15や〈慶巖寺の名号石〉がある。名号石は中央に「南無阿弥陀佛」と薬研彫りした県下に類例がないもので、もとは橋石に使われていたが、夜ごと怪光を発し

たため当寺へ移して供養したという。足利直冬(あしかがただふゆ)の勢力が用いた「貞和七年」銘を刻んでいる。

霊丘神社(れいきゅうじんじゃ)

島原市弁天町(しまばらしべんてんまち)。1638年、島原城主の高力忠房(こうりきただふさ)が東照大権現(とうしょうだいごんげん)(徳川家康(とくがわいえやす))を勧請したのが始まりと伝える。徳川3代将軍家光(いえみつ)は島原の乱(らん)が終結すると、荒廃した島原を復興するため、篤(あつ)く信頼していた忠房を派遣した。忠房は民心の安寧(あんねい)を願い社寺の再建にも努めたという。1883年、島原藩主深溝松平家7代の霊を合祀して現称に改めた。昔「権現山」とよばれた境内は、今は霊丘公園として整備され、社頭に島原鉄道の本社がある関係からC1201蒸気機関車も奉納されている。8月の盆には境内で精霊船(しょうろうぶね)の勇壮な練りが行われ、無数の明かりを灯した大きな船が所狭しと駆け回る。〈島原の精霊流しと切子燈篭(しょうろうながしときりことうろう)〉は、藁(わら)と竹と荒縄で船を造り、独特の切子灯篭をたくさん吊るし、故人の霊を乗せ、ナマイドー(南無阿弥陀仏)の掛け声とともに家族らが担いで練り歩き、最後は有明海に流す行事である。

巡礼案内 ● 巡ってみたい! 四国八十八ヶ所霊場❽

＊四国八十八ヶ所霊場についてはp241を参照してください。
＊『四國徧禮道指南増補大成』(1767)から、巡る順番、霊場名(所在地：本尊)を抽出しました。

伊予国(続き)
◆54 近見山不動院延命寺(野間郡縣村：不動明王坐像) ◆55 別宮／大積山金剛院光明寺南光坊(越智郡別宮村：大通智勝佛坐像) ◆56 金林山泰山寺(越智郡小泉村：地蔵坐像) ◆57 八幡石清水(越智郡五十嵐村：阿弥陀立像) ◆58 佐礼山千光院仙遊寺(越智郡八幡村：千手観音立像) ◆59 金光山最勝院国分寺(越智郡国分村：薬師坐像)

☞p.295に続く

43 熊本県

阿蘇神社

寺社信仰の特色

　熊本県は火国ともよばれ、その象徴は阿蘇山であるといわれる。その北麓に鎮座して阿蘇十二明神を祀る阿蘇市の阿蘇神社は肥後一宮、肥後国の鎮守と崇められた。古くは健磐竜命神社と阿蘇比咩神社の2座であり、ともに式内社で、阿蘇国造の速瓶玉命が父母の霊を祀ったのが始まりと伝える。

　速瓶玉命を祀り、阿蘇神社とともに風鎮祭や〈阿蘇の御田植〉‡、田実行事など〈阿蘇の農耕祭事〉†を伝承する阿蘇市の国造神社も、肥後国式内社4座の一つである。

　肥後二宮とされる甲佐町の甲佐神社は、健磐竜命の子と伝える八井耳玉命を祀り、宇城市の郡浦神社、熊本市の健軍神社とともに阿蘇三摂社と称される。

　阿蘇山では中世以降、修験道が盛んとなり、阿蘇市の天台宗阿蘇山西巌殿寺を中心に仏教文化が花開いた。日本三大楼門にあげられる阿蘇神社の楼門も仏閣様式である。

　修験道は県南でも栄え、米良三山の一つ、水上村の市房山では旧暦3月15日のタケンゴヤ（お嶽さん参り）が今も伝承されている。市房神社の別当の普門寺は廃れたが、跡地には猫寺（生善院）が建ち、参拝者を集める。

　肥後三宮は熊本市の藤崎八幡宮とされ、現在、県内で最も多くの初詣客を集めている。9月の例祭は熊本最大の祭で、昔は市民から「ボシタ」や「随兵」とよばれて親しまれた。

　日本三名城の一つ熊本城を築いた加藤清正は尾張の出身であるが、熊本藩の初代藩主となり、県民からは「清正公様」と親しまれている。国特別史跡「熊本城跡」には清正を祀る加藤神社が建ち、八代市の貝洲加藤神社など、各地に分霊が勧請された。墓所である本妙寺にも参拝者が絶えない。

主な寺社信仰

野原八幡宮（のばらはちまんぐう）
荒尾市野原。野原荘（荒尾郷）の一宮・産土神で、神功皇后を主祭神とし、応神天皇と住吉大明神を配祀する。1247年、武蔵国入西郡小代郷の小代氏が野原荘の地頭となり、小岱山に城を構えて当宮を氏神として祀った。現在は小岱焼で知られる小岱山は、古代から須恵器や鉄の生産が盛んで、大宰府から薩摩まで広範に製品を供給していた。例祭は、昔は旧暦11月15日、今は10月15日に行われている。野原荘の西郷が節頭行事を奉納し、東郷が〈野原八幡宮風流（ふうりゅう）〉‡を奉納する。1か月早く七五三を祝う祭でもある。節頭行事は収穫に感謝する国方（武家方）の神事で、節頭といわれる稚児を乗せた神馬を引いて行幸する。風流は悪魔を払う宮方の神事で、ドンデンヒャーとよばれ、獅子頭に見立てた笠をつけた稚児が笛の音に合わせて舞いながら太鼓を叩き、参道を練り歩く。

大宮神社（おおみや）
山鹿市山鹿。菊池川の中流、景行天皇が筑紫巡幸で行宮を営んだと伝える杉山の地に景行天皇を祀る。配祀の阿蘇十二神は菊池氏初代則隆が勧請したという。境内には八坂神社（祇園様）や高住神社（豊前坊天狗）、兎に乗る月弓尊、49基の猿田彦石碑などが鎮座する。6月15日の祇園祭は山鹿の初帷子（浴衣の着始め）で、無病息災の御守りである犬子瓢箪が授与される。8月15〜17日の祭礼は肥後三大夏祭の一つ「山鹿灯籠まつり」として全国的に知られている。15世紀に金剛乗寺の宥明法印を供養するために始めたと伝え、若い娘たちが紙でつくった金燈籠を頭に載せ、ヨヘホ節の踊りで練り歩き、千人燈籠踊りを奉納する。宮造り・座敷・鳥籠などを模った豪華で精巧な燈籠の奉納もあり、それらは境内にある燈籠殿の他、街中の「山鹿灯籠民芸館」でも展示されている。

菊池神社（きくち）
菊池市隈府。菊池城（隈府城／菊池本城／守山城）の本丸跡に鎮座。1870年、長岡（細川）護美の建白に基づき創建された。菊池氏12代の武時を筆頭に、その息子の13代武重、15代武光を主祭神とし、16代武政以下一族26柱を配祀する。1333年、武時は後醍醐天皇を奉じて鎌倉幕府を倒すべく挙兵し、鎮西探題で戦死したが、楠木正成からは「忠臣第一」と賞された。父の遺志を継いだ武重は肥後守に任

じられ、武光は後醍醐天皇の皇子懐良親王を迎えて大宰府を攻略し、征西府を移して九州支配体勢を確立した。1920年、摂社の城山神社を創建し、蒙古襲来を撃破した10代武房と、桂庵玄樹を招いて文教を興した21代重朝を祀った。秋季大祭初日の10月13日には武光が始めたと伝える〈菊池の松囃子〉†が将軍木の前で奉納され、15日には菊池氏発祥の深川へ神幸がある。

小国両神社

小国町宮原。小国郷総鎮守。祖父阿蘇大神の命で小国郷を開拓した高橋大神と火宮大神の兄弟神と、その母である雨宮媛命を祀る。高橋神は神社の北東にある高橋山の神で、火神は地獄田の霊気、雨宮は小国の地主神といい、兄弟の父は阿蘇国造（速瓶玉命）と伝える。昔は境内に神護寺があった。例大祭は10月で、2基の神輿が南小国町市原の御仮屋と小国町宮原中央の御旅所を巡る。この神輿の下を潜ると縁起が良いという。拝殿や御仮屋では南小国町満願寺に伝わる〈吉原の岩戸神楽〉‡が奉納される。阿蘇郡にはこの他にも岩戸神楽が伝承されており、〈中江の岩戸神楽〉‡は阿蘇市波野の荻神社の祭で、〈長野岩戸神楽〉‡は南阿蘇村の長野阿蘇神社の祭で、それぞれ演じられている。いずれも出雲系の神楽で、豊後神楽を受け継いだものと考えられている。

健軍神社

熊本市東区健軍本町。肥後守の藤原法昌が阿蘇大神（健磐龍）を勧請し、皇城鎮護のため東向きに建つ阿蘇宮に対して、夷賊新羅鎮圧のため西向きに建て、健軍宮（十二社大明神）と称したのが始まりと伝える。阿蘇四社の一つで、阿蘇山登拝路の西の起点であった。昔は健宮や竹宮とよばれ、火（肥）国造の祖である健緒組を祀ったのが始まりとも伝え、竹宮村の産土神でもあった。1kmに及ぶ参道は八丁馬場（杉馬場）とよばれ、加藤清正が軍馬調練のために開鑿したという。境内の雨宮は水乞の神で、神水（水前寺江津湖公園付近）にあった霊石を祀ったものと伝える。8月の例祭「夏越まつり」では7日に〈肥後神楽〉が奉納される。当社の神楽は広く県北に100以上も分布する神楽の典型で、式神楽から地鎮ノ舞まで12座で構成される清楚で簡潔な趣の神楽である。

西岡神宮

宇土市神馬町。西岡台（宇土古城址）の南東に鎮座。城址を挟んで北西には〈椿原雨乞い太鼓踊り〉で知られる椿原八幡宮がある。一之宮に春日大神、二之宮に八幡大神、三之宮に住吉

大神を祀る。当初は春日・住吉の両社が勧請され、築城の際に八幡宮が添えられたという。三宮大明神や三宮社と称され、宇土の総鎮守として崇められた。小西行長によって焼かれたが、1601年に加藤清正が再興したという。10月19日の例大祭には〈宇土の御獅子舞〉が奉納される。1740年に井門大之丞（後の宇土5代藩主細川興文）が始めたと伝え、銅鑼と鉦の楽に合わせて雌雄2頭の獅子と唐人衣装に身を包んだ童子が戯れ、楽廻り、春眠、おきはな（空惚け）、楽の遊び、背比べ、玉拾い、合戦、千秋万歳と舞納める。獅子舞に付随して、牡丹花車を引いた稚児が華やかに町を練り歩く。

六嘉神社

嘉島町下六嘉。昔、阿蘇大神が阿蘇谷の湖を開拓したとき、主の鯰が当地へ流れ着き、それを移すのに六荷を要したことから六嘉とよばれるようになったという。上六嘉には足手荒神の総本社とされる甲斐神社が鎮座している。阿蘇大宮司23代の宇治宗延が領地に創祀したと伝え、昔は本殿が東西に2宇並立し、東には阿蘇神社の祭神12柱、西には甲佐神社の祭神12柱、拝殿には守護神として力神（手力男命）が祀ってあった。大祭は10月17日で、2011年までは〈六嘉の獅子舞〉が奉納されていた。現在は大祭翌週の土曜日に披露されている。出陣を表す出端に始まり、稚児と戯れるツリ、戦士と戦う棒使い、雌雄で交歓するモヤと続き、最後は棚上がりで、高さ20mの柱に登り、上から牡丹の花を投げる。

甲佐岳観音

美里町甲佐平。甲佐岳の8合目に建ち、亀甲山福城寺と号する。本尊は十一面観音で、肥後33-04であり、毎月18日に祈禱祭を営む。山頂に祀られた甲佐大明神（稚児の宮、吉見神社）の神宮寺として湛西上人が開創し、小松内大臣平重盛が中興したと伝え、重盛が奉納した宝剣と金湯呑が寺宝として残る。比叡山延暦寺の末で16坊を擁したが、小西行長の焼き討ちに遭い、当寺を残して廃絶した。1月18日の初観音大祭と3月上旬の山開きには国重文の釈迦如来像（鎌倉初期）が開帳され、4月初申日には山王社祭が営まれる。甲佐岳の南西麓には古閑に〈大蛇おどり〉が、名越谷に〈亀おどり〉が伝承されており、いずれも八代神社の亀蛇に類似しており、甲佐岳と妙見信仰との関わりを想起させる。

八代神社

八代市妙見町。中国明州の妙見神（北辰太一神）が亀蛇に乗って海を渡り、八代の竹原津に鎮座したのが始まりという。その後、白木平を経て、八代市東町の三室山（横嶽）に社殿（妙見上宮）を創建したと伝える。後に現在地へ下宮を建立し、妙見菩薩を本尊とする白木山神宮寺の天台真言15坊が護持したと伝える。神仏分離で寺は廃され、天之御中主神と国常立尊を祀るようになった。11月の例大祭は九州三大祭に数えられ、〈八代妙見祭の神幸行事〉†が盛大に挙行される。華やかな笠鉾や大きな亀蛇（ガメ）を従えた神輿行列は1km以上に及び、10万人を超える人出がある。笠鉾は本蝶蕪・蘇鉄・西王母・猩々・蜜柑・恵比須・松・迦陵頻伽の8基で、高さ5mに及ぶ楼閣構造である。神幸は1632年に八代城へ入った細川忠興（三斎）が充実させたと伝えている。

諏訪神社

天草市栖本町湯船原。1645年、天草の初代の代官に就任した鈴木重成が、島原全体の祈願所として、栖本城址の麓に創建した。重成は島原の乱で荒廃した民心を癒やすため、兄の鈴木正三の意見に従い、天草四ケ本寺（湯船原の仏生山円性寺、天草市河浦町の崇円寺、同市本町新休の東向寺、苓北町志岐の国照寺）をはじめとする多くの寺院を創建したが、神社については当社と苓北町富岡の富岡神社（飛竜大権現）のみであった。重成を継いで代官となった重辰も天草の復興に尽力し、勇壮で絢爛豪華な〈栖本太鼓踊り〉の奉納を始めたと伝える。現在、重成・正三・重辰は天草の守り神として天草市本町本の鈴木神社に祀られている。太鼓踊は今も11月の例大祭に、獅子舞やトッタカトコセイ（立笠と台笠）、鳥毛行列、稚児行列、樽御輿などとともに披露されている。

佐敷諏訪神社

芦北町花岡。宮浦川と佐敷川の合流点に鎮座。昔は球磨郡へと至る人吉街道（佐敷道）の奥、葦北郡白木村に祀られていたが、1439年に人吉城主の相良前続が佐敷字土迫の当地に遷して再興したという。赤ちゃん土俵入りがある4月の例祭には、今も白木地区から伝統食の蕨粉餅を奉献する民俗が伝わっている。これは白木元宮に鎮座していた諏訪大明神が蕨餅で命拾いしたとの伝説に基づく。白木地区は芦北町の山間部にあり、上原・岩屋川内・祝坂の各地区とともに〈八代・芦北の七夕綱〉‡を伝承している。8月6日の夜に長さ40m

ほどの藁綱を綯い、草鞋や足中、牛の沓、農作業の様子を表した人形、馬、七夕の文字、蛸などの藁細工を吊るし、集落を流れる天月川を挟んで張り渡すものである。綱は盆が終わるまで張っておき、8月16日夕方に外して天月川に流す。

青井阿蘇神社

人吉市上青井町。阿蘇三社（健磐龍命神社・阿蘇比咩神社・国造神社）の分霊を勧請したのが始まりと伝え、1198年に遠江国相良荘から人吉荘に入った相良氏初代長頼が崇拝して以降、球磨郡の総社とされた。10月に営まれる例祭（おくんち祭）には〈球磨神楽〉†が奉納されるが、これは球磨地方の神社祭礼で奉納される神楽で、当社が伝承の中心となっており、すでに1472年には相良為続が雨乞祈願で奏させている。10月8日の当社奉納を皮切りに各社で舞われ、12月15日の市房神社（水上村湯山）例祭で舞納めとなるが、ヤツジメの天井飾りと雪舟から紙吹雪を散らす演目「三笠」を伝えるのは当社のみである。2008年、人吉藩初代藩主相良長毎と重臣相良清兵衛（犬童頼兄）の発起で1610〜13年に建立された本殿・廊・幣殿・拝殿・楼門は県内初の国宝に指定された。

巡礼案内 ● 巡ってみたい！ 四国八十八ヶ所霊場❾

＊四国八十八ヶ所霊場についてはp241を参照してください。

＊『四國徧禮道指南増補大成』（1767）から、巡る順番、霊場名（所在地〈括弧内は推定〉：本尊）を抽出しました。

伊予国（続き）

◆60　仏光山福智院横峯寺（周郡古坊村：大日坐像）　◆61　栴檀山教王院香苑寺（周布郡香苑寺村：大日坐像）　◆62　一の宮天養山観音院宝寿寺（周布郡〈新屋敷村〉：十一面観音立像）　◆63　密教山胎蔵院吉祥寺（新居郡氷見村：毘沙門坐像）　◆64　里前神寺（新居村〈西田村〉：阿弥陀立像）　◆65　由霊山慈尊院三角寺（宇麻郡横尾村：十一面立像）

☞ p.301に続く

九州・沖縄地方　295

44 大分県

宇佐八幡宮

寺社信仰の特色

　日本に約8万ある神社の中で、最も数が多いのは八幡神社とされるが、それらの総本社は大分県宇佐市にある宇佐神宮（宇佐八幡宮・八幡大菩薩宇佐宮）と考えられている。京都府の石清水（男山）八幡宮や神奈川県の鶴岡八幡宮から分霊を勧請した八幡神社も無数にあるが、それらの大元も宇佐神宮とされている。古くから豊前一宮として崇められ、本殿は国宝、1873年に宇佐神宮となり、今は大分県内で最も多い40万人の初詣参拝者を集めている。

　宇佐の東には隣接して国東半島があり、かつては六郷満山の天台修験が大いに栄え、旧正月には鬼走りと火祭りの〈修正鬼会〉†が65か所で行われていた。今も豊後高田市の天念寺や国東市の岩戸寺で伝承される鬼会を始めたのは、六郷満山28か寺を開いた仁聞菩薩といわれ、その弟子の法蓮は宇佐神宮寺の初代別当となり、八幡神が出家受戒して八幡大菩薩となった際に戒師を務めたと伝えている。

　国東の六郷には宇佐神宮の分霊を勧請した別宮が各地に創建されたが、その一つ来縄郷における別宮である豊後高田市高田の若宮八幡神社は、正月に行われるホーランエンヤと、旧暦10月に行われる秋季大祭の川渡し神事の2つの伝統行事で有名である。特に川渡しは岡山県西大寺の会陽、山口県防府天満宮の裸坊とともに日本三大裸祭と称されている。

　豊後一宮は、大分市八幡にある柞原（由原）八幡宮とも、大分市寒田にある西寒多神社ともいわれている。柞原八幡宮は宇佐神宮から分霊を勧請して創建されたと伝え、旧暦8月の浜の市（放生会）は讃岐金毘羅の金市、安芸宮島の舟市とともに日本三大市に数える賑わいをみせたという。西寒多神社は南にそびえる本宮山に武内宿禰が創祀したと伝え、『延喜式』「神名帳」では豊後唯一の大社に列している。武内宿禰は、八幡神に付会される応神天皇やその親子にも仕えた忠臣とされている。

主な寺社信仰

古要神社

中津市伊藤田。息長足姫命（神功皇后）と、その妹の虚空津比売命を祀る。60体もの〈傀儡子〉†を所蔵しており、旧閏年の秋には本殿と拝殿の間にある申殿で、古式を伝える〈古要神社の傀儡子の舞と相撲〉‡が行われている。ともに宇佐神宮の末社であった福岡県吉富町の古表神社と、隼人の霊を慰める宇佐神宮の放生会に際して和間浜の浮殿で奉納していたが、1617年を最後に途絶えたという。傀儡子は木偶で、日本の人形戯の源流、操り人形の原初形態と考えられている。10月12日の夜、御祓神・七力神・鉾神・磯良神などが登場する神舞（細男舞）が奉納された後に神角力があり、最後は小兵の住吉神（御黒男の神）が祇園神など東方を押し倒して勝利する。古要と古表は小兵の転訛であろう。住吉神は磯良神とともに神功皇后の三韓出兵を助けた海の神である。

妙菴寺

宇佐市安心院町龍王。曹洞宗。竜王山の北麓に建つ。1300年頃、宇佐大宮司の宇佐（安心院）公泰が山頂に神楽岳城を築き、後に八大龍王が祀られて龍王城とよばれた。一時衰退したが、1603年に中津城の細川忠興が弟の幸隆（妙庵）に1万石を与えて入城させ復興した。当寺は細川氏の菩提所であり、幸隆の廟所が現存し、今も細川氏の子孫が住んでいる。寺宝に明岩鏡照像や陶製地蔵菩薩坐像、蓮華の鏝絵などがある。鏡照は忠興が復興して九州曹洞宗の総本山として栄えた泉福寺の2世である。鏝絵は堂内欄間にあり、1903年に長野鐵蔵がつくったもので、〈大分の鏝絵習俗〉‡を今に伝えている。安心院には全国約3,000点の鏝絵のうち100点ほどがあるといわれるが、室内にある鏝絵は当所のみである。鐵蔵は龍王出身の左官頭領で、弟子14人と競って鏝絵を制作した。

白鬚田原神社

杵築市大田沓掛。天津日高彦穂瓊瓊杵命を祀る。秋祭は「どぶろく祭」として有名で、10月17日の前日祭と翌日の例大祭には、氏子たちが新米1t余りを仕込んで神に捧げた濁酒が参拝者にも振る舞われる。6〜7戸を1組として18組から成る地官組は、祝元の指示のもと、9月25日の醸造始めから祭りを取り仕切り、10月8日の小口開きを経て、12日のハケ下ろしに川で祓いの行事をして濁酒を地官座で頂く。16日は潮汲み、18日は神輿の渡御もあり、子ども

たちも幟や毛槍を持って参加する。19日にハケ上げをして祭は終了する。これら一連の信仰行事は、同市大田永松の田原若宮八幡社における神元による秋祭とともに、中世以来の氏子中心の祭祀をよく継承し、〈国東のとうや行事〉‡と称されている。

楽庭八幡社 国東市武蔵町吉広。14世紀に田原（吉弘）正賢（正堅）が武蔵郷吉広に入って城を築き、城内の宮ノ谷に鎮座していた山神社に、豊後一宮柞原八幡宮の分霊を勧請して併祀し、領内の守護神としたと伝える。後に現在地へ社殿を遷して本社八幡宮山神社と称した。近くには正賢が悟庵禅師を招いて開いた菩提寺の亀徳山永泰寺がある。7月に行われる〈吉弘楽〉†は、正賢が当社創祀の際に神前に楽を奉納したのが始まりで、以来、歴代領主が祭祀を司り楽を奏して領内繁栄・武運長久を祈ったという。七仏薬師法に由来して49灯を立て、49僧に相当する楽人49人が腰蓑を着け、兜や陣笠を被り、御幣を付けた旗指物を背に、声迦とよばれる念仏を唱え、太鼓を打ち鳴らしながら勇壮に踊る。最後に氏子は御幣を戴いて持ち帰り、水田に立てて虫封じの御守りとする。

明礬薬師寺 別府市明礬。伽藍岳（硫黄山）の中腹、鳶ノ湯（登備尾湯）の脇に建つ。西側にはお滝場や、安野智円が明礬に開いた温泉四国八十八ヶ所の弘法大師（地元では「お地蔵様」と親しまれる）の石像を集めた明礬八十八ヶ所が設けられており、毎年春には御接待が続けられている。明礬温泉では御接待の民俗を地域資源ととらえ、新たに「お地蔵様のおせったい」という町興しのイベントも開催している。当地は日本で初めて明礬を製造した所で、長く日本一の生産量を誇ったが、化学染料の普及で終焉を迎えた。しかし今でも〈別府明礬温泉の湯の花製造技術〉†が伝承されており、藁葺小屋の床に敷き詰めたギチ（黄鉄鉱やスメクタイトを含む青粘土）に硫化水素を含む噴気を通してハロトリカイトやアルノーゲンで構成される「湯の花」の結晶を製造し続けている。

法心寺 大分市鶴崎。日蓮宗。1601年、加藤清正が京都本圀寺から日榮上人を招いて開いたと伝え、妙法蓮華経5か寺の一つとされる。本堂前の銀杏は創建時に清正が突き立てた杖が育ったものという。鶴崎の夏の風物詩「二十三夜祭」は清正の命日を弔う祭が本旨で、寺では千灯明を点して豆茶を振る舞う。鶴崎は江戸時代に熊本藩の拠点が置かれて賑わい、18世紀初頭には鶴崎の町人が伊勢参宮に出て、伊勢で流行し

ていた伊勢踊を習得して帰参、盆踊として広めたのが〈鶴崎踊〉‡であると伝える。鶴崎踊は左衛門と猿丸太夫から成るが、県内各地に「鶴崎踊」として広まっているのは猿丸太夫であり、優美な動きで踊り方が難しい。左衛門は口説音頭による踊りで祭文の転訛とみられるが、大友義鎮諫言のため戸次鑑連が京から呼んだ舞妓の「三つ拍子」が定着したともいう。

白鹿権現

臼杵市野津町西神野。熊野神社の右手、鎖を頼りに命懸けで断崖絶壁を登った先、獣の顎のような洞窟に鎮座する。窟内には猟師が奉納した鹿や猪の頭蓋骨が堆く積まれている。大野郡宇目郷の猟師兄弟が白鹿に化身した熊野権現を1146年に祀ったのが始まりという。熊野神社には〈風流・杖踊〉が江戸時代から伝承されており、両端に紅白の房が付いた2mほどの棒を、太鼓・笛・鉦に合わせて振り回して舞い、口説きも残っている。杖踊は隣接する東神野の熊野神社にも伝えられている。西神野の奥には「久保ん谷湧水」がある。味が良く、水流が豊富で、臼杵川の源流となっている。昔から地域の生活水として利用され、石組みの水路や水車小屋の跡が残る。〈豊後の水車習俗〉‡の中でも臼杵の水車は小麦や酒米を摺ったり、芋の粉を挽くことが主であったという。

早吸日女神社

佐伯市蒲江西野浦。1145年の創建で、海から蛸が抱いて上がった3体の仏像が神体と伝える。大分市佐賀関にある早吸日女神社（関の権現様）の姉神ともいわれることから、同社の神体を蛸から得たと伝える黒砂・真砂の海女姉妹の姉の霊を祀ったのが始まりかもしれない。現在は住吉三神を主祭神とし、権現サンと親しまれている。夏の大祭では3基の神輿が〈早吸日女神社八人太鼓附獅子舞〉を従えて神幸し、神輿を激しくぶつけ合う勇壮な喧嘩神輿があり、浜では男たちが神輿を担いだまま海に入る。佐伯地方は俗に九十九浦とよばれるほど多くの海村があり、当地もその一つで漁業が盛んであった。竹野浦河内にある海の資料館では往時の〈蒲江の漁撈用具〉†1,987点を展示している。

若宮神社

日田市若宮町。日田郡司の大蔵氏が日田郡を5郷3庄に分割し、それぞれの郷に若八幡、庄に老松天満社を勧請した際、刃連（靭負）郷に勧請したのが当社の始まりと伝える。若八幡とは、応神天皇（八幡大神）の皇子である仁徳天皇のことで、若宮とも称される。当初は田島村にあったが、1600年に竹田村（現在地）に移ったという。現在、田島には応神天皇を祀る大原八幡宮があり、日田地方の総鎮守とさ

れ、作柄や災害を占う〈大原八幡宮の米占い行事〉‡でも知られるが、同社が田島に移ったのは1624年と伝える。当社は7月に隈の八坂神社、豆田町の八阪神社と合同で〈日田祇園の曳山行事〉†を営むことでも知られるが、これは1900年に合祀した川原町出切の祇園社の祭である。曳き回されるヤマとよぶ巨大な作り物（山鉾）は毎年つくり替えられ、見事である。

大御神社

玖珠町山下。中の原地区の鎮守。9月の秋の大祭には〈山下岩戸楽〉が奉納される。1681年に山下の庄屋となった日野善右衛門清賢が、日田大行事八幡に伝承されていた磐戸楽を伝えたものと伝えられている。演技は世話前から神社まで打つ道来の囃子で始まり、境内に入ると6名の杖が2列に並んで庭巡りをし、般若楽に合わせて杖を打つ。続いて拝殿前で巻物が読み上げられ、本楽に合わせてコモラシが立巡・立居・打合・飛違・中腰・膝付・臥転・向返・後返・返の10番を舞い、最後に兵庫モラシを舞い、宮巡りをして退場する。同町の古後神原にある大御神社でも10月の秋の大祭にコモラシ（河童）の登場する〈大浦楽〉が奉納されており、道楽や庭楽、巻物に書かれた音楽縁起の読み上げがあるが、こちらは河童となった平家の落人の霊を封じる楽と伝えている。

荻神社

竹田市荻町新藤。下荻岳の東麓、藤渡川左岸の高台にある宮園地区に鎮座し、阿蘇神社の祭神と同じ健磐龍命を祀る。下荻岳の南西、熊本県阿蘇市にある荻岳（上荻岳）の山頂に阿蘇神を祀ったのが始まりで、後に肥後荻宮と豊後荻宮に分離し、それぞれ荻ノ社や荻神社と称したと伝える。境内にある大銀杏は2社分離の際に両社に伝えた神木の苗裔といわれている。4月26日の祭礼には〈荻神社ゆたて〉が奉納される。深山流神楽の系統をひく湯立て神楽で、昔は旧暦12月26日の卯の祭に奉納されていた。前庭に斎庭（湯庭）を設けて神棚を置き、その前に2基の大釜を据え、祝詞の奉上後、手振り笹4束で湯を振り散らす。この湯がかかると魔除け・疫病除け・長寿になるといわれ、参詣者は湯をかけてもらう。湯立て荒神からもらう御幣は家内安全・五穀豊饒の御守りになるという。

御嶽神社

豊後大野市清川町宇田枝。1449年、豊後国守護大友親隆が日向国行縢山で島津軍に勝利した御礼として、行縢山三所大権現を御嶽山頂に勧請したのが始まりで、翌年に別当寺として北麓の

宝生寺を創建したという。御嶽山は古くから山岳信仰の霊場で、社殿裏の岩峰は仙人が座したといわれ、仙の嶽と称される。後に岡藩の祈願所となり、現在は彦火火出見命・国常立命・少彦名命を祀っている。山中には学術的にも貴重な原生林が残されており、山の周囲、佃原・五本松・大内・中山・犬鳴・花立・拝迫・鏡原の8か所には八方鳥居が建つ。秋の大祭では神輿が白熊の先導で御旅所へと御幸し、行縢戦勝の祝宴の余興に始まったと伝える〈御嶽神楽〉†が仮設舞台で奉納される。御嶽流神楽の祖として大野系岩戸神楽の原型を創り、大分県を代表する神楽となっている。

 巡礼案内 ● **巡ってみたい！ 四国八十八ヶ所霊場⓾**

＊四国八十八ヶ所霊場については p241 を参照してください。
＊『四國徧禮道指南増補大成』（1767）から、巡る順番、霊場名（所在地：本尊）を抽出しました。

讃岐国（続き）
◆66　巨鼇山千手院雲邊寺（三好郡白地村：千手観音坐像）◆67　小松尾寺／小松尾山大興寺（豊田郡辻村：薬師坐像）◆68　琴弾八幡（豊田郡観音寺村：弥陀坐像）◆69　七宝山観音寺（豊田郡観音寺村：正観音坐像）◆70　宝持院本山寺（豊田郡吉岡村：馬頭観音坐像）◆71　剣五山千手院弥谷寺（三野郡大見村：千手観音立像）◆72　我拝師山延命院曼荼羅寺（多度郡吉原村：大日坐像）

☞ p.307に続く

九州・沖縄地方

45 宮崎県

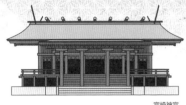
宮崎神宮

寺社信仰の特色

　宮崎県は神道発祥の地ともいえる。それは『古事記』に、日本国を生んだ伊邪那伎大神が禊祓をした地が「竺紫日向之橘小門之阿波岐原」で、天孫の邇邇藝命が日本に降臨した地が「竺紫日向之高千穂之久士布流多氣」であると書かれており、この二つの「日向」が宮崎県を指すとされることによる。つまり、社（国津神／地祇）とは異なる神（天津神／天神）が日本で初めて重大な事跡を残したのが宮崎県といえるのである。

　禊祓発祥の地は宮崎市阿波岐原町にある江田神社（産母様）といわれ、天孫降臨の地は高千穂町ともいわれる。高千穂町の天岩戸神社にある洞窟は天照大御神が隠れた天石屋戸であるともいう。こうした神話の物語は、冬に行われる〈高千穂の夜神楽〉†で今も演じられている。

　宮崎市の青島神社は火遠理命（山幸彦）が綿津見神之宮から戻った地と伝え、火遠理命の息子が産まれたのが日南市の鵜戸神宮、孫の神武天皇が産まれたのが高原町の皇子原神社と伝える。天岩戸神社から皇子原神社まで、数々の日本神話の舞台を結ぶ「ひむか神話街道」が2003年に開通した。「宮崎」という名も、神武天皇が宮を置いたとされる宮崎市の宮崎神宮の地が、大淀川と日向灘に挟まれた崎であったことによるのであろう。「日向」は太陽信仰を想起させる名で、「さざれ石」で知られる日向市の大御神社は、伊勢ヶ浜で皇祖天照大御神を祀っている。

　天孫降臨の地は高原町にある高千穂峰であるとも伝える。霧島山の一画で、頂上には天逆鉾が刺さっている。霧島六社権現のうち小林市の霧島岑神社や都城市の東霧島神社など5社は宮崎県内に鎮座しており、修験山伏の道場としても栄えた。

　県内には式内社が4座あるとされ、江田神社と霧島神社のほか2座はともに児湯郡にあり、都農町の都農神社は日向一宮、西都市の都萬神社は日向二宮で日向総社とされている。

主な寺社信仰

椎葉厳島神社
椎葉村下福良。上椎葉の鎮守。市杵島姫命（厳島大明神）を祀り、素盞嗚命を合祀する。平家落人の追討で当地に進撃した那須与一の弟大八郎宗久が、彼らの帰農した姿を見て追討を止め、屋敷を構えて農耕技術を教え、平家の氏神を勧請したのが始まりと伝える。宗久は平清盛の末孫鶴富姫と結ばれ、その子孫が那須下野守を名乗って代々庄屋を務めたという。庄屋が住んだ那須家住宅（国重文）は鶴富屋敷と親しまれている。11月に例祭、12月に夜神楽祭を営む。村では毎年11〜12月に各鎮守の大祭が営まれ、夜を徹して〈椎葉神楽〉†が演じられている。上椎葉では鶴富屋敷を御神屋（神楽宿）として高天原（神座）を設ける。椎葉はかつて〈日向の焼畑習俗〉‡が盛んで、その民俗は隣接する椎葉民俗芸能博物館や、民謡の稗搗節にうかがい知ることができる。

三ヶ所神社
五ヶ瀬町三ヶ所。宮の原に鎮座。伊弉諾命・伊弉冉命を主祭神とし、瓊々杵命・猿田彦命・菅原道真公を合祀する。昔は二上大明神と崇められた。天孫降臨の地と伝える二上山は男岳と女岳から成り、男岳の南面9合目に奥宮がある。三ヶ所の名は、廻渕の鏡山、室野の明神山、坂狩の中登岳の三つの山に鏡石があり、それらを神体とする鏡石大明神を祀ったことによるという。9月の例大祭には〈五ケ瀬の荒踊〉†が当社と中登神社、坂本城址（荒踊の館）で奉納される。武者装束で槍・弓・鉄砲などの武器を持って踊るもので、坂本城主の坂本正行が天正（1573〜93）年間に創始、または近江国坂本から伝来したと伝える。慶長（1596〜1615）年間に、正行の孫の正次（浄土真宗本願寺派炎王山専光寺開山釈休覚）が守護神の二上大明神に奉納する例を定めたという。

神門神社
美郷町南郷神門。小丸川上流に鎮座。禎嘉王や大山祇神を祀り、正倉院御物と同范の六花鏡を蔵する（隣接する「西の正倉院」で展示）。昔、百済に大乱が起こり、禎嘉王の一族は難を逃れて海を渡り、日向の嘉口（高鍋町蚊口、小丸川河口）に漂着したという。王妃の之伎野はそこで没して大年神社に祀られ、子の福智王は小丸川中流の比木神社（火棄大明神）に祀られたという。旧暦11月には大年下りと

して比木社の神体（袋神／花笠）が大年社へ巡行し、旧暦12月には〈日向南郷神門神社・木城比木神社の師走祭り〉‡として、袋神が日向市の金ヶ浜から耳川を遡り、東郷町の伊佐賀神社を経て当社へ巡行する。神門の人々は櫓28基に篝火を焚いて迎え、翌日は社の裏山で山宮参りをし御哭（哀号）を捧げる。還御には灰黒（鍋墨）を顔に塗り、笊筒を振って見送る。

御頭神社　延岡市北川町川内名瀬口。1527年、謀略により悲憤の最期を遂げた栂牟礼城主佐伯惟治を祀る。三川内の尾高智山で自害した主君の首を抱き逃げ延びた家臣が当地で休息したところ、玄圃梨の木に掛けた首が動かなくなったため、地神経寺（宝泉寺）の住職が読経供養して境内に手厚く葬ったのが始まりという。尾高智山の字橋ヶ谷には胴体を祀ったという尾高智神社が、字梅木には刀を祀ったという鴫尾神社がある。寺は廃れたが、盲僧が祭祀を続け、頭の病や血の病に効く神様として信仰を集めてきた。現在は学問の神様として合格祈願に参詣する人が多い。昔、川内名や三川内では〈北川上流域の農耕習俗〉‡が盛んで、鴫尾権現を祀る字多良田でも、早稲植祭など数多くの農耕儀礼が営まれた。

銀鏡神社　西都市銀鏡。1489年、米良（吉良）兼続が米良山中の龍房山で得た白鑞の鏡を神体として磐長姫と大山祇神を祀ったのが始まりという。その鏡は迩々芸命が親元に帰した磐長姫が姿を映すのを厭って捨てたと伝える。祭神は西之宮大明神とも伝え、懐良親王を祀るともいわれる。12月の例祭には12日の門〆、13日の星祭に続き、14日夜に宿神社・六社稲荷社・七社稲荷社・手力男社・若男社の神々を迎えて〈米良神楽〉†33番が奉納される。鵜戸山道場由来の神楽と伝え、猪跡切や地舞など狩猟や焼畑を表現するものもある。舞台（外神屋）の注連の真下には、氏子が奉納した猪の頭部がズラリと並ぶ。米良地方は昔、狩猟や焼畑が盛んで、〈東米良の狩猟用具〉†が西都市歴史民俗資料館に、〈西米良の焼畑農耕用具〉†が西米良村歴史民俗資料館に収められている。

南方神社　西都市南方。一ツ瀬川下流右岸、島の内に鎮座。すぐ上流にある杉安峡は「日向の嵐山」とよばれる景勝地である。また、南には国宝の金銅馬具などが出土した約300基の古墳から成る国特別史跡「西都原古墳群」が広がっている。若宮大明神と崇められ、現在の祭神は素戔嗚命とも建御名方神ともいわれる。1874年、樹齢千年といわ

れる国天然記念物「上穂北のクス」が樹勢を誇る当地へと遷座した。例祭は11月18日で穂北神楽が奉納される。旧暦6月15日にはキンナラ様（手名槌命・足名槌命）と称する面を戴く舞があり、その振舞で風雨を占ったという。旧暦8月1日には五穀豊穣・水難火難除けに〈下水流の臼太鼓踊〉‡が奉納される。加藤清正の戦術に由来すると伝え、和紙を飾った高さ3mの竿3本を背負った踊り手16人が、胸に抱えた臼太鼓を打ち鳴らしながら躍動的に踊る。

霧島東神社

高原町蒲牟田。高千穂峰の東中腹、御池を見下ろす地に鎮座。天孫瓊瓊杵尊が降臨した際に最初に祖先神を祀った場所と伝え、伊邪那岐尊と伊邪那美尊を主祭神とし、天照大御神や天忍穂耳尊を配祀とする。高千穂峰の頂も境内であり、社宝の天逆鉾が聳えている。これは当社主祭神が高天原から日本国土をつくった際に差し下ろした天沼矛とも、天孫が降臨した際に天照大御神から授かった鉾とも伝えられている。別当は千手観音を本尊とする錫杖院で、性空上人が開いた霧島六社（所）権現の一つ霧嶋山東御在所両所権現として、山伏たちの拠点であった。例大祭は11月8日・9日。12月には社家の年中行事として〈祓川の神舞〉‡33番が行われている。昔は旧暦11月16日に氏子宅を神楽宿として庭先に御講屋を設置して行われていた。不浄を祓う真剣を持って舞う勇壮な舞が多い。

狭野神社

高原町蒲牟田。日本国初代天皇の神日本磐余彦天皇（神武天皇／狭野尊）を祀る。高千穂峰（霧島山）の東麓、神武天皇が産まれた狭野（皇子原）の地に創建されたと伝える。1915年、宮崎神宮の別宮となった。古くは狭野大権現と崇められ、霧島六所権現に数えられた。別当は東叡山輪王寺宮直末の神徳院で、慶胤仙人開創と伝え、本尊は千手観音であった。2月18日の〈苗代田祭〉は田遊びの一種で、「ベブ（牛）がハホ（妊婦）」と親しまれる。5月16日に御田植祭、10月23日に例祭がある。12月（昔は旧暦9月16日）の神楽は霧島東神社の神楽とともに〈高原の神舞〉†とよばれ、舞庭に御幣で飾った高い柱を3本の立て、その前を3間四方に注連縄で区切り、鳥居を設け、筵を敷き詰め、二十数演目を徹夜で舞う。

諏訪神社

国富町八代北俣。北俣川の北、若宮地区に鎮座。事代主命・建御名方命・磐長姫命を祀る。下流にある森田地区

（三名川への合流点付近）に信濃国諏訪大明神の分霊を勧請したのが始まりと伝える。1585年7月27日、福島佐渡介秀安ら郷民300名が当地へ遷座し、国家安泰・無病息災・家内安全を祈願して、梯子など手近な道具で踊りを奉納したのが〈バラ太鼓踊〉の起こりであるという。1600年には島津義弘が福島家に立ち寄り代参、神領を寄進している。神紋は島津家と同じ「丸に十の字」である。8月の例大祭には氏子の青年が太鼓踊の奉納を続けている。踊子は1週間別火斎戒沐浴し、白浴衣に黒帯姿で背に長さ3mの矢旗を背負い、黒塗のバラ（竹笊）を貼り合わせてつくったバラ太鼓を腹に着け、鉦頭の唄と鉦の音に合わせ、木の棒で太鼓を打ち鳴らしながら勇壮に舞う。

宮崎神宮

宮崎市神宮。初代天皇の神武天皇とその両親を祀る。県内で最も初詣参拝者が多く、例年20万人を超える人気を誇る。神武天皇の孫の健磐龍命（阿蘇神社主祭神）が皇宮屋で祖父を祀ったのが始まりで、日向国造祖の老男命が祀り、1197年に当地へ遷座したという。市内下北方町にある皇宮屋は神武天皇が15～45歳を過ごした地で、天孫瓊々杵尊が崩御した地と伝える。神武天皇社や神武天皇御廟ともよばれた。紀元2600年記念で奈良県の橿原神宮（神武天皇即位地創建）に次ぐ規模の整備がなされ、神武天皇崩御日の4月3日の神武天皇祭に流鏑馬が復興された。社殿の背後には宮崎県総合博物館があり、76％が森林に覆われた宮崎県で多彩な展開を遂げた山村生産活動の全容（実態と変遷）を知ることができる〈日向の山村生産用具〉†2,260点などを収蔵展示している。

安楽寺

都城市山之口町。浄土真宗本願寺派。1856年、宮崎郡清武郷に飫肥藩主が創建し、1893年に当地へ移転した。初代住職の佐々木深道（大学）は、念仏禁制の薩摩（島津）藩内で徹底的に弾圧された一向宗（浄土真宗）門徒を助けるため、命懸けで潜入しては伝道し、寺に匿った。維新後も弾圧は続き、1870年には上田伝兵衛が念仏の指導者と発覚して刑死した。境内の殉教之碑は島津に殺された門徒を供養するものである。碑の前には5枚の拷問石が残る。容疑者を割木や十露盤板の上に正座させ、腿の上に重い石板を重ね載せて自白を強要したのである。寺から南へ1kmほどの田島には隠れ念仏洞（ガマ）が残され、苛烈な歴史を物語っている。山之口は交通の要衝で、参勤交代で郷士が伝えたと

いう〈山之口の文弥人形〉†が人形浄瑠璃資料館を中心に伝承されている。

田ノ上八幡神社

日南市飫肥。彦火々出見尊や神功皇后、応神天皇を祀る。大隅国桑原郡の稲津弥五郎が大隅一宮正八幡（鹿児島神宮）の神体を背負い来て楠原に祀ったのが始まりで、1588年に飫肥初代藩主の伊東祐兵（報恩公）が楠原の神体を飫肥城の鬼門守護として当地に遷座したと伝える。1872年、近隣の大将軍や礼大明神などを合祀して板敷神社と改称、1891年に現称とした。昔は旧暦10月25日に例祭が営まれ、流鏑馬2頭が祭を盛り上げ、竹籠を編んだ高さ7mの巨大人形「弥五郎様」が町内を練り歩いた。流鏑馬は廃れたが、弥五郎様は今も11月の秋祭り（ホゼ）に登場し、都城市山之口町の円野神社（的野正八幡宮）の弥五郎殿とともに〈日向の弥五郎人形行事〉‡と称されている。巨大な人形を祭礼行列の先導とする行事は日向・大隅地方に特徴的にみられるものである。

 巡礼案内 ● 巡ってみたい！ 四国八十八ヶ所霊場⓫

＊四国八十八ヶ所霊場についてはp241を参照してください。
＊『四國徧禮道指南増補大成』（1767）から、巡る順番、霊場名（所在地：本尊）を抽出しました。

讃岐国（続き）
◆73　我拝師山出釈迦寺（多度郡吉原村：釈迦坐像）◆74　醫王山多宝院甲山寺（多度郡弘田村：薬師坐像）◆75　五岳山誕生院善通寺（多度郡善通寺村：薬師坐像）◆76　鶏足山宝幢院金倉寺／道善寺（多度郡下吉田村：薬師坐像）◆77　桑田山明王院道隆寺（多度郡鴨村：薬師立像）
◆78　道場寺／江照寺（鵜足郡宇足津村：阿弥陀坐像）

☞ p.313に続く

46 鹿児島県

霧島神宮

寺社信仰の特色

　現在、鹿児島県で最も多くの初詣参拝者を集めるのは鹿児島市の照國神社とされる。集成館事業を興した薩摩藩主島津斉彬を祀るため1864年に創建された。この翌年から薩摩藩では廃仏毀釈が始まり、最終的には1,616寺が廃され、2,966人が還俗したとされるが、その魁は1858年に斉彬が寺院の梵鐘を武器の製造に充てた事業であろう。薩摩藩は多くの寺院を廃することで、寺院への支出を削減し、寺院の財産を獲得し、僧侶を兵隊や教師に変え、明治維新を推進したと考えられる。維新三傑の2人を輩出したのは斉彬といえよう。

　三傑の一人、西郷隆盛（南洲翁）は鹿児島県随一の偉人とされ、命日の前日、秋分の日には「西郷殿の遠行」として、鹿児島市加治屋町の誕生地から、埋葬地かつ祭祀地である同市上竜尾町の南洲墓地・南洲神社に至る8kmを多くの人々が巡拝して歩く。

　照國神社と並ぶ参拝者を集めるのは、天孫降臨の地とされる霧島山への信仰に基づく、霧島市の霧島神宮である。同市には大隅一宮の鹿児島神宮と同二宮の蛭兒神社も鎮座している。鹿児島神宮は古く大隅正八幡宮と称され、初午祭には〈薩摩の馬踊りの習俗〉‡が営まれる。

　薩摩一宮は薩摩川内市の新田神社とされる。薩摩国分寺跡の西にあり、神代三山陵の一つ可愛山陵（天津瓊瓊杵尊の陵）の頂に建つ。川内八幡と親しまれ、宇佐八幡九州五所別宮の一つに数えられた。昔は神功皇后や応神天皇を祀っていたが、今は瓊瓊杵尊などを祀っている。

　より古くは開聞岳（薩摩富士）への信仰に基づく枚聞神社が薩摩一宮であったとされる。薩摩国の式内社は2社のみで、1社が枚聞、もう1社が薩摩二宮とされる出水市の加紫久利神社である。

　薩摩の古い信仰の伝統は、薩摩川内市下甑町に伝承されている、ユネスコ無形文化遺産〈甑島のトシドン〉†にもみることができる。

主な寺社信仰

菅原神社(すがわら)
姶良市加治木町朝日町。菅原道真を祀る。加治木忠平が創建し、島津義弘が中興したと伝え、洲崎天神と親しまれた。例祭は7月25日。8月16日には木田の春日神社や日木山の精矛神社とともに「吉左右踊・太鼓踊」‡の奉納がある。吉左右踊は棒踊りの変形とされ、黒絣に白鉢巻で太刀を持つ薩摩軍と、白絣に毛頭を被って薙刀を持つ朝鮮軍が斬り結び、間を赤狐と白狐の銅鑼打が剽軽に踊り回る。太鼓踊は陣笠を被った兵士が黒羽根の矢旗を背負い、胸の締太鼓を打ち勇壮に踊るもので、駿河の念仏踊を移入したとされ、昔は雨乞いでも踊ったという。戦災で社殿が焼失したが間もなく復興し、1946年には中断されていた〈加治木のくも合戦の習俗〉‡が当社で再開された。これは蜘蛛(ヤマコッ)に相撲を取らせる旧暦5月5日の子どもの遊びで、今は福祉センターで行われている。

八幡神社(はちまん)
曽於市大隅町岩川。応神天皇や仲哀天皇を祀る。1025年に岩崎氏と黒岩氏が京都の石清水八幡宮から元八幡の地へ勧請したのが始まりと伝え、1535年に肝付氏が再興、1910年に伊勢・熊野・藤原・笠祇・宇佐・保食の各社を合祀、1914年に当地へ遷座した。11月のホゼ祭り(例祭)では、鹿児島三大祭りの一つ〈大隅町岩川八幡神社の弥五郎どん祭り〉が盛大に挙行される。弥五郎殿は身の丈5mほど(1丈6尺)の巨大な人形で、竹笹編みの胴体に梅染単衣を着て大小の刀を差す。武内宿禰とも720年に大和族に抗した隼人族の首領とも伝える。浜下りで神幸行列の先払(先導役)を務め、子どもたちに曳かれて町中を3時間にわたって練り歩く。宮崎県都城市山之口町円野神社の弥五郎殿が長男で、当社が次男、宮崎県日南市田ノ上八幡神社が三男であると言い伝えられている。

御崎神社(みさき)
南大隅町佐多。九州本島最南端の佐多岬に鎮座。綿津見三神や伊邪那岐命・伊邪那美命を祀り、一帯は国別天然記念物の蘇鉄が群生する。岸壁の洞窟に祀った浜宮が始まりで、1609年に樺山久高が当地へ遷座したという。御御崎殿や御崎三所権現と崇められ、近隣集落では代表が御崎詣りをして霊木の御崎柴を持ち帰り、護符として各戸に配っていた。2月の〈佐多の御崎祭り〉は祭神が北東20km先にあ

九州・沖縄地方

る郡の近津宮神社の姉神に会いに行く神事で、神を御崎柴に遷し乗せ、七浦とよばれる集落を巡幸する（浜殿下り）。各集落では「神風に会う」と言って迎え、赤子の初詣をしたり、少しでも神の滞在を長引かせようと食べにくい貝を出す集落もある。近津宮に着くとバケツで焼酎が振り撒かれる。

宝満神社 南種子町茎永。種子島宇宙センターの2km西に鎮座。種子島は日本の水稲農耕文化発祥の地と伝え、今も神田で稲の原種とされる赤米を、肥料を使わずに古式で栽培している。玉依姫命が海宮から五穀の種子を齎して蒔き、食を潤した徳を称え、1807年に池辺の浄地に社殿を創建したという。例祭は12月15日。4月初旬には〈種子島宝満神社のお田植祭〉‡がある。早朝に社人と神職が稲の魂を授かる御田の森に行き、神木の根元に米・塩・大豆・酒と、2束の御稲を供えて神事を行うと、隣のオセマチ（御畦／御畝町）とよぶ神田で太鼓と田植え歌に合わせて赤米の苗を植え、その後、隣の舟田とよぶ三角形の神田で社人夫妻が御田植舞を奉納する。直会はマブリとよばれ、奉仕者全員に赤米でつくった甘酒と握り飯が、石蕗や竹ノ子の煮〆とともに振る舞われる。抜穂祭は9月。

大屯神社 瀬戸内町諸鈍。八月踊り歌の一つ『諸鈍長浜節』にも唄われた美しい加計呂麻島の諸鈍長浜に鎮座する。壇ノ浦の戦いに敗れた平資盛は一族とともに当地へと落ち延び、配下の者に「ここまでは追っ手も来るまいから諸君は鈍になれ（安心せよ）」と言ったという。資盛は諸鈍に城を築いて一帯を治めて没したが、その霊を祀ったのが当社と伝える。現在は資盛（三位中将小松資盛卿）の他に応神天皇と神功皇后を祀っている。旧暦9月9日の例祭に演じられる〈諸鈍芝居〉†は資盛が郷を慰めるために始めたという。芝居とは境内にある椎の小枝（青柴）で囲まれた楽屋のことで、演者一同は海で禊をした後、境内の踊場へナンバンの振りで練り込み、楽屋入をし、紙の仮面カビデイラをつけ、三番叟や兼好節、スコテングゥ（琉球風の棒踊り）などの踊りや寸劇を演じる。

水天神社 伊佐市菱刈下手。羽月川岸に鎮座。もとは川向かいの羽月村金波田にあったが洪水で流されて当地に留まったという。1569年、島津義弘が大口城菱刈氏の陥落報謝として社殿と田地を寄

進して以来、島津藩主代々の崇敬が篤い。下手水天や水天宮と称され、現在は美須波売神を祀っている。相殿に祀る豊受姫大神は畜産の神、馬頭観音と崇められる。例祭は11月28日で、露店百軒が並ぶ伊佐地方最大の祭りとなっている。地元では来訪者に蕎麦を振る舞う風習があり、無礼講蕎麦食いも催されることから、蕎麦祭ともよばれている。三尺棒踊・鎌手踊と3年交替で奉納される〈菱刈町の錫杖踊〉は、修験者姿の踊り手が錫杖と山刀を振り鳴らしながら踊るもので、大口開城を果たした盛良法印が創案したという。後に盛良はその功績から源頼朝建立一国一寺の黒板寺に住したという。

紫尾神社

出水市高尾野町。紫尾山（上宮山）の北麓に鎮座。祭神は日向3代だが、昔は鎮守神権現や湯谷権現と崇められ、高尾野郷の総社であった。西隣の野田郷には栄西が1194年に開創した日本最古禅宗寺院の一つ鎮国山感応寺がある。紫尾山頂に空覚上人が紀州熊野本宮の神を勧請したのが始まりで、後に当地と東麓の紫尾に里宮を分祀したと伝える。東麓の紫尾神社は拝殿下から温泉が湧き、初詣には1万人が訪れる。当社は秋彼岸の豊年秋祭り（奉賽祭）に奉納される〈高尾野町の兵六踊〉が有名で、セイカ食品の『兵六餅』でも知られる大石兵六が狐退治をする話を、薩摩隼人の蛮勇を風刺しながら剽軽かつ豪壮に舞う。また、五穀豊穣に感謝して田の神に餅を搗いて供えるまでを滑稽に演じる「田の神舞」を奉納し、春彼岸の種播神事で立てた豊作祈願を願解きする。

愛宕神社

薩摩川内市東郷町斧渕。三ヶ郷の鶴が岡城跡の中心に建つ。1248年、城を築いた東郷（早川）実重が鎮守として軍神を勧請したと伝える。現在は迦具土神と島津歳久を祀るが、当初は勝軍地蔵を祀ったと思われる。1247年、三浦・千葉両氏討伐の功により薩摩郡の地頭となった渋谷光重は5人の息子を派遣し、次男早川次郎実重を東郷、以下4子を祁答院・鶴田・入来院・高城に配置した。城は樋渡川と田海川に挟まれた南北1kmに築かれ、「蟹の巣」とよばれたほど迷路の多い名城であった。城の南西麓には石造としては日本でわずか1体しか確認されていない紅頗梨色阿弥陀如来像があり、紫尾山修験の痕跡を思わせる。三ヶ郷では郷士（薩摩藩の半農半士の武士）が〈東郷文弥節人形浄瑠璃〉†を伝承してきたが、この文弥人形も日本にはもはや4か所しか残

九州・沖縄地方　311

っていない。

安楽神社(あんらく)

いちき串木野市大里。御井神(みいのかみ)を祀り、10月10日に例祭を営む。鶴ヶ岡八幡神社を宗廟とする大里(丹後局(たんごのつぼね))七社の一つ。1203年、島津初代忠久の母とされる丹後局が大里の鍋ヶ城に居を構え、鎌倉から当地に7社を勧請(かんじょう)したのが始まりと伝える。安楽大明神や安楽権現と称された。1678年、金鐘寺(きんしょうじ)住職の捨範叟が再興。範叟は1684年に地頭の床濤到住(とこなみとうじゅう)と協力して大里水田の用水路建設を完成させ、この開拓を記念して〈市来の七夕踊(いちきのたなばたおどり)〉†が始められたという。この踊は、前踊として鹿・虎・牛・鶴の精霊を示す作り物の巨大な張子(はりこ)や、琉球王・大名・薙刀踊(なぎなたおどり)などの一行が列をなし、本踊としての太鼓や鉦(かね)を持つ太鼓踊が続き、後踊として薙刀踊が続く。大里のさまざまな神々や亡霊に踊を奉納して回り、夜、床濤到住が眠る墓前広場で太鼓踊が奉納され、その年の七夕踊が終わる。

白山神社(はくさん)

鹿児島市中山町(ちゅうざんちょう)。安産守護の神と崇められる。昔は白山権現と称され、今は白山比咩(しらやまひめ)神社と称す。祭神は菊理姫(くくりひめの)尊(みこと)・伊邪那岐尊(いざなぎのみこと)・伊邪那美尊(いざなみのみこと)。1539年に島津貴久(たかひさ)が祭田を寄進し、1555年には家老の川上忠克が再興に尽したと伝える。中村は忠克の自領であった。例祭は11月26日で、昔は10月19日であったという。7月29日の六月灯(ろくがつどう)には〈鹿児島市中山町の虚無僧踊(こむそうおどり)〉が奉納される。昔は9月29日の豊祭(秋祭)に奉納されていたという。棒踊の一種で、地元の二才組(にせぐみ)(若者たち)が尺八・扇子・小太刀・六尺棒・鎌・薙刀を自由に扱って勇壮活発に踊るのが特徴である。幕末に農民が虚無僧(こむそう)に扮した幕府の密使を討ち果たしたのが始まりとも、豊臣氏滅亡に際して有水善右衛門重政(ありみずぜんえもんしげまさ)が農兵を興すために始めたとも伝える。鳥居の下には若者が昔、力自慢を競って持ち上げた力石(ちからいし)が残る。

豊玉姫神社(とよたまひめ)

南九州市知覧町郡(みなみきゅうしゅうしちらんちょうこおり)。知覧特攻平和会館の1km北に鎮座。もとは東の亀甲城の麓に鎮座し、中宮三所大明神と崇められた。現在は豊玉姫命(とよたまひめのみこと)を主祭神とし、妹の玉依姫命(たまよりひめのみこと)、父の豊玉彦命(とよたまひこのみこと)、夫の日子火々出見命(ひこほほでみのみこと)(山幸彦(やまさちひこ))を併祀している。例祭は10月10日。7月9日には六月灯が催され、社前の用水路の水車を動力源にして人形を動かし一場の芝居を演じさせる〈薩摩の水からくり〉‡が、境内の「水からくりやかた」で披露される。糸や発条(ぜんまい)を用いた絡繰(からくり)人形は各地に伝承さ

312

れているが、水力を用いるのはきわめて珍しい。知覧町では旧暦8月15日に〈南薩摩の十五夜行事〉†が各地で営まれる。夕方になると触れ回りが始まり、月の出とともに裸の子どもたちが藁でつくった笠と蓑をつけ、山傘（藁にお）や盛り土飾りの周りでソラヨイ・ソラヨイと歌いながら四股を踏むような仕草で踊る。

揖宿（いぶすき）神社

指宿市東方。天智天皇（天命開別尊（あめみことひらかすわけのみこと））の廟（びょう）として葛城宮を建てたのが始まりという。天皇の妃は瑞照姫（ずいしょうひめ）で、開聞岳（長主山（ながぬしやま））の塩土翁命（しおつちのおきなのみこと）の娘で、開聞九社大明神（枚聞神社（ひらききじんじゃ））別当瑞応院開山智通（ちつう）の養女であった。後に8社を勧請して開聞新宮九社大明神と称したという。境内は楠や那岐（なぎ）の巨木が群生し鬱蒼とした社叢を形成している。社前には椋の巨木があり、田ノ神の神体とされ、昔はその下で御田植祭を行っていた。鹿児島県は巨木に神が宿るとする信仰が深く、それらは森殿（もいどん）や森山（もいやん）とよばれ、荒々しく厳しい神だと言い伝えられている。県下には100を超す森殿があるとされ、なかでも指宿は県下で最も多い約40の森殿がある。東方の上西園（かみにしぞの）の森殿はアコウの巨木で、脇に稲荷殿と山神（いないやまかみ）を配祀する。

巡礼案内 ● 巡ってみたい！ 四国八十八ヶ所霊場⑫

* 四国八十八ヶ所霊場についてはp241を参照してください。
* 『四國徧禮道指南増補大成』（1767）から、巡る順番、霊場名（所在地：本尊）を抽出しました。

讃岐国（続き）
◆79　崇徳天皇／妙成就寺金花山摩尼珠院（河野郡北西庄村：十一面観音立像）◆80　白牛山千手院国分寺（河野郡国分町：千手観音立像）◆81　綾松山洞林院白峯寺（河野郡南青海村：千手観音立像）◆82　青峯山千手院根来寺（香川郡下笠居村：千手観音立像）◆83　一之宮蓮花山大宝院／田村大明神（香川郡一宮村：聖観音立像）

☞ p.319に続く

47 沖縄県

波上宮

寺社信仰の特色

　沖縄県での寺社信仰の歴史は浅く、13世紀後半に中山の英祖王が浦添城の西に禅鑑を開山として補陀洛山極楽寺を創建したのが最初と伝える。1368年には薩摩国坊津一乗院の頼重が熊野三所権現（阿弥陀如来・薬師如来・観音菩薩の各像）を祀り、真言密教の護国寺を開創したという。

　15世紀前半には報恩寺など琉球十刹が整備されたとみられ、15世紀後半には渓隠安潜の天界寺や熙山周雍の安国寺・神応寺、芥隠承琥の円覚寺・崇元寺が開かれるなど、臨済禅が栄えた。

　神社としては、14世紀に護国寺とともに創建された可能性のある波上宮や、1451年に天照大神を勧請して創建されたと伝える長寿宮（浮島神社）が始まりとされている。

　波上宮は琉球八社の筆頭で、琉球王国総鎮守とされる。琉球八社は真言宗の琉球八公寺が別当を務めた神社で、護国寺の波上宮、遍照寺の末吉宮、臨海寺の沖宮、神徳寺の安里八幡宮、神応寺の識名宮、聖現寺の天久宮（以上那覇市）、神宮寺の普天満宮（宜野湾市）、観音寺の金武宮（金武町）の8社であり、安里八幡宮以外はすべて熊野権現を祀った。

　那覇市で英霊18万柱を祀る沖縄県護国神社など、多くの県民の参拝を集める寺社も少なくないが、広く深く県民の信仰を集めているのは、オンやスクなどともよばれている御嶽である。

　御嶽はムイ（森／杜）や山ともよばれ、枇榔（久葉）などが鬱蒼と繁っており、社の原型とも考えられている。世界遺産「琉球王国のグスク及び関連遺産群」にもなっている斎場御嶽（南城市）が最も有名で、琉球創成神アマミキヨがつくったと伝える琉球開闢七御嶽（首里城内の真玉森御嶽や国頭村辺土の安須森御嶽など）の中で最も重視された。

　多良間島では八月御願に各御嶽で〈多良間の豊年祭〉†が盛大に行われ、ユネスコ無形文化遺産「組踊」などが奉納される。

主な寺社信仰

照太寺(しょうたいじ)　伊江村西江前(いえそんにしえまえ)。臨済宗妙心寺派。浮亀山と号する。本尊は聖観音。伊江島の西部、ビジル石のあるニャティヤ洞の北に建つ。1554年、当地に夜ごと大光明があり、その源を捜索したところ1枚の古鏡を得た。これは伊勢天照太神(いせてんしょうたいじん)の垂迹(すいじゃく)であるとして、琉球国王尚清(しょうせい)が権現堂を創建して奉安し、崇敬のため草庵に沙弥(しゃみ)を置き、天照太神を祀ることから照太寺と号したという。権現堂の背後にある鍾乳洞(しょうにゅうどう)はニィヤティヤ洞につながっていると伝える。西江前にも伝承されている〈伊江島の村踊(むらおどり)〉†は、青年による二才踊に足首を曲げる独特の所作があり、紋付の黒の綿衣(わたじん)を着るなど、県内他地域にはない特色をもつ。琉球王朝時代、島民の少なからぬ人々が領主に随行して薩摩や江戸に出ており、そのため、大和言葉(やまとことば)の歌や『仮名手本忠臣蔵(かなでほんちゅうしんぐら)』が組み込まれたと考えられている。

スク森スク嶽(むいたき)　大宜味村田港(おおぎみそんただみなと)。田港御嶽(たみなとうたき)や底嶽ともよばれる。集落の東側の山中にあるグスクで、日頃は麓の苗代にあるイビ庭(なー)(御宮(おみや))から遥拝するという。1713年の『琉球国由来記』にある田湊村の「底森」のことであろう。神名はイベナヌシとある。拝所には石鳥居が建ち、祠内に多くの香炉が置かれている。背後に生い茂る鬱蒼とした常緑広葉樹林には柞木(ゆすぎ)や赤木(あかぎ)など85科242種の古い植物が確認されており、国指定天然記念物「田港御願の植物群落」となっている。田港では旧盆明けの最初の亥日を中心に〈塩屋湾(しおやわん)のウンガミ〉†(海神祭)を実施しており、1年交代で御願廻りと踊廻りを行っている。祝女(のろ)による神迎えに始まり、ウフェ屋での拝み、男衆による勇壮なハーリー(はーりーぶに)(爬竜船による競争)、女衆による素朴な踊りなどさまざまな神事・芸能が奉納される。

安田の神アサギ(あだのかみ)　国頭村安田(くにがみそんあだ)。集落の中心に建ち、周囲にはニードーマー(根所)や火の神の祠(旧家の跡地)がある。茅葺き屋根(かやぶきやね)で軒(のき)が低く、柱が12本あり、壁と床がない、穴屋形式の祭屋である。村で茅葺き屋根の神アサギが残るのは安田のみである。線香を置く石や線香を立てる方向は、北にあるササのウガンバラを向き、内部の大きな容器には神酒(みち)を入れる。柱の数は神女の人数に対応している。昔は安波のノロが祭祀を管轄した。神アサギは沖縄北部から奄美(あまみ)南部に分布し、それをもつ村は17世紀以前(古琉球時代)に成立した古村と考えられる。

隔年の旧暦7月初亥日(はついのひ)には〈安田のシヌグ〉†が当所を中心に営まれる。安田では豊年祭のシヌグと海神祭のウンジャミが隔年交互で行われている。

泡瀬(あわせ)ビジュル
沖縄市泡瀬。泡瀬神社や美津呂(びじゅる)神社ともよばれる。泡瀬の最初の住人である高江洲義正が漁に出た際、海に浮かぶ2体の粟石(あわいし)を発見して祀ったのが始まりと伝え、航海安全や無病息災、子宝・子授けの信仰を集めている。ビジュルは賓頭盧(びんずる)の転で、人の形をした霊石を指すという。隣接して前之御嶽(めーぬうたき)・東之御嶽(あがりぬうたき)・火之神(ひぬかん)・産井川(うぶがー)などがあり、裏手の臨済宗妙心寺派天徳山龍福寺(てんとくさんりゅうふくじ)は英祖王(えいそおう)が創建した沖縄最初の仏教寺院である補陀落山極楽寺(ふだらくさんごくらくじ)の後身であるという。例祭は旧暦9月9日(くんぐあちぐにち)と旧暦5月5日で美津呂詣(びじゅぬめー)が行われる。〈泡瀬の京太郎(ちょんだらー)〉‡は1906年に村で当社を改築し、共同井戸の川之毛を改修し、葬式に使う輿(こー)を新造した祝賀として青年らが披露したのが始まりという。腰に馬の頭を付けた馬舞者(うまめーさー)や陣笠を被った踊り手らが太鼓や歌三線(うたさんしん)に合わせて御知行(うちじょう)などを演じる。

仲間之寺(なかまんてぃら)
浦添市仲間。琉球国中山(ちゅうざん)の王宮であった国史跡「浦添城跡(うらそえじょうあと)」の西、仲間集落の中心に建つ。旧王墓の浦添ようどれ(極楽)のほぼ真西に位置する。一帯は御願小山(うがんぐゎーやま)とよばれ、久葉下之御嶽(くばしーぬ)もあり、昔は大木が鬱蒼と茂っていた。仲間集落発祥の地で、裸世(はだかゆー)の時代には久葉(くば)の下で出産し、石で積み封じた神墓があったと伝える。寺は『琉球国由来記』に記されている「長堂之嶽」に該当すると考えられ、横穴の洞窟で、村の神霊が鎮座する場所といわれる。沖縄戦の後、穴は埋め立てられ、再建された祠の中から穴に入るように改造された。旧暦1月2日の初拝(はちうが)み、旧暦5月15日と旧暦6月15日の稲二祭(うまちー)、旧暦12月24日の御願解(うがんぶとぅち)きに村拝みがある。浦添では旧暦8月15日の十五夜祭に、仲間・仲西・勢理客(なかにし・じっちゃく)で獅子舞が披露されるが、なかでも〈勢理客の獅子舞〉‡は芸術性が高いので知られている。

八幡神徳寺(はちまんじんとくじ)
那覇市安里(なはあさと)。真言宗。琉球八公寺の一つ。高明山と号する。本尊は不動明王。昔は中城村(なかぐすくそん)の糸蒲寺(いとかまでら)(田芋発祥の地)にあった不動尊像が本尊であったが、1685年に頼久和尚が日護摩のため波上宮の護国寺に遷した。その像は糸蒲寺が焼失した際、首里城の漏刻門(ろうこくもん)へ飛来し、円覚寺の法堂(はっとう)に安置されたのを、頼聖が王府に奏上して本尊に迎えたと伝える。頼聖住持は普天間宮の神宮寺や識名宮の神応寺の

住職でもあった。1701年、慧朗阿闍梨が住して新たな像を祀っている。沖縄戦で寺は焼失、住職の仲尾次盛孝も戦死した。隣には当寺が別当を務めた安里八幡宮があり、旧暦9月の例大祭には菊酒の振る舞い、〈那覇安里のフェーヌシマ〉‡や沖縄空手の奉納がある。フェーヌシマは南之島の棒踊と大和の念仏踊が融合したもので、赤毛を被り、腰簑を着け、4尺棒を手に踊る。

フボー御嶽

南城市知念久高。沖縄本島の東に位置する久高島にあり、島内で最も神聖な場所となっている。琉球開闢七御嶽の一つ。大拝や「久高コハウ森」とも称され、聖なる木である久葉（枇榔）が生い茂っている。久高島は琉球の祖神アマミキヨが天から初めて降臨した「神の島」とされ、琉球王国時代の王権祭祀の祭場であり、古い民俗をよく伝承している。火祭、浜シーグ、妖怪日、ヒータチなど多くの祭が当所で営まれており、ティリリサカ（王城への遥拝所）とワカリカサ（首里への遥拝所）を併設している。近くには葬り場であるウティキンもある。島では「男は海人、女は神人」といわれ、男は漁師となって〈久高島の漁撈習俗〉‡を伝承し、女は午年のイザイホー（神女就任式）を経てヤジク（神女）に入るが、永良部海蛇の手摑み漁は女性も行っている。

漲水御嶽

宮古島市平良西里。天帝が天岩戸の柱の端を折って下界の大海原に投げ、初めて下界につくった陸地が宮古島で、人の世を建てさせるために下した古意角と姑依玉の2神が降臨した場所であると伝える。司家ともよばれ、宮古島の信仰の中心であり、1611年には薩摩藩が宮古神社（宮古熊野三所大権現）と臨済宗妙心寺派龍宝山祥雲寺を東隣に造営している。日頃から参拝の絶えない聖地であり、旧暦2月にはダミ、旧暦3月には竜宮マンツ、旧暦6月にはユーダミ、旧暦9月には世乞、旧暦12月には年の晩の祈願が行われている。7月の宮古島夏まつりでは女性たちが〈宮古のクイチャー〉‡（声合わせ）を踊り、五穀豊穣と無病息災を祈願している。なお、宮古神社では現在、島の豊見親（首長）であった、与那覇勢頭（恵源）・目黒盛定政・仲宗根玄雅の3人も併せて祀っている。

大御嶽

宮古島市上野野原。野原岳の麓、大嶽城址公園内の東端に鎮座し、東御嶽や平屋久御嶽とも称する。ピギタリ世主を祀る。大嶽城は大嶽按司の居城であったが、14世紀中頃に与那覇原の軍に滅ぼ

された。按司の次男は城の東門（中御嶽）を、三男は西門（西御嶽）を守って戦死したが、長男のピギタリは戦乱を厭って平屋久峰に隠れ住んだ。戦後、ピギタリはウパアラス原を開拓し、野原の礎を築いた。旧暦8月15日には当地で司が祈願をした後に〈野原のマストリヤー〉‡が行われ、かつて納税穀物を計量した枡取屋での直会や、祭場での棒踊・抱踊・投踊・巻踊などが繰り広げられる。また、旧暦12月末丑日には当地から、平良島尻のプナカとともに〈宮古島のパーントゥ〉†として知られる、里祓の行列が発進し、西端のムスルンミまで辻々で厄払いをしながら練り歩く。

嘉保根御嶽 竹富町小浜。小浜島の中心に鎮座。琉球王朝時代、貢納のため首里へ渡る兄の航海安全を祈願した妹が、願解きに竜宮の神を祀ったと伝える。聖なる密林の手前には赤瓦屋根の立派な拝殿がある。神庭の入口には純白の鳥居が建ち、その脇にはカンドゥラ（雷）石が2つ置かれている。昔、雷鳴とともに空から落ちてきて大雨を降らせたと伝える霊石で、力石ともよばれている。村では日照りが続くとこの石を担いだり投げたり、大岳から転がして雨乞いをする。神庭で旧暦8月に行われる結願祭は、旧暦6月にアカマターとクロマターが現れる秘儀のプイ（豊年祭）と並び、島最大の祭となっている。そこで披露される初番狂言・芋引踊・ダートゥーダーなどは島独特の演目で、無蔵念仏・精霊踊・歌謡などとともに〈小浜島の盆、結願祭、種子取祭の芸能〉†と称されている。

喜宝院 竹富町竹富。竹富島の中心である世持御嶽の西に建つ。日本最南端の寺として知られている。1957年、浄土真宗本願寺派の竹富詰所長であった上勢頭亨（1910～84）が開創した。上勢頭は少年時代から島の民芸品や日常品を集めており、1960年には蒐集館を建てて公開を始めた。私設の民俗博物館ではあるが、展示物は4,000点にのぼり、月桃でつくった草履など842点は〈竹富島の生活用具〉‡に登録されている。上勢頭は僧侶でありながら民俗学者でもあり、島の文化や自然を守る指導者でもあった。島最大の祭は〈竹富島の種子取〉†で、11月に世持御嶽の前で十人や馬フシャー、実直女、種蒔、サングルロなど各種芸能が演じられる。初日には世乞と称し、踊子が各戸を訪ね踊る巻踊がある。世持御嶽の裏には石垣島に狼煙で異常を伝えた火番盛の小城盛が残っている。

大竹御嶽(おおたきうがん)

竹富町祖納。昔、祖納の中心であった上村にあり、祖納の神行事のすべてが当所を中心に催される。一帯は久葉が群生するが、1本だけタブの老木がそそり立ち、神木とされている。祖納を開いた大竹祖納堂儀佐を祀り、大嵩根所とも称される。儀佐は15世紀頃に中国大陸から鉄を輸入して鍛冶を始め、農業を盛んにした按司で、与那国島も治めたと伝える。祖納は西表島の政治的中心であり、16世紀頃に活躍して西表の開祖とされる慶来慶田城用緒は同じ上村の慶田城御嶽に祀られている。祖納では隣の星立(干立)とともに〈西表島の節祭〉†が伝承されている。毎年旧暦9月頃の己亥日から3日間行われ、五穀豊穣を願う前泊穀御嶽の前の砂浜を舞台に世乞の舟漕や弥勒舞、節アンガマが披露される。

 巡礼案内 ● 巡ってみたい！ 四国八十八ヶ所霊場⓭

＊四国八十八ヶ所霊場についてはp241を参照してください。
＊『四國徧禮道指南増補大成』(1767)から、巡る順番、霊場名(所在地〈括弧内は推定〉:本尊)を抽出しました。

讃岐国(続き)
◆84 南面山千光院屋嶋寺(山田郡潟本村:千手千眼大悲坐像) ◆85 五剣山千手院八栗寺(寒川郡牟礼村 正観音坐像) ◆86 補陀洛山清浄光院志度寺(寒川郡志度村:十一面観音立像) ◆87 補陀洛山観音院長尾寺(寒川郡〈長尾村〉:正観音立像) ◆88 醫王山遍照院大窪寺(寒川郡〈奥山村〉:薬師坐像)

付録1　寺院の礼拝で唱えるお経

＊巡礼の寺・満願寺（千葉県銚子市）平幡良雄住職ならびに日本山岳修験学会会員諸氏の御教示による。おまいりの方法については、p43・49・61・67・73のコラムを参照。

◆懺悔文（1遍）
我昔所造諸悪業　皆由無始貪瞋痴　従身語意之所生　一切我今皆懺悔

◆三帰（3遍）
弟子某甲　尽未来際　帰依仏　帰依法　帰依僧

◆三竟（3遍）
弟子某甲　尽未来際　帰依仏竟　帰依法竟　帰依僧竟

◆十善戒（3遍）
弟子某甲　尽未来際　不殺生　不偸盗　不邪淫　不妄語　不綺語　不悪口　不両舌　不慳貪　不瞋恚　不邪見

◆発菩提心真言（3遍）
おん　ぼうぢしった　ぼだはだやみ

◆三昧耶戒真言（3遍）
おん　さんまや　さとばん

◆開経偈（1遍）
無上甚深微妙法　百千万劫難遭遇　我今見聞得受持　願解如来真実義

◆般若心経（1巻）
仏説摩訶般若波羅蜜多心経　観自在菩薩　行深般若波羅蜜多時　照見五蘊皆空　度一切苦厄　舎利子　色不異空　空不異色　色即是空　空即是色　受想行識　亦復如是　舎利子　是諸法空相　不生不滅　不垢不浄　不増不減　是故空中　無色　無受想行識　無眼耳鼻舌身意　無色声香味触法　無眼界　乃至無意識界　無無明　亦無無明尽　乃至無老死　亦無老死尽　無苦集滅道　無智亦無得　以無

所得故　菩提薩埵　依般若波羅蜜多故　心無罣礙　無罣礙故　無有恐怖　遠離一切顛倒夢想　究竟涅槃　三世諸仏　依般若波羅蜜多故　得阿耨多羅三藐三菩提　故知般若波羅蜜多　是大神咒　是大明咒　是無上咒　是無等等咒　能除一切苦　真実不虚　故説般若波羅蜜多咒　即説咒曰　羯諦　羯諦　波羅羯諦　波羅僧羯諦　菩提娑婆訶　般若心経

◆観音経偈文（1唱）

観世音菩薩普門品第二十五偈　世尊妙相具　我今重問彼　仏子何因縁
名為観世音　具足妙相尊　偈答無盡意　汝聴観音行　善応諸方所　弘誓深如海
歴劫不思議　侍多千億仏　発大清浄願　我為汝略説　聞名及見身　心念不空過
能滅諸有苦　仮使興害意　推落大火坑　念彼観音力　火坑変成池　或漂流巨海
龍魚諸鬼難　波浪不能没　或在須弥峯　為人所推堕　念彼観音力
如日虚空住　或被悪人逐　堕落金剛山　念彼観音力　不能損一毛　或値怨賊繞
各執刀加害　念彼観音力　咸即起慈心　或遭王難苦　臨刑欲寿終　念彼観音力
刀尋段段壊　或囚禁枷鎖　手足被杻械　念彼観音力　釈然得解脱　咒詛諸毒薬
所欲害身者　念彼観音力　還著於本人　或遇悪羅刹　毒龍諸鬼等　念彼観音力
時悉不敢害　若悪獣圍繞　利牙爪可怖　念彼観音力　疾走無辺方　蚖蛇及蝮蠍
気毒煙火然　念彼観音力　尋声自回去　雲雷鼓掣電　降雹澍大雨　念彼観音力
応時得消散　衆生被困厄　無量苦逼身　観音妙智力　能救世間苦　具足神通力
広修智方便　十方諸国土　無刹不現身　種種諸悪趣　地獄鬼畜生　生老病死苦
以漸悉令滅　真観清浄観　広大智慧観　悲観及慈観　常願常瞻仰　無垢清浄光
慧日破諸闇　能伏災風火　普明照世間　悲體戒雷震　慈意妙大雲　澍甘露法雨
滅除煩悩焔　諍訟経官処　怖畏軍陣中　念彼観音力　衆怨悉退散　妙音観世音
梵音海潮音　勝彼世間音　是故須常念　念念勿生疑　観世音浄聖　於苦悩死厄
能為作依怙　具一切功徳　慈眼視衆生　福聚海無量　是故応頂礼　爾時
持地菩薩　即従座起　前白仏言　世尊　若有衆生　聞是観世音菩薩品　自在之業
普門示現　神通力者　當知是人　功徳不少　仏説是普門品時　衆中八万四千衆生
皆発無等等　阿耨多羅三藐三菩提心

◆回向文／法華成仏偈（1遍）

・音読の場合：願以此功徳　普及於一切　我等与衆生　皆共成仏道
・訓読の場合：願くは　この功徳を以て　あまねく一切に及ぼし　われらと衆生と　皆ともに仏道を成ぜんことを

付録2　神社の礼拝で唱える祝詞

＊九州石鎚大権現社（福岡県北九州市小倉北区）須堯宣行宮司の御教示による。
　おまいりの方法については、p43・49・61・67・73のコラムを参照。

◆大祓詞／中臣祓の事

高天原に神留坐す。皇が親神漏岐神漏美命以ちて八百萬の神等を。神集へに集賜ひ。神議りに議賜ひて。我が皇御孫命は。豊葦原水穂國を安國と平けく知食せと事依奉りき。此く依奉りし。國中に。荒振神等をば神問はしに問賜ひ。神掃ひに掃賜ひて。語問ひし磐根。樹根。立草の片葉をも語止めて。天の磐座放ち天の八重雲を伊頭の千別きに千別きて。天降し依奉りき。此く依奉りし。四方の國中と。大倭日高見國を安國と定奉りて。下つ磐根に宮柱太敷立て。高天原に千木高知りて皇御孫命の瑞の御殿仕奉りて天の御蔭日の御蔭と隠坐して安國と平けく知食さむ國中に成出でむ。天の益人等が過犯しけむ。種種の罪事は天津つ罪國つ罪許許太久の罪出でむ此く出でば。天つ宮事以ちて天つ金木を本打ち切り末切斷ちて。千座に置座に置足はして天つ菅麻を本刈斷ち末刈切りて八針に取辟きて天つ祝詞の太祝詞事を宣れ。此く宣らば。天つ神は。天の磐門を押披きて天の八重雲を。伊頭の千別きに。千別きて聞食さむ。國つ神は。高山の末短山の末に上坐して。高山の伊褒理短山に伊褒理を掻分けて。聞食さむ。此く聞食しては。罪と云ふ罪は在らじと科戸の風の天の八重雲を吹放つ事の如く。朝の御霧。夕の御霧を。朝風夕風の吹拂ふ事の如く大津邊に居る大船を。舳解放ち。艫解放ちて。大海原に押放つ事の如く彼方の繁木が本を。焼鎌の敏鎌以ちて打掃ふ事の如く遺る罪は在らじと。祓給ひ清給ふ事を。高山の末。短山の末より。佐久那太理に落多岐つ。速川の瀬に座す。瀬織津比賣と云ふ神。大海原に持出でなむ。此く持出往なば荒潮の潮の八百道の八潮道の潮の八百會に坐す。速開都比賣と云ふ神。持加加呑みてむ。此く加加呑みては氣吹戸に坐す氣吹戸主と云ふ神。根國底國に氣吹放ちてむ。此く氣吹放ちては根國底國に坐す。速佐須良比賣と云ふ神。持佐須良ひ失ひてむ。此く佐須良ひ失ひては。今日より始めて罪と云ふ罪は在らじと。祓給ひ清給へと申す事の由を八百萬神等共に聞食せと恐み恐み白す。

●参考図書●

　本書において最も参考にしたのは、文化庁 HP『国指定文化財等データベース』と各寺社の HP である。記して感謝したい。寺社信仰を調査・研究する際、最も参考になるのは、上記に加えて、各寺社が発行してきた書籍や由緒書である。それらの文献は、各寺社が頒布しているほか、それぞれの寺社が立地する都道府県市区町村立の図書館・博物館・資料館などにも所蔵されていることが多い。また、それらの公共施設へ行けば、郷土関係の書棚や郷土資料室に、地元の寺社について詳しく書かれた文献が豊富に所蔵されている。なかでもわかりやすくまとめてあるのは、各地方自治体が発行した市区町村史誌・都道府県史誌の類である。

　郷土の古文書や史料を翻刻した史料叢書や、各都道府県史誌の資料編の類、東京都千代田区の国立公文書館をはじめ、各都道府県の文書館・史料館・歴史館などに所蔵されている史料・古文書も参考されたい。

◆より手軽に調べるための本（発行年順）

『望月仏教大辞典』増訂版（全 10 巻）世界聖典刊行協会、1954～63 年

『山岳宗教史研究叢書』（全 18 巻）名著出版、1975～84 年

『全国寺院名鑑』改訂版（全 4 巻）全日本仏教会寺院名鑑刊行会、1976 年

『全国神社名鑑』（全 2 巻）全国神社名鑑刊行会、1977 年

『角川日本地名大辞典』（全 49 巻）角川書店、1978～90 年

『国史大辞典』（全 15 巻）吉川弘文館、1979～97 年

『日本の聖域』（全 11 巻）佼成出版社、1981～82 年

『民衆宗教史叢書』（全 32 巻）雄山閣出版、1982～2007 年

小野泰博他編『日本宗教事典』弘文堂、1985 年

宮家準編『修験道辞典』東京堂出版、1986 年

神社本庁教学研究所研究室編『平成「祭」データ』CD-ROM、全国神社祭祀祭礼総合調査本庁委員会、1995 年

『日本「霊地・巡礼」総覧』新人物往来社、1996 年

『神仏信仰事典シリーズ』（全 10 巻）戎光祥出版、1998～2006 年

福田アジオ他編『日本民俗大辞典』（全 2 巻）吉川弘文館、1999～2000 年

岡田荘司・加瀬直弥編『現代・神社の信仰分布』文部科学省 21 世紀 COE プログラム國學院大學「神道と日本文化の国学的研究発信の拠点形成」、2007 年

◆特に「言い伝え」や「御告げ」に依拠することの多い寺社信仰について、より確実なことを調べるための本

仏書刊行会編『大日本佛教全書』（全 100 巻）大法輪閣、1970～73 年

塙保己一編『群書類従』（全 30 巻）、『続群書類従』（全 86 巻）、『続々群書類従』（全 17 巻）、1975～2002 年

神道大系編纂会『神道大系』（全 120 巻）、『続神道大系』（全 50 巻）、1977～2007 年（1995 年以降は神道古典研究所編）

村上専精他『新編明治維新神仏分離史料』（全 10 巻）名著出版、1983～84 年

寺社名索引

あ行

青井阿蘇神社(熊本県) 295
赤崎神社(山口県) 246
阿寒岳神社(北海道) 40
安久津八幡神社(山形県) 72
安久美神戸神明社(愛知県) 175
浅内神社(秋田県) 63
旭川神社(北海道) 39
朝日森天満宮(栃木県) 90
味真野神社(福井県) 142
四阿屋神社(佐賀県) 280
愛宕神社(茨城県) 84
　　　　(栃木県) 88
　　　　(鹿児島県) 311
安田の神アサギ(沖縄県) 315
熱田神宮(愛知県) 172
阿刀明神社(広島県) 239
穴文殊(京都府) 189
安乗神社(三重県) 180
油日神社(滋賀県) 186
阿弥陀寺(山口県) 244
天神垣神社(鳥取県) 222
雨宮坐日吉神社(長野県) 154
荒川神社(新潟県) 124
荒御霊神社(兵庫県) 201
泡瀬ビジュル(沖縄県) 316
安養寺(群馬県) 95
　　　(千葉県) 105
安楽寺(宮崎県) 306
安楽神社(鹿児島県) 312

飯玉神社(群馬県) 96
医王山神社(石川県) 137
生子神社(栃木県) 89

井草八幡宮(東京都) 112
生根神社(大阪府) 196
池川神社(高知県) 269
五十鈴神社(宮城県) 59
五十猛神社(島根県) 226
伊曽乃神社(愛媛県) 261
射楯兵主神社(兵庫県) 203
市杵島神社(奈良県) 208
櫟原神社(富山県) 129
厳島神社(北海道) 39, 42
一松院(広島県) 237
伊豆神社(長野県) 156
伊都多神社(高知県) 267
出雲祝神社(埼玉県) 100
糸崎寺(福井県) 141
井永八幡神社(広島県) 238
猪名部神社(三重県) 177
稲荷神社(福島県) 75
　　　　(茨城県) 82
飯開神社(滋賀県) 183
揖宿神社(鹿児島県) 313
今宮神社(栃木県) 88
磐井八幡神社(佐賀県) 282
岩倉神社(和歌山県) 214
岩根神社(石川県) 138

外良寺(山梨県) 147
上杉神社(山形県) 72
鵜甘神社(福井県) 142
宇佐八幡神社(徳島県) 249
牛窓神社(岡山県) 232
雨錫寺(和歌山県) 214
善知鳥神社(青森県) 47
鵜鳥神社(岩手県) 51
兎橋神社(石川県) 138
大御嶽(沖縄県) 317
宇波西神社(福井県) 144

恵蘇八幡宮(福岡県) 274
江尾神社(鳥取県) 222
恵比寿神社(静岡県) 165
　　　　(高知県) 267
円覚寺(青森県) 49
円光寺(大阪府) 199

老杉神社(滋賀県) 187
王子神社(和歌山県) 213
大井八幡宮(静岡県) 167
大浦神社(岡山県) 234
大江天満神社(福岡県) 275
大江八幡宮(静岡県) 166
大潟神社(和歌山県) 216
大國魂神社(東京都) 113
大阪天満宮(大阪府) 196
大崎八幡宮(宮城県) 59
大避神社(兵庫県) 202
大塩八幡宮(福井県) 143
大須賀神社(広島県) 239
大杉神社(茨城県) 83
大屯神社(鹿児島県) 310
大地主神社(石川県) 136
大土地荒神社(島根県) 225
大原神社(京都府) 190
大日霊貴神社(秋田県) 63
大御神社(大分県) 300
大宮神社(岩手県) 51
　　　　(京都府) 189
　　　　(熊本県) 291
大元神社(島根県) 227
大元八幡神社(岡山県) 233
大山神社(島根県) 228
大和佐美命神社(鳥取県) 220
岡神社(滋賀県) 184
荻神社(大分県) 300
隠津島神社(福島県) 76

奥澤神社(東京都)	113	(愛媛県)	262	(佐賀県)	280
奥谷神社(鳥取県)	220	烏山八雲神社(栃木県)	87	(長崎県)	288
小国両神社(熊本県)	292	唐津神社(佐賀県)	279	熊野速玉大社(和歌山県)	217
納内神社(北海道)	40	川倉地蔵堂(青森県)	47	倉嶋神社(岡山県)	235
小田子不動堂(青森県)	45	川越氷川神社(埼玉県)	100	倉吉八幡宮(鳥取県)	221
乙父神社(群馬県)	95	神麻続機殿神社(三重県)	178	車大歳神社(兵庫県)	204
御頭神社(宮崎県)	304	願正寺(富山県)	131	黒滝神社(愛媛県)	261
小野照崎神社(東京都)	112	観音寺(大阪府)	195	黒沼神社(福島県)	76
小迫神社(宮城県)	57	関白山神社(栃木県)	89	黒姫神社(新潟県)	124
大竹御嶽(沖縄県)	319				
大矢田神社(岐阜県)	160	菊田神社(千葉県)	106	慶厳寺(長崎県)	288
御嶽神社(大分県)	300	菊池神社(熊本県)	291	鶏足寺(栃木県)	90
御田八幡宮(高知県)	267	義経寺(青森県)	46	景徳院(山梨県)	149
恩智神社(大阪府)	197	北口本宮冨士浅間神社(山梨県)	150	気多大社(石川県)	136
		北野神社(東京都)	112	気多若宮神社(岐阜県)	159
か 行		北野天神宮(静岡県)	167	健軍神社(熊本県)	292
海神社(長崎県)	285	北向観音(長野県)	155	向岸寺(山口県)	246
海南神社(神奈川県)	118	杵築神社(奈良県)	208	興願寺(香川県)	256
海保神社(千葉県)	107	吉祥庵(和歌山県)	216	広済寺(千葉県)	106
開龍寺(岡山県)	234	吉祥草寺(奈良県)	209	甲佐岳観音(熊本県)	293
釣上神明社(埼玉県)	101	来宮神社(静岡県)	169	光照寺(神奈川県)	118
楽庭八幡社(大分県)	298	吉備津彦神社(岡山県)	233	興聖寺(滋賀県)	183
鹿島神宮(茨城県)	82	貴船神社(神奈川県)	121	高昌寺(愛媛県)	263
(千葉県)	108	喜宝院(沖縄県)	318	光禅寺(富山県)	131
鹿嶋神社(宮城県)	58	玉林寺(山形県)	72	黄帝社(山口県)	245
春日神社(山形県)	70	霧島東神社(宮崎県)	305	光徳寺(栃木県)	87
(東京都)	114	金鶏寺(山梨県)	148	鴻八幡宮(岡山県)	233
(三重県)	177	金峯神社(鳥取県)	219	広恵寺(神奈川県)	117
(福岡県)	274	金峰神社(秋田県)	66	光福寺(京都府)	192
月山神社(青森県)	46	金龍寺(北海道)	41	越路神社(鳥取県)	219
(岩手県)	53			五王神社(徳島県)	251
金丸八幡神社(徳島県)	250	久井稲荷神社(広島県)	239	黒石寺(岩手県)	53
金谷子神社(島根県)	225	玖嶋稲荷神社(長崎県)	287	国分寺(徳島県)	250
嘉保根御嶽(沖縄県)	318	久渡寺(青森県)	48	極楽寺(三重県)	179
神前神社(愛知県)	172	久麻加夫都阿良加志比古神社(石川県)	136	護国八幡宮(富山県)	132
神峰神社(茨城県)	81			古座神社(和歌山県)	216
神原八幡宮(佐賀県)	279	杭全神社(大阪府)	197	五所駒滝神社(茨城県)	84
亀岡神社(長崎県)	286	熊野神社(青森県)	43	小菅神社(長野県)	153
亀岡八幡神社(兵庫県)	205	(岩手県)	52	御殿山神社(大阪府)	197
賀茂神社(福井県)	143	(山形県)	69	金刀比羅神社(新潟県)	123
加茂神社(兵庫県)	144	(福島県)	75	駒ヶ岳神社(長野県)	156
(島根県)	226	(富山県)	130	薦田神社(愛媛県)	261
(香川県)	257	(山梨県)	149	古要神社(大分県)	297

寺社名索引

御霊神社(神奈川県)	118	松原寺(栃木県)	87	須須神社(石川県)	135
金剛定寺(滋賀県)	185	昌元寺(佐賀県)	281	住吉神社(兵庫県)	204
金蔵院(新潟県)	126	浄業庵(埼玉県)	99	諏訪神社(秋田県)	65
金倉寺(香川県)	258	照江寺(静岡県)	168	(茨城県)	84
		浄谷寺(大阪府)	198	(神奈川県)	119
さ　行		浄善寺(山梨県)	149	(富山県)	129
		照太寺(沖縄県)	315	(山梨県)	151
西光寺(千葉県)	106	定福寺(高知県)	268	(長崎県)	288
最勝院(青森県)	48	聖母宮(長崎県)	285	(熊本県)	294
賽神社(神奈川県)	120	松葉寺(山形県)	69	(宮崎県)	305
西大寺(岡山県)	232	青龍寺(山形県)	69		
佐井寺(大阪府)	195	照林坊(広島県)	238	石龕寺(兵庫県)	202
西方寺(長野県)	155	白髪神社(高知県)	268	堰神社(神奈川県)	119
幸稲荷神社(秋田県)	63	白浜神社(長崎県)	287	関野神社(富山県)	130
坂州八幡神社(徳島県)	252	白鬚神社(埼玉県)	101	千光寺(徳島県)	249
桜井神社(大阪府)	198	(岐阜県)	162	善光寺(北海道)	41
桜神明社(秋田県)	65	(佐賀県)	281	泉明寺(宮城県)	60
佐敷諏訪神社(熊本県)	294	白鬚田原神社(大分県)	297		
狭野神社(宮崎県)	305	白山媛神社(新潟県)	124	総持寺祖院(石川県)	135
猿賀神社(青森県)	47	白瀧神社(群馬県)	96	素鵞熊野神社(茨城県)	82
沢登六角堂(山梨県)	147	白鳥神社(香川県)	255	曽我氏神社(徳島県)	251
三ヶ所神社(宮崎県)	303	銀鏡神社(宮崎県)	304	素玄寺(岐阜県)	159
三宮神社(香川県)	256	真厳寺(三重県)	180		
山王様(千葉県)	108	新宮神社(山口県)	243	**た　行**	
三宝荒神宮(香川県)	258	真成寺(石川県)	137		
		信善光寺(北海道)	39	大慈寺(宮城県)	58
椎葉厳島神社(宮崎県)	303	真禅寺(新潟県)	127	大乗院(東京都)	111
志賀海神社(福岡県)	273	神明宮(群馬県)	95	大善寺(山梨県)	148
志賀神社(佐賀県)	281	(富山県)	132	大仙神社(広島県)	238
白鹿権現(大分県)	299	神明社(秋田県)	65	大日堂(栃木県)	90
持専寺(富山県)	130	(神奈川県)	120	大仏寺(富山県)	131
四天王寺(大阪府)	196	神明神社(福井県)	142	大宝寺(愛媛県)	263
志度寺(香川県)	255	(岐阜県)	160	當麻寺(奈良県)	209
小竹八幡神社(和歌山県)	215	(岐阜県)	161	高倉神社(京都府)	190
紫尾神社(鹿児島県)	311			高台院(埼玉県)	99
島山神社(福井県)	144	水天宮(福岡県)	274	高向大社(三重県)	179
下多賀神社(静岡県)	168	水天神社(鹿児島県)	310	多川稲荷神社(宮城県)	57
秀源寺(埼玉県)	102	須賀神社(千葉県)	105	滝宮天満宮(香川県)	257
十二山神社(新潟県)	125	(高知県)	270	瀧姫神社(愛媛県)	263
十八夜観音堂(山形県)	71	菅原神社(石川県)	135	多久頭魂神社(長崎県)	285
重楽寺(徳島県)	251	(三重県)	179	焼火神社(島根県)	229
生安寺(長野県)	155	(鹿児島県)	309	竹崎観音(佐賀県)	282
祥雲寺(長野県)	153	スク森スク嶽(沖縄県)	315	武水別神社(長野県)	154
城王寺(徳島県)	249	菅生石部神社(石川県)	138	多治神社(京都府)	191

龍尾神社(静岡県)	166	徳正寺(愛媛県)	262	白山神社(新潟県)	126
田出宇賀神社(福島県)	78	鳥羽神明社(愛知県)	174	(岐阜県)	159
田ノ上八幡神社(宮崎県)	307	飛幡八幡宮(福岡県)	273	(奈良県)	207
玉置神社(奈良県)	211	豊玉姫神社(鹿児島県)	312	(鹿児島県)	312
玉前神社(千葉県)	107	鳥出神社(三重県)	177	白山多賀神社(福岡県)	276
玉敷神社(埼玉県)	101			羽田神社(宮城県)	58
玉垂宮(福岡県)	275	**な 行**		八幡宮(新潟県)	125
				(新潟県)	125
親都神社(群馬県)	93	長滝白山神社(岐阜県)	160	(島根県)	227
地蔵院(福井県)	141	中野神社(滋賀県)	185	八幡古表神社(福岡県)	276
地蔵寺(三重県)	181	仲間之寺(沖縄県)	316	八幡神社(岩手県)	51
秩父神社(埼玉県)	99	那珂湊天満宮(茨城県)	81	(岐阜県)	163
茶宋明神社(京都府)	192	中村神社(福島県)	75	(兵庫県)	201
長栄寺(東京都)	114	仲山神社(三重県)	178	(岡山県)	231
長者山新羅神社(青森県)	46	那谷寺(石川県)	139	(徳島県)	252
長松寺(神奈川県)	119	奈良豆比古神社(奈良県)	207	(愛媛県)	265
長母寺(愛知県)	171	南宮大社(岐阜県)	162	(佐賀県)	280
知立神社(愛知県)	173	南原寺(山口県)	245	(鹿児島県)	309
鎮守神(福島県)	79			八幡神徳寺(沖縄県)	316
築地本願寺(東京都)	111	新山神社(岩手県)	54	八葉寺(福島県)	78
津島神社(愛知県)	172	西岡神社(熊本県)	292	早吸日女神社(大分県)	299
土崎神明社(秋田県)	64	西金砂神社(茨城県)	81	羽山神社(宮城県)	60
都々古別神社(福島県)	77	西熊野神社(和歌山県)	213	原田八幡神社(広島県)	240
鶴岡八幡神社(広島県)	237	二宮神社(兵庫県)	201	針綱神社(愛知県)	171
		若一王子宮(高知県)	268	漲水御嶽(沖縄県)	317
寺野観音堂(静岡県)	165	丹生神社(滋賀県)	183	榛名神社(群馬県)	94
天子神社(佐賀県)	283	如来寺(三重県)	178	磐梯神社(福島県)	77
天神社(奈良県)	211				
天祖神社(東京都)	111	貫前神社(群馬県)	94	日枝神社(千葉県)	108
天孫神社(滋賀県)	184			蘴田野神社(京都府)	190
天津司神社(山梨県)	148	念仏寺(奈良県)	210	東神明宮(山口県)	243
天満宮(高知県)	271			彦神別神社(長野県)	153
天満神社(山形県)	70	能勢妙見(大阪府)	195	零羊崎神社(宮城県)	59
(福井県)	143	野田神社(山口県)	244	人麿神社(奈良県)	210
(徳島県)	250	野原八幡宮(熊本県)	291	雛鶴神社(山梨県)	150
天龍寺(群馬県)	93			日御碕神社(鳥取県)	222
		は 行		日吉神社(滋賀県)	184
東井神社(鳥取県)	220	波宇志別神社(秋田県)	66	広八幡神社(和歌山県)	215
東雲寺(静岡県)	167	萩原寺(香川県)	258		
東光寺(兵庫県)	203	白沙八幡神社(長崎県)	286	福應寺(宮城県)	60
東湖八坂神社(秋田県)	64	白山宮(富山県)	132	福岡神社(鳥取県)	223
東沼神社(埼玉県)	102	白山寺(福島県)	76	福島八幡宮(福岡県)	275
東福寺(福島県)	77	白山社(愛知県)	171	福寿院(茨城県)	83
				福田神社(岡山県)	232

寺社名索引　327

福家神社(香川県) 257	御嶽神社(秋田県) 66	弥栄神社(島根県) 228
布施神社(岡山県) 231	南方神社(宮崎県) 304	八代八幡宮(高知県) 269
蓋井八幡宮(山口県) 247	壬生神社(広島県) 240	谷地八幡宮(山形県) 71
船形山神社(宮城県) 57	壬生寺(京都府) 192	八代神社(熊本県) 294
船越和気比売神社(愛媛県) 262	美保神社(島根県) 225	矢奈比売神社(静岡県) 165
船魂神社(北海道) 42	三宅八幡神社(京都府) 191	八柱神社(奈良県) 208
フボー御嶽(沖縄県) 317	宮崎神宮(宮崎県) 306	山路王子神社(和歌山県) 213
	妙安寺(埼玉県) 100	山祇神社(岩手県) 52
平勝寺(愛知県) 173	妙苍寺(大分県) 297	
碧祥寺(岩手県) 52	妙見神社(栃木県) 88	由来八幡宮(島根県) 226
遍照寺(和歌山県) 214	妙国寺(富山県) 129	弓弦羽神社(兵庫県) 204
	明礬薬師寺(大分県) 298	湯之山神社(広島県) 240
波々伯部神社(兵庫県) 202	妙本寺(高知県) 270	
法心寺(大分県) 298	妙蓮寺(神奈川県) 117	吉田大明神(長崎県) 286
報徳二宮神社(北海道) 40	三輪神社(山梨県) 147	義経神社(北海道) 42
宝満寺(滋賀県) 185		吉野神社(新潟県) 123
宝満神社(鹿児島県) 310	宗像大社(福岡県) 273	呼子三神社(佐賀県) 279
鳳来寺(愛知県) 174	村国神社(岐阜県) 162	
法蓮寺(青森県) 45	室根神社(岩手県) 54	**ら 行**
武尊神社(群馬県) 93		
穂高神社(長野県) 154	明治神宮(北海道) 41	立石寺(山形県) 71
法華寺(奈良県) 207	和布刈神社(福岡県) 276	龍穴神社(奈良県) 210
火産霊神社(福井県) 141	売沼神社(鳥取県) 219	龍文寺(山口県) 244
本荘神社(広島県) 237		両山寺(岡山県) 231
本牧神社(神奈川県) 117	毛越寺(岩手県) 54	
	物忌奈命神社(東京都) 115	霊丘神社(長崎県) 289
ま 行	物部神社(岐阜県) 161	蓮華寺(群馬県) 94
	森吉神社(秋田県) 64	(静岡県) 166
松尾寺(京都府) 189	茂林寺(群馬県) 97	
間々田八幡宮(栃木県) 89		六嘉神社(熊本県) 293
萬福寺(島根県) 227	**や 行**	六角石神社(岩手県) 53
神門神社(宮崎県) 303	八百富神社(愛知県) 174	
御上神社(滋賀県) 186	薬王院(東京都) 114	**わ 行**
御崎神社(鹿児島県) 309	薬師堂(山口県) 243, 245	
御崎八幡神社(愛媛県) 264	八栗寺(香川県) 255	若宮神社(長野県) 156
三朝神社(鳥取県) 221	八坂神社(茨城県) 83	(大分県) 299
三嶋神社(高知県) 269	(千葉県) 105, 107	若宮八幡神社(山形県) 70
三滝神社(愛媛県) 264	(新潟県) 123	涌出宮(京都府) 193
	(徳島県) 253	鷲宮神社(埼玉県) 103

47都道府県・寺社信仰百科

平成29年1月31日　　発　　　行
令和2年2月10日　　第2刷発行

著作者　　中　山　和　久

発行者　　池　田　和　博

発行所　　丸善出版株式会社
〒101-0051 東京都千代田区神田神保町二丁目17番
編　集：電　話(03)3512-3264／FAX(03)3512-3272
営　業：電　話(03)3512-3256／FAX(03)3512-3270
https://www.maruzen-publishing.co.jp

© Kazuhisa Nakayama, 2017
組版印刷・富士美術印刷株式会社／製本・株式会社 星共社
ISBN 978-4-621-30122-7　C 0539　　　Printed in Japan

JCOPY 〈(一社)出版者著作権管理機構　委託出版物〉
本書の無断複写は著作権法上での例外を除き禁じられています。複写
される場合は、そのつど事前に、(一社)出版者著作権管理機構(電話
03-5244-5088, FAX 03-5244-5089, e-mail：info@jcopy.or.jp)の許諾
を得てください。

【好評関連書】

ISBN 978-4-621-08065-8
定価（本体3,800円＋税）

ISBN 978-4-621-08204-1
定価（本体3,800円＋税）

ISBN 978-4-621-08406-9
定価（本体3,800円＋税）

ISBN 978-4-621-08543-1
定価（本体3,800円＋税）

ISBN 978-4-621-08553-0
定価（本体3,800円＋税）

ISBN 978-4-621-08681-0
定価（本体3,800円＋税）

ISBN 978-4-621-08801-2
定価（本体3,800円＋税）

ISBN 978-4-621-08761-9
定価（本体3,800円＋税）

ISBN 978-4-621-08826-5
定価（本体3,800円＋税）

ISBN 978-4-621-08947-7
定価（本体3,800円＋税）

ISBN 978-4-621-08996-5
定価（本体3,800円＋税）

ISBN 978-4-621-08975-0
定価（本体3,800円＋税）